丛书主编 李良玉

DANGDAI NONGCUN BIANQIAN ZHONG DE BIAOBING YU DIANXING

# 当代农村变迁中的标兵与典型

■ 叶扬兵 著

江苏大学出版社

JIANGSU UNIVERSITY PRESS

**图书在版编目(CIP)数据**

当代农村变迁中的标兵与典型/叶扬兵著. —镇江
:江苏大学出版社,2010.12
(新中国农村发展60年丛书/李良玉主编)
ISBN 978-7-81130-196-0

Ⅰ.①当… Ⅱ.①叶… Ⅲ.①农村—先进工作者—生
平事迹—中国②农村—社会主义建设—模范单位—先进经
验—中国 Ⅳ.①K828.1②F320.3

中国版本图书馆 CIP 数据核字(2010)第 238864 号

**当代农村变迁中的标兵与典型**

著　　者/叶扬兵
策　　划/吴明新
责任编辑/米小鸽
出版发行/江苏大学出版社
地　　址/江苏省镇江市梦溪园巷 30 号(邮编:212003)
电　　话/0511-84440890
传　　真/0511-84446464
排　　版/镇江文苑制版印刷有限责任公司
印　　刷/丹阳市兴华印刷厂
经　　销/江苏省新华书店
开　　本/700 mm×960 mm　1/16
印　　张/21.5
字　　数/325 千字
版　　次/2010 年 12 月第 1 版　2010 年 12 月第 1 次印刷
书　　号/ISBN 978-7-81130-196-0
定　　价/40.00 元

如有印装质量问题请与本社发行部联系(电话:0511—84440882)

# 编辑委员会

（以姓氏笔画为序）

**主　编**　李良玉

**委　员**

# 总　序

　　去年 8 月,江苏大学出版社邀我主持编写一套新中国农村发展 60 年的丛书,力求体现新中国成立以来农村发展的整体面貌,希望我尽快拿出总体设想和具体的编写计划。经过陆续的几次洽谈和商榷,编写与出版计划均顺利地落实了下来。

　　中国是具有悠久农业文明的人口大国,农民是中国人口的主体,农业是国民经济的基础,农村稳定是全社会稳定的关键,应该说这是人们理解中国社会和历史的三个正确的视点。也许,今天这三个视点仍然具有相当的正确性。新中国农村的发展,虽然至今才 60 年的时间,但却是自古以来的一个非常重要的历史阶段。它的重要性,体现在以下 4 个方面:

　　第一,农村的土地关系,在这个阶段发生过,并且将继续发生深刻的变化。在一个以农立国的国度里,土地关系是所有社会关系的主轴。自春秋时期土地私有化以来,地主土地所有制逐渐成为中国沿袭不变的基本的土地形态,直到 20 世纪 20 年代末期才开始动摇。1950 年前后的短短 7 年中(包括 1949 年前的 3 年多时间),全国范围内进行了土地改革,2 000 多年的地主阶级土地所有制被摧毁。这个变革,其深刻的社会意义,至今还有解读的空间。20 世纪 50 年代先后形成的农业合作社和人民公社土地集体所有制,才是中国历史上真正牢固的土

1

地公有制。相应地,它的解体,在保持土地集体所有形式下的"大包干",即土地所有权与使用权分离政策的推行,其积极意义、历史价值和未来走向,也许又是一个需要长时间实践才能充分认识的问题。

第二,农民与国家的关系,在这个阶段发生过,并且将继续发生深刻的变化。在农业经济的条件下,所谓土地关系,并不仅仅是封建领主与农民、地主与农民的关系,而且包括土地所有者、农民与国家的关系。在封建时代(暂时沿用这个说法),农民除了直接面对与地主的土地租赁关系以外,还间接面对着与国家的赋税关系。所以,每当封建帝王头脑清醒,实行轻徭薄赋政策,并且能适当抑制土地兼并和地主阶级剥削的时候,常常就是生产力发展,社会相对稳定繁荣的时候。中国的民主革命,把废除地主土地所有制作为社会解放的主要目标之一,有其合理性。但是,如何在废除了农民与地主的土地租赁关系之后,建立恰当的农民与国家的关系,却是一个新的历史课题。在农业集体化时代,理论上有"正确处理国家、集体、个人三者关系"的原则,而实际上,由于国家综合经济能力、农业生产力、城乡关系、工农关系的局限,由于全国区域经济的不平衡,特别是由于社会积累与消费之间的巨大矛盾,要根本改善这个关系,难度依然很大。21 世纪以来,农业税的免征和一系列惠农政策的实行,开辟了农民与国家关系的新阶段,也揭开了现代农业的新篇章。

第三,农业作为一个社会经济行业,其社会价值在这个阶段发生过,并且将继续发生深刻的变化。所谓农业的社会价值,有三个含义:一是它的产品对于社会的重要性;二是农民生活的幸福指数在社会各界生活幸福指数排序中的位置;三是农民的自我社会评价。从生产力的角度研究夏、商、周三代以来的中国农业史,我倾向于把它划分为传统农业、现代农业和发达农业三种类型。所谓传统农业,是指农业的种植技术、生产工具和产出水平大致处于传统时代。所谓现代农业,是指由于现代科学技术的采用,农业的种植技术和生产工具与传统时代相比有了大幅度的改良,从而使农业的产出水平有了大幅度的提高。所谓发达农业,是指农业充分现代化,达到了世界先进水平。

从局部地区来看,中国现代农业的开端是在民国时期。但是,正规地进入现代农业的阶段,应该是在 1949 年之后,特别是在 1978 年之后。直到 20 世纪 50 年代初,即使高产的苏南地区,粮食亩产年平均也只有 500 斤左右的水平。就全国大部分地区来说,化肥、农药的广泛使用,农业机械化的迅速发展,粮食产量的大幅度提高,完全是在 20 世纪 50 年代之后,特别是 20 世纪 80 年代之后的事情。直到今天,对于农业的重要性,或者说,对于粮食问题的重要性,从来没有人提出过疑问。经常有人自豪地说,我们以占世界 7% 的土地,养活了世界 20% 以上的人口,就是一个有力的证明。但是,农民生活的幸福指数和农民的自我社会认同这两个指标,无疑至今仍然处在很低的水平上。根本的出路在哪里呢?我认为,在于农业的继续进步,从现代农业向发达农业转化。

根据目前的实际状况,发达农业的具体指标,应该包含科技农业、生态农业、集约化农业和幸福农业 4 项内容。所谓科技农业,是指农业的总体科技含量、科技普及程度和前沿科技、尖端科技的应用率,达到一定的水平,并且发挥着相当的经济拉动效应;所谓生态农业,是指应用于农作物生长促进环节的诸种物质成分充分参与自然循环,充分实现了无害化、有机化,从而最大限度地提高了农业的绿色程度;所谓集约化农业,是指农业直接连接国内外市场,实现了经济产出的专业性、批量性和收益性,具有相当高的规模经济的特点;所谓幸福农业,是指由于前三者的综合影响,导致农业生产的轻松度、农民物质生活与精神生活的丰富性、农民作为一个生产者阶层的生活幸福指数和自我社会评价指数的大幅度提高,与其他社会阶层没有明显差异,甚至优越于其他社会阶层。经过几十年的努力,现在中国农村中的极个别富裕村庄,已经开始进入幸福农业的阶段。但是,绝大多数的农村,目前还是处于现代农业甚至传统农业的阶段。我估计,再经过半个世纪左右的努力,将会有相当地区的相当数量的农村能够接近幸福农业阶段。

第四,农民的社会角色,在这个阶段发生过,并且将继续发生深刻的变化。尽管中国是个以农立国的国家,尽管中国传统时代始终实行重本抑末的政策,尽管中国传统时代从来维护士农工商的社会阶级结构,甚至,尽管当代中国长期坚持工农联盟的政治路线,但是,农民的社会角色却变化不大。从根本上说来,这是由国家的整体生产力水平和农业的生产力水平所决定的。20 世纪 70 年代末以来的改革开放,经济结构的极大变化,经济的强劲发展和城市化运动的提速,才使农民的社会角色开始发生转换。最显著的变化,是千百万农民不断加入城市建设者、现代产业和城市移民的行列,短期地、长期地、永久地脱离了农村,以新的身份出现在社会生活的舞台上。随着现代化事业的继续推进,农民阶级不断被消解的时代必将到来;而随着幸福农业时代的必将到来,一个与国民经济需求相适应的、需要保持必要数量的农场主阶层和农业蓝领阶层,将成为充满现代气息的新的社会阶层。尽管距离这一天还有十分漫长的道路要走,但是,认定改革开放是这个过程的真实起点,是不应该有疑问的。

新中国成立以来,中国农村已经有了 60 年的发展经历。道路是曲折的,前途是光明的。其间,憧憬过美好的理想,也体验过严峻的现实;获得过成功的喜悦,也付出过失败的代价;收获过巨大的荣誉,也品尝过沉重的挫折。现在,面对历史,特别需要冷静和理智,"真实、比较、全面、辩证"8 个字,是我们必须贯彻始终的科学方针。

今年,正值新中国 60 周年华诞。用一种学术性大众读物的形式,客观地总结当代农村 60 年来的政治变革、经济变革、社会变迁及其历史脉络,叙述党和国家一系列发展农村的思想、理论、路线和政策,反映农村政治、经济、文化、科技、教育和各项社会事业的面貌,考察广大农民的境况、愿望以及当前现代化、城市化浪潮中的状态和未来动向,无论对于决策者、各级农业主管部门、关注"三农"问题的专家学者,乃至广大的农民朋友,都是十分必要和非常及时的。

社会效益和经济效益的一致,是我们始终考虑的问题。受读者欢迎，受市场欢迎，受同行研究人员欢迎，是衡量这套丛书的三条根本标准。必须坚持严肃的学术立场和面向大众的写作方针，坚持学术性与可读性的统一，坚持贯彻实事求是的严谨态度，全面收集资料，科学分析归纳，力求做到思想平实、思路开阔、内容丰富、文字生动。

本丛书付印前，我还要感谢全体编委：苏州大学王玉贵教授、江苏大学出版社社长吴明新先生、美国北卡罗莱那大学威尔明顿校区历史系陈意新教授、徐州师范大学周棉教授、安徽师范大学房列曙教授、江西财经大学温锐教授、江苏大学董德福教授；感谢江苏省哲学社会科学界联合会廖进研究员、陈晓明先生、程彩霞女士给予本人项目资助，本丛书已列为"江苏社科学术文萃"。

是为序。

李良玉

2009 年 8 月于南京大学港龙园

# 目　录

导　言

从 1949 年到 2009 年,新中国走过了辉煌而曲折的 60 年。这期间,中国农村政治、经济和社会等各方面都发生了巨大变化,形成了跌宕起伏的洪流。在这汹涌奔腾的洪流中,不时飞溅出一朵朵绚丽的浪花,那就是农村发展变迁中涌现出的许许多多的标兵和典型。

新中国成立 60 年来农村涌现出的标兵和典型是一个较为特殊的群体。它们既有着各自鲜明的特色,又一度各领风骚,风靡一时,产生了非同凡响的影响。因此,从典型和标兵这一特殊视角研究当代中国农村发展变迁具有非常重要的意义:一是突出地再现了新中国 60 年农村发展变迁中不同时期的历史风貌。标兵和典型虽然未必能真实地反映农村的一般情况,但却最能体现出时代的特色和风貌。通过选择一些不同时期、不同类型的标兵和典型进行具体介绍,可以真实地还原当时的历史场景,使人充分地感受和领略到不同时期农村诸多方面发展变迁的时代特色。这好比采撷一朵朵富有时代色彩的浪花,把它们串成连贯的一串,构成了一幅展现新中国 60 年来农村发展变迁的剪影。二是折射和反映了当代中国农村变迁的历程和趋势。标兵和典型虽然都是非常突出的案例,但还是能在某种程度上反映农村的一般情况和发展趋势。因此,采撷一串标兵和典型的浪花,也能以小见大,在一定程度上反映和折射出 60 年来新中国农村发展变迁的滔滔洪流。

本书正文分 7 章,按照时间顺序,依次考察了农业合作化运动的典型、人民公社化运动的典型、"左"的标兵和典型、农村改革的典型、新时期农民致富和创业的典型、"大包干"时代的集体化典型、带领群众致富的典型。

本书的叙述方法,是在每章的第一节先叙述这一类典型产生的背景、树立典型的目的、典型的类型和特点、典型的影响等;随后,每章选择 2~4 个最为突出的标兵和典型进行个案分析。在标兵和典型的选择上,主要从影响性和代表性两方面加以考虑。当然,也兼顾区域的平衡性,一般单个省(市、自治区)的标兵和典型控制在 2 个以内。每个标兵和典型的个案分析,都完整地叙述它们各自的发展历程与主要事迹,详细介绍它们被树为典型的背景、过程以及所产生的巨大影响,从而把一个个既具有鲜明个性又具有一定代表性的风云人物和村庄展现在读者面前,让读者全面了解其嬗变的历史及诸多幕后鲜为人知的故事,感受其传奇、辉煌与荣耀以及争议与困惑,体味历史上曾经有过的荒唐与无奈。

第一章

# 农业合作化运动的典型

新中国成立后,从 1950 年冬到 1953 年春,在拥有 3 亿多人口的新解放区(除了西藏、新疆等少数民族地区外)完成了土地改革,基本上消灭了封建土地制度,实现了"耕者有其田"。

新中国成立后,特别是 1951 年后,中国共产党吸取全国解放前开展劳动互助运动的经验,大力开展互助合作运动,大量发展互助组,逐步发展土地入股分红的农业生产合作社(简称初级社)。从 1953 年年底开始,初级社得到较快发展。到 1955 年夏,迅速掀起农业合作化运动的高潮,并转向发展取消土地分红的农业生产合作社(简称高级社),到 1956 年基本上实现了农业合作化。在这个过程中,各地涌现出了一大批本地有名乃至全国有名的典型,共同构建了 20 世纪 50 年代群星灿烂的历史天空。

# 第一节　合作化的先行者和标兵

农业合作化运动中,全国先后涌现出一批合作化的标兵和典型。其中,影响大的主要是一些初级社,但也有少数高级社。它们如耀眼新星,闪耀在 20 世纪 50 年代群星灿烂的历史天空中。它们对农业合作化运动起到了重要推动作用。同时,它们也在一定程度上折射出了农业合作化时期农村的变迁。

一

新中国成立前,中国共产党就积极领导农民开展劳动互助。土地革命时期,开展了耕田队、劳动互助社、犁牛合作社等形式的劳动互助。抗日战争和解放战争时期,抗日根据地和解放区的劳动互助运动取得了明显成效,并积累了丰富经验。其主要形式是互助组,几个农户一起劳动生产,在人力、牲畜、农具等方面进行交换与调剂,以克服单个农户劳畜力和农具不足的困难,并在农忙时不耽误季节等,其中最有名的是山西李顺达互助组。

不过,当时也出现了少数农业生产合作社性质的互助组织,后来有些一直保持到解放后。其中,最有名的有河北耿长锁农业合伙组、山西贾宝执土地运输合作社、山东三柳树农业生产合作社等。

新中国成立后,互助运动在老解放区得到进一步发展,在新解放区也有一定程度的发展。到1950年,全国参加互助组的农户占总农户的10.91%,其中,老区的华北地区占26.11%,东北地区占52.89%,山东占31.98%,新解放区则较少,一般只占3%～10%左右。①

随着经济的恢复和发展,一些老区互助运动一度出现停滞状态,乃至出现涣散解体的现象。1950年底,高岗在东北地区宣布了5项奖励和扶持变工互助的具体措施,并要求党员不能雇工,要带头参加变工互助。与此同时,山西省长治地委在山西省委的支持下,有意识地把互助组提高一步,一个重要的举措就是1951年春试办7个土地入股分红的农业生产合作社。

1951年,吉林延边地委、河北邯郸地委也进行了农业生产合作社的个别试点。同年春,在中共延边地委工作组的指导下,吉林延吉县金时龙互助组正式实行土地入股,成立农业生产合作社。河北大名县六区北李庄任修成互助组,为了解决互助组内部干活先后问题上的争执,便准备实行土地入股合作生产。其后,几经曲折,于当年11月正式成立了农业生产合作社。②

1951年9月,在毛泽东的提议下,召开了第一次全国农业互助合作会议,制定了《中共中央关于农业生产互助的决议(草案)》。决议提出,"不能忽视和粗暴地挫折农民的个体经济积极性",但更提倡"组织起来",按照自愿和互利原则,发展互助合作的积极性。决议概括了互助合作运动的3种形式:临时互助组、常年互助组和以土地入股为特点的农业生产合作社(即初级社)。会后,中共中央对该决议进行了修改,并于同年12月下发给各级党委试行。毛泽东明确要求一切已经完成土地改革的地区要把发

①　史敬棠,等:《中国农业合作化运动史料》(下),三联书店,1959年,第1000页。
②　中国科学院经济所:《国民经济恢复时期农业生产合作资料选编》(下),科学出版社,1957年,第88－89页。

展互助合作运动"当作一件大事去做"。

此后,互助合作运动在全国得到迅速发展。到1952年,参加互助组的农户占总农户的39.86%(其中常年互助组占25.24%),其中老区的华北地区占42.12%,东北地区占68.52%,西北地区占46.95%,华东地区占48.11%,中南地区占24.93%,西南地区占40.57%。[①]

在毛泽东和中共中央明确肯定可以试办初级社后,耿长锁农业合作社、金时龙合作社以及郭玉恩合作社等迅速成为先进典型。

耿长锁合作社以创办最早和历史悠久而著称,享有"冀中花开第一枝"的美誉。它的前身是1944年春河北饶阳五公村耿长锁等4户农民成立的土地合伙组。它曾经得到当地中共党组织和人民政府的大力支持,也曾遭遇不切实际的干预甚至面临被解散的压力。在毛泽东肯定办初级社后,1951年10月召开的河北省劳动模范代表大会介绍了耿长锁农业生产合作社的经验,使其成为河北省办社的先进典型和榜样。1952年3月19日,《人民日报》上正式发表了《耿长锁领导的农业生产合作社》一文,向全国介绍了耿长锁农业生产合作社的事迹,使其成为全国农业合作化运动的一面旗帜。

金时龙合作社则是以解决互助组内"十八个矛盾"而闻名的。它是在互助组发展过程中通过不断摸索而一步步走向合作社道路的。1949年,金时龙互助组在生产中发生了土地评工、地早铲晚铲、上午铲地与下午铲地、雨前雨后铲地等"十八个矛盾"。为了克服这些矛盾,金时龙互助组先后采取"标准工"、"产量保证制"等办法,取得了明显成效,但是,还是不能完全消除互助组内的矛盾,因而在1951年发展成为土地入股的农业生产合作社。金时龙互助组遇到的问题,突出地反映了互助组自身的局限,也是很多互助组在实践中同样感到苦恼的问题。1952年2月27日,《东北日报》报道了吉林金时龙合作社的经验,《新华月报》随后也进行了报道,金时龙合作社声名远扬。许多互助组在发展初级社时就纷纷用金时龙合作社的实例来启发和引导农民办社,这使金时龙合作社在当时产生了很大影响。

---

① 史敬棠,等:《中国农业合作化运动史料》(下),三联书店,1959年,第1002页。

　　郭玉恩合作社是山西省长治地委 1951 年春试办的 7 个初级社之一，也是平顺县第一个农业生产合作社。1952 年 3 月 22 日，《人民日报》载文介绍了川底农业生产合作社。其后，它又以探索初级社的经营管理制度，特别是率先探索出常年包工制而闻名。

　　从 1951 年秋至 1953 年春，全国大部分省区开始逐级试办了初级社。到 1953 年，全国共建立初级社 15 053 个，每社平均户数 18.12 户，参加农户占农户总数的 0.235%。其间，各地又出现一批在本省乃至全国较为有名的初级社：山东吕鸿宾合作社、山西李顺达合作社、吉林韩恩合作社、湖北饶兴礼合作社、福建郑依姆合作社、黑龙江董殿福合作社、浙江许桂荣合作社、河南吴福祥合作社等。这些合作社都办得较早，取得较好成效，因而成为本地区乃至本省农业合作化运动的旗帜，并在全国产生了一定影响。

二

　　1953 年粮食和棉花等农产品供求矛盾的出现，凸显了农业生产力落后的问题。毛泽东决定加快发展农业合作化运动的步伐，并改变了原来中共中央关于当前以发展互助组为中心环节的设想，提出"办好农业生产合作社即可带动互助组大发展"。他要求"各级农村工作部要把互助合作这件事看作极为重要的事"，并要求各级书记"都要负责，亲自动手"。① 1953 年 10 月 26 日至 11 月 5 日召开的第三次农业互助合作会议，根据毛泽东的指示，正式制订了发展农业生产合作社的计划，开始加快农业合作化的步伐。其后，1954 年 4 月召开的第二次全国农村工作会议与同年 10 月召开的第四次全国农业互助合作会议又两次较大幅度地提高了农业生产合作社的发展速度，不断加快发展农业合作化的步伐。

　　到 1954 年年底，参加互助组的农户占总农户的 58.37%（其中常年互助组占 44.85%）。初级社更是得到迅速发展，1954 年底，全国共有合作社

---

　　① 国家农业委员会办公厅：《农业集体化重要文件汇编（1949—1957）》（上），中共中央党校出版社，1981 年，第 202 页。

48 万个,1955 年 4 月发展到 67 万个。

在 1954 年底至 1955 年春,由于农业合作化运动发展过猛,加上粮食统购购了过头粮,农村形势一度出现紧张局面。针对这一情况,1955 年春,中共中央迅速出台粮食统购统销的"三定"(定产、定购、定销)政策。与此同时,邓子恢领导的中央农村工作部还要求停止发展初级社,并要求一些发展过猛的地方(主要是浙江省)进行收缩。

但是,不久后,毛泽东便对浙江大力收缩初级社感到不满,随后又与邓子恢在初级社发展指标上发生争论,便在 1955 年 7 月底作了《关于农业合作化问题》的报告,严厉地批评邓子恢像"小脚女人"一样,要求大力发展初级社。同年 10 月又召开中共七届六中全会(扩大),继续批判"右倾保守思想",大力推动农业合作化运动的发展。

为了批评"右倾保守"思想,同时也为了给人们提供一些办社的经验和方法,1955 年 9 月、12 月,毛泽东根据各地办合作社的材料,两次编辑《怎么办农业生产合作社》,为其中许多文章写下按语,并先后写了两篇序言。1956 年 1 月,该书改名为《中国农村的社会主义高潮》,由人民出版社出版。由于得到毛泽东的赞誉,许多农业生产合作社声名大振,其中尤以王国藩合作社影响最大。毛泽东在《书记动手,全党办社》、《勤俭办社》两文按语中高度赞扬了王国藩"穷棒子社"的自力更生、艰苦奋斗的精神和勤俭办社的做法,使其一跃成为全国农业合作化运动的一面旗帜。

## 三

随着毛泽东大力批判"小脚女人"思想,农业合作化运动随即掀起高潮,初级社得到迅猛发展。于是,毛泽东又开始考虑发展此前尚未提倡发展的高级社。

在 1951 年,全国只有少数几个高级社(当时尚无高级社的说法)。最为有名的是解放前遗留下来的扶眉集体农场(后改名为太白集体农庄),它是由一些难民在荒地上建立起来的。另外,1949 年,董超堂等几户难民在陕西省黄龙小寺庄成立合作农场。难民本身没有土地、耕畜、农具等生产资料,依靠政府借给的苞谷、耕牛等耕种大片荒地。① 1951 年 2 月 19 日,松江省桦川县在白金山耕作组基础上(使用的是国有土地)成立了集体农庄。最初命名为新庄,后于 1952 年改为星火集体农庄。② 1951 年春,河北省宁河大陈庄成立了土地不分红的农业生产合作社(实际上就是高级社)。③ 这些高级社(集体农庄)基本上是在使用国有土地或荒地的特殊条件下建立起来的,有些还有使用国营农场提供的水利灌溉和机器耕作等特殊条件。

1951 年 12 月中共中央《关于农业生产互助决议(草案)》下发后,在 1952 年,一些省份又试办了少数集体农庄(高级社):松江省委和宁河县委在团山子试办集体农庄;黑龙江省委派出工作组在克山县和平村试办了一个集体农庄;新疆自治区在迪化成立了一个集体农庄;浙江省在慈溪县观城区歧山乡五洞闸建立了一个高级社;山西省在长治地区建立中苏友好集体农庄。其中,中苏友好集体农庄、克山和平集体农庄是政府有意识地选择各方面条件较好的地方进行试办的。其他集体农庄则是在使用国有土地或荒地的特殊条件下建立起来的。如团子山集体农庄,是由从外地返回故乡的一群难民,在一片荒凉的土地上,依靠国营农场机器代耕土地而建立的。迪化集体农庄则是由 400 名原来大多居住在迪化市里的生活贫苦的工人、市民、小贩和车户,在大片荒地上建立起来的。④ 五洞闸农民主要是外地来的难民,五洞闸高级社是由 14 户村干部、党员、积极分子在使用国有土地的基础上建立起来的。⑤

1953 年过渡时期总路线公布后,各地又试办了少量的高级社。到 1955 年 6 月为止,据有关统计,全国共有高级社 529 个,入社农户 4 万多

①　陕西省农业合作化史编委会:《陕西省农业合作制重要文献选编》(上),陕西人民出版社,1993 年,第 259 页。

②　黑龙江省农业合作化史编委会:《黑龙江农业合作史》,中共党史出版社,1990 年,第 206 页。

③　中国科学院经济所:《国民经济恢复时期农业生产合作资料选编》(上),科学出版社,1957 年,第 148 页。

④　中国科学院经济所:《国民经济恢复时期农业生产合作资料选编》(下),科学出版社,1957 年,第 726 页。

⑤　史敬棠,等:《中国农业合作化运动史料》(下),三联书店,1959 年,第 931 页。

户,平均每社将近 76 户。① 这些高级社的建立,除了少数是政府有意识试办的外,主要有两种情况:一种是在使用国有土地或荒地的特殊条件下建立起来的;一种是由初级社在大量增产的情况下转为高级社的。此外,在北京市郊区和河北省静海县因特别原因而出现了较多的高级社。北京市郊区有不少蔬菜合作社,在蔬菜生产过程中,资金和劳力投入比土地投入更为重要。河北省静海县有不少产量极低的盐碱地,土地分红所得本来就很少。

在上述高级社中,以星火集体农庄影响最大。1952 年,《东北日报》以《星火——新中国第一个集体农庄》为题报道了星火集体农庄,《人民日报》也发表了《一个集体农庄的成长》的报道,并以《我国第一个集体农庄》为题刊登了集体农庄的照片。其后,中央新闻纪录制片厂还拍摄了《星火集体农庄》的纪录片,星火集体农庄还被编入了当时的小学课本。②

在 1955 年夏季前,农业合作化运动主要是发展小规模的初级社,严格控制发展大社,一般不提倡发展高级社。但是,在 1955 年 10 月中共七届六中全会上,严格控制发展高级社的政策有所改变,开始考虑在条件成熟的地方重点试办高级社,但对发展高级社的条件依然作了较为严格的规定。11 月中下旬,毛泽东在酝酿制定农业"十七条"后,已开始把发展大社和高级社的问题提上议事日程。12 月,毛泽东在《中国农村的社会主义高潮》一书的一些按语中,大力提倡并社升级,并把办高级社的条件大为放宽。于是,在 1955 年底和 1956 年初,农业合作化运动掀起了全面高潮,并转向发展规模较大的高级社。到 1956 年 1 月底,全国入社农户 9 555 万户,占总农户的比例猛增到 80.3% ,基本上实现了农业初级合作化。③ 到 1956 年 8 月,高级社的入社农户占总农户的 66.1% ,12 月进一步增加到 87.8% ,基本上实现了农业高级合作化。

---

① 史敬棠,等:《中国农业合作化运动史料》(下),三联书店,1959 年,第 1018 页。
② 梁凤锡:《黑龙江省星火集体农庄发展史》,见《当代中国的农业合作制》编辑室《当代中国典型农业合作社史选编》(上),中国农业出版社,2002 年,第 417 页。
③ 同①,第 878 – 897 页。

四

应该承认,在农业合作化运动中涌现的一些标兵和典型,当时都办得非常红火,社员收入明显增加,受到群众欢迎,也引起周围群众的羡慕。特别是初级社的典型,创造了一些经验,产生了很大影响,对于初级社的发展起到了示范和带动作用。

这些作为标兵和典型的初级社,都是群众在自愿的前提下办起来的,并且大都有一个能干而公道的领导人,因而能充分发挥初级社的优势,尽量克服初级社这种组织形式带来的问题和矛盾。但是,并非所有群众都愿意办初级社,也不是只要办了初级社,就一定能取得成功。至于少数作为典型的高级社,则主要是在使用国有土地或荒地等特殊条件下办起来的,实际上并不具备多少推广价值。一些高级社则是在初级社连年增产增收的情况下转成的,而这种转制的条件绝大多数初级社并不具备。

在 1955 年夏季以前,由于总体上采取稳步前进的做法,一般选择较好的互助组来办初级社,发展范围相对有限。即使有部分初级社办得不错或很好,但也有许多初级社办得差强人意,还有一些初级社则因办得很差而陷于解体。在毛泽东批判"小脚女人"思想后,农业合作化运动随即人为地掀起高潮,大量农民涌入初级社。尤为严重的是,在 1955 年 11 月后,农业合作化运动转入发展高级社,并在 1956 年实现农业高级合作化,这就在很大程度上违背了自愿、互利原则。在 1956 年高潮之后的整顿和调整中,又未能切实而有力地贯彻自愿原则和互利原则。在 1957 年夏季后,又错误地采取阶级斗争的专政手段和意识形态的压力手段来强力维持合作化体制,从而最后失去了政策调整的机会。从某种意义上说,农业合作化运动的失误在于,它违背自愿、互利原则,把适合部分农民的初级社或只适合少数农民的高级社强行推广到所有农民中去,使得一度充满活力的合作事业基本上乃至完全失去生命力。

中国农业合作化运动是一次巨大的社会经济变迁,它彻底地改变了中国实行了 2 000 多年的家庭生产经营制度,转而实行纳入计划经济体制下的农业集体化经营制度。一方面,它有利于进行农田水利、道路等公共建设,有利于解决部分农户("五保户")基本生活保障问题,有利于促进农业生产技术进步。另一方面,它剥夺了农民的土地经营权,妨碍了农民生产积极性的充分发挥,出现了生产经营单一化倾向,忽视了副业生产和多种经营,把农村劳动力限制在有限的土地上,造成了农业生产效益下降。

# 第二节 "冀中花开第一枝"耿长锁合作社

1944年,河北省饶阳县五公村耿长锁等4户农民成立了全国第一个土地合伙组,后来被誉为"冀中花开第一枝"。1951年,随着党和政府正式肯定农业生产合作社这种组织形式,耿长锁农业生产合作社的事迹开始在全国范围内得到广泛宣传和报道,成为全国农业合作化运动中的一面旗帜。

一

美丽富饶的冀中平原,河流纵横,沃野千里。饶阳县城就在它的中部,五公村位于县城西南25里,地处滹沱河故道,属于海河流域的黑龙港地区。

抗日战争爆发以前,五公村共有320户,1 508人,4 310亩土地,每人平均2.78亩。其中,5户地主、富农占有10%的土地,有大牲畜,农具齐全,户户雇用长工和短工。108户贫农也占有10%左右的土地,一般靠租种土地、租种园田、打绳、打短工为生。村中贫富悬殊,矛盾突出。

抗日战争爆发后,饶阳成为中国共产党领导下的冀中抗日民主根据地的腹心地区。在党的领导下,通过实行合理负担政策,特别是推行减租减息政策,村中贫富悬殊逐渐缩小,贫农生活有所改善。

1942年,日寇在冀中进行了惨绝人寰的"五月大扫荡",五公村遭受了严重损失。全村 110 间房屋被烧毁,20 余名青年被抓走,数人被杀,牲口、粮食、什物被抢劫一空。扫荡后,日伪还在五公村周围的 8 里地以内设立 4 个岗楼。1943 年,日寇不断举行"清剿扫荡",经常到村里烧杀勒索,日伪课税奇重,每标准亩纳粮 25 斤,款 200 元(约合粗粮 70 斤)。当年又遭大旱,一直到二伏才下透雨,绝大多数人家播种的玉米,刚灌粒就遭寒流袭击而冻死,颗粒无收。当时全村共 320 户,卖土地的 101 户,卖农具、衣物的 218 户,牲口由 90 头减到 27 头,因饥饿病倒 57 人、死亡 15 人。①

　　1943 年冬,饶阳县委根据中共中央 10 月 1 日《关于开展根据地的减租、生产和拥政爱民运动》的指示,提出了"组织起来,生产渡灾"的口号,广泛发动群众组织起来战胜灾荒,并贷粮贷款进行帮助。五公村组织了 8 个互助小组,进行打绳、纺线、轧棉、磨面等副业生产。这些互助小组得到了县里 2 000 斤的粮食贷款。其中,乔万象、卢墨林、李玉田、李砚田等 4 户组织了一个打绳小组,贷了 200 斤高粱当本钱,互助打绳,渡过了冬荒。

　　1944 年春,五公村的其他 7 个小组解散了,只有乔万象这个小组保存下来。这时大家考虑:如果按照一般互助组的办法,只是劳力合作,可能发生有"忙工"、"闲工"、你先我后的争执;如果不分"忙工"、"闲工",糊里糊涂地组织起来,又怕发生你长我短、亏利不均的现象。最后,大家觉得:既然各户都是贫农,土地数量差不多(其中 3 户都是 10 亩),劳动力也相当,种子、肥料都靠副业收入来解决,不如把土地按照产量折成股,统一耕种,秋后按每户土地和参加劳动多少分粮。② 于是,便成立了土地合伙组,进行合伙种地和打绳。当时规定,秋收之后,农副业收入除留 10% 作为公积外,其他进行分配。农业按劳力、土地对半分粮,打绳收入按照劳六资四分红。春耕开始后,土地较多的李玉田害怕吃亏而退出土地合伙组。但是,不久,具有打绳手艺的贫农耿长锁又加入进来。这样,所谓第一棵"社会主义"的幼苗就诞生了,后来被誉为"冀中花开第一枝"。

---

① 姚世安、解荫杞、强华:《耿长锁领导的农业生产合作社》,《人民日报》,1952 年 3 月 19 日。
② 同①。

土地合伙组成立后,共有4户(22人),有6.5个劳动力和40亩土地,没有耕畜和大车,农具也只有一把犁和一把锄头。但是,他们齐心协力,白天下地生产,晚上一起打绳。秋收以后,合伙组全年生产了9 240斤粮食(不包括甘薯),每亩平均产了223斤粗粮,远远超过了五公村的平均亩产量170斤。①在副业上,打绳一直没有间断,赚了398斤小米。而这一年,村里比他们富裕的户都卖过衣服、农具,退了组的李玉田卖了4亩地、1块场和1付大车轮子,生活还是很困难。②

1944年,五公村的互助合作运动继续获得发展。夏季麦收时,五公村组织了22个换工组,每个组11户,共有246户(占全村的85%),胜利完成了快收、快打、快藏麦子的任务。

1944年秋收后,由于看到土地合伙组搞得不错,耿秀峰等13户加入合伙组。合伙组由4户增加到17户,土地由40亩增加到228亩,劳动力由6.5个增加到22个,并且有了4头牲口和2辆大车。③同时,村里又新成立了李玉柱、李凤祥两个土地合伙组。此外,又组织了19个临时副业小组,每组4~5户,专门从事运输、棉纺、磨豆腐、皮革加工、榨花生油和卖熟馒头。④

土地合伙组扩大后,根据冀中行署财政科王册同志的建议,将土地合伙组改名为农业合伙组,并重新制定了章程,把农业分红由原来的地劳对半分红改为地四劳六,副业分红由资四劳六改为资三劳七。农业合伙组还建立了分工、记工和民主管理等各种制度。这一年,农业合伙组的粮食平均产量略有下降,亩产215斤,但花生种植面积扩大了,因而增加了收入。副业方面,除了打绳外,还开办了木工坊、油坊,因而副业收入大增,共赚了47 328斤小米。但是,由于合伙组规模扩大过快,缺乏经营管理经验,特别是分红方法的改变使得土地多、劳力少的户吃了亏,秋收后每亩土地所分

① (美)弗里曼,等:《中国乡村,社会主义国家》,陶鹤山译,社会科学文献出版社,2002年,第100页。

② 姚世安、解荫杞、强华:《耿长锁领导的农业生产合作社》,《人民日报》,1952年3月19日。

③ 同②。

④ 同①,第105页。

的粮食,除缴纳公粮外,只剩了45斤。因此,新入社的13户中就有8户退社。这年秋收后,李凤祥、李玉柱等2个合伙组也都解体了。

1945年底,剩下9户的农业合伙组迅速调整了分红办法,将农业收入分配由劳七地三恢复为劳六地四,将副业收入分配由劳七资三改为劳六资四。但是,到1946年春,农业合伙组遇到了一次更大的政治危机。当年初春,在饶阳县召开的"群英大会"上,农业合伙组虽然得到县政府负责人李广龙的肯定,但却遭到不少人的怀疑和责难。到了由第八分区实业科召集的县供销合作社负责人会议召开时,这种非难就"更加厉害"了。一些人谴责它是"小资产阶级狂热性",认为把农民的土地、财富和权力从家庭转移到合伙组是早熟的产物。他们要求解散合伙组,至少把它降为互助组,即仅仅是换工和换农具,不搞土地合伙。面对责难和被要求解散的压力,耿长锁等人进行消极抵抗,既不向上级汇报他们仍然维持合伙组的想法,也没有把上级要求解散的命令告诉组员。当年秋天,合伙组又一次取得了成功,每亩地平均收粮295斤,生产出价值30 104斤小米的绳子,在副业上得纯利500多万元(晋察冀边区币)。于是,上级要求合伙组散伙的说法就不再提起。① 同年秋,徐义洲又组织了7户农民参加的合伙组。

1947年,想加入农业合伙组的人更多了,但是,合伙组吸取了以前发展过快而不巩固的教训,只吸收了3户。这一年,合伙组把1头驴、1头牛换成1头骡子,一共有了3头骡子,又添了1辆大车,修了8间土坯房,买了3亩地。由于遭到内战的严重破坏,耿长锁的农业合伙组出现经济滑坡,平均亩产234斤,副业收入也大幅下降,但合伙组成员却能团结一致。而徐义洲的合伙组只维持到1947年夏收前就散伙了。

1947年冬,因受到土地改革中"左"倾错误的影响,耿长锁农业合伙组一度被当成"富农组织"而遭到打击。但是,随着"左"倾错误的迅速纠正,1948年合伙组发展顺利,增加到15户。除了接受原来退社的李连柱回组外,还吸收了李孟杰、李秀英等2户(都是姐弟2人)4名孤儿入组。1948

---

① (美)弗里曼,等:《中国乡村,社会主义国家》,陶鹤山译,社会科学文献出版社,2002年,第114-115页。

年,农业合作组粮食亩产达到 291 斤,副业收入也相当于 20 975 斤小米。这一年,合作组又买了 2 头骡子、1 匹马、1 辆大车,盖了 7 间房,养了 2 头猪,开办了榨油坊。

1949 年,农业合伙组的每亩平均产量达到 329 斤,突破了本村历史上的最高纪录。副业总收入相当于 50 000 斤小米,占农副业总收入的一半。这年又添犁车 2 辆,养猪 7 头。1950 年,农业合伙组的平均产量达 470 斤(全村平均产量 250 斤),副业收入也大大增加,相当于 60 641 斤花生。此外,又盖了 3 间房子。这一年,合伙组把副业上劳六资四的分红比例改为劳七资三,平均每一个整劳力在农、副业上共分得 7 000 多斤粮食。当时农业合伙组里一派兴旺气象:大院里站着 7 匹又高又肥的大马和骡子,院里堆的花生像座小山,一座搓花生机每天能搓八九千斤花生。油坊里一台榨油机不停地在榨油。隔一个院子,就有几架打绳机响着。天一亮,人们就干起来,一会儿也不休息。男女老少几十口人,有什么活,说干就干,一齐动手,一会儿就干完。大家说说笑笑,亲密得像一家人一样。①

## 二

农业合伙组的连续丰收引起了河北省领导的关注和重视。1950 年 11 月,耿长锁参加了河北省召开的首届劳模大会,并在会上介绍了土地合伙组的经验。《河北日报》于 11 月 28 日以《耿长锁领导的农业合伙小组》为题作了报道,劳模大会农业展览馆也展出了耿长锁土地合伙组的事迹。

1951 年 4 月,来自北京的一位农业部代表视察农业合伙组后,农业合伙组正式改名为"耿长锁农业生产合作社"。4 月,耿长锁随河北省农业厅长张克让到北京参加华北局召开的互助合作座谈会,随后赴北京参加五一节庆典。当年秋收,耿长锁农业生产合作社粮食亩产达到 478 斤。10 月,耿长锁参加了河北省召开的工农业劳动模范代表大会。会后,河北省农业厅根据丰产奖励办法,奖给耿长锁社双轮双铧犁 1 副和马拉圆盘耙 1 件。

---

① 史敬棠,等:《中国农业合作化运动史料》(上),三联书店,1957 年,第 437 页。

1951 年 12 月,中共中央下发了《关于农业生产互助合作的决议(草案)》。1952 年 3 月 19 日,《人民日报》上正式发表了《耿长锁领导的农业生产合作社》一文,向全国介绍了耿长锁农业生产合作社的事迹。

1952 年,耿长锁农业生产合作社发展到 25 户,共 112 人,养了 7 头大骡子和 2 头大马,还有 3 辆大车。合作社的规模扩大了,为调动生产积极性,耿长锁接受《河北日报》的建议,把地六劳四的分配办法改为地五劳五,同时把一年评工 1 次的方法改为一季一评。与此同时,五公村又组织了 2 个土地合伙组。一是张端组,共 5 户,二是李文考组,共 8 户。这两个组的分配办法,均是按地七劳三分配,按地负担公粮。①

1952 年,中共饶阳县委为了加强对耿长锁农业生产合作社的领导,从县农林局抽调王玉昆常驻社工作。同年 3 月,由于生产搞得好,耿长锁农业生产合作社荣获农业部颁发的"全国丰产模范农业生产合作社"奖状,并获得奖金 500 万元(旧币)。

经社员大会讨论,耿长锁农业生产合作社用奖金打井 2 眼,修旧井 1 眼,买水车 3 辆,发展水浇地 2 公顷,增制新式步犁 2 张、新式耘锄 1 个,为进一步发展生产打下了基础。1952 年 4 月,中央人民政府通知耿长锁赴苏联参观集体农庄,同时派作家胡苏兼任中共饶阳县四区区委副书记(五公村所在区)常驻耿长锁社。河北省农林厅为支持耿长锁农业生产合作社,特派农业技术员张书俊驻社指导农业技术工作,派耿秀锋回五公村专做农业合作运动工作。为了加强党的领导,经支部研究、区委批准,耿长锁农业生产合作社建立分支部,选卢玉臣为支书,徐树宽、卢万象为支委。

1952 年,五公村旱灾、虫灾特别严重。开春后,只在收麦时下过三四指雨,一直到 9 月没再下雨,棉花、花生、豆子落光了叶子,玉米叶子干了半截。虫害也非常严重。耿长锁农业生产合作社人多心齐力量大,分组与天灾虫害作斗争,浇地的浇地,治虫的治虫,一直干了 1 个多月,终于保住了庄稼。在当年灾情严重的情况下,农业依然获得较好收成,农业(经济作物

① 宏江石:《河北省五公村耿长锁合作社史》,见《当代中国的农业合作制》编辑室《当代中国典型农业合作社史选编》,中国农业出版社,2002 年,第 113 页。

折谷计算)每亩平均产粮 257 斤,副业收入也获利 66.6 万元(旧币),折谷 8 823 斤,再次显示了农业生产合作社强大的生命力。

为了应对 1952 年的严重旱情,耿长锁农业生产合作社掀起了轰轰烈烈的抗旱打井运动,收效显著。在耿长锁社的带动下,全村群众积极组织起来抗旱打井,共组成打井合作社 20 个、互助组 12 个,参加户数占全村户数的 83%。在全村群众性的打井过程中出现了新问题:(1) 互争社员、组员;(2) 集体生产与地块分散零碎产生矛盾;(3) 缺乏统一布局,有的地片水井挤成疙瘩,有的地片非常缺水而无一眼水井;(4) 有的新办社经验少,干部能力差,领导不起来。[①] 在这种情况下,五公村开始酝酿把分散的小社合并成为统一的大社。

1952 年 9 月,耿长锁从苏联考察回到五公村,大力宣传苏联集体农庄的幸福生活,并开始筹划建立大社事宜。五公党支部组织各社各组讨论,党团员和社员、组员经反复讨论,都认为成立大社时机成熟,决定成立以村为单位的农业生产合作社,并在民主讨论的基础上起草了大社章程草案。章程规定:每亩平均产 200 斤者,按劳五地五分红,200 斤至 300 斤者,其超额部分按劳七地三分红,300 斤以上者,其超过部分完全归劳力;副业分红办法:社员投入社内的资金,概不分红,按 1 分 2 厘计息。章程公布后,实行自愿报名,登记造册。第一天登记时,忽然产生流言:"今天晚上不登记,以后就不许登记了。"有些群众怕登记不上,排队等到下半夜,劝都劝不回去。第一天登记了 350 户,第二天又登记了 51 户,共 401 户(全村 425 户)。经过 1 个多月的筹备工作,11 月 8 日,大社成立大会召开,进行了正式选举。[②] 耿长锁当选社长,张振生、耿书普当选副社长,其他 10 人当选大社干部。当时,河北省委农村工作部部长李子光、河北省农林厅厅长张克让以及地委、县委领导和全专区的主要劳动模范都参加了五公村农业生产初级社的成立大会,场面非常隆重。

五公村初级农业生产合作社成立后,随即将全社划分为 16 个生产队,

---

① 宏江石:《河北省五公村耿长锁合作社史》,见《当代中国的农业合作制》编辑室《当代中国典型农业合作社史选编》,中国农业出版社,2002 年,第 115 页。

② 同①。

每个生产队搭配土地、耕畜、农具,同时处理耕畜、农具的作价投资问题,并拟定了生产计划和管理方法。

1953 年春,农业互助合作运动出现了一些急躁冒进现象,有些地方强迫社员入社,盲目乱办大社。对此,中央农村工作部和河北农村工作部相继要求纠正急躁冒进倾向。在这种情况下,几个月前还受到省有关领导支持和称赞的五公村初级社就显得过大了,也成为整顿的重点之一。1953年 4 月,河北省委农村工作部副部长吕方率领省委工作组 21 人,进驻五公村进行整社。工作组强调,五公村农业生产合作社是非常著名的模范合作社,如果大社管理不善,会影响其他人不敢走社会主义道路,因而要求五公村合作社缩小规模,但是,遭到了五公村初级社干部的抵制。工作组主持召开了五公村党支部党员大会,也没有获得任何人支持。工作组转而召开全体社员大会,组长吕方宣布:“办大社是错误的,群众没吃的谁负责?入社自愿,出社自由,小社可以办,单干也是合法的。”他要求缩减到 80 户,声称在目前的技术条件下,超过 80 户则难以解决管理上的问题。但是,仍然无人愿意退社。后来,工作组只好采取组织措施,召开党团员会议进行动员,并指定一些党员带领自己原来领导的小组退社。这样,最后才退出114 户,其中党员李瑞深、徐满堂分别带出 10 多户,另组小社。

整社后,遗留了不少问题。一是退社户欠社款 2 900 多万元(旧币),社欠退社户款 290 万元(旧币),均不能很快兑现,社干部和社员情绪都不高。二是各队户数相差很大,土地变动很大,牲口和农具也多少不一。鉴于这种情况,社内重新进行整顿,把原来的 16 个生产队调整为 13 个生产队,土地、牲口和农具也进行相应的调整。同时,各生产队实行财务包干。于是,合作社又重新走上正轨。1953 年底,该社粮食平均亩产 338 斤,加上经济作物和副业收入,人均收入达到 73 万元(旧币)。

1953 年春整社后,耿长锁和五公村被新闻媒体遗忘达半年之久。到1953 年年底,毛泽东强调要大力发展农业生产合作社,并批评了强迫解散合作社的错误,耿长锁和五公村又重新成为新闻的聚焦点。12 月 27 日和28 日,中共河北省委在五公村隆重召开庆祝“组织起来”十周年大会,省委、省政府领导以及全省 400 多名合作社干部和劳动模范出席大会,给予耿长锁和五公村高度赞扬。会上,河北省政府奖给五公村大社一面锦旗,上写"社会主义之花"几个金黄色大字。会议期间,河北省第一个拖拉机站在五公村建立,并为与会人员作了耕地表演。1954年1月初,耿长锁和五公村获得《人民日报》和《光明日报》等报刊的多次报道,再次成为农业合作化的耀眼明星。

庆祝大会召开后,有94户农民重新加入了合作社,入社户增加到395户,基本上恢复到整社前的规模。

为了加强经营管理,五公村初级社学习晋县周家庄的经验,在"以工定产"的基础上,实行"包工包产,超产奖励",与此同时,还加快了改进生产条件的进程。在河北省水利厅的支持下,在村东、村西第一次打成2眼铁管深井,并配备了2台柴油机和2台水泵。到1954年底,五公村已经有了99口井,灌溉面积达到1 050亩,是挖井之前的300多亩的3倍。1954年,五公村初级社农业喜获丰收,平均亩产增加到419斤(包括经济作物)。到1955年,五公村初级社仍然非常红火,平均亩产463斤(包括经济作物),每一个劳动日价值0.74元。

## 三

耿长锁农业生产合作社的优越性吸引着社外的农户。经过两年实践,没有入社的农户看到社里的庄稼比自己的长得好,社里副业收入高,社员生活比自己好,大都要求加入农业生产合作社。全村除7户单干外,全都入了社。1955年,全社有419户,1 828人,牲口103头。

1955年7月,毛泽东严厉地批评邓子恢"小脚女人"右倾保守思想,要求大力发展农业生产合作社,随后又大力提倡发展取消土地分红的高级社。在这种形势下,五公村也酝酿着转为高级社。

当时认为,初级社对土地的合理使用、有计划地进行某些农田基本建设,如兴修水利、平整土地、改良土壤等都有一定的限制。一些人不愿意农业生产合作社在自己的土地上进行农田基本建设。由于土地私有,初级社保留了"土地分红",与社会主义分配原则"按劳取酬"之间存在着矛盾,不利于调动广大社员的劳动积极性。如中农徐平稳家里只有 1 个劳动力，但他拥有较多的土地，尽管他劳动很不积极，但到年底仍然分红 286.7 元；而老贫农李和起一家 2 个劳动力，辛辛苦苦劳动一年，只分红 82 元，两者相差 3 倍以上。同时，土地分红也造成了部分中农、富裕中农的依赖思想，他们的出勤率往往低于贫下中农，在干活时还挑肥拣瘦。

与此同时，五公村认为自身具备了转为高级农业生产合作社的条件：一是五公村 1943 年就建立了土地合伙组，走合作化的道路起步早、基础牢，干部和群众认识到只有走社会主义道路，才能使大家共同富裕。二是集体经济有了很大的发展，为转高级社准备了物质条件。牲口、大型农具、水井、水车及股份基金等公共积累已达到 1.6 万元，生产条件显著改善。土地分红每亩最多不超过 130 斤，除去负担，每亩余粮几十斤。集体事业的发展，公共积累的提高，不但可以使农业社进行扩大再生产，而且还可以解决社员因为疾病和其他灾害所面临的困难，对于一些年迈体弱的老人和孤寡社员也能给予照顾。同时也保证取消土地分红后，绝大多数社员都能够增加收入。三是经过十几年锻炼，培养了一批优秀的骨干，他们德才兼备，能够带领群众走社会主义道路。四是合作社在经营管理和劳动组织上已经形成了一套管理经验和办法。

鉴于上述认识，五公村决定将初级社转为高级社，在自愿的基础上，以户为单位填写了转为高级社的申请书。经过领导批准，1956 年元旦，五公村初级社正式转为高级社，全社由 419 户增至 426 户，全村所有农户都加入了高级社。

五公村高级社成立后，为了找肥源、保增产，随即在寒冬腊月掀起了砸冰挖泥运动。当时，村东、村西和街当口各有一个大水坑，3 个坑的面积足有六七亩，水深四五尺，多年来淤积的泥没有人动。在耿长锁的带领下，五公村人砸开尺把厚的坚冰，挖出肥料。男女老少齐参战，白天人山人海，夜晚火把灯笼一片。经过 3 个昼夜的连续奋战，终于挖出 3 000 多车肥效很高的坑泥，为春播打下了良好的基础。

积肥运动结束后，五公村社员发扬连续作战的作风，又掀起了一个防旱打井的高潮。在副社长乔利广的带领下，五公村社员顶着风雪，一个冬春打下了30多眼井,战胜了春旱,保证了小麦的灌溉。

与此同时,为了实现增产计划,五公村高级社改进经营管理,推行固定地段负责制,把所有劳力分到组,小组按劳力强弱分配地段,固定连续操作,插牌标出姓名。农活经过验收后,一次记工。这样,就避免了等人齐再下地和天天晚上报工的现象。过春以后,五公田野上一片葱绿,庄稼长势喜人,社员们心花怒放,对夺取全年丰收充满信心。

不料,1956年8月初下了一场大雨,五公村内外一片汪洋。五公村社员齐心抗击洪水,在居住区外建造了一道2米高、2米宽的泥墙,保住了家园。但是,4 000亩秋季作物全部被水淹没,谷穗在水面上低着头,棉花飘着几片叶子,棒子东倒西歪。

在严重的灾情面前,耿长锁带领五公村社员投入了抗灾斗争中。全社400多个整半劳动力全部出动,连夜挖沟排水。经过三天三夜的奋战,挖出了50多条排水沟,排出了地里的积水。几天以后,躺着的玉米、东倒西歪的棉花又挺起了腰杆,露出了葱绿的叶子。妇女们还踏着泥水在棉田里整枝打杈,光着双脚提篮掐谷穗。五公村决心自力更生,依靠自己的力量战胜灾害,毅然谢绝国家给予他们的8 000元贷款,还把牲口饲料送到受灾更为严重的村庄,因而赢得了广泛的赞誉。秋收后,五公村粮食亩产仍然达到300斤,籽棉166.6斤,花生325斤,在完成国家征购任务后,每人平均分配到粮食465斤(包括种子、饲料)。

在农业遭受损失的情况下,五公村决心在副业上加以弥补。除了原有的打绳组外,秋后社里又建立了打油、木器、运输等10多个副业组。耿长锁亲自抓副业生产,白天搞编织,晚上摸黑拧麻绳拐子。五公村人苦干一个冬春,用副业的收入,不仅把秋天的损失夺回来了,还为春季生产筹集了几万块钱的资金。

五公村高级社成立后,加强了对“五保户”的照顾,设立了“五保户委员会”,由政治副队长负责,实行“定工生产”、“定额补贴”、“定人照顾”。全社63户军烈属、五保户和困难户,有25户通过“定工生产”、“定人照顾”解决了生活问题,对另外的38户,从农业社盈余中拨出20 000斤粮食、10 000斤煤和30 000斤柴火进行补助。

五公村高级社的优异表现受到党和政府的重视,它也因此获得不少荣誉。1956 年 9 月,耿长锁出席了中国共产党第八次全国代表大会。同年 12 月,他出席石家庄专区召开的农业劳动模范代表大会。1957 年 2 月,他出席全国劳动模范大会,并被选入主席团,会后,他到德意志民主共和国和捷克参观访问。同年 7 月,他出席了全国劳动模范代表大会,获得毛泽东、周恩来、陈云、邓小平等国家领导人的接见。①

1956 年底和 1957 年春,五公村高级农业生产合作社进行了整顿。针对个别生产队财务不够清楚的现象,完善了财务制度;针对在生产管理上存在的"人头工"现象,学习了山西洪赵县的经验,实行以产定工的办法。1957 年秋季,五公村高级社获得丰收,全社平均亩产(包括经济作物)415 斤。与此同时,五公村加强发展副业,1956 年创办了 10 个小型企业,包括一个木工厂、一个榨油厂、一支运输队和一个林业组。

1958 年,五公村也毫不例外地卷入了人民公社化运动的浪潮,从而步入漫长的人民公社时期。

# 第三节 摸索中兴起的金时龙合作社

1950 年前后,吉林省英成村的金时龙互助组,在不断探索中一步步走上创办农业生产合作社的道路。1952 年后,金时龙合作社为了解决互助组内的"十八个矛盾"而办社的事迹闻名全国,成为农业合作化运动的一面旗帜,在当时产生了重大影响。

一

英成村位于吉林省延边朝鲜族自治州延吉县(今为龙井市)东盛平原

---

① 宏江石:《河北省五公村耿长锁合作社史》,见《当代中国的农业合作制》编辑室《当代中国典型农业合作社史选编》,中国农业出版社,2002 年,第 120 页。

的东北角,背靠二龙山,面临海兰江。全村有新立、勇新、大成、瑞阳、英新、东山等 6 个自然屯,以盛产水稻著称。

英成形成村落,始于 19 世纪 70 年代,当时人称靠山屯。日伪统治时期,叫端阳屯。当时,几乎 70% 的农民没有土地,缺乏其他生产资料,长期租种地主土地,受反动政府和封建地主的政治压迫、经济压榨,过着最贫困的生活。

1945 年 8 月,日寇投降,伪政府垮台,延边解放。1946 年春耕前,延边专员公署针对当时的具体情况,提出了组织互助、发展生产的口号。英成村的朝鲜族农民历来也有亲友相帮的耕作习惯。在党的号召下,金时龙在勇新屯组织一个 6 户的临时互助组,其他屯也组织了插楸组。

1946 年冬天,在中国共产党领导下,英成村农民成立了农民协会。经过反奸清算、减租减息、斗地主、分田地,摧毁了封建剥削制度,贫雇农都分得了土地和生产资料。这时,金时龙等 4 户从勇新屯搬来英新屯,金时龙担任雇贫农团小组长。

1947 年 2 月,延吉县政府向全县农村干部提出在群众发动起来的地区,应组织 40% 以上的人家进行劳动互助。这一年,英成村的插楸换工组发展到 13 个,参加互助组的有 170 户,占总户数的 90%。勇新屯在屯长金炳千的组织下,全屯 25 户建起了一个大组。当时,有些农户虽然不愿意入组,但怕干部说他们不响应号召,所以也勉强入了组。

大组强迫建立后,又缺乏经验,没有对劳动进行组织和分工。不管大块土地还是小块土地,全组三四十人一齐去干,人多活少时就坐在地头上聊天;记工分时不管男女老弱都算一个工,劳动力强的很不满意;有的时候下地时临时讨论今天干什么活,光议论就耽误一上午。结果,当年全屯收的粮食不多,还撂荒一些地,一些群众很不满意。有些群众埋怨说:"干活也吃饭,不干活也吃饭"、"互助组是吃人鬼,再搞三年就把咱们全吃光了"。秋后,互助组就垮台了。①

1948 年春天,东北农村开展大生产运动。时任英成村公安委员的金

---

① 王光伟:《金时龙农业生产合作社》,《东北日报》,1952 年 1 月 19 日。

时龙跑到区里问工作队队长宋明："去年我们组织起来少打了粮食，群众都不愿组织互助组，这得咋办呢？"宋明告诉他要自愿两利，由小到大，并详细告诉他如何把群众组织起来。金时龙回到村里就和村干部商量怎样再把群众组织起来，最终决定召开全组组员大会，重新宣传组织互助组的好处。可是，群众听说要组织互助组，都不露面，会议也开不起来。于是，金时龙跟屯长金炳千商量，就召开屯民大会。金时龙首先向群众承认错误："去年把互助组搞坏了，全怪我们干部，怪我们没有把道理给大家说通……我们硬强迫大家组织起来。宋明同志还为这批评了我们干部……今个宋明同志说啦，搞互助组一定要自愿找对象……今年咱们不搞大的啦，要搞插犋组，谁跟谁合得来，谁就跟谁插犋。"由于群众过去有插犋习惯，又加上各户生产工具不足，生产都有困难，因而群众大都表示同意。酝酿几天后，全屯就组织起 5 个插犋小组，却把金时龙等 4 个干部抛在一边。大家都说干部开会多，不能好好生产，都不要他们参加自己的小组。金时龙等 4 个干部只好自己单独组成一个小组。

当时，党组织号召干部参加生产、领导生产，并减少了会议。秋后干部组的生产成绩比别的组都好，群众眼热了。崔承天说："干部早知道今年会少，所以不找我们，看！他们干得多好！"征得群众同意后，干部又散入各组，金时龙加入崔承天组。为了"不要因每个小组都出人去县、区开会而误工"，6 个组决定选一个大组长代表开会，并经全体群众选举金时龙为大组长。金时龙还号召各组之间开展生产竞赛。

这一年各个小组都是实行地头评工办法，评分记账都很认真，纠正了过去的缺点，组员的生产积极性提高了。金时龙互助组由于施肥多，种地铲趟及时，获得了大丰收。水田每垧获 5 000 斤粮，旱田平均每垧收获 2 000 斤粮。此外，还开垦了 8 亩水田，合资买了 2 头猪，并利用大车拉脚，收入 500 多元。[①] 金时龙互助组因此被评为全村的模范互助组。

① 孔庆举、张文忠、崔景泽、姜衡：《金时龙农业生产合作社是怎样发展起来的？》，《东北日报》，1952 年 2 月 27 日。

## 二

经过了 1948 年一年的生产,群众已经认识到组织互助组的好处,大家都要求把 5 个小组联合起来,以便更好地使用劳动力和扩大生产。这时共有 25 户,在金时龙的领导下,根据生产的需要,有时划分 5 个小组,有时划分 3 个小组。

1948 年,金时龙互助组在生产中发生了一系列矛盾:一是土地评工的矛盾,土地所有者想把人工评得少些,好少出工资,劳动者想把人工评得多些,好多得工资;二是地早铲晚铲的矛盾;三是上工收工早晚的矛盾——给自己做工时,希望大家早集合晚收工,给别人做工时,又希望晚集合早收工,好抽时间做点自己的事;四是上午铲地与下午铲地的矛盾——因为上午劳动力强,太阳毒,草容易死,都争自己的地在上午铲;五是雨前雨后铲地的矛盾——因为泥泞费工,都不愿意在雨后铲自己的地;六是收割庄稼的矛盾——都愿迟收割,使庄稼更成熟,但风后又争着早收,以减少损失;七是早种晚种的矛盾——都争着早种自己的地;八是误工的矛盾——评工争执中,远地往返途中所消耗的时间都不愿负担;九是干部积极分子与群众的矛盾——对上述矛盾争执的结果,干部和积极分子常常自认吃亏,但有时他们的地耕、铲早了,落后群众又讲怪话。金时龙把这些概括为互助组中的十八个矛盾。[①] 这些矛盾实质上是集体劳动与分散经营的矛盾,其突出表现在两个方面:生产成本(其中主要是用工)由各户负担,但由于轮作先后,同样的土地费工并不一致;生产成果也归各户所得,而由于轮作有先后,同样的土地产量也会有高低之分。为了克服互助组中用工多少的矛盾,全组在共同讨论的基础上,采取“标准工”的办法。具体做法是:把所有的土地按好坏、远近、大小评出“标准工”,土地所有者按“标准工”付工资,不必过问实用工数多少(一般是自春耕起至送完公粮为止,水田 173 个工,旱田 73 个工)。这样,就解决了互助组中由于轮作先后而产生的各户

---

① 王光伟:《金时龙农业生产合作社》,《东北日报》,1952 年 1 月 19 日。

用工不一致的问题。

1949 年,农业生产产量比 1948 年又提高了。全组上粪 1 000 多车,旱田都在两铲两趟以上,水田一般都是 4 铲,另外还租种一垧四亩三分地。全组共收稻子 79 000 斤,每垧平均产量是 5 400 多斤,比前一年增加 400斤。旱田因受灾只收 48 500 多斤,平均每垧 2 700 斤。水、旱田每垧都比单干户多收 200 多斤。他们还集体开荒地、租地种烟、养猪等共收入东北币 228 000 000 元。另外,还养羊 41 只、鸡 370 只,但因为没有经验,不懂技术,鸡几乎全部死光,羊也没有挣钱。由于金时龙小组农业生产很好,被选为县一等模范互助组,并获得县里奖给的洋犁等改良农具。[①]

用工不一致的问题解决后,由于轮作先后而造成产量高低不同的问题并没有得到解决。1950 年,这个矛盾暴露得更为明显。在水田插秧的时候,大家都争着先插;谷子铲二遍地时,已经决定先帮崔仲天铲,崔承天却先到自己地里去铲;水田放水的时候,本来小组已经有一个人看水,组员不放心,休息时候都跑到自己田里去看水。大家都怕晚插秧晚铲地而影响自己地的产量。秋收时,尹承根有 3.4 亩水田(23 级)打 2 050 多斤谷子,金时龙有 3.7 亩水田(24 级)仅打 1 780 斤谷子。因为金时龙的水田是全组最后一个插秧的,虽然地级高却少打了粮食。为了这事,全组召开多次会议进行讨论。同时,大家又想到文顺玉有一垧水田是 30 级,因为上粪太多,稻子长得高被风吹倒,糟蹋了粮食;而有些地质量很坏,因为土地主人没有粪就没有施肥,产量很低。大家认为,这样施肥也是一种不合理的现象。

在讨论解决上述问题的办法时,有人提出:少打粮的由全组给包上;李天禄提议,干脆由互助组将土地全部收买归公有,使每块地的产量与每个组员都息息相关,大家就不再各顾各人了。后一种意见立即获得绝大多数人的同意。当时金时龙也赞成土地入股,可是他想自己是共产党员,不知这样做是否合乎党的政策,便向正在该村工作的牛复胜副县长请示。牛副

---

① 孔庆举、张文忠、崔景泽、姜衡:《金时龙农业生产合作社是怎样发展起来的?》,《东北日报》,1952 年 2 月 27 日。

县长当时告诉他不要急于土地入股,可先实行一种过渡办法——"产量保证制"。①

金时龙回到组里说服了要求土地入股的人,然后又讨论如何实行产量保证制。讨论的结果是:按地额常年产量及近一两年的实际产量,评定产量保证标准,先由各户自报,然后由小组公议。除灾害外,土地所有者按"标准额"得粮,但因经营努力而超产部分归劳动者所有。各户肥料由小组购买,按土地需要合理施肥。

1950年,全组上粪1 100车,水田翻二遍,60%实行正条插秧,2%是元子二号优良品种。特别是全组土地统一经营后,开始根据需要施肥,有计划地改良土壤。如宋炳宽的7.1亩上了287车黑土肥、36车粪肥,结果稻子长得很好。这一年全组产量大增。水田平均每垧6 800斤,水田总产115 000斤,比保证产量多打49 000多斤;旱田平均每垧3 000斤,总产104 900斤,超过保证产量2 500多斤。另外,还有集体开荒地、租种地的收获未计在内。副业生产方面,除大车拉脚外,还组织一部分人上山挖药料。②

## 三

1950年实行产量保证制时,大家为了合理经营土地,曾集中力量往不好的土地里上粪。除宋炳宽的土地上不少肥外,崔汰洙的4.2亩水田也上了不少粪。秋后庄稼收成很好:宋炳宽的水田实际产量超过保证产量800多斤,崔汰洙的超过将近一倍。这时,他们要求小组重新给评产量,说去年把产量给评低了,如果保证产量还像以前一样就要退出组单干。虽然有的组员跟他们讲:这是因为组里集中上粪和组织起来改进技术才多打了粮食,并不是产量评低了,但是他们却坚持己见。

另外,"产量保证制"规定:凡超过保证产量的部分归小组劳动力均

① 孔庆举、张文忠、崔景泽、姜衡:《金时龙农业生产合作社是怎样发展起来的?》,《东北日报》1952年2月27日。

② 同①。

分,但因不可抗拒的天灾而未达到保证产量时,其不足部分小组不负责任。恰好在 1950 年就有几块受旱灾的土地。玄顺月 4.1 亩水田,原来评定产量 1 025 斤,因旱灾只收 594 斤,而在生产过程中她正好生病,外欠工 22 个。她所收的粮食除去还人家工钱,连公粮都缴不上。大家都觉得对这样受自然灾害的组员也不能坐视不管。

根据宋炳宽、崔汰洙两人的要求,土地质量改变之后,应当再评一次产量。但是组员都说:小组计划几年内在山坡河岸植树,保护农田不受水害,并要逐渐改良不好的土壤,如果将来改造自然的计划实现了,自私自利的人都要退组单干,这个小组不就垮台了吗! 我们干得还有个什么劲头!

怎么办呢? 金时龙领导大家开了 80 多次会。争论到最后,有人提出"土地入股、按劳动力和土地分粮"的办法,立即取得了绝大多数组员的拥护。但是金时龙却暗自想:去年大家提出土地入股时,上级曾经告诫说要慎重一些,最后实行了产量保证制。今年大家又提出土地入股,会不会违反政策呢? 想来想去没有把握,还是请求上级党委帮助解决吧! 于是,金时龙就把群众的意见反映给了区委和县委。

上级党委研究了他们小组的情况之后,都认为,他们小组已有几年的历史,群众觉悟比较高,农业技术已有改进,生产有很大发展,组内有金时龙这样强有力的领导,有党员、团员、积极分子等众多骨干,而且这是群众的要求,于是便批准了金时龙的要求,除指示他要贯彻自愿原则之外,还派干部具体帮助。

金时龙根据上级党委指示,特别向组员说明:土地入股我们还没有经验,真心愿意入股的就入股,不愿意的就不要勉强。经过组员自愿选择后,15 户愿意土地入股,组成农业生产合作社,7 户愿意实行"标准工"办法,保留互助组,这 22 户还在联组统一领导之下,采取不同方法共同计划生产。崔汰洙、宋炳宽既不入社,也不留组,退出来自己单干。

经过大家讨论,拟订了"土地入股章程",规定:(1) 土地入股、退股完全自由。(2) 土地入股时,按土地产量、需要工数及时价,评定土地价格,10 级以下不好的土地按时价计算。(3) 后来入股的土地,亦按最初入股的价格计算,后入股者也享有组内一切福利公积金的权利。(4) 退股时一般是退给与原土地产量相等之边缘地(以便于使用新农具和大胆改良土壤),但退股人坚决要求退原地,说服无效时,也退给原地。但因改良土壤有过投资,退股人须给一定代价。若要求退现款时则退现款。(5)退股退公积金,但已花掉的不退。(6)分红办法是:从总收入中扣除2.5%公积金(其中20%作为公益金用在福利事业上,其余都用在生产上),在计划全组产量以内的粮食按三(土地股)七(劳动股)分,超过计划产量部分分给劳动股。此外,还规定种子、肥料统一由小组收购,车、牛、农具使用时评分,秋后加到劳动工分内分粮。规定牛在夏、秋季顶一个人工,在春季顶一个半人工,车顶半个人工,公私所有洋犁顶二分到三分工(一般人工一天评10分)。[①]

为了提高劳动效率,掌握农业技术,提高单位面积产量,生产实行统一计划、具体分工负责制。根据当年生产计划,分烟草技术指导、温床冷床育苗、选种消毒、农具保管、副业生产、植树、积肥、水利、文化政治学习等专人负责小组。同时规定了必要的劳动纪律,按全组土地每一季节所需工数,规定每人必须出的劳动日数,每个组员除特殊情形外,必须完成规定的劳动日数。如在农忙期间组员不能出勤时,必须向组长请假。为了照顾妇女,产妇可以休息2~3个月,月经期可以休息3~7天,但休息期间可酌情参加轻微劳动。[②]

实行土地入股后,带来不少好处:一是可以合理地使用土地,更有利于发展生产。过去上粪不能上到应上的地里,种庄稼不能种在合适的搓口,现在可以从怎样对生产有利来考虑使用土地。过去金允哲有4亩地最适于种菜,但他自己种不了,而别人没有菜地,还得到龙井市买菜吃;土地入股以后,这4亩地就全部种菜,解决了全组的吃菜问题。二是可以合理使用劳动力,发挥了大家的劳动积极性。因为生产范围扩大了,强弱劳动力都可以参加适当劳动,劳动多的人秋后可多分粮,因此大家都争先恐后地下地干活。三是加强集体观念。1950年实行产量保证制时,虽可实行重

---

① 孔庆举、张文忠、崔景泽、姜衡:《金时龙农业生产合作社是怎样发展起来的?》,《东北日报》,1952年2月27日。

② 同①。

点施肥,但是,不少人总想把粪上到自己地里,组长还要耐心说服大家把粪上到应上的地里。但土地入股后,粪就可以上到应该上的地里,因为哪块地多打了粮食都有自己一份。①

1951 年,金时龙合作社的生产又继续向前发展。这一年,他们共施肥 1 320 车,种子都是优良品种,并全用王铜消毒,水稻一部分采用温床育苗技术(够栽三垧半地),70% 实行正条插秧,用洋犁深耕,用水田除草器除草。由于这一年年景不好,一般庄稼收成只有往年的 7 成,但合作社的收获还是有所增加。水田平均每垧产量 7 730 斤,比上年增加 16%,旱田作物(包括经济作物)收获如果折成谷子计算,平均每垧产量是 5 360 斤,比上年增加了将近一倍。合作社全年农副业收入 7 100 元,扣除各项生产费用、公积金和征购粮,余额 5 440 元。按二八比例分成,每个劳动日值 1.39元。当年,金时龙合作社被农业部评为"全面丰产模范农业生产合作社"。而实行"标准工"互助小组水田平均每垧产量 7 600 斤,旱田平均每垧产量是 2 015 斤。而单干户宋炳宽,由于这一年老婆生了孩子,他一人忙死忙活地苦干,可庄稼播种和收割还是不能及时,产量比互助组差不少,更别提与合作社比了。他在平安读中学的儿子也埋怨说:"人家孩子都在延吉中学读书,就我一人每天要跑 30 多里地,都怨你不该退出单干。"②(互助组在延吉租了一所房子给组内 13 个中学生住,并派了一个妇女给他们烧饭——笔者按)。因此,这年年底,7 户实行标准工的农户和单干的宋炳宽又重新加入合作社。

在金时龙合作社的吸引和带动下,1951 年底,英成村 205 户中有 60%组织起互助组,并且都采用了标准工的办法。其中,朴秀满、朴时亨 2 个基础较好的互助组也酝酿在 1952 年实行土地入股,变成农业生产合作社。

1952 年 1 月 19 日,《东北日报》上发表了王光伟撰写的《金时龙农业生产合作社》一文,介绍了金时龙合作社的发展历程及事迹,该文随后又发表在 1952 年《新华月报》第 2 期上。2 月 27 日,《东北日报》上又发表了

---

① 孔庆举、张文忠、崔景泽、姜衡:《金时龙农业生产合作社是怎样发展起来的?》,《东北日报》,1952 年 2 月 27 日。

② 同①。

《金时龙农业生产合作社是怎样发展起来的?》一文,进一步生动而详细地介绍了金时龙合作社发展的经过。1953 年,该文由东北人民出版社出版单行本。由此,金时龙合作社名震全国,以善于解决互助组内"十八个矛盾"而著称,成为全国农业合作化运动的一面旗帜,对许多初级社的创办产生了重大影响。

四

经过一年的实践,金时龙合作社发现按土地股分红,仍然存在不合理因素。土地的好与坏,评价的高与低,直接影响到分红者的收入。1952年,合作社把土地分红的比例由 20% 降到 13%,把劳动分红的比例由 80%上升到 87%。同时,为了加强劳动计划管理,又实行了"劳动自报制"。其具体做法是:社员根据本社在春耕、夏锄、秋收各季所需用的计划工数,按生产段落(15~20 天),自报自己所能参加的劳动日数,然后将全体社员自报的小段劳动日数,同合作社这一段的计划工数相对照,由管委会统一调剂余缺,有计划地把剩余劳力投入到副业生产和长期建设上去。这种"劳动自报制"的劳动管理形式,使合作社的经营走上了计划管理的轨道。按照社员自报的劳动日数,不仅能保证集体生产用工的需要和兼顾社员家庭劳动,而且使劳动力有剩余。于是合作社就根据劳动力情况,加大了各项生产措施,加上 1952 年这一年气候适宜,到秋收季节,农业生产又获得丰收。水稻每公顷单产 7 800 斤,比 1951 年提高 27.7%;谷子每公顷单产2 850 斤,比 1951 年提高 14%;大豆每公顷单产 4 050 斤,比 1951 年提高24.3%。农副业总收入 2.8 万元,比 1951 年增长 24.5%。户均收入 420元,比 1951 年增长 22.4%。劳动日值 1.56 元,比 1951 年增加 0.17 元。[①]

1952 年 4 月,金时龙参加中国农民代表团赴苏联考察集体农庄。同年 11 月,金时龙考察结束后,回到合作社,向社员和群众介绍了访问苏联

---

① 金浩山,等:《吉林省英成村农业合作社简史》,见《当代中国的农业合作制》编辑室《当代中国典型农业合作社史选编》,中国农业出版社,2002 年,第 404 页。

集体农庄的经过,特别详细地介绍了前苏联集体农业生产机械化的情形以及在劳动中实行定额管理的具体做法,还按照苏联方面的介绍方式宣传了苏联集体农庄农民幸福而愉快的生活。金时龙的介绍激起了广大社员对集体农庄的向往,社员们迫切要求把农业生产合作社建成集体农庄。支部综合群众要求,向区委、县委申请建立集体农庄。区委、县委和地委派人来英成村进行细致的调查研究后,批准了他们的建庄要求。同年12月,金时龙合作社即着手进行建庄的准备工作。社员们都报名入庄,东山屯的农民也要求入庄。

经过一段时间的酝酿和筹备,1953年3月12日,黎明集体农庄终于诞生了,共有48户农民入庄。入庄农民除自留菜园地外,其他土地评定地价,共同耕作,作为集体农庄共同所有,没有租息。但退庄的时候,退原地或退给与原地相当的价格。共有水田33垧、旱地53垧入庄。牲畜、农具等生产资料入股由原来农业社20%的资金利息改为0.9厘的银行利息。农庄的组织原则是民主集中制,庄员大会是农庄最高权力机关,由庄员大会选举产生农庄的管理委员会和监察委员会。管委会由15人组成,其中正副主席5名,下设"技术研究部"、"财务部"、"畜牧部"、"生活指导部"。监察委员会由5人组成,主任、副主任各1名,委员3名。农庄下辖3个生产队。

黎明集体农庄建立后,为了更好地组织劳动,开始借鉴和采用苏联集体农庄劳动定额制。其具体做法是:根据不同的作业性质,订出劳动件数,按计件固定评工,以固定的劳动力来负责不同作业性质的劳动,保证质量。如超过定额者给予奖励,不足定额者追究责任,给予适当的批评与处分。这就有力地调动了庄员的积极性。同时,在农业生产技术上推广了崔竹松水稻丰产经验和肇源县丰产经验,采取了一系列增产措施。这一年全庄上粪比上年增加一倍。精选种籽,并试验种子发芽率。改革农具,修了22台犁杖,新制了宽播用的2个点葫芦,买了2台镇压机,织了苗床用的1 400张草帘子。在技术站技术员的指导下,水田翻了2遍,采用崔竹松式的综合性育苗,采用复式、双株、对角插秧方法,并开始试验密植;还采用了肇源县的等距宽播、保苗等方法。这一年,虽然遭受低温冷害的自然灾害,但集体农庄的水田平均每垧产量仍达到7 303斤;全年农副业总收入3.5万元,比 1952 年增长 80%，每个劳动日值 1.8 元，比 1952 年增加 0.24 元，向国家交售征购粮占全村征购粮的 50%。当年底，黎明集体农庄被评为省集体农庄模范。

黎明集体农庄是互助合作运动中的一面先进旗帜，它不仅在当地有很大影响，而且在整个延边地区乃至全国也是最早的集体农庄之一。一年来从延边地区自愿来英成村加入农庄的有 13 户，全国各地来参观的人数达 5 万名之多，其中包括遥远的西藏、青海、云南等地少数民族群众。黎明集体农庄收到各种锦旗 38 面，收到全国各地寄来的慰问信达 1 万多封。

在黎明集体农庄 1953 年取得成功后，英成村的 3 个初级社、2 个互助组和 12 个单干户要求加入农庄。经过一个时期的酝酿和筹备，1954 年 2 月 19 日，黎明集体农庄扩大到 195 户，占全村总数的 94.66%，入庄耕地占总面积的 95.04%，有车 50 辆，牛 76 头，马 4 匹，犁和耙 245 副，马拉镇压机、播种机、铲耥机、除草机、双轮双钟犁等 400 多台件。

农庄管委会下辖 16 个田间生产队和 1 个畜牧队。农庄对生产队在"四固定"的基础上，实行包工包产制；生产队对庄员实行"劳动自报制"和定额管理小包工制。由农庄统一核算，由生产队进行分配。分配部分在扣除农业税、各项费用和公共积累后，按劳动工分进行实物和现金分配。1954 年，由于遭受特大自然灾害，黎明集体农庄农业大幅度减产，水田每垧只收 1 349 斤，旱地每垧也仅收 2 889 斤。秋收后，农庄积极组织生产自救，广开生产门路，各项副业总收入 36 000 元，基本上弥补了农业歉收的损失，并为下一年的生产作了较充分的准备。

1955 年，黎明集体农庄为调动群众的生产积极性，在继续完善包工包产、计件包工等生产责任制的同时，狠抓粮豆增产措施，增施粪肥，选用良种，推广新的技术，再加上风调雨顺，到秋收季节获得大丰收。农副业总收入 13.68 万元，可分配收入 7.2 万元，每个劳动日值 2.03 元，庄员的日子过得非常红火。[①]

---

① 金浩山，等：《吉林省英成村农业合作社简史》，见《当代中国的农业合作制》编辑室《当代中国典型农业合作社史选编》，中国农业出版社，2002 年，第 405－406 页。

## 五

在全国农村批判"小脚女人"的右倾保守思想之后,1956 年春,中共延边州委提出,春节以前,以行政村为单位并社,要达到全区总村数的 70%,各县有条件的可以试办一两个几个村联合的大社。在这种势不可当的形势下,省、州联合调查组来到黎明集体农庄,以并社为中心,召开附近 8 个村干部会议,讨论建立高级农业生产合作社事宜。平原地区社和富裕的老社干部及社员不同意并社,怕贫富拉平,并社吃亏。山区社和新社的干部及社员则积极要求"并社",他们认为并社可以改善生产条件,增强生产能力。在反右倾保守思想与批判富农思想和资本主义道路的政治压力下,不愿并社的干部社员感到并社是大势所趋,也只好同意合并了。

经过短暂的筹备后,英成村与周围的龙山、平安、仁化、长南、东明、延东、东盛等 8 个村合并组成了黎明高级农业生产合作社,共有社员 1 777 户,水旱地 3 060 垧,耕畜 564 头。在成立大会上,选举了 41 名管理委员(主席为金时龙,副主席有 5 名)和 15 名监察委员。高级社下设 8 个生产队(其下又划分为 43 个田间作业队)和 3 个副业队(畜牧、基建、果树)。高级社对生产队实行"四固定"、"三包一奖"责任制(即土地、耕畜、大农具、车辆固定到队,实行包工、包产、包成本、超产奖励),由社统一核算,按队分配。

黎明高级社建立 2 年来,由于干部事业心较强,加上统一指挥和集体劳动所带来的便利,进行了许多农田水利建设。在海兰江旁修筑 14 500 米长的 2 条渠道,修筑了 3 500 米长的防洪堤,挖了 3 处地下水,建了 3 个小型蓄水池,扩大灌溉面积,实行旱改水 570 垧,还开垦水田 17 垧。在长南、东明等山坡上栽种了苹果树、梨树 3.3 万株,发展果园 150 垧。但是,由于把经济水平不同的村庄并在一起,规模过大,经营管理不善,社员劳动积极性不高,再加上自然灾害的影响,高级社的状况不太理想。1956 年农业生产受到了自然灾害,水稻年收成不到往年的 6 成,但旱田比丰产的 1955 年增产 20%～

30%,粮食总产量为 10 710 600 斤,比 1955 年增产 8.01%,每个劳动日的报酬 1.2 元。1957 年,水田每垧平均产量只有 6 799 斤,比黎明集体农庄时期最低的 1953 年(7 603 斤)还少 903 斤。

1958 年后,英成村在人民公社化浪潮中加入东盛人民公社,其后又遭到"文化大革命"的破坏。在此期间,虽然在农田水利建设上取得一定成绩,但是,在总体上,英成村经济发展遭受重大挫折,长期低迷不振,已失去了昔日的辉煌与光彩。

# 第四节 "三条驴腿"创业的"穷棒子社"

20 世纪 50 年代,河北省遵化县西铺村王国藩领导的穷棒子社,凭着"三条驴腿"白手起家,艰难创业,勤俭办社,取得了显著成绩,获得毛泽东的高度赞誉,成为农业合作化运动中的一面旗帜。

一

河北省遵化县城东 40 里、长峪山北麓有一个村庄,当时叫四十里铺。一条小河从街心穿过,把村子分成两半,东半边叫"东铺",西半边叫"西铺"。西铺是一个山多地少、石厚土薄的山区,在绿林深处隐藏着 154 户农家。

1947 年初,西铺村共有农户 154 户、耕地 2 160 亩。5 户地主有耕地 1 240 亩,占全村土地总数的 57.4%,4 户富农有耕地 175 亩,占全村土地总数的 8.1%,34 户中农有耕地 420 亩,占全村土地总数的 19.4%,而全村 111 户贫雇农却只有耕地 325 亩,只占全村总土地面积的 15.1%。全村 111 户贫雇农只有 7 头毛驴,平均每户只有 0.06 头,中农 34 户有毛驴 11 头、牛 6 头,其他如骡、马等大牲畜以及铁轴大车等农具全部掌握在地主富农的手里。① 当时,西铺村的广大农民过着"糠菜半年粮,祖居破草房,全家一条被,三载着一装"的苦日子。村中有 20 多户常年靠讨饭度日,每年都有一些人饿死。

1947 年 6 月,冀东革命老区遵化获得解放。随后,西铺村展开了轰轰烈烈的土地改革运动,农民们欢天喜地敲锣打鼓,每人平分了 1.6 亩土地,生产积极性大为提高。但是,由于多数贫下中农严重缺乏生产资料,要么没有耕畜,要么只有几分之一的"驴股"或"牛股"。农具也很少,平均每 8 户才有一套农具。耕畜、大农具集中在少数富裕户手里,无畜户必须要等耕畜、农具的主人用好后才能借用。② 再加上缺种、少肥、无劳力,一些贫农被迫外出打工,甚至讨饭和出卖土地、房屋。可是,村里一些富裕中农,靠手里的车辆、牲畜,卖套、跑运输、揽买卖,日子逐渐好起来,有的还开始雇工和买地。

1949 年 7 月,西铺村边的沙河泛滥,90 多亩耕地被冲毁,卷走房屋 14 间。望着大片大片的沙砾,户主们抱头痛哭。当时,西铺村有 11 户贫下中农卖出土地共 74 亩,6 户典卖房屋 15 间;严重缺粮的有 74 户,欠债的有 60 多户;4 户贫农又开始讨饭,至于扛活打短工的就更多了。这时邻村白马峪的几家富裕户放出风来:"再过几年,把四十里铺那些穷小子的炕头也都买过来!"③

党和政府十分关怀面临严重困难的西铺农民。土改后几年中,平均每年给西铺村发放救济粮 5 万斤、寒衣 100 多套,还发放一些布匹和现款,帮助他们渡过难关。

1951 年初,西铺村开始组织互助组,全村建起了 11 个互助组。参加的农户达到 60%,其中有一部分是常年性的互助。互助组各户之间,进行劳力与劳力、畜力与畜力或劳力与畜力的"换工",到年底结算"找齐"。这一

① 李保文,等:《河北省西铺村"穷棒子"创业史》,见《当代中国的农业合作制》编辑室《当代中国典型农业合作社史选编》,中国农业出版社,2002 年,第 139 页。
② 王国藩:《回忆"穷棒子社"》,见《文史精华》编辑部《文史精华撷珍本》(下卷),内蒙古人民出版社,1997 年,第 20 页。
③ 同①,第 140 页。

年,互助组的粮食获得了好收成,平均亩产94斤,有60多户亩产量达到126斤。村里严重缺粮户由74户降到36户,国家发放的救济粮由5万斤减少到2.7万斤,救济的寒衣由100套降到30套。

1952年底,全村农户纷纷加入互助组,他们把原来11个组合并成8个,共124户,参加互助组的农户占总农户数的80%。当年西铺村所在的遵化县第十区农业风调雨顺,西铺村互助组粮食平均产量也达到128斤。这样,西铺村农民就初步尝到了组织互助组的甜头。①

## 二

1952年,遵化十区的东小寨和王老庄办的两个初级社,都获得大丰收,比西铺村的互助组强多了。贫农王林把这个消息带到西铺村后,引得村民聚在一起议论纷纷。有的村民说:"既然人家能办,办得蛮好,咱们也要办,也一定能办成功,人多力量大嘛!"但也有人说:"亲兄弟还闹分家呢,七姓八户拢一块儿,没那么容易。"

听着乡亲们在街头的议论,王国藩和杜奎等村党支部成员的心情更不平静。他们在一起商量:土改才三四年,村里不少人家卖地典房,挡都挡不住。新发户置田修宅,胃口越来越大。看来只有大伙把土地合并到一起,集体劳动,成立合作社,才有可能走上共同富裕的道路。

在村党员会上,王国藩和杜奎把办合作社的打算提出后,在场的都举手赞成,并踊跃报名,加上会后要求参加的群众共有二十七八户。等到写好申请书,大家让王国藩和杜奎去同区委联系。区委考虑初级社尚在试办阶段,不同意他们办社。但是,后来,区委看他们决心很大,真有九头牛拉不回的劲头,也就批准了。

王国藩和杜奎高高兴兴地回到村里,当夜召开党员会议。可是,一上来就冷了场,闷了半顿饭的工夫都没人吱声。好不容易,党员温化之开口

---

① 李保文,等:《河北省西铺村"穷棒子"创业史》,见《当代中国的农业合作制》编辑室《当代中国典型农业合作社史选编》,中国农业出版社,2002年,第140-141页。

了,他说他老婆不同意,要等一年再入社。接着,其他发言的,要么吞吞吐吐,要么模棱两可,会议不好再开下去,只好宣布散会。①

事后,王国藩和杜奎等人又分头进行动员,几天下来,只有 22 户愿意入社。于是,召开社员大会。大家推举王国藩为主任,杜奎为副主任,西铺村的第一个初级社成立了。社员中许多人在解放前讨过饭或扛过活,家底都十分单薄。当时全社共有土地 230 亩,没有大农具,大牲畜更是少得可怜。杜春的毛驴是 4 家合伙养的,范玉林的毛驴是 8 家入股买的,杜亮的那头瘦驴归 5 家共有,温自礼的驴股份更多,每 12 天才轮到一班。总计起来,合作社只合到 3 条驴腿多一点。这就是"三条驴腿"办社的由来。

新生的初级社成立后,当时一些富裕户讥笑他们是"穷棒子社",断言"这群吃救济粮、领寒衣的骨干凑合在一块儿,早晚得穷散架!""浑水的泥鳅成不了龙!"听了这些风言风语,王国藩召集全体社员开会,鼓励大家说:"有人讥笑我们是'穷棒子',我们就是'穷棒子'。但我们人穷志不穷、难不倒、穷不散。只要我们把社办好,怪话自然就没人说了。"

合作社成立第二天,王国藩就率领社员奔赴猫儿港南山,搬石头,挡坝阶,修梯田。大家在寒风中,干得热火朝天,汗流浃背。这时,在外流浪的孤儿戴存回到村里,被合作社吸收入社。

春节前,合作社兵分两路,由王国藩在村里带妇女老少做好春耕准备,3 条驴腿不够用就肩担人抬往地里送粪,妇女老少搂石、整地;其余 19 名壮劳力,由杜奎带队来到 40 里外的王寺峪山上打柴。在寒冬腊月中,他们吃着稀粥白薯,穿着破棉衣,住着透天的草棚,十几个人合扯着 4 条小被。每天起早进山,傍黑收工,一天至少打 3 担柴。就这样苦干 20 多天,打回 4 万多斤柴,卖了 430 多元钱,终于有了第一笔宝贵的资金。过春节的时候,大家眼巴巴瞅着这些钱一分也没舍得花,用它买回 1 辆大车、1 头牛、1 头骡子、19 只羊和部分小农具,初步缓解了初级社生产工具极度缺乏的困难。

---

① 王国藩:《回忆"穷棒子社"》,见《文史精华》编辑部《文史精华撷珍本》(下卷),内蒙古人民出版社,1997 年,第 20 页。

　　有了牛羊没有圈,有了牲口没草料,有了车没鞍套,23 户社员一起想方设法解决,从家里找,向亲戚借,能接就接,能补就补,修旧的,利用废的,只要顶用绝不买新的。邵庆林把土改时分得的小树刨了,扛来两根松杆。梁进田抱来了从自家橱子上拆下来的 3 根棍子。佟印拿来从自家木柜上取下来的几颗钉子。全社社员齐动手,搭起了牛羊圈。

　　1953 年春节刚过,合作社的社员就忙开了。10 个男劳力留在家和妇女一起送粪、整地,9 名劳力第二次上山打柴。20 多天后,在家的完成了备耕任务,上山砍的柴卖得 210 元钱。于是,社里买回了粮食和草料,又添置了一头骡子、11 只羊和磨豆腐的全套用具,开起了豆腐坊。

　　春播即将开始,种子还没有。王国藩发动社员向亲戚借,凑齐了种子,又齐心协力地播种。随后,社员们的吃粮问题又凸现了出来,23 户中多数户口粮断了顿,只好靠挖野菜度日。党员梁进田、杜奎拿出自家省吃俭用节约下的一点粮食,接济亏粮的社员,带动全社互通有无。大伙又凑集了白薯种,育了 20 多炕薯秧,除了供本社栽种外,还卖了些钱,解决了夏锄期间全体社员的缺粮用款。①

　　秋前,庄稼没熟,不少社员口粮告紧,一些社员情绪低落。王荣后悔不该早早入社,他说:"没入社时,儿子给人扛活,虽然一年才挣一石粮,可连嘴也带出去了,而现在一个米粒也没人给,还得张嘴吃家里的。"王国藩提出"现在多受一点苦,秋收多收一成粮"的口号,动员社员再努一把力,克服秋收前的最后困难。同时,他还组织社员割荆草芽子(绿肥)换粮吃。由于草贱、人多,换来的粮食不够吃,王国藩就先让社员吃饱,他家有 2 天没有尝过粮食味,人都浮肿了。此时,前来考察的遵化十区区委书记赵涌兴发现了他们的困难,就让信用社给合作社送来了 50 元贷款,每户社员分了二三元,解决了社员们的燃眉之急。

　　1953 年秋季,"穷棒子社"获得大丰收,粮食平均亩产 254 斤,突破西铺村历年的亩产量,超过互助组产量近一倍。全社总产 45 800 多斤,扣除

---

　　① 王国藩:《回忆"穷棒子社"》,见《文史精华》编辑部《文史精华撷珍本》(下卷),内蒙古人民出版社,1997 年,第 23 页。

集体提留,平均每户分粮 1 400 多斤。全社总收入 6 800 多元,除掉各项开支,平均每户分得 190 多元,比单干时增长 60%,此外,还提取公共积累 2 400 多元,为来年扩大再生产奠定了基础。

初级社的丰收,极大地激发了社员的爱社热情。社员王荣家 7 口人,11 亩地,3 个劳力,1952 年互助组时他家只收 6 石粮,入社第一年就分得 41 石粮,一下子还清了 15 年的旧债。他高兴地到处说:"这回我打定主意了,一辈子不出社。"孤儿戴存分到了 2 589 斤粮,高兴得不知怎么安排生活,他激动地对王国藩说:"社就是我的家,党就是我的娘!"

三

"穷棒子社"在办社过程中,切实团结与帮助互助组和单干户。1953 年夏末秋初,阴雨连绵,下中农杜芳靠近合作社的 7 亩庄稼,草长得比苗高,互助组锄不过来,眼看就要减产。温自全的 3 亩白薯、温永全的 3 亩粳稻,因为收拾不过来,赌气不要了。为了带动大家一起增产,"穷棒子社"硬是抽人帮杜芳抢锄出来,帮助温自全、温永全抢收回来。① 此外,他们还抽出人工、牲口无代价地帮助社外户送粪、收割,决不让土地撂荒,更不让种"白点地"。这样,"穷棒子社"就赢得不少社外的互助组和单干户的好感。

"穷棒子社"的增产增收,在西铺村乃至全十区引起强烈反响。它像磁石一样吸引着社外农户。社外农民望着初级社堆得像山一样的粮食,数着合作社里的骡、驴、牛、羊,心里羡慕极了,打心眼里想入社。佟富的媳妇特意向社里保证:只要批准她家入社,她保证一定改掉爱骂街的毛病。贫农王贵洲、杜恒等恨不得马上入社,起早贪黑地帮助社里锄草、赶车。

"穷棒子社"虽然愿意帮助社外农户,但是,23 户社员大都不乐意吸收社外农民参加。有的说:"办社头一年真顶 10 年过,当时那么困难,社外有的人不但不同情、支持,反而看笑话、讽刺、打击。这回咱苦干一年,江山基

---

① 王林:《勤俭办社》,《河北日报》,1955 年 5 月 4 日。

业打下来了,谁也别想沾边。23 户闷头干它几年再说。"

为了解决扩社的问题,1953 年秋后,遵化县委领导决定帮忙做通社员的思想工作。县委书记曹寿山带着一些县委和区委干部来到西铺村王国藩合作社,贯彻总路线,批判关门主义,帮助"穷棒子社"解决扩社问题。几天过去了,23 户谁也不发表意见,最后由王荣代表大家陈述了理由。曹寿山随即指出:"你们还怕人多?人多好办事嘛!为啥土改后分了房子和地,靠单干没弄好,入社头一年就变化这么大?集体化的优越性嘛!现在以你们 23 户为基础,再根据自愿互利原则吸收一批新生力量,只能对你们有利,你们入社第一年,过日子不愁吃穿,旧债也全部还清,这就满足啦?这离真正过幸福生活还差得远呢!将来得用机械作业、汽车运输、搞电气化呀!刚办就满足现状应该不应该?闹关门主义应该不应该?"曹寿山还特别强调执行"巩固地团结中农"的政策,欢迎他们入社才是正确态度。在县委书记的开导下,大家纷纷点头表示同意扩社。于是,在原来 23 户的基础上,吸收了 60 户,耕地由 230 亩扩大到 937 亩,农具、牲畜等生产资料也进一步增加,全社划分为 4 个生产队。① 随后,又给合作社取了一个正式名字——建明初级社。

建明社成立后,首先要面临的问题是如何处理社员牲口、大车等大农具。个别老社员和新入社的中农认为社大业大,应该办得"像个样子"。一些有牲口、车辆的中农主张把牲口和车辆全部折价归社,说"这样才显得气派",社里有使的,中农户也不至于会"吃亏"。王国藩和杜奎等大多数老社员不同意这样做,他们认为合作社前一段时间,由于艰苦奋斗而增加了收入,现下经济虽然好转,仍应该精打细算,大日子当小日子过。

经过多次讨论,社委会达成了几点共识:第一,合作社还没有能力一下子折价收买这么多的耕畜和大农具。若是硬添置,势必造成集体负债过重。当年要偿还这些债务,大体需要社里付出 500 亩土地的收获量,势必会影响绝大多数社员安排来年生活;如不偿还,中农户肯定不满。无论偿

---

① 王国藩:《回忆"穷棒子社"》,见《文史精华》编辑部《文史精华撷珍本》(下卷),内蒙古人民出版社,1997 年,第 26 页。

还与否,都会影响合作社的巩固。第二,部分新入社的,尤其是中农户,要求牲口、车辆、农具全部作价归社,也不尽是为社打算,而是个人图省心。但大批耕畜、农具投进来,管理不善,社里注定要遭受损失。第三,最可行的办法是将社里急需的耕畜和大车实行私有伙用,付给一定报酬,个人并不吃亏。常年用牲口、大农具,按每用一天牲口付给报酬 5~6 角钱计算,一头牲口一年让社里使用 200 天,有牲口户就能得到 100~120 元,自己抱碾、走亲、垫圈仍可机动。圈粪、猪粪,勤垫勤除,一年最低积 15 车粪,按中等类计算,每车 2.5 元计价归社,还能收入 37.5 元。有牲口的新社员户每年能增加一大笔收入,可以更好地改善生活。①

可是,真正实行起来并不简单。有的社员提出:"牲口私有伙用,在公、私发生矛盾时怎么办? 牲口这么多,会不会在伙用上出现不公平现象?""牲口是谁的谁经心",怎样才能使伙用的牲口得到保护? 再有,车辆和大农具私有伙用,损坏了怎么处理? 对这些问题,经过社员充分讨论后决定:有牲口、车辆、车具的户先自报出勤率,根据自报的情况,当伙用与私用发生矛盾时,只要没超过自报出勤率规定的劳动日,就要先尽社使用,按使用日数计酬。牲口随其主人调配。在同一生产队,谁的牲口由谁使用,繁殖的幼畜归其主人。农具、车辆坏了,由社按照耕地亩数确定适当比例,向生产队拨费用,负责修理。随后,合作社又决定对小农具实行私有伙用伙修的办法。② 这样一来,初级社就较好地处理了耕畜、农具的使用问题,既量力而行、节约资金,又避免了许多初级社初建时极易发生的不顾实际需要与现实可能而盲目扩大公有化范围的倾向。

建明社成立后,随即抓好积肥、改土、整修梯田等工作。1954 年,建明社按计划兴修水利,增施肥料。到 1955 年共打井 3 眼,开始引水浇地。建明社岭子山前后的耕地多是黄黏土,沙河西岸的滩地多沙土。依照当地农谚"黏土掺土沙,赛过描油渣","沙地掺黄土,一亩顶两亩"的经验,建明社组织社员开始对一些地块进行土壤改良,扶壮地力。

---

① 王林:《勤俭办社》,《河北日报》,1955 年 5 月 4 日。
② 王国藩:《回忆"穷棒子社"》,见《文史精华》编辑部《文史精华撷珍本》(下卷),内蒙古人民出版社,1997 年,第 26 页。

建明社成立后，人多势众，但王国藩等领导人头脑十分清醒。他们打消了部分社员想"一口吃个胖子"的奢想，说服了社员不要急于操办像运输、榨油等赚头很大但风险也大的副业，而是发扬老传统，主要经营一些不花大本钱、干起来有把握、只要付出点辛苦就能保障增加收入的副业，如组织社员打柴、割草、编筐、养殖牲畜、开豆腐坊、开粉作坊等。1953 年冬，他们就用打柴的钱添置了 3 头牛。

1954 年秋收时节，王国藩提出"精收细打"的号召，获得社员们的积极响应。这年秋收和冬初，建明社通过精收细打，再加上打柴、割草、编筐，为供销社搞副业加工等多项副业收入，没向国家借一个钱，就添置了价值 1 550 元的 2 头骡子、2 辆胶轮大车，购买了 200 元的肥田粉和 180 多元的牲口饲料。

与此同时，建明社还不断加强管理，注意节约开支。建明社对小农具实行私有伙用伙修的办法不久，就发现一个弊端：一些社员认为，农具坏了反正由社里修，使用时就不太小心。针对这种情况，建明社借鉴耿长锁农业生产合作社所采用的财务包干办法，在 4 个生产队中实行小型农具修理的财务包干，每队每年发 20 元，如果不够，由队想办法，如有富余，归队员自己分配，结果都没有用完。1954 年，由于大农具没有实行财务包干，大农具损坏率就高，全年修理费用高达 120 元。总务费用也没有包干，会计室的纸、墨、煤油，社员就乱拿乱用。1955 年春，建明社便对所有农具都实行包干到队，并对会计室、牧羊人、运输员等都实行财务包干。[①]

1954 年秋，建明社获得大丰收，平均粮食亩产达到 274 斤，平均每户社员可分配到 269 元，合作社得到进一步巩固。秋后，合作社扩大规模，吸收 65 户入社，总户数达到 148 户，总耕地达到 1 907 亩，基本上实现了全村合作化（只有 1 户因位置偏远未入社，另有 5 户地主、富农和坏分子按当时政策无入社资格）。全社由 4 个生产队扩大到 8 个生产队，同时实行固定地租，每亩租额相当于常年实际产量的 50%，增产部分全部归社。

1955 年秋，建明社又一次获得丰收，粮食平均亩产 318 斤，全社总收入

---

① 王林：《勤俭办社》，《河北日报》，1955 年 5 月 4 日。

52 567 元,平均每户社员可分配到 247.7 元。这样,建明社仅仅 3 年就实现了大变样:一是农作物产量逐年提高。1955 年粮食平均亩产 318 斤,相当于 1952 年互助组产量的 2 倍多,比 1953 年小社产量增加 20% 以上。二是林业建设突飞猛进。通过历年绿化南山、河滩造林,1955 年比 1953 集体林木面积增加 1 070 亩。从 1955 年起,栽种果树 5 250 多棵,西铺村边沿河营造了 6 里长的防洪林。三是畜牧业一派兴旺。生猪实行公养与私养并举、以农户私养为主的政策。社累计繁育购养 12 头牛、2 头驴、3 匹骡子,1955 年生猪达到 360 头,相当于 1953 年的一倍半。1955 年底羊的存栏量 108 只,相当于 1953 年的 3 倍。四是副业也有一定的发展。根据山区特点,适当发展垫本少、收益可靠的副业,如季节性的打柴、打草,常年性的漏粉、磨豆腐、钉掌、开铁匠炉(锻打小农具铁器)等。五是集体收入大幅度增长。1955 年全社总收入 52 567 元,比 1953 年增加 6.7 倍,其中以农业收入增长幅度最大,1955 年达到 47 050 元,比 1953 年增加了近 17 倍,牧业收入 715 元,尽管绝对数较小,但比 1953 年增加 11.77 倍。六是社员收入提高,社员生活水平不断提高。建明社初办的两年没有提取公共积累。1955 年收入增加了,共提取公益金 404 元。社员收入增加了,1955 年户均分配金额 247.7 元,比 1953 年的 196 元增长 25.9%;1955 年户均分粮 1 943 斤,比 1953 年的 1 412 斤增长 37.1%。[①] 3 年间,建明社社员盖起新房三四十间,居住条件有了初步改善。自行车、钟表、缝纫机、收音机进了农家屋,全村存款户和储蓄额都大幅度增加。初办社时选拔个会计都很难,而此时的西铺村已涌现出一批中小学毕业生。该出嫁的姑娘,再也不愿意离开乡土;到年龄的小伙儿,个个都能从外村引来"凤凰"。

光景好了不忘国家。西铺村历史上一直是缺粮村,1955 年开始一跃变为余粮村。当年,建明社向国家卖余粮 5 455 斤、棉花 1 943 斤、花生 131 555斤、猪 50 头,棉花、花生和猪的交售量分别比 1953 年增加 187%、

① 王国藩:《回忆"穷棒子社"》,见《文史精华》编辑部《文史精华撷珍本》(下卷),内蒙古人民出版社,1997 年,第 27－28 页。

158.12% 和 25%，创历史最高水平。[①]

### 四

"穷棒子社"的蓬勃发展，特别是其艰苦创业的精神和勤俭办社的做法，逐渐引起各级领导的关注和重视，因而在农业合作化运动中开始崭露头角。

1954 年春季，遵化十区新建了许多初级社。当时有些初级社经营方针不够明确，存有铺张思想，屡次要求大批贷款，仅阎家屯等 5 个社就要求贷款 800 元。针对这种情况，遵化十区区委便有意识地组织 43 个初级社的干部到王国藩社进行观摩。初级社干部参观后，受到一次深刻的教育，并意识到：只有根据当地条件，面向生产，勤俭办社，才能有效地增加社员收入。许多干部听了"穷棒子社"自力更生、艰苦创业的事迹后，"感动得掉下眼泪"，纷纷表示坚决向王国藩合作社学习。原来想向政府要求贷款买牲口的傅家成村社主任张宝印说："我们也依靠自己的劳动，到山里去取（打柴）。"观摩会后，有 38 个初级社打柴 230 万斤，把卖柴所得的钱用来购置生产资料。[②] 这样，王国藩合作社便成为遵化十区农业合作化运动的一面旗帜，有力地促进了本地区合作化运动的发展。

1955 年 4 月 30 日，《唐山农民报》发表了《书记动手，全党办社》一文，介绍了遵化十区实行书记动手、全党办社的先进经验，其中一条经验就是重视发挥先进合作化的典型引导作用，并重点介绍了区委组织农业社干部到王国藩"穷棒子社"进行观摩所带来的积极影响。同年 5 月 4 日，《河北日报》又发表了《勤俭办社》的通讯，较为全面地介绍了王国藩合作社勤俭办社的事迹。如此一来，王国藩"穷棒子社"就成为河北省农业合作化运动的一面旗帜。

1955 年秋，毛泽东为了大力推动农业合作化运动发展，决定组织编写

---

① 王国藩：《回忆"穷棒子社"》，见《文史精华》编辑部《文史精华撷珍本》（下卷），内蒙古人民出版社，1997 年，第 28 页。

② 卢振川：《书记动手，全党办社》，《唐山农民报》，1955 年 4 月 30 日。

汇集全国各地办社经验的《怎么办农业生产合作社》一书,并给其中一些文章写了按语。其中,遵化十区"书记动手,全党办社"的经验与王国藩合作社艰苦创业和勤俭办社的事迹引起了毛泽东的关注及重视。该书编成后,曾印发400本给参加中共七届六中全会的省、市、地委书记参阅。当年年底,中央、省、地区三级调查组来西铺村进行了实地考察。

根据一些阅读《怎么办农业生产合作社》一书的省、市委书记的建议,1955年年底,毛泽东在各地又送来新材料的基础上,重新编辑,并加写和修改按语。1956年1月,该书改名为《中国农村社会主义高潮》正式出版。该书收录了《书记动手,全党办社》和《勤俭办社》两篇报道,毛泽东为这两篇文章写下按语。他在《书记动手,全党办社》一文按语中写道:"遵化县的合作化运动中,有一个王国藩合作社,二十三户贫农只有三条驴腿,被人称为'穷棒子社'。他们用自己的努力,在三年时间内,'从山上取来'了大批的生产资料,使得有些参观的人感动得下泪。我看这就是我们整个国家的形象。难道六万万穷棒子不能在几十年内,由于自己的努力,变成一个社会主义的又富又强的国家吗?"[1]他在《勤俭办社》一文的按语中写道:"这里介绍的合作社,就是王国藩领导的所谓'穷棒子社'。勤俭经营应当是全国一切农业生产合作社的方针,不,应当是一切经济事业的方针。……中国是一个大国,但是现在还很穷,要使中国富起来,需要几十年时间。几十年以后也需要执行勤俭的原则,但是特别要提倡勤俭,特别要注意节约的,是在目前这几十年内,是在目前这几个五年计划的时期内。现在有许多合作社存在着一种不注意节约的不良作风,应当迅速地加以改正。"[2]这两则按语,高度地赞扬了王国藩合作社自力更生、艰苦奋斗的精神和勤俭办社的做法,给王国藩合作社带来了巨大的荣誉。由此,王国藩合作社名声大振,一跃成为全国农业合作化运动的一面鲜红旗帜。

---

[1]　中共中央办公厅:《中国农村的社会主义高潮》(上),人民出版社,1956年,第5页。
[2]　同[1],第16页。

## 五

随着农业合作化运动的迅猛发展,到 1955 年底,发展规模较大、取消土地分红的高级社已经成为一种潮流。受毛泽东高度赞誉的王国藩合作社,自然不能落在人后,势必要奋勇争先,继续引领农业合作化运动的潮流。于是,区委书记赵涌兴和副书记李继增与县委工作组来到西铺村,帮助建立高级社。经过一段时间的酝酿,1956 年 1 月 1 日,西铺村与相邻的东铺、大于家沟、白马峪 3 个村合并组成建明高级社,由王国藩担任主任。全社共有 552 户,2 655 口人,耕地 6 000 余亩。

建明高级社的建立,是明显有些过快的。白马峪初级社在 1954 年底成立,办社仅仅一年,立足未稳,就迈向高级化。大于家沟在 1955 年底时,沟里沟外三社分立,最小的初级社只有 12 户人家,到 1956 年元旦一齐并入大社。大于家沟的 4 个互助组和白马峪的 11 个单干户,也一起卷入高级社。

由初级社转为高级社,多数社员是比较愿意的,但也有一部分社员有些思想顾虑。尤其是取消土地分红,更使得一部分人感到恐慌不安。中农张峪林说:"要取消土地分红,就等挨饿吧!"个别孤寡户也有顾虑,担心因少参加劳动而减少收入。为消除社员的种种顾虑,王国藩、杜奎等党员和干部,用组织起来前后的生产、生活变化对比,向群众进行合作化优越性的教育,扭转了一部分人的看法,但仍有部分社员半信半疑。①

建明高级社建立后,重新划分了生产队,共分 14 个生产队,其中西铺 4 个生产队。建明高级社对所属的 4 个村原有插花地进行合理的调整,例如西铺就调入土地 311 亩,调出土地 526 亩,改变了原来"土地插花,社员穿梭"的状况。实现土地连片经营后,清除了界石,填平了沟坑,扩大出一些耕地面积,并能因地制宜地大面积种植作物。其后,又组织农民开荒种地,

---

① 李保文,等:《河北省西铺村"穷棒子"创业史》,见《当代中国的农业合作制》编辑室《当代中国典型农业合作社史选编》,中国农业出版社,2002 年,第 145 页。

先后开垦了 970 多亩闲地。此外,还采取在黏土地掺沙土、在沙土地掺黏土的办法,改良土壤 763 亩。

建明高级社建立后,深感肥料不足,便接受社员建议,采取熏土积肥的办法,再加上人畜肥料,每亩地施底肥 8 车,追肥 4 车,1956 年施肥量超过了以往任何一年。同时,在 1956 年到 1958 年间大力开展农田水利建设,沿着山脚挖了 17 700 米长的排水沟,使 820 多亩土地摆脱了洪涝灾害;同时修整和新开了 5 条 8 里长的引水渠,使 4 000 多亩旱地可以用水灌溉。

建明高级社还加大了高产作物玉米的种植面积。1952 年以前,建明高级社所属的地区,玉米种得很少,在 6 000 亩耕地中仅种了 80 亩左右的玉米。初级社时期,玉米种植面积虽然有所扩大,1955 年也只有 247 亩,其中西铺村种了 183 亩。建明高级社建立后,由于有条件采取改良土壤、浇水、追肥、引用良种、合理密植以及防治病虫害等措施,就大力增种玉米,1956 年全社共种了 820 亩,并获得大面积的丰收。

但是,由于高级社是由 4 个村合并而成的,规模过大,再加上缺乏经验,很快暴露出一些问题:一是高级社将农林牧副的生产经营及财务的管理权限集中到社,社一级管得过多过死,生产队难以机动自主,影响生产队积极因素的发挥;二是一些干部出现了脱离劳动、脱离群众的苗头,还滋长了官僚主义和行政命令作风。此外,高级社财务也不能及时公布。

针对这些暴露出来的问题,从 1956 年下半年到 1957 年,建明高级社进行了多次整顿:

第一,实行社队分权。在坚持统一经营的前提下,实行社队分级管理,把相当部分的经营管理权下放到生产队。在安排粮食生产计划时,社只提出单、总产量要求及主要生产措施,除棉花、花生按国家计划种植外,不再规定其他作物的具体种植面积,使生产队能够因地制宜地种植。1956 年 5 月,社里规定木业、荆编、皮革、运输、建筑和集体猪场等规模大、占用劳力多、投资数额高的项目,由社统一经营,把粉坊、豆腐坊、养猪、打柴、打铁等副业下放到生产队,由生产队经营和分配。开垦荒地,全放到生产队经营,收入也由生产队分配。此外,对某些生产费用、办公费用和修理费用实行财务包干,在规定的范围和限额内,生产队有权批准开支,如有节余,归队调剂使用。

第二,民主办社,精简机构,下放干部。1956年12月,先党内后党外,开展了一次群众性的民主检查,先由领导干部检查建社一年来工作中的缺点错误,然后发动群众提批评建议。在检查中,群众共提意见121条,社里研究后采纳88条意见进行切实改进,对其他意见也进行了解释说明。1957年春季,全社30名干部有14名下放到各生产队任副队长,直接参加生产。留在社里的干部(包括会计)由30人减到12人,规定每人每月劳动10天,办公20天,按季评定补贴工,参加所在队的年终分配。

第三,认真清理账目,加强财务管理。首先加紧清理各初级社账目和物资,逐户清查对社员往来账目,努力做到账账相符、账物相符;其次是按时公布账目,向社员代表大会报告全社财务收支情况,广泛征求社员意见;再次是建立各项财务管理制度,严格财务收支手续。这样,不仅使社员心中有底,也便于接受群众对财务的监督。

经过整顿,建明高级社理顺了集体与个人、社与队、干部与群众之间的多方面关系,高级社的面貌焕然一新,并在农林牧副等方面均取得显著成绩。

1956年,建明高级社粮食作物普遍丰收,平均亩产440斤,比1955年增长66%。高级社成立第一年,向国家交售余粮15万斤。1958年粮食平均亩产创560斤的新纪录,棉花、花生、果品、生猪的数量也大大超过初级社时期;组织了林果专业队,负责全社果树、林木生产管理。1956年就出现了林茂果盛的势头,1958年仅西铺的林木就达到2 755亩、216万棵,比1956年分别增加23.5%和24.1%;大力繁殖大牲口和发展养猪,1957年底,全社集体所有的牛存栏数169头、猪150头、羊536只,采取切实措施鼓励和扶助社员养猪达到2 250头;集体副业经营种类增多,3年中每年平均收达9 264元,比起初级社时期每年平均收入的3 299元,增加将近2倍。

由于农林牧副业全面发展,1955年至1958年,建明高级社年收入从52 567元增加到77 543元,增长了47.5%。在1956年至1958年,还提取了公共积累1万多元。

　　社员收入也稳步增长,生活逐步改善。社员人均生活水平由1955年的43.83元增加到1958年的75.9元。社员的人均口粮,由1955年的440多斤上升到1958年的530多斤。此外,新建住房91间,学龄儿童全入学,中学生由1955年的2名增加到1958年的19名。

　　此时,西铺村已经成为全国闻名的典型,不断吸引外地人来参观和学习,县委也派人长期蹲点,以推广典型经验。1956年上半年,这里第一次接待了来自联邦德国的客人。①

　　1958年后,西铺村先后卷入"大跃进"运动和人民公社化运动,其后又遭遇十年"文化大革命",西铺村的经济发展几度受到消极影响,而王国藩的个人命运也随着政治风云变幻而几度沉浮。但是,在王国藩的领导下,西铺村的经济总体上是稳步上升的,农业生产获得较大发展,依然是全国农业战线的一面红旗。

---

　　①　李保文,等:《河北省西铺村"穷棒子"创业史》,见《当代中国的农业合作制》编辑室《当代中国典型农业合作社史选编》,中国农业出版社,2002年,第147-148页。

第二章

人民公社化运动的典型

1958 年夏,在"大跃进"运动中,人民公社化运动骤然兴起,迅速席卷全国。从 1959 年开始,农业生产连续 3 年大滑坡,造成极为困难的局面。从 1961 年年底开始,中共中央着手对国民经济进行全面调整,才逐渐走出困境,到 1965 年农村经济得到基本恢复。但是,人民公社体制却一直延续下来。其后,又爆发了持续 10 年之久的"文化大革命"。1978 年后,随着农村改革的进行,人民公社体制才逐渐动摇,并在 20 世纪 80 年代初期宣告终结。在这一人民公社时期,作为第一个人民公社的河南省遂平县嵖岈山卫星人民公社和长期成为人民公社样板的山西省昔阳县大寨大队是两个最重要的典型。

# 第一节　人民公社化运动创造的样板

作为第一个人民公社的河南省遂平县嵖岈山卫星人民公社曾经"辉煌"一时,但是昙花一现后就无情地幻灭了。山西省昔阳县大寨大队这面红旗从 1964 年开始高高飘扬 10 余年,长期成为人民公社的样板。它们不仅对人民公社的骤然出现和长期维持产生了重要影响,还在一定程度上折射出了这一时期中国农村的变迁。

## 一

在 1956 年底 1957 年初,合作化高潮已经过去,各地发现一些规模较大的高级社难以办好,有些地方着手调整高级社的规模,把大社划成小社。1957 年反右派斗争后,随着政治风向的陡变,广东等一些地方率先并社。在 1957 年冬 1958 年春,全国各地大搞农田水利建设,一些地方为了便于调动大量劳动力进行大规模的水利建设,就把一些小社并成大社。由于认为农业生产合作社的规模越大,公有化程度越高,就越能促进生产力发展,因此,又出现了在生产关系上急于向更高级形式过渡的倾向。1958 年 3

月,毛泽东在成都会议上,提出把小型的农业生产合作社有计划地、适当地合并为大型农业生产合作社的建议。会议随即通过《中共中央关于把小型的农业合作社适当地合并为大社的意见》。在当年夏收后,一些地方又企图改变高级社的体制,浙江、河南等地实际上已经出现一些超越高级社性质的大社。

据罗平汉教授考证,第一个最早使用"公社"名称的大社,是1958年6月下旬成立的浙江省诸暨县城南乡"红旗共产主义公社"。该公社由城南乡4个农业社合并组成,不久后又改称"诸暨县红旗共产主义建设公社"。[①]

关于第一个使用人民公社称号的地方,学界有不同看法。大多数人把河南省遂平县嵖岈山卫星社(最早称为卫星集体农庄)当成第一个人民公社,但有人认为,遂平嵖岈山卫星集体农庄改为卫星公社,大致可确定在1958年7月16日至20日之间,早于河南新乡七里营,但第一次使用人民公社则是七里营。[②] 不过,大家都承认,嵖岈山卫星人民公社在"大跃进"和人民公社化运动中所产生的影响是任何公社都不能相提并论的。

嵖岈山卫星人民公社成立后不久,便在夏收中首先以两颗高产"卫星",一跃成为农业生产"大跃进"的样板,声名大噪。

嵖岈山卫星人民公社大放高产"卫星",开启了一个恶劣的先例,使原本已出现的浮夸风急剧加温,并不断蔓延和高涨。此后,全国各地兴起了一阵虚报高产、竞放"卫星"的浪潮:6月,湖北省谷城县星光社试验田小麦亩产达4 353斤,河北省安国县娄底乡卓头村农业社小麦亩产5 103斤。7月,河南省西平县城关镇和平农业社2亩小麦亩产7 320斤,福建省闽侯县连坂农业社2.6亩早稻试验田亩产5 806斤,江西省波阳县桂湖农业社干部试验田早稻亩产9 195斤,湖北省应城县春光农业社试验田早稻平均亩产10 597斤。8月,湖北省麻城县建国一社早稻亩产36 900斤,福建省南安县胜利乡海里农业社花生亩产10 500斤。9月,广东省连县1.73亩中

① 罗平汉:《关于人民公社建立的几个问题》,《当代中国史研究》,2006年第1期。
② 同①。

稻平均亩产 60 437 斤,广西环江县红旗人民公社中稻亩产竟达 130 000 斤,青海省柴达木盆地赛什克农场第一生产队小麦亩产 8 586 斤。

随着高产"卫星"的竞相发射,各地还大刮"瞎指挥"风,大力推广违反科学的"深翻密植"等生产措施。尤为严重的是,高产"卫星"的竞相放射,又为成立人民公社提供了所谓的现实依据,从而直接催生和推动了人民公社化运动。

嵖岈山卫星人民公社之所以闻名遐迩,是因为它在 1958 年 7 月间制定的《嵖岈山卫星人民公社试行章程(草稿)》,第一次对人民公社的机构设置、分配方式等诸多方面作了较为详尽的规定。8 月 7 日凌晨,连夜从嵖岈山赶来的河南省委书记处书记史向生在郑州专列上向毛泽东汇报,并把《嵖岈山卫星人民公社试行简章》送给毛泽东。毛泽东看后如获至宝,连连称赞。

1958 年 8 月底,毛泽东在北戴河主持召开了中央政治局扩大会议,正式通过了《关于建立农村人民公社问题的决议》。9 月 1 日、4 日,《红旗》杂志和《人民日报》分别全文刊登了《嵖岈山卫星人民公社试行简章(草案)》。从此,人民公社化运动席卷全国,仅仅一个多月时间就实现了人民公社化。可以说,几乎所有人民公社实际上都是参照《嵖岈山卫星人民公社试行简章》办起来的。

河北省徐水县则更为冒进,以"跑步进入共产主义"而闻名。该县于 1958 年 9 月 15 日成立了"徐水县人民总公社"(后改称徐水人民公社),经济上由全县统一核算,并对全县人民实行"十五包"。据统计,1958 年 3 月至 10 月 30 日,先后有 40 多个国家、930 多名外国友人和 3 000 多个国内单位派人前来参观。[1]

人民公社建立后,除了浮夸风和瞎指挥风外,又刮起了"共产风"。1958 年年底,毛泽东已经对大跃进和人民公社化运动中出现的严重问题有所察觉,并采取措施加以纠正。全国各地人民公社也随即采取一些措施进行初步纠正,形势稍有好转。在这一过程中,"徐水经验"受到否定。12

---

① 何立波:《徐水"大跃进"始末》,《党史纵览》,2008 年第 6 期。

月31日,徐水县委向河北省委、保定地委递交了检查报告,标志着历时4个月的徐水"共产主义试点"的正式终结。但是,1959年庐山会议后期错误地开展反对彭德怀"右倾机会主义"的斗争,致使纠"左"进程被中断。各地普遍开展反右倾运动,并掀起所谓"持续跃进"。于是,浮夸风、瞎指挥风、共产风再度风行。随之而来的是中国农业生产出现连续3年大衰退。1959年粮食产量从1958年的4 000亿斤下降到3 400亿斤(1957年为3 700亿斤),1960年又进一步下降到2 870亿斤,1961年稍微上升到2 950亿斤。在产量不断下降的情况下,征购率却连年居高不下:1959年征购1 348亿斤,征购率39.4%。1960年征购减为1 021亿斤,但由于粮食总产量大幅下降,征购率仍高达35.6%。[①] 由于高征购从农民手中挖走了过多粮食甚至是口粮,1959年就开始出现农民大量浮肿现象,随后又发生大量非正常死亡现象。

在严酷的现实面前,嵖岈山卫星人民公社虚假的辉煌也无法维持下去,很快就无情地幻灭了,并为此付出了惨重的代价。在1959年七八月时,浮肿病开始在嵖岈山卫星人民公社中蔓延。到1959年冬,农民普遍出现浮肿,继而开始出现大量饿死的现象。到1960年下半年后,包括嵖岈山卫星人民公社在内的信阳地区大量饿死人的事件逐渐暴露出来,嵖岈山卫星人民公社这面红旗终于在无声无息中坠落了。

二

自1959年开始,农业生产遭到严重破坏,连续3年滑坡,农民生活水平急剧下降,甚至出现大量饿死人的现象,农村形势极为严峻。从1961年起,中共中央决定调整国民经济,开始大力纠正"左"倾错误,中国农业才从1962年开始走上艰难的恢复之路。

大寨也毫不例外地卷入"大跃进"和人民公社化运动,也曾经发生了一些消极影响。但是,由于陈永贵等坚强有力的领导,并抵制了一些错误

① 罗平汉:《一九五八年至一九六二年粮食产销的几个问题》,《中共党史研究》,2006年第1期。

做法,因此,大寨生产不仅没有遭到破坏,反而获得连续增长。1961 年国民经济调整后,大寨继续稳步发展。到 1962 年,大寨粮食平均亩产达到 774 斤,总收入 8.5 万元,劳动日分值 1.5 元。

大寨取得的成绩,逐渐引起了昔阳县委、晋中地委和山西省委的重视,他们先后发出了向大寨学习的号召。大寨也相继成为昔阳县、晋中专区和山西省农业战线上的一面旗帜。1963 年 8 月,大寨遭受了一场持续 7 天 7 夜的特大暴雨袭击,大量田地和房屋被冲毁。在特大的自然灾害面前,大寨人依靠自己的双手和苦干,在大灾之年做到"三不要"(不要国家的救济款,不要救济粮,不要救济物资)、"三不少"(向国家卖粮不少,社员口粮不少,集体的库存粮不少),奇迹般地恢复了生产和重建了家园。

经受住特大自然灾害考验后,大寨的形象就更加辉煌夺目了。1963 年 11 月 28 日,《人民日报》刊登了长篇通讯《奋发图强,自力更生,以国为怀,顾全大局——大寨大队受灾严重红旗不倒》。1964 年 1 月 19 日,陈永贵在人民大会堂向 10 000 多名来自党政军各界的代表作报告,赢得一阵阵热烈的掌声。1964 年 2 月 10 日,《人民日报》发表了新华社记者宋莎荫、范银怀写的反映大寨先进事迹的长篇通讯《大寨之路》,把大寨的先进事迹推向全国。与此同时,大寨也吸引了国务院有关部委领导前来参观。1964 年 3 月,毛泽东在邯郸听取了山西省委书记陶鲁笳有关大寨事迹的汇报,对大寨留下了深刻的印象。此后,毛泽东多次称赞大寨经验,并于 12 月 26 日邀请陈永贵与大庆工人代表王进喜、著名科学家钱学森和知识青年代表邢燕子、董加耕等人同中央部分领导人参加了他 71 岁的生日宴会。周恩来总理不仅在 1964 年 4 月委托农业部部长廖鲁言到大寨进行了 20 天的实地调查,还在同年 12 月政府工作报告中介绍了大寨的先进事迹,高度概括和肯定了大寨精神。就这样,从 1964 年开始,大寨开始成为全国农业战线上的一面红旗。

在"大跃进"和人民公社化运动后,嵖岈山卫星人民公社和徐水人民公社一度成为无比辉煌的典型,但很快就在严峻现实面前彻底幻灭了。从 1961 年开始,毛泽东虽然大力调整农村经济政策,但仍然死守人民公社体制,批评所谓"单干风"和"三自一包"("三自"是自留地、自由市场、自负盈亏;"一包"是包产到户)。在这种情况下,毛泽东迫切需要一个高举人民公社旗帜又可供全国学习的先进典型。大寨的出现,不仅可以一扫三年困难时期以来低沉的士气,鼓舞与坚定坚守人民公社的勇气和信心,还可以提供一个可资学习和效仿的样板。正如 1965 年 9 月 19 日《人民日报》在发表《大寨之花》的编者按中所说:"像我们这样一个土地辽阔、经济落后的大国,发展农业的出路在哪里? 依靠国家投资么? 这显然是行不通的。出路只能像大寨人那样,以毛泽东思想挂帅,坚持思想领先的原则,贯彻执行自力更生、艰苦奋斗的精神。""我国发展农业最有利的条件,就是拥有雄厚的劳动力,只要加上大寨的革命精神,就能够充分发挥五亿农民的革命积极性,改天换地。"具体地说,大寨之所以被长期树为人民公社的旗帜和样板,主要在于它具有以下几个因素:

一是自力更生、艰苦奋斗的精神。这本来是毛泽东一直所提倡的。在 20 世纪 60 年代,中苏关系全面破裂,中国外援断绝,同时国际环境也较为险恶,使毛泽东对爆发战争的可能性估计过高,因而不得不加紧推行优先发展重工业战略,而农业尚未过关,需要国家大力投资,但国家又不愿意增加投资,甚至还希望用农业剩余来支援工业化。因此大寨不要国家投资、自力更生发展生产并为国家作出较大贡献的事迹就非常符合国家的愿望。

二是以毛泽东思想挂帅,坚持思想领先的原则。这既是坚守人民公社的首要前提,也是调动社员积极性的重要精神激励。在否定"包产到户"和批判"物质激励"后,如何调动社员积极性就成为一个迫切需要解决的重要问题,而大寨人所表现出来的以国家为重、以集体为重、不计个人得失的精神正好满足这种精神激励的需要。大寨干部常年参加生产劳动、以身作则、干群关系融洽,不仅可以缓解农业社会主义改造完成后干群之间的紧张关系,同心协力搞好集体生产,还被视为"反修防修"的重要措施。

三是大搞农田水利建设。大寨大力开展农田水利建设,其增产经验具有普遍意义,符合当时国家希望建立高产、稳产田来解决吃饭和抗灾问题的设想与规划。①

---

① 武力:《中华人民共和国经济史》(上),中国经济出版社,1999 年,第 595 – 596 页。

从 1964 年开始,农业学大寨运动迅速在全国展开。1965 年 11 月,在首都农业展览馆举办了第一次全国大寨式农业典型展览,共展出了 52 个大寨式农业典型。它们都是从各地涌现的成千上万个先进单位中选拔出来的。展出的单位,有长期艰苦奋斗改变自然面貌的生产大队和人民公社,有充分利用当地自然资源实现农林牧副渔全面发展的区和县,有在更大范围内实现高产稳产的专区和大城市郊区。其中最为有名的是山西省盂县。该县从 1963 年就开始向大寨学习,到 1965 年年底,全县 55 万亩耕地普遍进行了整修,近 40% 的耕地基本建成了大寨式农田,粮食总产量大幅度增长。为此,农业部在盂县召开现场会议推广他们学大寨的经验,《人民日报》发表了题为《大寨之花》的长篇通讯。① 此外,山东省黄县大吕家公社的下丁家大队、河南林县、河北遵化县沙石峪大队也初露头角。

"文化大革命"爆发后,大寨由原来的农业生产的先进典型变成了政治斗争的典型,大寨的经验也演化成阶级斗争的经验。

1967 年陈永贵担任昔阳县主要负责人后,随即在昔阳全县全面推广大寨经验。除了大搞农田基本建设外,还推行取消或减少自留地,限制家庭副业;批判"工分挂帅",推行"大概工",推行向大队核算过渡。全国不少地方在学大寨运动中,也照搬大寨的一套所谓经验,造成了严重的消极影响。

1970 年,北方 15 省市区农业会议召开。会议重申,《农业六十条》中关于人民公社现阶段的基本政策仍然适用,必须继续贯彻执行,因而有力地扭转了"文化大革命"爆发后肆意破坏农村政策的无政府状态,在一定程度上遏制了取消或减少社员自留地、限制社员家庭副业、搞"穷过渡"等错误做法。会议还推广了大寨建设高产稳产海绵田的经验,要求各地学习大寨大搞农田水利建设,以改变北方地区农业生产上的落后面貌。但是,这次会议又强调学大寨要"大批促大干"(大批资本主义、大批修正主义、大干社会主义),提出要解决农村干部中"五种人"掌权的问题,把农业学大寨运动进一步向"左"的方向推进。这次会议还正式确认昔阳为全国第

---

① 宋连生:《农业学大寨始末》,湖北人民出版社,2005 年,第 129 - 132 页。

一个"大寨县"，并提出推广了昔阳县学大寨、建设大寨县的经验。此后，全国农村再次掀起了"农业学大寨"的热潮。

1974年，"四人帮"掀起了波及全国的所谓"批林批孔"运动，把周恩来主持中央和国务院工作期间采取的批判极"左"思想与调整国民经济等正确政策措施诬蔑为"复辟"、"倒退"，并利用大寨这块牌子推行"左"倾路线，对农业生产和农村工作造成了消极影响。

1975年，"第一次全国农业学大寨会议"召开，向全国发出了普及大寨县的号召，又掀起新一轮农业学大寨高潮。不久，农业学大寨、普及大寨县的运动又与"批邓、反击右倾翻案风"运动挂起钩来，许多已经得到纠正的农业和农村工作中"左"的政策、做法又出现了回潮，对全国农村工作和农业生产再度产生消极影响。

粉碎"四人帮"后，华国锋高举"农业学大寨"旗帜，主持召开了第二次全国农业学大寨会议。在新一轮学大寨运动中，从1977年底到1978年，还掀起一股"穷过渡"之风。山西、陕西、湖北、北京等省市搞了一些成批由生产队核算转为生产大队核算的试点，造成了严重影响。

1978年后，各地逐步落实党的农村政策，特别是四川、安徽等地率先进行农村改革的探索，随着关于真理标准问题的大讨论冲破了"两个凡是"的束缚，所谓的大寨经验面临着严峻挑战。

1978年12月底中共十一届三中全会召开后，大寨这面红旗已经摇摇欲坠。1979年，昔阳虚报粮食产量的问题首先被揭露出来。随后，昔阳县委、晋中地委和山西省委也深入总结了农业学大寨运动中的经验教训。1980年6月15日，《人民日报》在第一版发表了题为《昔阳"西水东调"工程缓建》的长篇报道，同时配发了社论《再也不要干"西水东调"式的蠢事了》。其后，一些新闻部门单位记者组成调查组，写出两组内参，对大寨和昔阳进行全面批评。1981年年初，中共山西省委向党中央作出关于农业学大寨运动中经验教训的检查报告。中共中央批发了山西省委的这个检查报告，并作了重要批语。至此，历时10多年的农业学大寨运动也宣告终结。

应该承认，大寨在1973年前取得的成绩都是真实的，也是大寨人努力奋斗干出来的。但它在 1973 年后出现了一些虚报产量的现象,也出现了严重偏差,如大搞以阶级斗争为纲,推行"大概工",搞"穷过渡",并对全国农村产生了一定的消极影响。

另一方面,在农业学大寨运动中,广大干部群众开展治山造田、治河修渠的农田水利基本建设,取得了重要成就。到 1977 年,全国灌溉面积达到 70 000 万亩,比 1965 年的 49 582 万亩增长了 41%。

在农业学大寨运动中也涌现出了一些非常有名的典型:河南林县人民,凭着自己的双手,靠镐、锹、钎,经过 10 年奋战(1960 年—1969 年),在太行山的悬崖峭壁上开凿了举世闻名的红旗渠,使林县的面貌发生了翻天覆地的变化。山东黄县大吕家公社下丁家大队凭人力在石山区修建平整大块和土层深厚的耕地,并实现了水利化,把一个低产的贫困山区建设成一个高产村和较为富裕的村。"当代愚公之乡"河北遵化的沙石峪大队在青石板上造田,在石头缝里栽树,把"土如珍珠水如油,漫山遍野大石头"改变成"清清渠水绕山峰,层层梯田绿葱葱"。湖南岳阳毛田区到处是荒山秃岭,水土流失严重,全区 50 000 亩耕地分布在 8 000 多个山头和 5 000 余条沟壑中,而且都是冷浸田、重沙田,粮食产量很低。该区干部和群众以大寨为榜样,用"愚公移山"的精神,治山、治水、治土,大搞农田基本建设,很快征服了这里的穷山恶水,使山区面貌得到迅速改观。

但是,在农业学大寨运动中大搞农田水利建设也出现了一些偏差:不顾各地自然地理条件、经济技术水平和耕作习惯的明显差距,搞"一刀切",生搬硬套大寨经验,到处硬搞整齐划一的"旱地改水田",硬搞"人造平原"、"水平田"、"海绵田",硬搞"连成片,一条线"的园林化。不讲经济效益和科学技术、长官意志横行的现象普遍存在,使得一些地区耗费大量人力、物力,社员疲惫不堪,收效甚微。一些地方不顾本地区种植特点和自然条件,盲目开展"移山造田"、"填湖填海造田"、"菜农种粮"、经济作物上山等大规模活动,违反保持生态平衡的自然规律,带来了不良后果。洪湖、洞庭湖、鄱阳湖、太湖、滇池、乌梁素海等都遭到了不同程度的破坏。①

---

① 武力:《中华人民共和国经济史》(上),中国经济出版社,1999 年,第 702 – 703 页。

# 第二节 最早成立的嵖岈山卫星人民公社

河南省遂平县嵖岈山卫星人民公社是在"大跃进"中诞生的第一个人民公社。它以大放高产"卫星"而名震全国,随后又作为人民公社的样板而备受瞩目。但是,它的"辉煌"转眼即逝,随即付出了极其沉重的代价,在新中国历史上留下令人扼腕叹息的一页。

一

嵖岈山在豫南古城遂平县城西 25 公里,又名玲珑山、石猴仙山。它拔地而起,傲然独立,奇峰峭壁,怪石嶙峋,高耸峻峭,山势嵯峨。

嵖岈山周围地区大都是山区,系伏牛山东缘余脉,中等山脉约占全境的 35%,低山丘陵约占 45%,土质较差,植被覆盖少,水土流失严重,"十年九旱",一旦下雨又洪水滚滚,冲走地里的庄稼。

1949 年以前,这里是一个交通闭塞、贫穷落后的山区。1950 年,嵖岈山地区进行土地改革。随后,发展互助合作运动。1951 年,成立互助组。1952 年冬,开始建立初级农业生产合作社。在 1955 年冬 1956 年春的农业合作化高潮中,该地区农民全部加入高级社。1957 年上半年,许多农民闹退社。同年秋冬,该地区开展大规模的社会主义教育运动,将退社风潮强行压制下来。与此同时,为了争取农业生产"大跃进",该地区也掀起了以兴修水利、养猪积肥和改良土壤为中心的农业生产高潮。

在 1957 年冬和 1958 年春,嵖岈山地区 80% 的农民参加了兴修水利和积肥,有些生产队是全队出动,许多农民是全家出动。为了改变嵖岈山的贫穷落后面貌,遂平县委派县委农工部部长陈丙寅领导嵖岈山周围的 4 个乡修建下宋水库。广大农民日夜奋战,大多数人都在工地住宿和吃饭,1 000 多人春节也不回家。

在 1957 年冬和 1958 年春兴修农田水利建设的过程中,部分地区农业社之间、乡之间以及县之间开始进行较大规模的协作,因而又出现并大社现象。1958 年 3 月 20 日,成都会议通过《关于把小型的农业合作社适当地合并为大社的意见》,并经中央政治局批准。

1958 年 4 月 15 日,下宋水库竣工,河南省信阳行政公署专员张树藩、中共遂平县委书记处书记娄本耀、中共遂平县委农工部部长陈丙寅都参加了竣工仪式并为水库剪彩。当晚,工地指挥部放映了电影《敌后武工队》慰问民工。这三位领导没去看电影,在指挥部闲谈。

闲谈之中,陈丙寅谈到了今后在修渠、绿化荒山、开发资源和发展畜牧等方面进行"大跃进"存在很多困难和障碍:一是修渠难。水库修成后要修水渠,修渠要占地,有的社被占了地却浇不了水,有的社可以浇水却不用占地修渠。二是绿化荒山难。有的社荒山面积大,但劳动力少,无法进行绿化;有的社劳力多,但无荒山可以绿化。三是开发资源难。鲍家庄有磷矿,自己无力开采,又不愿外村来开采。四是发展畜牧难。红石崖社有草场,但人少,牲畜少,草场不能充分利用;其他社人多牲畜多,但没有草场可以放牧。[①] 最后,他说,这些都是由于小社的本位主义作怪,要是想个办法,让人们携起手来,生产"大跃进"的障碍不就可以打破了吗?

娄本耀想起成都会议刚刚下发的关于并大社的决定,随即提出自己的建议:"最近成都会议上发了个文件,毛主席说可以一乡一社,也可以一区一社。"他顿了顿,又说:"鲍庄、杨店、槐树、土山这四个乡原来都是老三区的,现在要是再把它们合并在一块,不是也符合毛主席一乡一社或一区一社的指示精神吗?张专员,你说行吗?"张树藩感觉心里没底,说:"这合起来怪大呀!"没有表态就去休息了。

但是,娄本耀却让陈丙寅连夜通知 4 个乡的党委书记在第二天开会,商议并大社的问题。第二天,会议随即作出并大社的决定。4 个乡的干部还对群众进行了宣传,并在 16 日、17 日组织声势浩大的报喜队,敲锣打

---

① 杨洪涛:《天堂实验纪事——回眸中国第一个人民公社的建立》(一),《中州统战》,1998年第 5 期。

鼓,到张树藩驻扎地的杨店中街要求并大社。张树藩随即用电话向中共信阳地委书记路宪文汇报,路回电表示同意。

4月18日,遂平县委书记蔡中田、信阳地委秘书长兼遂平县委副书记赵光、县委书记处书记娄本耀、农工部部长陈丙寅、副县长史发周在杨店召开紧急会议,商议并大社的问题。信阳行政公署专员张树藩也参加了会议。

会议召开了两天,对四乡联社后的组织机构和人事安排作出具体安排:由陈丙寅任党委书记,全国劳动模范、原韩楼高级社社长钟青德任社长。杨店、鲍庄、土山、槐树4个乡的党委书记、社长分别改任大社管理委员会副书记和副社长。大社内设"工业部"、"农牧部"、"多种经营部"、"财政部"、"公安部"、"武装部"、"交通部"和"外交部"。同时,还要设立"共青团"、"工会"、"妇联"等群众组织,各高级社统一改为大队,初级社改为小队。

在讨论大社的名称时,陈丙寅建议说:"苏联有集体农庄,我们学习苏联老大哥,是不是也叫集体农庄?"赵光补充说:"苏联卫星刚上天,影响很大,应该在农庄前面加上'卫星'两字。"于是,大社正式定名为"卫星集体农庄"。

4月20日,杨店、土山、鲍庄3个乡21个农业生产合作社的干部群众在杨店中心街举行万人大会,庆祝卫星集体农庄成立。大会收到农民要求并社的申请书、决心书、保证书、血书共5 800件,报喜信40 000多件,大字报81 400张。大会还请来县剧团演出,请来电影队放电影,整整热闹了一天。①

卫星集体农庄成立的消息,随即引起各级领导的注意。5月5日,中共中央书记处书记、农村工作部副部长谭震林在郑州听取娄本耀关于卫星集体农庄情况的汇报后,指出:"你们实行的管理和分配形式实际比苏联集体农庄的层次要高,已经不是集体农庄了,我看倒是和巴黎公社差不多。

---

① 杨洪涛:《天堂实验纪事——回眸中国第一个人民公社的建立》(一),《中州统战》,1998年第5期。

因为你们有武装、公安、外交等政权组织，又包揽经济，是政法合一的组织。"会见结束后，娄本耀立即打电话指示遂平县委办公室当晚把全县8个农庄全部改称公社。这样，卫星集体农庄就改名为卫星公社。①

5月中旬，不久后创刊的《红旗》杂志编辑李友九到卫星公社搞调查，他对卫星公社党委书记陈丙寅说："你们这个名字没有个性，对谁都适用，最好把地名加进去。"接着又问："这儿什么地方最出名？"陈丙寅说："嵖岈山最出名，唐朝就有了。现在还有个小村庄叫嵖岈山，只是村小又偏僻，公社建到那里不行。"李友久又说："名字可以叫嵖岈山公社，社址可以留在杨店。只是这是谁的公社？"陈丙寅不假思索地说："中国是人民的中国，嵖岈山也是人民的。'公社'前应该加上'人民'二字。"于是，公社最后定名为嵖岈山卫星人民公社。②

6月，中共中央办公厅干部石山带领工作队到嵖岈山进行了一个多月的调查，全面总结了嵖岈山卫星人民公社的组织管理、军事化生产、分配形式、幼儿园、幸福院及文化生活等方面的经验。

7月上旬，嵖岈山卫星人民公社在原来21个农业社的基础上，又吸收了张堂乡的6个农业社。自此，全国的第一个人民公社——嵖岈山卫星人民公社正式成立了，共有9 369户，43 264人。

7月17日，李友九再次来到嵖岈山进行调查研究。河南省委书记处书记史向生也率领省委农村工作部和《河南日报》社负责人到嵖岈山检查指导工作，帮助总结办社经验。信阳地委书记路宪文也带领地委有关部门负责人来到嵖岈山卫星人民公社召开全区公社经营管理现场会，推广嵖岈山办社经验。一时之间，中央、省、地、县、乡5级机构的大队人马齐聚嵖岈山。

鉴于农业生产合作社那一套管理经验已经远远不能适应人民公社的需要，他们决定制定一套新的制度和方法。他们召开社队干部座谈会，并到各队调查，在总结群众已有经验的基础上，初步制定了《嵖岈山卫星人民

---

① 杨洪涛：《天堂实验纪事——回眸中国第一个人民公社的建立》（二），《中州统战》，1998年第6期。
② 同①。

公社试行章程(草稿)》,《章程》规定:各农业社的一切生产资料和公共财产转为公社所有,由公社统一核算,统一分配;社员分配实行工资制和口粮供给制相结合;总结了青年队集体吃食堂的好处,推广了公共食堂;同时成立了托儿所、幼儿园、敬老院、缝纫组;还设立了农业、林业、畜牧、工交、粮食、供销、卫生、武装保卫等若干部或委员会,下设生产大队和生产队,实行统一领导、分级管理和组织军事化、生产战斗化、生活集体化。

1958 年 8 月,遂平将全县各个公社合并为一个公社,成立遂平卫星人民公社,实行一县一社。此时,原来的嵖岈山卫星人民公社改称县人民公社的嵖岈山管理区。1959 年 2 月郑州会议后,调整为三级所有,嵖岈山管理区又恢复为嵖岈山卫星人民公社。

二

嵖岈山卫星人民公社成立后,为了证明公社在农业"大跃进"上取得的伟大成绩,率先在全国放出了粮食高产"卫星"。

公社成立后不久,便在 6 月的夏收中首先放出 5 亩田平均亩产 2 105 斤的第一颗小麦高产"卫星"。6 月 18 日,《河南日报》在头版以大红字通栏报道这则消息,并配发了《光辉的榜样,伟大的奇迹》的社论。同日,《人民日报》也在头版重要位置以大字号标题刊登了这则消息。

6 月 11 日,《河南日报》头版头条又刊登了遂平县卫星人民公社发出 2.9 亩小麦亩产 3 530 斤的第二颗高产"卫星"。同日,《人民日报》还为此发表了题为《向创造奇迹的农民兄弟祝贺》的社论。6 月 13 日,中央农村工作部、中华人民共和国农业部专门向嵖岈山卫星人民公社发来贺电。6 月 12 日、6 月 13 日,《中国青年报》、《文汇报》、《光明日报》、《浙江日报》、《大众日报》、《安徽日报》等全国各大报纸也纷纷进行报道。[①]

6 月 13 日,遂平县委副书记赵光在《河南日报》上发表了《乘胜前进,

---

① 贾艳敏:《大跃进时期乡村政治的典型——河南嵖岈山卫星人民公社研究》,知识产权出版社,2006 年,第 86 – 95 页。

丰收再丰收》一文,介绍了嵖岈山卫星人民公社1958年小麦丰收情况,并详细介绍了取得小麦丰收的6项技术措施和3点政治因素。6月14日,《河南日报》报道了嵖岈山卫星人民公社亩产3 530斤小麦特大高产"卫星"的创造经过,并配发了搞这块试验田的全体成员和干部们挑灯夜战、计算实产的场景照片。6月21日,《人民日报》刊载了新华社记者方徨到嵖岈山卫星人民公社实地考察后撰写的《卫星社放卫星的故事》。一时之间,嵖岈山卫星人民公社成为全国农业生产"大跃进"的样板,名震全国。①

　　为了1959年获得更大的丰收,1958年7月18日,嵖岈山卫星人民公社制订了1959年小麦增产方案。方案要求1959年小麦平均单产达到11 000斤,并要培育亩产15 000斤、20 000斤、50 000斤、100 000斤的试验田。秋收后,公社又再次大放高产卫星,"队队有卫星飞起,样样作物有元帅升帐"。亩产4 958斤的芝麻"卫星"、亩产2 480.5斤的谷子"卫星"、亩产38 082斤的水稻"卫星"、亩产51 751斤的红薯"卫星"先后出笼,让人眼花缭乱,应接不暇。

　　嵖岈山卫星人民公社大放高产"卫星",使原本已出现的浮夸风急剧加温,从某种意义上说,它开了全国各地大放高产"卫星"的恶劣先例,极大地推动了浮夸风的高涨和蔓延。虽然后来各地放出的高产"卫星"要远远超过嵖岈山卫星人民公社,但是嵖岈山卫星人民公社首放高产"卫星"造成恶劣影响的责任却是不容推卸的。高产"卫星"的竞相发射,又为成立人民公社提供了所谓的现实依据,从而直接催生和推动了人民公社化运动,也就是说,大放高产"卫星"实际上对人民公社化运动起了推波助澜的作用。

　　在大放高产"卫星"后,嵖岈山卫星人民公社开始以第一个人民公社的身份正式亮相,成为全国人民公社化运动的样板。

　　1958年7月24日,《农村工作通讯》第8期发表了赵光、陈丙寅合写的《适当地并社,促进生产再跃进——卫星等农业社并社的经过》,介绍了

---

① 贾艳敏:《大跃进时期乡村政治的典型——河南嵖岈山卫星人民公社研究》,知识产权出版社,2006年,第105－106页。

嵖岈山卫星人民公社成立以来在农业、工业、水利建设、畜牧业、商业、文化教育等方面出现的新的"跃进"气象,这实际上为介绍嵖岈山卫星人民公社作了铺垫。

8月初,毛泽东到河北、河南、山东等地视察,他对嵖岈山等地出现人民公社给予了高度关注和充分肯定。8月6日下午,毛泽东视察七里营人民公社时,称赞说:"人民公社这个名字好!"7日凌晨,毛泽东在郑州专列上听取了连夜从嵖岈山赶来的河南省委书记处书记史向生关于嵖岈山卫星人民公社情况的汇报。当谈到对大社没有用共产主义公社命名,而采用人民公社作名称时,毛泽东再次表态说:"人民公社这个名字好,包括工、农、商、学、兵,管理生产,管理生活,管理政权。"他拿到史向生送来的《嵖岈山卫星人民公社试行简章》后,如获至宝,连连称赞。8月9日,他在山东历城县视察时,又一次指出:"还是办人民公社好,它的好处是,可以把工、农、商、学、兵结合在一起,便于领导。"

在毛泽东明确肯定人民公社后,全国报刊开始启动了对嵖岈山卫星人民公社的宣传。8月14日,《河南日报》刊登了赵光的《遂平县卫星人民公社的建立》一文,介绍了人民公社成立的经过,罗列了人民公社所取得的"惊人成绩",并总结了人民公社成立后显示出来的种种优越性。8月17日,《河南日报》头版头条报道了中共信阳地委在嵖岈山卫星人民公社召开全区公社经营管理现场会的情况。

8月18日,《人民日报》头版头条大字号以毛泽东的"人民公社好"的指示为标题,刊登了河南信阳地区建立工、农、商、学、兵五位一体,政治、经济、文化、军事全面结合的人民公社的报道。报道总结了办公社的十大优越性和四项有利条件,并对嵖岈山卫星人民公社进行了重点报道。21日,《人民日报》以《怎么办好人民公社?》为题,用半个版面报道了信阳地委在嵖岈山卫星人民公社召开现场会的情况。1958年8月27日,《河南日报》发表了赵光的《基本工资加奖励制度——遂平县卫星人民公社的分配制度》

一文,详细介绍了嵖岈山卫星人民公社的"工资制"和"粮食供给制"。[①]

8月底,北戴河中央政治局扩大会议正式通过了《关于建立农村人民公社问题的决议》。9月1日,《红旗》杂志第7期刊登了《嵖岈山卫星人民公社试行简章(草案)》,配发了《迎接人民公社化的高潮》的社论。9月4日,《人民日报》全文刊载了《卫星人民公社试行简章(草案)》,同时配发了《从卫星公社简章看如何办社》一文。从此,人民公社化运动席卷全国,仅仅一个多月时间就基本实现了人民公社化。

全国新闻媒体对嵖岈山卫星人民公社及其简章的报道,使得嵖岈山卫星人民公社成为人民公社的样板。这个样板具有几个重要特征:

一是建立庞大的政社合一的组织机构。嵖岈山卫星人民公社由4个乡27个农业社合并而成,有9 369户,430 264人,规模比高级社大得多;它经营的范围也比高级社更为广泛,除经营农、林、牧、副等事业外,还办工业、商业、金融、教育等事业。公社实行乡社合一的管理体制,乡人民代表大会代表兼任公社社员代表大会代表,乡人民委员会委员兼任公社管理委员会委员,乡长兼任社长。

二是建立高度单一的生产资料所有制,实行高度集中的经营管理。在公社成立时,各农业社将一切公有财产交给公社,多者不退,少者不补。社员转入公社后,都交出全部自留地,并且将私有的房基、牲畜、林木等生产资料转为全社公有,只留下少量的家畜和家禽。

三是实行共产主义的"供给制"和社会主义"工资制"相结合的分配制度。公社实行粮食供给制,向社员免费供应粮食。同时,还把农业劳动力划分为6级,工业劳动力则评为4至6级,按月发放工资。1至6级工资分别是每月2.03元、2.54元、3.3元、3.8元、4.67元、5.07元。1958年9月1日,公社第一次给社员发了工资,《河南日报》记者郑明新和魏德忠目睹了发放现场,郑明新写了题为《万民歌颂工资制》的报道,连同魏德忠拍摄

---

① 贾艳敏:《大跃进时期乡村政治的典型——河南嵖岈山卫星人民公社研究》,知识产权出版社,2006年,第107-110页。

的照片一起发表在1958年9月12日的《河南日报》上。[①]

四是实行生活组织化、组织军事化、行动战斗化。为了实现生活组织化,公社建立公共食堂、幼儿园、托儿所、幸福院等公共生活和福利机构。全社共建立437个公共食堂,9 369户农民全部加入食堂。刚开始,食堂里有肉有菜,馒头管够。老人有专门的老人餐,托儿所则有专门的"儿童营养套餐"。公社建立了80个幼儿园,入园儿童1 934人,占应入园儿童的99%。幼儿园的孩子在跳舞、唱歌。公社设立10处托儿所,入托1 275人,占应入托的92%,设有保育员533人。公社设立7个敬老院,入院老人265户共283人。此外,还实行合作医疗,公社社员每年只要交1.8元合作医疗费,就可以随时到公社的医疗单位享受免费治疗。

公社还实行组织军事化、行动战斗化。公社成立后,将社员编成团(公社)、营(大队)、连(生产队)、排(作业小组),全社共编成1个团、8个营、71个连。此外,还按照不同的工种组建军事组织,如水稻营、钢铁营、棉花营、红薯营。公社实行军事化的组织管理,每天起床、上下工都吹集合号,排队集合。各营以战斗化的行动进行生产,三天一规划,每天一安排,实行"四定"(定任务、定时间、定任务、定纪律),层层领任务,日日检查评比插红旗,每日进行军事训练和政治文化学习。[②]

作为人民公社样板的嵖岈山卫星人民公社,还率先兴起各种大办事业,掀起了"全面跃进"。

一是大办地方工业。嵖岈山地区在1958年前素无工业,副业也不发达,从业人员也不超过100人。可是,在公社建立后,却掀起了一场大办工业的热潮。公社率先在土山上建立一个包括修配厂、钢工厂、木工厂、榨油厂、缝纫厂、编织厂、土化肥厂、染厂8个工厂在内的综合厂。随后,公社和大队纷纷建厂,各生产队也纷纷建厂。每天都有十几个大大小小的工厂出现。槐树大队2天就建成了112个工厂。据1958年7月份统计,已有1 138个工厂投入生产。到8月份,在短短几个月内,全社从事工业、手工

---

① 贾艳敏:《大跃进时期乡村政治的典型——河南嵖岈山卫星人民公社研究》,知识产权出版社,2006年,第143-144页。
② 同①,第134-138页。

业的从业人员竟发展到平时有四五千人,最多时竟达到近 10 000 人。5 月至 8 月的工业总产值竟达到 138 万元。①

二是大办林、牧、副各业。公社建立后,还大力发展林、牧、副各业。到 1958 年 7 月,建立了 11 个牧场、57 个养猪场、8 个养羊场、10 个养鸡场、8 个养蜂场。到 1958 年年底,嵖岈山管理区(原嵖岈山卫星人民公社)养猪 90 000 多头,比 1957 年增加 15 000 多头,养羊 5 127 头,比 1957 年增加 2 000 多头。到 1958 年 8 月,嵖岈山管理区在荒山秃岭上挖了鱼鳞坑 120 万个,栽种了 150 万棵树;从山上采集各种水果、药材和可用的野生植物,也有很大发展。②

三是大办文化教育事业。1958 年 7 月,全公社除原有公立小学 19 处外,还办有社办工农大学 1 处,分 10 个班,8 个系,共有学生 7 700 人,技术中学 1 处,6 个班,学生 264 人,小学 33 处,34 个班,学生 1 680 人。

1958 年 9 月,遂平县卫星公社党委(遂平县委)作出了办红专大学的全面规划,并在嵖岈山管理区成立工农红专大学总校部。嵖岈山管理区区党委根据公社党委(县委)的规划,决定在全区范围内普遍建立各种类型的红专学校。随后,嵖岈山管理区共办了各种红专大学 82 所,171 个班,学员 9 239 人,达到队队有大学,应入学的全部入学。一个 70 多岁的老太太史杏珍出任农业大学教授,并担任畜牧系主任。

此外,嵖岈山管理区还办了 1 所中学、26 所小学、10 所红专学校。另办有农林牧技术中学 1 处,5 个班,在校学生 264 人;业余中学 8 个班,在校学生 456 人;高小 12 个班,1 224 人。全社文盲、半文盲 12 841 人,已经有 12 501 人脱盲。

在娱乐方面,嵖岈山管理区设有 8 个俱乐部、18 个歌咏队(共 540 人)、8 个文工团(共 215 人)、8 个快板队,还建成 18 个篮球场和 8 个排

---

① 全国手工业合作总社河南工作组田坪:《关于遂平县卫星人民公社第一基层社发展工业的情况调查》,见中共河南省委工业部办公室《人民公社如何办工业?》,河南人民出版社,1958 年,第 29 页。
② 贾艳敏:《大跃进时期乡村政治的典型——河南嵖岈山卫星人民公社研究》,知识产权出版社,2006 年,第 142 – 143 页。

球场。

嵖岈山管理区还组织了 467 个宣传组，8 698 名宣传员，上演 18 个地头剧。此外，还利用 328 块黑板报、408 个广播筒、221 个读报组经常对农民进行爱国、爱社、爱集体教育和爱共产主义前景教育。①

四是大炼钢铁。在 1958 年 9 月、10 月间，嵖岈山地区同全国一样，掀起了一场大炼钢铁的热潮。遂平县委在杨店中心街成立了钢铁指挥部，下设 30 个查矿小组，由各大队抽调 2 000 多个青壮年，集中学习查矿和鉴别矿石的简易方法，然后分片包干满山头找矿。他们终于在红石崖发现了所谓的"铁矿"（因其石头颜色红便猜测为铁矿石，但实际上含量很低），就先后组织两批共 5 000 人的挖矿大军到山上挖矿。随后，3 万多人进驻红石崖，就地建立 1 000 多个小高炉进行冶炼，遂平县"钢铁兵团"的号子响彻红石崖。

自 1958 年 6 月嵖岈山卫星人民公社放出高产"卫星"后，各地前来参观的人群就已经络绎不绝。到了嵖岈山卫星人民公社成了人民公社的样板后，参观的人数就更是与日俱增。一时之间，嵖岈山卫星人民公社几乎成为万人向往的"圣地"。

据 1958 年 9 月 20 日《遂平县报》报道，当时已有 20 多个省和 24 个市的机关、学校、工厂、矿山、公社、解放军部队前来参观。《人民日报》社、《河南日报》社、《光明日报》社、《中国青年报》社、《解放军报》社、《红旗》杂志社、人民出版社等众多新闻媒体前来采访和拍照。中国人民大学等许多高校纷纷组织师生前来参观。截至 1958 年 9 月 20 日，参观人数已达 9 万多人。参观团把小麦亩产 3 821 斤的麦子一包一包地包走了，麦秆一把一把地拿走了，土一碗一碗地挖走了。小麦丰产经验的总结材料，公社的管理体制、工资制度、财务管理、党的领导、社章等各方面的文件，印发了一批又一批，县报印了一次又一次。收到各地的贺信、贺电、贺匾数以千计，

① 贾艳敏：《大跃进时期乡村政治的典型——河南嵖岈山卫星人民公社研究》，知识产权出版社，2006 年，第 132 - 133 页。

赞词、颂歌、大字报 1 000 多份。① 到 1958 年 11 月 13 日,除西藏外全国各地共有 18 万人前来参观。其中 9 月份参观的人数最多,每天平均有 3 000 多人。到 11 月份,每天还有 500 多人。

1958 年 11 月 13 日,毛泽东在河南省委书记处书记史向生的陪同下来到遂平,想亲眼看看嵖岈山卫星人民公社这个典型。不巧的是,毛泽东专列停在遂平车站后,天下大雨,从遂平到嵖岈山的 70 多里的山路无法通车,毛泽东只得在专列上召集遂平县委和嵖岈山的干部前来汇报。

## 三

但是,嵖岈山卫星人民公社的"辉煌"注定是无法持久的,因为它一开始就建立在虚幻的基础之上。如前所述,嵖岈山卫星人民公社所放的高产"卫星"完全是吹出来的。而所谓麦收平均亩产 633 斤也是虚假的,实际上只有 140 斤。至于大办工业、大办林畜牧业、大办教育、大炼钢铁的所谓成绩也大都子虚乌有。

更为严重的是,除了浮夸风带来了高征购的恶果外,以"一平二调"为特征的"共产风"也极为盛行。

公社成立时,各农业社将一切财产上交公社。公社在大办水利、大办工业、大办教育、大炼钢铁等过程中从生产大队随意调用大量人力、物力、财力。在生产大队之间、生产队之间无偿平调人力、物力、财力。如 1958 年 5 月,二大队要在大面积土地上改种水稻,公社就组织了六大队的 600 多人,协助挖了 2 条水渠,又调拨了五大队的 50 多犋牲口和 300 多人帮助插秧。此外,公社还随意侵占社员个人财产,"共"社员的各种产。公社成立后,社员交出全部自留地,并且将私有的房基、牲畜、林木等生产资料转为全社公有。在大办公共食堂时,所用的房子、大锅等大型餐具以及桌子、凳子,都是从农民家里拿来的。在大办工业时,除了从各队无偿调拨技术

---

① 贾艳敏:《大跃进时期乡村政治的典型——河南嵖岈山卫星人民公社研究》,知识产权出版社,2006 年,第 119 – 120 页。

工匠和原料外,所用房子、原料都是农民"捐献"的。如在办土山综合厂时,一夜之间,农民就腾出 156 间房屋,"捐献"150 大车木材、850 斤竹竿、3 万斤杂铁等各种物资,共计折合人民币 5 万余元。结果,公社在办综合厂的 8 个厂时,仅花了 2.5 元。① 在大炼钢铁中没有炼出多少铁,就把社员家里的铁锅、铁铲等铁金属全数拿去,化作铁疙瘩,以完成炼钢炼铁指标。

在公社成立前后,干部中普遍滋长了强迫命令的作风。他们动辄以开展"大辩论"为名,对有不同意见的社员进行批判和打击。在生产中,往往强迫社员,打骂社员,甚至还强迫社员统一着装。在"共"社员各种产的过程中,强行从社员家搜走各种财物。社员稍有不满,轻则批判辩论,重则开展批判斗争、不给饭吃,并被扣上"破坏公共食堂、破坏人民公社"的帽子。

干部中还刮起了"瞎指挥"风。1958 年,魏楼生产队有 2 亩麦田长势良好,即将抽穗,但干部却强迫农民把麦苗犁掉,插秧栽稻,结果稻子没有长成,地也荒了。袁庄社员在收红薯时,有 4 亩地只刨了头遍,地里还有不少红薯,干部不让社员再刨,就把地犁了。还有 6 亩红薯坏在地里,没有收起来。② 此外,在秋收时,所有壮劳力都在大炼钢铁,地里的庄稼有不少没有收起来。

到 1958 年秋收后,嵖岈山卫星人民公社就出现了不少困难,显出难以为继的迹象。公共食堂实行敞开肚皮吃饭,着实红火了一阵,但是浪费了不少粮食。到 1958 年冬,许多食堂因缺粮伙食变得很差。11 月 23 日,三大队前丁庄农民在吃早餐时,发生了抢馍吃的事件。由于无钱可发,"工资制"实行了 2 个月便无以为继。此外,由于管理不善,农具丢失和损坏不少。家畜、家禽也发生严重死亡现象。如二大队一连社员反映,全村 210 杆大权只剩下 95 杆,在栽稻时用的 1 部水车直到收稻子后才抬回去。还有一个村,在转公社时,有 48 头猪,转归公社统一管理后,死的死,丢的丢,

---

① 贾艳敏:《大跃进时期乡村政治的典型——河南嵖岈山卫星人民公社研究》,知识产权出版社,2006 年,第 160 – 161 页。

② 同①,第 162 – 163 页。

只剩下 14 头。①

1958 年 10 月、11 月间,毛泽东开始发现人民公社化运动中存在的问题。为了解决这些问题,1958 年年底到 1959 年年初,中共中央接连召开了第一次郑州会议、武昌会议、八届六中全会、第二次郑州会议、上海会议、八届七中全会,在肯定"三面红旗"(总路线、大跃进、人民公社)的前提下,试图纠正大跃进和人民公社化运动中的一些具体错误。

根据中共中央上述会议精神,嵖岈山卫星人民公社也进行了一些调整。首先是取消遂平卫星人民公社,将嵖岈山管理区恢复为嵖岈山卫星人民公社,实行三级所有。为了纠正严重的"共产风",1959 年 5 月中下旬,嵖岈山卫星人民公社连续召开会议,学习中共中央和河南省委关于"算账"整社的指示。到 1959 年 5 月 17 日,大队对生产队清算兑现了 18 个队,正在兑现的 18 个队。共清算出现金 6 235 元,兑现 5 850 元,房屋 385 间,骡马 14 头,牛驴 134 头,大车 184 辆,全部兑现。生猪 265 头,兑现 145 头,羊 234 只,兑现 189 只,其他物资 25 860 件,兑现 696 件。生产队对社员清算结束的 121 个生产队,占总队数的 55%;清算基本结束的 100 个生产队,占总队数的 45%;共清算出现金 5 619 元,兑现 4 510 元,房屋 1 345 间,兑现 921 间,猪 1 825 头,兑现 1 260 头。与此同时,还通过干部自我检查和群众检举,揭露了不少干部贪污挪用公款、打骂群众、作风不民主等行为。480 名干部作了检查,并交出现金 410 元和财物 165 件。在此基础上,又选举了大队的领导班子,调整了基层领导。②

虽然这次调整和整顿尚未触及人民公社的基本制度,但它在一定程度上遏止和纠正了"共产风",缓和了干群之间的矛盾,从而使嵖岈山略现生机。

遗憾的是,1959 年夏季庐山会议后期错误地批判彭德怀,会议的主题由纠"左"转向反右,中断了此前的纠"左"进程。会后,由于政治上的特殊地位,嵖岈山卫星人民公社率先开展了批判彭德怀、反击右倾机会主义的

---

① 贾艳敏:《大跃进时期乡村政治的典型——河南嵖岈山卫星人民公社研究》,知识产权出版社,2006 年,第 166 页。

② 同①,第 175 – 177 页。

运动。有 361 名大小队干部,因反映了大跃进和人民公社化以来农村的真实情况,被当成"小彭德怀",斗得鼻青脸肿。有 458 名群众因偷吃牲畜料、偷拾了一块红薯、说了一些牢骚话,被当成小右派斗争得一塌糊涂。

与此同时,为了反右倾、鼓干劲,嵖岈山卫星人民公社又继续进行"跃进"。大幅提高 1959 年秋季粮棉油包产指标,要求各大队保证适时完成小麦播种任务,实现亩产 600 斤,保证 800 斤,争取 1 000 斤。深翻土地 8 寸,每亩施肥 50 000 斤,40% 土地田园化。制订了到 1959 年底发展生猪 18 200 头、羊 11 000 只、鸡 101 273 只的计划;要求结合抗旱大修水利,保证达到千塘百库,实现河网化。①

在继续"跃进"的过程中,共产风重新泛滥,并愈演愈烈。1959 年上半年通过"算账"退回给社员的财物,又重新被"共产"。池庄把退还社员的 30 棵果树重新归公,分给社员分散喂养的 20 多只羊又恢复集体饲养。公社又再度无偿调用生产大队的人、财、物。为了办牧场,公社从 26 个大队中的 19 个大队调出 588 头耕牛。公社办的万头养猪场的 250 头猪,大部分也是从各大队调来的。又在生产队、生产大队之间开始了新一轮的调拨。常韩大队杨里环生产队的耕牛,经常被大队调到各地,影响了生产队的生产。②

"瞎指挥"风也再度盛行。如大搞所谓土地深翻,把生土翻出来,不但不能增产,反而造成减产;推行过分的"密植",结果麦苗长得很细,麦穗很小或抽不出穗来;毫无道理地在深秋季节进行加肥加水,对增产并无帮助;大搞所谓"水稻化",逼迫群众在高山上种水稻;不顾农业季节,在深秋时强迫农民大量种玉米、栽红薯;有的地方还胡乱把芝麻、高粱、红薯、小麦等 5 种作物进行混种,造成严重减产。③

浮夸风再次大行其道。由于在农业生产上瞎指挥加上 1959 年嵖岈山地区遭遇严重干旱,粮食大幅度减产。可是,嵖岈山卫星人民公社却声称:

① 贾艳敏:《大跃进时期乡村政治的典型——河南嵖岈山卫星人民公社研究》,知识产权出版社,2006 年,第 197 页。
② 同①,第 207 页。
③ 同①,第 215 - 216 页。

1959 年粮食总产量比"特大跃进"的 1958 年还增长了 25%;工业总产值比 1958 年增长将近 2 倍;林牧副业也取得大发展,采集干菜 185 万笔,建立蔬菜基地 14 000 亩,食堂养猪 3 325 头、鸡 4 365 只、兔 421 只,建立了 11 个有 276 间畜舍的万头养猪场。[①]

　　粮食已经大减产,却浮夸粮食取得了丰收,因而带来了高征购。征购任务普遍过重,许多地方粮食征购任务甚至超过了收获总量,如大里王大队 1959 年全年产量是 46 万斤,分配的征购任务是 50 万斤。为了完成任务,大搞"反瞒产私分",采取打骂和批斗等暴力手段,强行从生产大队和生产队搜刮粮食。征购后,生产队里已经没有口粮、饲料粮和种子粮,根本无法安排群众生活。又采取了反瞒产的办法,到农民家里百般搜刮,把农民出于求生本能而隐藏在草窝里、猪牛羊栏里、红薯窖里、厕所里、院墙地下、窗户底下的一点救命粮食也挖走。这样一来,大灾难就不可避免了。

　　在 1959 年七八月时,嵖岈山卫星人民公社许多食堂就只能提供一些稀菜面汤,浮肿病开始蔓延。到 1959 年冬,大部分公共食堂无粮可吃,被迫停伙,农民全靠挖野菜以及吃树叶、树皮和草根度日。普遍出现浮肿,继而出现大量饿死的现象。

　　具有讽刺意味的是,在嵖岈山卫星人民公社陷入大饥荒的同时,它却仍然作为人民公社的一面红旗在高高飘扬。在 1959 年 8 月到 1960 年 6 月,《人民日报》、《文汇报》、《大公报》、《河南日报》等新闻媒体至少发表了 20 篇文章介绍嵖岈山卫星人民公社在各方面取得的巨大"成绩"。

　　直到 1960 年下半年后,包括嵖岈山卫星人民公社在内的信阳地区大量饿死人的事件逐渐暴露出来,这面红旗才在无声无息中坠落了。

　　信阳事件暴露后,嵖岈山卫星人民公社开始得到调拨来的大批粮食的救助,遏制了浮肿病的蔓延,减少了人口死亡。但是,由于当时错误地把"信阳事件"定性为"反革命复辟",是由于民主革命进行得不彻底而造成的,因而要进行"民主革命补课"。1960 年 12 月至 1961 年 2 月,由中央、

---

　　① 贾艳敏:《大跃进时期乡村政治的典型——河南嵖岈山卫星人民公社研究》,知识产权出版社,2006 年,第 211 页。

省、地、县四级领导机构组成的工作组陆续进驻嵖岈山,接管了从公社到大队的所有职权,并建立以贫雇农为主体的临时代表组行使生产队一切权力,进行"民主革命补课"。在嵖岈山卫星人民公社中,参加整风学习、集训、特训人员共计 1 767 人,其中特训 249 人,集训 391 人,整风学习 1 127 人,占全公社干部总数 2 135 人的 82%。[①] 这种做法揭发批判了违法乱纪的干部,使群众解了气,申了冤,但是,它错误地把造成大量饿死的惨剧的责任都推到基层干部身上,对基层干部处理过重过严,还出现了严重的打人现象。

从 1960 年底到 1961 年初,嵖岈山卫星人民公社根据中央的精神,清查"一平二调",实行退赔,并在 1961 年 5 月解散公共食堂,大力推行民主办社。此后,公社经济逐步得到恢复,从严重灾难的阴影中走了出来。

2000 年 9 月,嵖岈山卫星人民公社办公楼被河南省人民政府批准为"近现代文物保护单位"。2002 年 5 月 1 日,嵖岈山卫星人民公社旧址及文物陈列馆正式对外开放。从这些历史遗迹及历史文物中,应该吸取哪些深刻的教训,值得人们深思。

# 第三节 全国农业的样板大寨

从 20 世纪 60 年代中期到 70 年代末,大寨是全国农业战线上的一面红旗,先后有 134 个国家的 25 478 名外宾和全国 29 个省、市的 960 多万人次来大寨参观。大寨对中国农村和农业都产生了极为广泛与深刻的影响。大寨红旗的飘扬和飘落,深刻地见证着当代中国政治风云的变幻与农村社会经济的变迁。

---

① 贾艳敏:《大跃进时期乡村政治的典型——河南嵖岈山卫星人民公社研究》,知识产权出版社,2006 年,第 235 页。

一

大寨原本是山西省昔阳县城东南 5 公里太行山腹地的一个不起眼的小山村。村前是一条深沟,村后是一片光秃秃的虎头山。全村 800 亩耕地,分散在"七沟八梁一面坡"上,土地贫瘠,每亩地 1 年能收获 70 公斤粮食就算不错了。在 1945 年解放前夕,全村有 64 户人家,190 多口人。其中,1 户地主和 3 户富农占有总耕地的 60%,12 户中农占有总耕地的 22%,其余 48 户贫农、下中农一共才占有 18% 的耕地。人穷、地穷、村穷,广大农民生活极为艰难。许多人被迫当长工、打短工,不少人经常负债欠账,讨吃要饭,卖儿卖女甚至寻死上吊。陈永贵的父亲先后卖掉陈永贵的姐姐和母亲,最后在万般无奈之下上吊自杀,留下陈永贵在乡亲帮助下得以生存。①

1945 年 8 月日本投降后,昔阳县获得解放,成立了共产党领导的人民政权,从此大寨历史掀开了崭新的一页。在随后的土地改革中,大寨 53 户贫下中农分得 400 多亩土地、41 间房屋、32 眼窑洞,还分得一些牲畜和生产工具。

1946 年,大寨贫苦农民贾承福、贾承财、贾进财先后加入中国共产党,成为大寨村的第一批中共党员。当年,贾进财就在大寨组织起了第一个临时互助组。这个互助组由 15 户农民组成,因农民个个人强马壮,被称为"好汉组"。

1947 年,大寨正式建立了党支部,贾进财任党支部书记。这一年,贾进财的临时互助组已经发展到了 20 户。与此同时,已经成为庄稼好手的陈永贵,出于对穷人的同情和对曾经帮助抚养他长大成人的乡亲的报恩,毅然同 4 个年过半百的老汉和 6 个 15 岁左右的娃娃组成一个 9 户的"老少组"。"老少组"的老人和娃娃们格外珍惜这个难得的机会,非常团结,再加上陈永贵的精心管理,当年秋天取得亩产 200 斤的好收成,比"好汉

---

① 宋连生:《农业学大寨始末》,湖北人民出版社,2005 年,第 3 页。

组"每亩多收 30 斤。由此,陈永贵初步显示出了其杰出的组织才能。这个组里的许多人后来忠心耿耿地跟着陈永贵干,即使再苦再累也毫无怨言。[①]

　　1948 年,贾进财互助组发展到 30 户,陈永贵互助组发展到 29 户,全村多数群众已经组织起来。这一年,年景不好,收成欠佳,群众普遍缺粮。于是,互助组组织群众出去搞副业,挣回粮食 18 石(每石等于 150 斤),度过灾荒。[②]

　　1949 年,贾进财的互助组与陈永贵的互助组合并在一起,并成为常年互助组,全组共有 49 户。1950 年 11 月,互助组被昔阳县人民政府授予一面锦旗,上面写着"组织起来,发展生产"8 个大字,这是大寨获得的第一面锦旗。1952 年秋,互助组出现了 15 户亩产 500 斤以上的高额丰产户,被山西省人民政府评为三等丰产模范互助组。同年 12 月,陈永贵第一次出远门到太原出席山西省农业丰产劳动模范大会。

　　1952 年冬,大寨党支部书记贾进财决定"让贤"。早在 1948 年,贾进财亲自介绍陈永贵加入中国共产党。不久,陈永贵担任党支部副书记,出任村里的生产委员。看到几年来陈永贵的突出表现,贾进财深感自己领导能力远远不如陈永贵,便两次到区委要求让陈永贵出任大寨党支部书记,终于获得组织同意。1953 年 2 月,经过党支部党员大会选举,陈永贵出任党支部书记,贾进财任党支部副书记。[③]

　　参加省劳动模范大会回来后,陈永贵积极筹划成立初级社。经过一段时间的酝酿和准备,1953 年 2 月 18 日,大寨新胜初级农业生产合作社宣告成立,共有社员 49 户,陈永贵任社长。与此同时,村里还有贾进财、贾寿元、李二和领导的 3 个互助组以及 4 个单干户。在陈永贵的精心领导下,初级社当年就获得显著增产,粮食亩产增加到 240 斤,比互助组平均亩产高 60 斤,比单干户亩产高将近 80 斤。当年冬,陈永贵拉开了大寨改造土地的序幕,并首战白驮沟,成地 9 亩。

---

　　① 宋连生:《农业学大寨始末》,湖北人民出版社,2005 年,第 7 页。
　　② 刘谦和、刘成籽、李成民:《山西省大寨农业合作社史》,见《当代中国的农业合作制》编辑室《当代中国典型农业合作社史选编》,中国农业出版社,2002 年,第 242 页。
　　③ 同①,第 14 - 15 页。

1954年,新胜初级农业生产合作社扩大为52户,占全村总户数的66%。合作社开始扩大高产作物玉米的种植面积,并实行密植。尽管当年遭受秋涝,但合作社平均亩产达到350斤,每个劳动日分值0.67元。同年冬,陈永贵率领社员们在后底闸沟修地,筑坝25道,成地11亩。1955年,合作社又再次扩大为73户,除1户地主外,全村农户全部入社。当年平均亩产达到370斤,每个劳动日分值0.7元。大寨开始与刀把口、白羊峪两个老先进村并驾齐驱,被并称昔阳"三枝花"。同年冬,大寨人首战狼窝掌,筑坝38道,修地22亩。

随着农业合作化运动高潮的到来,1955年12月26日,新胜初级社转为新胜高级社。1956年1月27日,根据上级的要求,新胜高级社又吸收大寨附近的武家坪、高金岭、庙坪、金石坡4个村,共有农户436户,耕地4 920多亩,由高金岭的高启元任党总支书记,陈永贵任社长。由于村与村之间经济发展不平衡,人们思想认识不同,尽管干部们花了九牛二虎之力,大社还是无法巩固下来,不得不在秋后分成5个社。但是,大寨不愧为先进生产单位,到秋后结算,大寨粮食亩产仍然达到337斤,卖粮7.8万斤。由于狼窝掌在夏天被洪水冲毁,冬天大寨人再战狼窝掌。

1957年,大寨再次获得丰收,平均亩产达到349斤,卖给国家粮食8.3万斤,每个劳动日分值1元,人均分配59.9元。同年冬,大寨人三战狼窝掌,终于彻底制服了狼窝掌。

在1957年底和1958年初的"大跃进"运动中,大寨人也提出"种种作物元帅升帐,样样庄稼卫星上天"的豪言壮语,也曾声称2亩玉米丰产田亩产达14 436斤、2亩谷子平均亩产14 124斤、1.2亩高粱平均亩产7 500斤。[1]

1958年8月24日,陈永贵积极响应党的号召,在晋中地委驻大寨工作组的帮助下,联合大寨周围7个村,率先在昔阳县成立了第一个人民公社——红旗人民公社。1958年冬,昔阳县划归阳泉市,成为阳泉市的一个协作区。11月6日,红旗人民公社并入规模更大的城关人民公社,大寨成

---

① 陈家骥:《昔阳县农村经济史记》,山西省社会科学院,1984年,第137页。

为其下属的一个管理区。1959 年 3 月,大寨及周围的村庄从城关人民公社分出来,成立大寨人民公社,大寨村则成为大寨人民公社下属的管理区。人民公社建立后,大寨也实行了部分供给制,办起了 3 个公共食堂,一度实行吃饭不要钱,吃粮不定量。

但是,陈永贵等大寨干部很快就清醒过来,开始自觉抵制浮夸风和共产风。1958 年底,陈永贵到太原参加全省农村社会主义建设先进单位代表会议,他顶住压力和诱惑,坚持如实上报粮食亩产 520 斤,一度被认为"落后"了。1958 年底,大寨所属的城关公社想办一个万头养猪场,向各村抽调劳力修养猪场,随后又向各村索要生猪。对此,陈永贵给予坚决抵制,不派一人,也不给一头猪,因而引起公社干部的强烈不满,幸得县委书记的关照才平安无事。此外,大寨的集体食堂在实行 2 个月吃粮不限量后,转而采取基本口粮和按劳动日分配相结合的办法确定每人的吃粮标准。基本口粮实行以人定成,1~3 岁为 4 成,4~6 岁为 7 成,7 岁以上为 10 成;每个劳动日分到 1 斤粮。吃粮指标落实到户,按月分发粮票,多吃不补,节约归己,这就使得大寨人在 3 年困难时期依然有饭吃,没有饿死一个人。①

由于以陈永贵为首的大寨干部群众自觉抵制了浮夸风、共产风等"左"倾错误,再加上大寨党支部的坚强领导、社员的较高觉悟及陈永贵的周密计划和合理安排,生产上采取符合当地实际的技术措施,使得大寨在全国农村生产力普遍遭到严重破坏的情况下,生产不仅没有滑坡,反而连年大幅度提高。1958 年,大寨粮食平均亩产 520 斤,卖粮 19 万斤,总收入 3.95 万元,每个劳动日分值 0.57 元,人均分配 67.3 元;1959 年,粮食平均亩产 560 斤,卖粮 24 万斤,总收入 5.8 万元,每个劳动日分值 0.85 元,人均分配 103.6 元;1960 年,粮食平均亩产亩产 627 斤,卖粮 28 万斤。②

根据中央调整国民经济的指示精神,1961 年 7 月,大寨管理区改为大寨大队。在广泛征求群众意见的基础上,大寨党支部鉴于本大队人口不多,只相当于平川大村一个生产队规模的实际情况,决定仍坚持大队核算。

---

① 刘谦和、刘成籽、李成民:《山西省大寨农业合作社史》,见《当代中国的农业合作制》编辑室《当代中国典型农业合作社史选编》,中国农业出版社,2002 年,第 253 - 254 页。

② 同①,第 254 页。

大队下设 2 个生产队,大队对生产队实行"三包一奖四固定"的管理办法,在劳动报酬上仍坚持实行定额包工和以件计酬相结合的办法。通过这一系列合理的调整,进一步激发了广大社员的劳动积极性,大寨农业生产又获得了稳步发展。1961 年,粮食总产 48.6 万斤,总收入 7 万元;1962 年,粮食平均亩产达到 774 斤,总收入 8.5 万元,劳动日分值 1.5 元。①

就这样,在陈永贵的领导下,大寨人通过 10 多年持续不断的努力,逐渐改变了解放前贫穷落后的面貌,到 1962 年已经成为一个先进村庄。

## 二

在陈永贵带领下,大寨人通过 10 多年艰苦奋斗,终于初步改变了大寨贫穷落后的面貌。这主要归功于以下几个因素:

### (一)苦干加巧干,改造土地

大寨位于晋中东部海拔 1 000 米左右的太行山麓,是个典型的土石山区,自然条件的特点是:"沟深坡陡土瘠薄,出门上地就爬坡,一亩土地五六块,旱、洪、风、雹灾情多。"全年无霜期仅 160 至 170 天,年平均温度 9.1度。年降水 700 毫米左右,但分布很不均匀,主要集中在 7 月、8 月、9 月。全村 800 亩耕地都挂在虎头山一侧的"七沟八梁一面坡"上,零零散散地分布成 4 700 多块。由于缺乏水利资源,全是旱地,还经常遭受春旱秋涝和夏季洪灾的威胁,大寨的坡梁地缺边少堰,"地里上粪地边流,冲走肥土露石头",水、土、肥三不保,农作物产量很不稳定。

从 1953 年开始,大寨人就制订了一个"十年造地规划":对梁地加堰,防止水土流失;在坡地上建梯田,蓄水、保土、保肥;对沟地闸坝,淤地阻洪。

为了打好第一仗,1953 年冬,大寨人选择了 7 条大沟中最短的白驼沟。他们在隆冬季节中奋战了 18 天,筑坝 24 条,造地 5 亩,并使 12 亩地

① 刘谦和、刘成籽、李成民:《山西省大寨农业合作社史》,见《当代中国的农业合作制》编辑室《当代中国典型农业合作社史选编》,中国农业出版社,2002 年,第 255 – 256 页。

免于洪水冲刷,把这条过去为3家共有、谁家想治也治不了的白驼沟变成了良田。1954年冬和1955年春,大寨人又再接再厉,把后底沟、赶干道沟、念草沟、小北峪沟闸住了。1955年冬,大寨人开进了狼窝掌沟,起早摸黑地苦干了一冬一春,垒起石坝38条,造地20多亩。但是,1956年夏季一场大雨过后,狼窝掌山洪暴发,将38条石坝连同20多亩庄稼一扫而光。1956年冬,大寨人重整旗鼓二战狼窝掌。经过一个冬春的苦干,30多道大坝整齐排列,20多亩耕地平平展展。不料,在1957年夏一场暴雨的冲击下,一条条石坝再次轰然倒塌。1957年冬,不甘失败的大寨人三战狼窝掌,经过27天的苦干,终于治服了最顽固的狼窝掌沟。其后,狼窝掌工程经历了几十年无数次洪水,包括1963年那场百年不遇的特大洪水的考验,都稳如泰山。

从大战白驼沟到三战狼窝掌,大寨人治服了7条沟,垒起了总长约15公里的180多条大坝,修建了2条盘山渠、2个水库、3 000多个鱼鳞坑和蓄水池,把4 700多块地修成了2 900多块,还新增加了80多亩好地。与此同时,从1953年到1962年,大寨人把200亩梁地大部分围起了一尺多高的地埂,在400亩坡地上修起了笔直如墙的石堰,把它变成了水平梯田。①

通过大规模的闸沟垒坝、修水平梯田等农田基本建设工作,大寨人做到了"三保"(即保水、保土、保肥),初步克服了水土流失,这为大寨改善农业生产条件奠定了坚实的基础。

在此基础上,大寨人又对土壤进行改良,通过深耕、深刨和大量施用有机肥料等措施,加深了耕作层,改善了土壤结构,大大增强了土壤蓄水保肥的能力。

大寨的土壤特点是"土块打不烂,风吹遍地干",但是,大寨的坡地、梁地的土层比较厚则是一个有利条件。合作化以后,大寨人就开始采用"土掺沙"、"沙掺土"相互调剂的方法改良土壤,并收到了一定效果。其后,大寨人又通过不断深耕土地、连年不断地大量施用秸秆沤制的农家肥,使耕地土壤中腐殖质增加,团粒结构增加,微生物增殖快,结构绵软,十分有利

---

① 宋连生:《农业学大寨始末》,湖北人民出版社,2005年,第25-35页。

于农作物根系发育。这种地,一脚踩进去,像踩在棉絮上一样,这就是后来农业部总结的"海绵田"。这种海绵田,保水性能好,肥力高,抗旱能力强,因此是稳产高产田。①

### (二)摸索科学种田的方法

大寨人不仅能苦干,还在长期的实践中,摸索出了一整套适合于当地自然条件的技术和经验。除了推行合理密植和采用良种外,大寨人还采取了3项重要措施:

第一是推广种植高产作物玉米。玉米是当地的高产作物,但是,玉米生长需要水肥比较多,原来只有30%左右的好地勉强可以种上玉米。合作化后,大寨人在土地改造的基础上,扩大玉米种植面积。到20世纪60年代,大寨村的玉米种植面积已扩大到占耕地总面积的65%左右,这为大寨粮食增产发挥了重大作用。②

第二是推行"四不专种"和"三不空",大大提高土地利用率。大寨在推广玉米种植过程中,一度挤占谷子、豆子、高粱、烟叶、瓜菜等作物的种植。如1957年大寨将75亩种其他农作物的地用来种植玉米,粮食大幅度增产,但农民却因为缺少豆子、麻、烟叶、瓜菜而感到很不方便。于是,大寨人便在实践中摸索出一种既能增加玉米种植又不影响农民生活的方法,这就是"四不专种"和"三不空"。所谓"四不专种",就是黑豆不专种,菜不专种,麻不专种,瓜不专种,都种在玉米地和谷子地里。所谓"三不空",就是地边不空,地头不空,地角不空。这样一来,就大大提高了土地的利用率。③

第三是实行玉米"三深"种植法。大寨人在推广种植玉米的过程中,吸收外来经验和结合本地实际情况,把原来玉米"三浅"(浅耕、浅种、浅锄)种植法改为"三深"(深耕、深种、深刨)种植法。先是在秋后深耕,使耕作层加厚,促进土壤熟化,增强了土壤的蓄水保墒能力,减少水土流失,变秋涝为春墒,缓和了春旱;接着是春季深种,不仅可以抗旱保苗,而且可以

---

① 宋连生:《农业学大寨始末》,湖北人民出版社,2005年,第37–38页。
② 同①,第38页。
③ 同①,第39–40页。

蹲苗发根,控制幼苗早期生长过旺,促进根系下扎,扩大吸收面积,增强后期抗旱能力。最后是夏季深刨,既可以蹲苗发根,又能蓄水保墒,还能减轻地面径流,控制水土流失,防止夏季洪灾。玉米"三深"种植法的实施为大寨粮食高产稳产立下了大功劳。①

### (三) 有一个坚强有力的领导班子

大寨面貌的迅速改变,不能不归功于领导班子的坚强有力。陈永贵等领导干部以身作则,充分发挥先锋模范作用,吃大苦,耐大劳,赢得了大寨人民的信任和爱戴。

"火车跑得快,全凭车头带。"车头就是领导干部,领导干部靠什么来带动火车跑得快呢? 陈永贵认为,就是靠参加劳动,而且要在劳动中发挥模范作用。大寨的干部都由集体劳动中最出色的人来担任。陈永贵有一句名言:"干部、干部,先干一步,多干一步。"

从互助组时起,大寨干部就坚持做劳动的楷模。在合作化实现以后,许多地方干部不参加劳动,引起群众很大不满。但是,大寨干部却始终坚持在劳动第一线。根据陈永贵的提议,大寨党支部曾经为干部参加劳动作出了一则"三不准"的规定:一是没有特别重大的事情,一般不准占用劳动时间在村里开会;二是不准干部占用劳动时间在办公室里办公;三是不准从地里叫走社员谈话。干部给社员做工作,都要利用"三会"时间,即碰头会、饭场会、地头会。每天晚上,党支部委员们要在一起开碰头会,总结当天的工作,商量第二天的劳动安排。安排的结果在第二天的饭场会上宣布,也就是边吃饭,边开会,边议论。

在大寨,无论干什么活,总是由陈永贵、贾进财、贾承让、梁便良等领导干部干在前面,带领村民们冲锋陷阵。收工的时候,其他社员扛起工具回村,陈永贵等干部还得留下来检查当天的农活。正是由于干部们以身作则,社员们才干劲冲天。

大寨取得的突出成绩,逐渐引起了昔阳县委、晋中地委和山西省委的

---

① 宋连生:《农业学大寨始末》,湖北人民出版社,2005 年,第 40－42 页。

重视,它们先后发出了向大寨学习的号召。

早在 1959 年,昔阳全县即开展了"学大寨,赶大寨"的群众运动,取得了一些成效。晋中地委于当年 12 月在大寨召开现场会,在全专区掀起了学大寨、学陈永贵的热潮。1960 年 2 月,山西省委批转晋中地委的报告,号召全省农村所有基层干部,首先是支部书记,开展学习陈永贵带头参加集体生产劳动,搞好生产、搞好工作的活动。3 月 15 日,《山西日报》登载了《陈永贵——党支部书记的好榜样》的文章,详细介绍和高度肯定了陈永贵在领导农业生产与参加劳动方面所做出的突出成绩。8 月,昔阳县委发出号召,力争"实现全县大寨化"。1961 年 4 月,昔阳县委作出《关于推广大寨经验的决定》。12 月 30 日,《山西日报》又刊登出题为《太行山上一面高产红旗——介绍昔阳县大寨大队逐年增产经验》的文章。1962 年,晋中地区推广大寨干部参加生产和领导生产相结合、革命干劲和科学态度相结合、以农田基本建设为中心、综合运用"八字宪法"高速发展农业生产的先进经验。1963 年 3 月,山西省委在全省农业生产先进单位代表会议上,向全省农业生产先进单位和劳动模范提出了开展"学习大寨,一带二"活动的号召,在全省农村广泛开展比、学、赶、帮的群众运动。大寨作为山西省内特等先进单位,成为各地学赶的对象。8 月 3 日,《人民日报》也发表了《在农村阵地上——记昔阳大寨公社大寨大队党支部书记陈永贵》的文章,报道了陈永贵的先进事迹。

就在山西省率先掀起学大寨热潮的情况下,大寨却面临着一场严峻的考验。1963 年 8 月,大寨遭遇了一场罕见的暴雨,整整下了 7 天 7 夜,几乎相当于 1962 年全年的降雨量。大雨过后,除了狼窝掌沟外,大寨人 10 来年经营起来的 100 多条大坝全被冲垮,层层梯田被冲成了大沟壑,20% 的土地、石坝、地堰,甚至连地基也被冲得精光。全村有 180 亩土地被冲毁和淤没,540 亩地被洪水冲刷过。庄稼毁的毁,倒的倒。在村里,全村 140 孔窑,塌了 113 孔,125 间房子塌了 77 间。[1]

当时,正在昔阳县城开人代会的陈永贵,面对连续不停的暴雨,心急如

---

① 宋连生:《农业学大寨始末》,湖北人民出版社,2005 年,第 75 页。

焚。他想回村看看，但洪水暴涨，道路中断，无法回去。在家的党支部成员率领大寨人，救出所有大牲口和大部分粮食，扶老携幼，安排住处。

洪水过后，陈永贵赶回大寨，看到灾后的惨状，心情十分沉重，但面对唉声叹气的群众，他连连给群众打气："这场灾害损失是严重的，但一个人没有死，人在就是大喜事呀！山是人开的，房是人盖的，有了人，一切都会有！土地刮了，我们重新修起来；窑塌了，我们盖起来，走了旧大寨，来了个新大寨。"群众的情绪安定了，陈永贵随即率领群众投入到灾后的重建中。

当时，大寨地里的庄稼被冲毁严重，村里的窑洞和房屋大多倒塌了。陈永贵确定了"先治坡，后治窝"的方针，先集中力量把地里被冲倒、被埋起来的庄稼扶正、培直，保证当年的收成，然后再修整房屋和窑洞。后来，又接受社员的建议，采取了"白天治坡，晚上治窝"的方法，即在白天到地里去扶苗修地，晚上则集中在规划好了的宅基地上抬石头，垒砖头，为建设他们的新家园而加班苦干。

大寨遭灾后，中央和省、地、县各级领导派来了慰问团，全国各地的慰问信也从四面八方寄到大寨。同时，多批救灾钱物从各种渠道先后拨发下来。以陈永贵为首的大寨人，决心依靠自己的力量渡过难关，他们先后4次谢绝了公社拨给他们的80元医疗补助费、100元安置费、1车衣服和1 000元救灾费，这就是大寨党支部确定的"三不要"原则，即不要国家的救济款，不要救济粮，不要救济物资。同时，他们还进一步提出了"三不少"的口号，即向国家卖粮不少，社员口粮不少，集体的库存粮不少。

经过大寨人的紧张劳动，几百亩谷苗又全部站起来了。秋收时，遭到大灾的大寨依然取得总产量42.3万斤的成绩（比上年减产24%），并卖给国家24万斤粮食，社员的口粮也吃到了400多斤，真正实现了"三不少"。后来，他们仅用了2年时间就恢复了全部土地。1964年，大寨的粮食亩产达到了809斤。在村里，不到3个月就建成了40间人字架的瓦房，砌成了20孔石窑洞。此后一年多时间，他们又修补房屋、窑洞62间（孔），新建瓦房72间、窑洞36孔。到1965年，大寨新村建成，社员全部搬进了新居，真正实现了陈永贵所说的"送走一个旧大寨，迎来了一个新大寨"。

1963年11月，山西省委发出通知，号召全省各级党组织学习大寨人貌视困难、敢于革命的英雄气概，自力更生、奋发图强的坚强意志，以国为怀、顾全大局的高尚风格。同时，省委又系统地、全面地总结了大寨 10 多年来坚持阶级斗争、生产斗争和科学实验三大革命运动的经验。

与此同时，大寨的事迹也开始走出山西，走向全国。1963 年 11 月 28 日，《人民日报》刊登了长篇通讯《奋发图强，自力更生，以国为怀，顾全大局——大寨大队受灾严重红旗不倒》。1963 年底，老家在昔阳的中南局书记处书记李一清回到大寨参观后，深受感动，便成为大寨的义务宣传员。他回到北京后，向李雪峰、国务院副总理李富春、薄一波和国家计委主任张劲夫以及他在北京的老同学、老战友极力称赞大寨。他回到广东后，又向中南局的领导干部和当时在广东考察工作的国家计委副主任王光伟大力推荐大寨事迹。此后，王光伟、张劲夫先后来到大寨参观，返京后又向国务院和中央书记处作了汇报，并由此促成了有关部门请陈永贵进京作报告一事。

1964 年 1 月 19 日，陈永贵和其他几位全国劳动模范应邀来到首都北京，在人民大会堂向 10 000 多名来自党政军各界的代表作报告。陈永贵的报告条理性很强，带有浓厚乡土气息，内容实在，又有不少新的提炼和概括，不时被热烈的掌声所打断。由于他的报告大受欢迎，后来中央人民广播电台还多次播放报告录音。随着这个报告在全国城乡的反复播放，陈永贵和大寨闻名全国。

1964 年 2 月 10 日，《人民日报》发表了新华社记者宋莎荫、范银怀写的反映大寨先进事迹的长篇通讯《大寨之路》，介绍了大寨依靠自己的力量同穷山恶水作斗争的经过。同日，《人民日报》还配发了《用革命精神建设山区的好榜样》的社论，号召全党和全国各界学习大寨人远大的革命理想与对未来坚定不移的信心；学习大寨人敢于藐视困难，敢于同困难作斗争的顽强精神；学习大寨人实干、苦干、自力更生、奋发图强的优良作风；学习大寨人严格要求自己、以整体利益为重的共产主义风格。

1964 年 3 月 29 日，毛泽东在邯郸听取前来汇报工作的山西省委书记陶鲁笳汇报有关大寨的事迹，引起很大兴趣，并留下了深刻的印象。此后，毛泽东继续南巡，每到一地，就同当地党政要员谈大寨经验，讲大寨人的自力更生。他说："大寨就是一面旗帜，你们学不学？农业要过关，没有大寨那种精神不行哪!"5月,毛泽东在听取国家计委领导小组汇报第三个五年计划设想时插话说:"要自力更生,要像大寨那样,他也不借国家的钱,也不向国家要东西。"

4月20日,受周恩来的委托,农业部长廖鲁言到大寨作了20天的实地调查,于5月25日向毛泽东、周恩来报送了《大寨大队调查报告》。报告肯定"大寨是全国农业战线的一面红旗",并将大寨精神概括为6个方面:树雄心、立斗志,不断革命;始终坚持依靠贫农、下中农的阶级路线;不仅有陈永贵这样的好当家人,更重要的是有一个比较好的领导班子;干部参加劳动,大公无私,以身作则;冲天的革命干劲同严格的科学态度相结合;自力更生,艰苦奋斗,爱国家,爱集体,爱社会主义。

同年12月,周恩来在三届人大一次会议上所作的《政府工作报告》中,介绍了大寨的先进事迹,称赞大寨"是一个依靠人民公社集体力量,自力更生进行农业建设、发展农业生产的先进典型",并高度概括和肯定了大寨精神,指出:"大寨大队所坚持的政治挂帅、思想领先的原则,自力更生、艰苦奋斗的精神,爱国家、爱集体的共产主义风格,都是值得大大提倡的。"

12月26日,毛泽东邀请陈永贵、大庆工人代表王进喜、著名科学家钱学森和知识青年的代表邢燕子、董加耕等人与中央一些领导人在人民大会堂的小宴会厅参加了他71岁的生日宴会。

就这样,大寨的红旗在1964年就高高地树立起来,并由此掀起了10多年的农业学大寨运动。

## 三

随着大寨红旗的升起,从1964年开始,全国掀起了声势浩大的学大寨、赶大寨、超大寨的群众运动。广大干部和群众,认真学习大寨经验,自力更生地办水利,努力建设旱涝保收的稳产高产农田,并取得了明显的成效。到1965年9月,全国产生了50多个大寨式的先进典型。

1965年11月,陈永贵参加了晋中地委组织的参观团,先后赴北京、河北、山东、河南等省、市的一些先进单位参观访问。他看到有不少单位快要赶上大寨了,有不少单位的生产水平还超过了大寨,因而深深感到大寨必须奋起直追,虚心学习各地的先进经验,才能继续前进。于是,大寨人开始检讨自身不足,明确今后的发展方向:一是发展农田灌溉事业方面还存在保守思想,总以为山区缺水,对发展灌溉不太在意,当时大寨还没有一亩水浇地。今后,必须大力发展水利。二是大旱中大寨的 200 多亩土地,不能做到稳产,更谈不上高产,其他土地虽然能经受旱灾,但离完全达到高产稳产田的标准还有些差距。因此,必须进一步加强高产稳产田的建设。三是林业建设是大寨的最大差距。1963 年以来,大寨大抓植树造林,取得了很大成绩,但还很不够,今后要乘胜前进,争取在今后 3 年内,绿化荒山秃岭。随后,大寨人针对自身的不足,采取针对性措施,继续向前迈进。

1966 年"文化大革命"爆发后,大寨人也虔诚地投入了"文化大革命",每天接待成千上万的人来大寨参观、串联。1967 年春,陈永贵在参与山西省和昔阳县的"夺权"活动后,担任昔阳县主要负责人,并成为晋中地区和山西省主要领导人之一。3 月,陈永贵毅然上书中央,呼吁制止农村的乱夺权、乱批斗,制止到农村串联,结果被中央转发全国。这样,就不仅为大寨营造了一个相对较为安定的环境,保证了生产的正常进行,而且使全国农村形势基本保持稳定。

在"文化大革命"特殊的政治环境下,大寨由原来的农业生产的先进典型变成了政治斗争的典型,大寨的经验也演化成阶级斗争的经验。在这种背景下,大寨的一些具体做法也被当成是大寨经验进行广泛推广:一是取消社员自留地和家庭副业。在 1963 年特大洪灾之年,大寨利用社员对集体的高度信赖和建设社会主义新农村的渴望,趁机取消了自留地和家庭副业。这种做法不符合《农业六十条》,但由于大寨具有较雄厚的集体经济和较好的集体生产,社员能够接受这个事实。二是推行"自报公议"的评分办法。大寨从 1961 年开始改变定额包工管理办法,随后经过几年的修订补充,到 1963 年逐渐演变成一套完整的"一心为公劳动,自报公议工分"的劳动管理和分配办法。具体做法是:在全大队选定 3 个标兵工分,男的 1 个,成年妇女 1 个,铁姑娘 1 个。然后由社员"自报工分,大家合评",由 1 天一评改为 5 天、10 天一评,又改为 1 个月、2 个月一评,至 1966 年改为 3 个月一评。这种办法后来被人称为是"大概工",也有人说它是"神仙一把抓"。三是 1961 年大寨根据本大队规模较小的实际情况,在群众同意下,实行大队核算。

1967 年陈永贵担任昔阳县主要负责人后,随即在昔阳全县全面推广大寨经验。除了大搞农田基本建设外,还推行取消或减少自留地,限制家庭副业;批判"工分挂帅",推行"大概工";推行向大队核算过渡。

从 1965 年开始,大寨坚持工程措施与生物措施相结合、治土与治水相结合、当年与长远相结合的原则,实现了由建设三保田到山水田林路综合治理的转变。从 1968 年后,大寨每年对农田建设的投工和投资都占总投工投资的 30% 以上,冬春季节的投工占全年总投工的 60% 以上。其中,投入人力和财力最大、效果最好的就是大寨高产稳产的海绵田。[1]

为了推广大寨培育海绵田、实现粮食稳产高产的经验,彻底扭转我国南粮北调的被动局面,国务院副总理纪登奎深入大寨,进行调查研究。1970 年 8 月,纪登奎主持召开了北方 15 省市区农业会议,推广了大寨建设高产稳产海绵田的经验,正式确认昔阳为全国第一个"大寨县",并提出了推广昔阳县学大寨、建设大寨县的经验。但是,会议错误地强调,学大寨要"大批促大干"(大批资本主义、大批修正主义、大干社会主义),提出要解决农村干部中"五种人"掌权的问题,把农业学大寨运动进一步向"左"的方向推进。此后,全国农村再次掀起了"农业学大寨"的热潮。

在新一轮"农业学大寨"运动高潮掀起后,大寨人又想出了搬山填沟造平原,为实现机械化、水利化创造条件的新套套。于是,从 1970 年冬天开始,大寨人打响了人造平原的战斗。此后,经过 4 个冬春的奋战,投工60 162 个,投资 51 700 多元,在 4 条沟中搬掉 37 座小土山,新建平原 200亩,新增耕地 150 多亩。[2] 更为重要的是,搞人造平原后,把 2 900 多块地连成 900 多块,"七沟八梁"上出现了一块块"人造平原",10 亩连片的地就有十几块。地块大了便于机耕,地平了容易浇水,这就为大寨开辟了一条

---

[1]　刘谦和、刘成籽、李成民:《山西省大寨农业合作社史》,见《当代中国的农业合作制》编辑室《当代中国典型农业合作社史选编》,中国农业出版社,2002 年,第 262 页。

[2]　同①。

机械化、水利化的新路。①

1972 年到 1974 年,大寨遇到历史上罕见的特大干旱,大寨人发扬千里百担一亩苗的精神,战胜了旱魔,夺得了丰收。同时也把大旱之年变成了兴修水利之年,到 1974 年,大寨水浇地面积由 1971 年的 100 亩增加到 500 亩。②

在 1973 年,昔阳县遭遇特大旱灾,经过全县人民的全力抗旱仍然收获粮食 1.489 6 亿斤。但为了兑现陈永贵在抗旱后所说的"没见过的大丰收",昔阳县上报粮食产量 2.19 亿斤,虚报了 9 000 万斤。③

1975 年 1 月,陈永贵出任国务院副总理。1975 年 9 月,国务院在昔阳召开了规模巨大的"第一次全国农业学大寨会议",与会代表参观了大寨和昔阳农田水利基本建设工程。大会向全国发出了普及大寨县的号召,又在全国掀起新一轮"农业学大寨"高潮。这一年,昔阳的西水东调工程开始上马。

粉碎"四人帮"后,华国锋继续高举"农业学大寨"旗帜。1976 年 12 月 10 日,华国锋在北京人民大会堂召开了"第二次全国农业学大寨会议"。陈永贵代表中共中央作了《彻底批判"四人帮",掀起普及大寨县运动的新高潮》的报告。这一年,在陈永贵的督促下,昔阳的西水东调工程建设达到了高潮。

1977 年夏,陈永贵在昔阳布置了大队向公社所有制过渡的试点。1977 年 7 月 9 日,大寨公社按照陈永贵的指示,制定出一份《关于逐步实现向公社所有制过渡的草案》。当年年底,大寨公社宣布试验开始。

从 1978 年春天开始,各地就在落实党的农村政策的号召下,开始要求纠正"农业学大寨"运动中的极"左"错误,如要求归还农民的自留地、自留树,开放集市贸易,允许农民搞家庭副业,允许农民发展家庭养猪、养鸡,要求重新恢复定额劳动管理制度等,这就从实践上向"农业学大寨"运动隐

---

① 陈大斌:《大寨寓言:"农业学大寨"的历史警示》,新华出版社,2008 年,第 124 页。
② 刘谦和、刘成籽、李成民:《山西省大寨农业合作社史》,见《当代中国的农业合作制》编辑室《当代中国典型农业合作社史选编》,中国农业出版社,2002 年,第 263 页。
③ 宋连生:《农业学大寨始末》,湖北人民出版社,2005 年,第 201－202 页。

然发起冲击。与此同时,随着 1978 年关于真理标准问题的大讨论的热烈进行,极大地冲破了"两个凡是"的思想束缚,又从理论上向"农业学大寨"运动提出了严峻的挑战。

1978 年 12 月底,中共十一届三中全会在北京召开。会议坚决批判了"左"倾错误和"两个凡是"的错误方针,果断地停止使用"以阶级斗争为纲"的口号,作出了把工作重点转移到社会主义现代化建设上来的战略决策,并原则通过了《中共中央关于加快农业发展若干问题的决定(草案)》。由此,大寨红旗开始摇摇欲坠。

1979 年 3 月初,中共昔阳县委召开常委扩大会议和县委扩大会议。在各方面的强大压力下,县委一位副书记在会上承认,昔阳县 1973 年虚报产量 7 000 多万斤。同年 7 月 7 日,《人民日报》在第一版刊登消息,披露了新华社记者张进兴等人从山西省统计局获悉的准确数字:昔阳县从 1973 年到 1977 年的 5 年间共虚报了粮食产量 2.72 多亿斤。第二天,《人民日报》又就此发表评论员文章《说假话者戒》。[1]

1979 年 8 月以后,中共昔阳县委常委连续召开常委和公社党委书记、革委会主任和县级机关科局长以上的干部会议,联系学大寨运动的实际,开展真理标准问题讨论的"补课",端正思想路线。县委领导深切地感到,过去把大寨抬到了不适当的地位,把大寨的具体经验当成不可逾越的"本本",干了许多蠢事。会议还通过讨论,解决了落实自留地政策、实行定额管理制度、放开集市贸易、发展社队副业等 9 个方面具体政策问题。[2]

与此同时,1979 年 10 月、11 月,山西省委和山西省晋中地委分别召开常委扩大会议,用"实践是检验真理的唯一标准"这一思想武器,总结前几年在领导农业学大寨运动中的经验教训,澄清了许多思想问题。

1979 年年底,中共昔阳县委进行人事调整,陈永贵不再兼任昔阳县委书记。1980 年 5 月,中共晋中地委进行人事调整,陈永贵不再担任晋中地委书记。1980 年 8 月,全国人大五届三次会议接受了陈永贵关于解除他

---

[1]　宋连生:《农业学大寨始末》,湖北人民出版社,2005 年,第 249 页。

[2]　陈大斌:《大寨寓言:"农业学大寨"的历史警示》,新华出版社,2008 年,第 281 – 282 页。

的国务院副总理职务的请求。同时,32 岁的郭凤莲也卸去大寨大队党支部书记等职务。

1980 年 6 月 15 日,《人民日报》第一版发表题为《昔阳"西水东调"工程缓建》的长篇报道,同时配发社论《再也不要干"西水东调"式的蠢事了》。9 月,由《人民日报》《光明日报》、新华社和中央人民广播电台的一些记者联合组成的调查组开赴山西,在大寨和昔阳等地采访 40 天,写出了两组内参。第一组专攻 10 年来无人敢摸的大寨,如《大寨走向了反面》《一部充满谎言的"大寨斗争史"》《"七斗八斗"给大寨造成严重恶果》《"大寨精神"和"大寨风格"都被抛弃了》《一整套对抗党的政策的极"左"做法压抑了大寨群众的积极性》等;第二组批评昔阳和陈永贵提拔起来的干部,如《昔阳学大寨,"大干社会主义"的成败得失》《昔阳学大寨,"大批资本主义"的真相》《昔阳整"五种人"的经验完全是适应"左"倾路线需要的产物》《造反起家,帮派掌权》《任人唯亲——以对大寨"感情""态度"划线》《从帮派掌权到家族统治》等。这些报道把大寨(包括昔阳)的阴影和问题空前凸现出来,使人觉得大寨似乎是一个问题重重的假典型。

1981 年年初,山西省委向党中央作出关于"农业学大寨"运动中经验教训的检查报告。中共中央批发了山西省委的这个检查报告,并作了重要批语。至此,大寨这面红旗正式飘落,历时 10 多年的"农业学大寨"运动也宣告终结。

在家庭联产承包责任制浪潮席卷全国的情况下,1981 年大寨开始实行专业承包、联产计酬的责任制,1982 年又进一步实行家庭联产承包责任制。此时,大寨一度沉寂好多年。1991 年 11 月,45 岁的郭凤莲重返大寨,出任大寨党支部书记。在她的带领下,大寨人又开始二次创业,迎来了大寨的重新崛起。

第三章

『左』的标兵和典型

1957 年反右斗争扩大化后,中国政治生活中阶级斗争扩大化的"左"倾错误日益滋长起来。1959 年庐山会议后,在党内开展了"反右倾"斗争。1962 年 9 月,中共八届十中全会则进一步认为,整个社会主义历史阶段始终存在阶级斗争和资产阶级复辟的危险,从而提出阶级斗争要"年年讲、月月讲、天天讲"。1963 年至 1965 年,在部分农村和少数城市基层开展了"四清"运动,提出整"党内走资本主义道路的当权派",最后发展到提出"无产阶级专政下继续革命的理论",并以这一理论为基础发动了持续 10 年之久的"文化大革命"。在这个过程中,学毛著运动和"批林批孔"运动在农村先后展开,并涌现出顾阿桃、小靳庄等"左"的标兵和典型。

# 第一节 "政治挂帅"的畸形产物

1966 年,随着学毛著运动的深入开展,一个不识字的老大妈顾阿桃被林彪的妻子叶群精心"打造"成学毛著标兵。1974 年,在"批林批孔"运动中,天津小靳庄被江青树为"意识形态革命"的典型。这些标兵和典型被人为炮制出来,或被人为拔高和故意扭曲,身不由己地成为推行极"左"政治运动的工具和传声筒。它们虽然一度因适应政治运动的需要而被捧得大红大紫,但又随着政治风云变幻而摔下深渊。它们的经历,折射出中国政治风云的变幻,也让人深深地感受那个极"左"氛围下的荒唐和无奈。

一

1959 年庐山会议闭幕后不久,林彪取代彭德怀出任国防部长,主持中央军委日常工作。他随即鼓吹"四个第一",即:武器和人的关系,人的因素第一;军队各种工作和政治工作的关系,政治工作第一;政治工作中事务性工作和思想工作的关系,思想工作第一;思想工作中书本思想和活的思想的关系,活的思想第一。1960 年,林彪在军委扩大会议上的讲话中提出:毛泽东思想是当代马克思列宁主义的"顶峰",学习毛泽东著作是学习马列主义的"捷径"。同年 10 月,军委扩大会议根据林彪的提议,向全军发出了"高举毛泽东思想伟大红旗,把毛泽东思想真正学到手"的号召,要求对毛主席著作要有深厚的无产阶级感情,要把毛主席的著作当成干部战士的必修课程,天天读,经常读。要以毛泽东思想为指针,检查工作,改造思想,指导行动,让毛泽东思想在脑子里深深扎根。于是,在全军迅速掀起了学习毛主席著作的热潮。根据林彪的指示精神,从 1961 年 5 月 1 日起,《解放军报》在每天报眼上选登"毛主席语录"。1964 年 5 月 1 日,解放军总政治部编辑出版了《毛主席语录》。在全军学习毛主席著作的热潮中,很快就涌现出廖初江、丰福生、黄祖示等一批典型。

1965 年 5 月 6 日,总政治部又发出了关于推广廖初江、丰福生、黄祖示学习毛主席著作经验的指示,要求全军推广他们的经验,推动全军开展,学习毛主席著作的活动。林彪还提出了"带着问题学,活学活用,学用结合,急用先学,立竿见影"。于是,又掀起了一场更大规模的学毛著运动。

随着全国人民学习解放军活动的开展,学毛著运动也迅速在全国各地开展起来。到 1966 年 7 月,各条战线上都涌现出了不少标兵和积极分子,工业战线上有大庆铁人王进喜、勘探二队一零八钻机组贺增恩、东北机器制造厂尉凤英、复旦大学玻璃工厂蔡祖泉等,商业战线上有沈阳市南塔第二副食门市部的李素文等,体育战线上有国家乒乓球队的徐寅生等。

农业战线也毫不例外地掀起学毛著运动。第一个将学毛著运动大规模引入农村的是时任解放军总参谋部副总参谋长的张爱萍将军。

1965 年 9 月 2 日至 1966 年 4 月 27 日,张爱萍在江苏省扬州地区邗江县方巷大队蹲点搞"四清"。他带领工作组进驻后,不谈什么四清四不清,而是大宣大讲毛泽东思想,号召农民学习毛主席著作。他带头把《为人民服务》、《纪念白求恩》、《愚公移山》和《反对自由主义》背熟,并要求工作组成员背熟,再让农民学习和背诵。为了让老百姓能看得懂毛泽东著作,他把毛著编成《学习毛主席著作三字经》、《毛主席语录识千字》。于是,方巷的街头巷尾、田间地头、床边灶前,都成为学毛著的课堂。据称,随着学习毛主席著作运动的深入,干部和社员们提高了政治思想水平,结合自己的错误进行对照检查。干部主动交代自己多吃多占的问题,并积极退赔,社员也纷纷改正自己的缺点和错误,人们的精神面貌和社会风气开始发生变化。1966年夏收时,方巷大队的小麦增产26%。目睹方巷大队生机盎然的景象,张爱萍于1966年春特地写了一首词《红日照方巷》:"东风浩荡,红日照方巷。绿波滚滚千重浪,农家儿女欢唱。劲松挺立根深,红梅怒放报春。不管狂风骤雨,永葆美妙青春。"

张爱萍还先后作了几十场报告,总结了方巷大队活学活用毛主席著作的做法,提出了名震一时的"方巷经验":工作队学在先,带头用;大张旗鼓地宣传毛泽东思想,并贯彻在社教运动的始终,转换一个重点,就掀起一次学习热潮;"广种薄收","百花齐放";活学活用,落脚在用;形成领导核心,建立活动阵地;经常抓"六篇"(即《为人民服务》、《纪念白求恩》、《愚公移山》、《反对自由主义》、《反对个人主义》、《被敌人反对是好事而不是坏事》)必修课的学习;向"精耕细作"、"持之以恒"方向发展。[1]

"方巷经验"首先得到邗江县委、扬州地委、江苏省委的大力肯定和推广。1965年11月8日至12日,邗江县召开学习毛主席著作积极分子代表会议,号召向方巷大队学习,在全县全民中大张旗鼓地、广泛深入地开展大讲毛泽东思想、大学毛主席著作的运动。江苏人民广播电台将张爱萍和工作队总结的"方巷经验"写成详细报道。据不完全统计,江苏省委机关报《新华日报》在1965年12月至1966年6月期间关于方巷大队的报道文章有15篇左右。[2]

"方巷经验"迅速引起全国新闻媒体的关注,《人民日报》、《解放军报》、《解放日报》等纷纷作出连续报道。《解放军报》发表社论《根本之中的根本是学习毛主席著作》。《人民日报》发表社论《引导广大农民学习毛主席著作》,希望"全国每个县、每个公社以及所有做农村工作的同志们认真读一读"。1965年11月23日,林彪在苏州听取了张爱萍关于方巷大队"四清"运动的汇报,给予高度肯定,并要求在全军推广。于是,"方巷经

---

[1] 王永华:《张爱萍与方巷"四清"运动》,《钟山风雨》,2009年第5期。

[2] 同[1]。

验"名震全国,一度成为全国农民学习毛主席著作的"方向",先后有 26 个省、市的 16 万名参观者到方巷来学习取经。①

在"方巷经验"名震全国后,叶群(化名易敬)又在江苏省太仓县洪泾大队制造了"洪泾经验",树立了一个"学毛著标兵"顾阿桃。

1965 年 9 月 5 日,叶群随空军"四清"工作队来到江苏省太仓县洪泾大队搞"四清",到 1966 年 3 月离开,这与张爱萍蹲点搞"四清"时间大体相当。从时间看,洪泾开展学毛著运动要比方巷略迟一点。1965 年 11 月下旬,在张爱萍到苏州向林彪汇报前几天,叶群曾经到过方巷参观学习。但是,在叶群的精心打造下,一个目不识丁的 50 多岁的普通农妇顾阿桃被炮制成"学毛著标兵","洪泾经验"后来居上,迅速盖过了"方巷经验"。

与此同时,学毛著运动也在全国农村蓬勃开展起来。到 1966 年 4 月,山西全省农村中已经组织起毛主席著作学习小组 18 万个,参加学习的农民群众和基层干部将近 300 万人。其中,盂县学毛著运动最为引人注目。据称,盂县领导干部活学活用毛主席著作,大搞县级领导机关和县级干部的思想革命化,在全县范围内大搞学习毛主席著作的群众运动,推广大寨大队的先进经验,在促进全县农村基层干部、广大农民的思想革命化和改变农村面貌方面,都取得了"巨大成就"。山西全省随即普遍推广"盂县经验"。1965 年下半年到 1966 年 4 月,全省参加省一级各系统学习毛主席著作积极分子代表会议的积极分子有 1 100 人,参加专区一级会议的积极分子有 4 000 多人,参加县一级会议的积极分子有 2 万人。

应该说,在"文化大革命"前逐渐兴起的学毛著运动还是有一定社会基础的,那就是广大群众对毛泽东的朴素感情和对毛泽东思想的信仰。在学习过程中,许多人也自觉地用毛泽东的教导来规范自己的行为和指导自己的工作,因而对于提高政治思想觉悟和增强工作能力还是有一定积极意义的。在农村"四清"工作中,用学毛著的方法教育农民也有一定作用,至少要比单纯地对"干部"开展"清算"的做法要高明一点。一些人结合自身工作情况介绍学毛著的体会也不无道理,比如,徐寅生介绍如何打乒乓球

① 王永华:《张爱萍与方巷"四清"运动》,《钟山风雨》,2009 年第 5 期。

的文章。

但是，从本质上看，"文化大革命"前已经兴起的学毛著运动是一场政治运动。它是林彪迎合毛泽东避免"大权旁落"而树立个人权威的需要，并借此捞取政治资本而大力推动起来的。因此，它从一开始就带有突出政治、突出毛泽东个人权威的色彩，并随着运动的深入而愈演愈烈，这就不可避免地造成政治路线的日益"左"倾化，极大地助长了个人崇拜之风的形成。同时，它还败坏了学风，产生了"庸俗化"、"简单化"、实用主义、形式主义等诸多弊端。

"文化大革命"爆发后，在林彪"天才论"、"顶峰论"的鼓噪下，全国掀起了一股对毛泽东个人崇拜的狂潮，《毛主席语录》（俗称"红宝书"）正式由新华书店发行。人人捧读"红宝书"，个个佩戴毛主席像章，处处树立毛主席塑像。其后，还一度搞起向毛主席宣誓、早请示和晚汇报、跳忠字舞等闹剧。廖初江、顾阿桃等学毛著标兵更是异常火爆，几乎家喻户晓。廖初江出任《解放军报》的核心小组组长，担任中央委员。顾阿桃也先后当上了太仓县革委会副主任、苏州专区革委会副主任、江苏省革委会常委。此时，学毛著运动完全沦为形式化的政治仪式，深深地陷入个人崇拜的泥潭。

1971年林彪叛逃并折戟温都尔汗后，这个极"左"而荒唐的学毛著运动才戛然而止，但学毛著仍然成为人们生活中的一个重要内容。廖初江、顾阿桃等一度被怀疑为林彪死党而受到审查，但最后都平安无事，不过他们已经风光不再，迅速淡出历史舞台。

二

1971年秋林彪集团覆亡后，主持党中央日常工作的周恩来顺从党心民意，提出了批判极"左"思潮的正确意见，整顿被"文化大革命"搞乱的各条战线，落实党的政策，取得初步成效。这使江青等人深感受到威胁，便从1972年下半年开始频频向周恩来发难，竭力阻挠批判极"左"思潮和落实政策的工作。毛泽东也对林彪事件后党内外日益增长的种种怀疑和否定"文化大革命"的倾向感到担忧，便将林彪路线定性为极"右"，致使批极

"左"思想的进程被中断。其后,江青集团又先后炮制了李庆霖、张铁生、黄帅等一批"反潮流"的典型,大搞所谓"反击右倾回潮"。

为了防止党内外怀疑和否定"文化大革命"倾向的日益增长,早在1973年党的"十大"召开前后,毛泽东便多次提出,要把批判林彪同批判孔子和儒家、推崇法家联系起来。他说,林彪同国民党一样,都是"尊孔反法"的。江青等人便助波推澜,妄图借机打倒周恩来等一批中央领导人,实现他们"组阁"篡权的目的。1974年1月18日,毛泽东批发中共中央1974年一号文件转发由江青主持选编的《林彪与孔孟之道》(材料之一),由此"批林批孔"运动便在全国正式展开。

为了推动"批林批孔"运动的深入开展,江青集团还先后在上海、天津等地炮制了上海第五钢铁厂、天津铁路分局天津站和天津小靳庄等一系列典型。1974年1月30日,上海第五钢铁厂工人召开"批林批孔"大会,钢铁工人争当"批林批孔"的"闯将"。其后,又创造了将批判"三字经"等孔孟之道普及到群众中去的所谓"经验",还建立了一支所谓工人理论队伍。天津铁路分局天津站和天津小靳庄则是1974年江青亲自树立起来的典型。前者首创了工人研究儒法斗争史、编写通俗易懂讲稿向广大群众宣讲的经验。后者则是农村地区开展"批林批孔"、进行意识形态领域革命的典型,以所谓"十件新事"而闻名全国。

小靳庄解放前是一个极为贫困的村庄。土地改革和合作化运动后,生产生活有所改善,但在人民公社化运动和"文革"前期又遭到很大破坏。1969年,在村支部书记王作山领导下,大干苦干,改造盐碱地,使粮食产量由原亩产100多斤提高到400多斤,成为学大寨的先进单位。小靳庄办了政治夜校,农民喜爱写诗和唱京戏,文化教育活动较为活跃。1974年江青到了小靳庄后,加以人为拔高和故意扭曲,把小靳庄打造成"意识形态革命"的典型,以在广大农村推行极"左"路线。

随着小靳庄经验的推广,全国农村纷纷学习小靳庄经验,大办政治夜校,在田间地头开展大批判,到处开展写诗和赛诗活动,处处大唱样板戏,还开展各种体育活动。这就扩散了极"左"路线在农村的影响,还在一定程度上冲击了农业生产。

1975年后,随着"反击右倾翻案风"的开展,小靳庄进一步沦为江青集团在农村推行极"左"路线的工具和传声筒。1976年,江青集团垮台后,小靳庄猛然跌落,原来的无限荣光转为耻辱的印记。好多年后,小靳庄才重新成为一个平淡的村庄。

# 第二节 "学毛著标兵"顾阿桃

20世纪六七十年代,江苏省太仓县沙溪公社洪泾大队50多岁的目不识丁的普通农妇顾阿桃,被叶群精心打造成全国学毛著的"标兵",一度闻名全国,大红大紫,风光无限。林彪叛逃后,特别是粉碎"四人帮"后,顾阿桃又重回人间,恢复了她普通农妇的本来面目。

## 一

1916年农历十月初十,顾阿桃出生在江苏太仓沙溪镇一个穷苦农家。阿桃父亲姓罗,阿桃是父亲续弦所生,上面还有一个大她4岁的异母姐姐——阿囡。阿桃3岁那年,父亲病死。阿桃母亲安葬丈夫后,便回到自己娘家,艰难地抚育着阿囡和阿桃。阿桃和阿囡经常跟随母亲下地干些力所能及的农活,还下河划着小船捕鱼捉蟹。

阿桃8岁那年,母亲含泪把8岁的阿桃和12岁的阿囡一起送进了利泰纱厂。姐妹俩就过着艰辛的童工生活,早出晚归,每天干12个小时,只能挣一角二分钱,有时只有6分钱。

4年后,母亲又离开人世,抛下2个孤苦无依的女儿。两个叔叔也无力照顾2个侄女,便作主将16岁的阿囡许配给往北一里地的吴家做媳妇。因阿桃才12岁,还不到婚配的年龄,就让她给横沥河西一里地的顾家小儿子顾泉和做童养媳。从此,阿桃改为顾姓。顾阿桃的公婆带着两个儿子,在6亩薄地上拼命干活,顾阿桃则继续在利泰纱厂做工,一家人还是难以填饱肚皮。

顾阿桃 21 岁时,与顾泉和完了婚。第二年,第一个孩子出生。由于害怕被工厂开除,产后 20 天就去上班,留下孩子在家无人照料。一次,当顾阿桃连上 2 天夜班回到家中后,发现孩子已经冻死在摇篮里。2 年后,顾阿桃又生下女儿金娥。她吸取以前的教训,辞掉厂里的工作,回家抚养孩子,帮着丈夫种田。其后,她连续生了 4 个儿子。为了养家糊口,顾阿桃夫妇拼死拼活地干活,但仍吃了上顿无下顿。实在没办法,顾阿桃只得到沙溪镇一个姓王的人家当了 3 年奶妈,后到轧花厂当临时工,还走街串巷捡破烂、拾柴片。[①]

解放后,顾阿桃家在土改中分得 9 亩地,生活有所改善。其后,随着当地实现合作化和建立人民公社,顾阿桃就成为沙溪公社洪泾大队第一生产队的一名普通社员。解放 10 多年来,顾阿桃家生活条件有所改善,吃的穿的都比过去好,但依然很穷,全家 7 口还挤在 2 间茅草房内。

1964 年初,一批工作队员进驻洪泾大队,领导开展"四清"工作。当时,顾阿桃这个年届半百的普通农妇,跟着大家参加大会小会,但并不留心台上人讲些什么,总是和年龄相仿的妇女聊聊家常。由于这里干部作风正派,经济清白,一年多后,这批工作队员悄悄地撤走了。

不料,一个"四清"工作队前脚刚走,1965 年 9 月 5 日,另一个工作队——空军"四清"工作队又来到洪泾大队。其中,一个穿着便服、个子矮小的 50 岁左右的女人,被大家恭敬地称为"易敬同志",就是林彪的妻子叶群。叶群和秘书李春生进驻顾阿桃所在的一队,工作组其他人员则分别进驻其他生产队。顾阿桃做梦也没有想到,叶群的到来会彻底地改变她的人生轨迹。

叶群率领的"四清"工作队进驻洪泾后,首先把矛头指向大队党支部书记杨明生,让他"靠边站",逼他交出 40 元"贪污款"。但是,查来查去,根本查不出任何证据,只得把 40 元钱还给杨明生。随后,工作队又先后揪

---

① 朱凤鸣:《顾阿桃的人和事》,见太仓市政协编写组《洪泾往事》,方志出版社,2007 年,第 47-52 页。

住三队的马副队长和一队的会计,逼他们交代问题。但折腾到最后,发现马副队长的贪污问题纯属子虚乌有,一队的会计也只是算错了账而已。①这样一来,叶群率领的工作队就没取得预期战果。于是,叶群转而开始在洪泾推行"活学活用"毛主席著作的运动。她此行的主要目的就是推行林彪提出的所谓学习毛主席著作"要带着问题学,活学活用,急用先学,立竿见影"的方针,并培养出一批"活学活用"的典型,以捞取政治资本。

叶群让工作队队员将毛主席的"老三篇"(即《为人民服务》、《纪念白求恩》、《愚公移山》)和《反对自由主义》印成单行本,挨家挨户地分发到每个社员手里。接着又选出这4篇文章中的警句,如"完全彻底为人民服务"、"毫不利己,专门利人"、"为人民利益而死,就比泰山还重"、"我们都是来自五湖四海……"等等,印成毛主席语录单页,分发给社员,并在大小会议上反复领读、讲解,要求全大队社员做到人人会背、会用、会讲。洪泾农民怀着对毛主席的崇敬和爱戴之情,纷纷学习和背诵起来。顾阿桃看到大家都在背,也只得硬着头皮,让几个儿子一遍遍地念着背了起来。

为了深入推动洪泾"活学活用"毛主席著作运动,叶群还决心培养出一批典型。她煞费苦心地确定了选择典型的3个条件:一要苦大仇深,对毛主席忠诚;二要没有文化,最好是年龄大的,使典型更有说服力;三要能说会道,有宣传表达能力。

叶群先让"会背"的社员在生产队会上亮相。一队两个七八十岁的老太太背得比较熟练,叶群很感兴趣,吩咐秘书李春生注意培养她们。而顾阿桃记性不太好,耐心也不够,背得不怎么样,并没有引起叶群的注意。

随后,叶群又让社员"讲用",要大家诉旧社会的苦,讲新社会的甜。这时,两个背得较为熟练的老太太就不行了,一个东拉西扯、颠三倒四,根本讲不到点子上;另一个干脆拒绝"讲用"。而有满肚子苦水的顾阿桃则表现异常突出。她满怀悲愤地诉说了凄惨的过去,充满感情地讲起新社会生活的改善,最后总结说:"旧社会我像田埂边的一棵草,任人踏来任人踩。

---

① 朱凤鸣:《顾阿桃的人和事》,见太仓市政协编写组《洪泾往事》,方志出版社,2007 年,第54 页。

新社会毛主席把我们贫下中农当做宝。"叶群顿时眼睛一亮,露出了难得的笑容:"顾阿桃说得好!"

第二天,叶群就让秘书李春生告诉顾阿桃,要把她培养成学毛著积极分子。顾阿桃连忙摇头:"不行,不行,我没有文化,讲讲过去还行,活学活用不行。"但是,李春生则严肃地指出:"不行,这是易敬同志交给你的政治任务,必须不折不扣地完成!"顾阿桃无奈,只好答应下来。

让顾阿桃这样一个目不识丁又没见过世面的农妇当"活学活用"的典型,并不是一件容易的事。叶群考虑一番,决定先教顾阿桃识字,然后让她背下写好的讲稿。于是,李春生开始教顾阿桃识字,叶群也亲自送给顾阿桃一支钢笔,嘱咐她快快识字。可是,年过半百的顾阿桃学了 10 多天,只勉勉强强会写"毛主席万岁"和"顾阿桃"8 个字,拿起钢笔比拿锄头还重,不禁叹道:"我是 60 岁学吹鼓手——气也短了,肯定学不会了。"[1]

眼看教顾阿桃识字无望,叶群和李春生又想出一个"妙计"——看图"讲用"。李春生连续奋战数天,画了 40 多幅形象的图,为顾阿桃量身定做一个独特的"讲用稿"。他让顾阿桃每看一幅画,讲一段内容。

前面几幅画是介绍顾阿桃经历,诉旧社会的苦和讲新社会的甜。如看到一个烟囱的图画,顾阿桃就讲:"我 3 岁死了父亲。8 岁那年进利泰纱厂当童工,受尽迫害。12 岁又死了母亲,就出去当童养媳。生了第一个孩子后,20 天就去上班,回家后孩子就冻死了……"

随后几幅画介绍顾阿桃学习毛主席著作的情况。看到一本书的图画,她就讲:"社会主义教育运动时,我开始学习毛主席著作。毛主席书上讲的话,一听就懂,句句讲到我心上。我就叫儿子读给我听,细细记牢。"看到三个人一把扫帚的图画,她就讲:"听了毛主席的话,晓得 3 个人(张思德、白求恩、愚公)和一把扫帚(《反对自由主义》),懂得了做人的道理,心里热乎乎的,说不出的开心,就像见到毛主席,听到他老人家的指示一样。"

后面 20 多幅画则详细介绍她学习毛主席著作后活学活用的体会和收

---

① 朱凤鸣:《顾阿桃的人和事》,见太仓市政协编写组《洪泾往事》,方志出版社,2007 年,第 55-59 页。

获。如看到一只公鸡的图画,就讲:"我家的鸡以前到门前 9 队的田里吃稻,学了《为人民服务》后,才知道自己思想不对头,就用自家的稻草做了篱笆把 9 队的田围起来。"如看了一包糖和 6 个鸡蛋的图画,她就说:"有个妇女难产,我送去一包糖和 6 个鸡蛋。要在过去,我一定想,1 斤糖可以做饼吃,6 个鸡蛋炖炖可以做 3 天的午饭菜。现在懂得天下农民是一家,应该互相帮助。"①

看图"讲用"收到了神效。顾阿桃虽然没有文化,但悟性极好,很快就能看着几十幅画,自如地讲出来。她从小队讲到大队,再从大队讲到县、市、省,有时还能临场发挥,如"旧社会里我像药材店里的揩台布,咸酸苦甜都吃过","是毛主席把我救出火坑,解放后的日子如芝麻开花节节高"。至此,叶群大功告成,一个"典型"被精心炮制出来了。1966 年 3 月 5 日,叶群率领空军"四清"工作队返回北京。

二

叶群回到北京,随即动用新闻舆论的力量,把洪泾的经验和顾阿桃这个活学活用的典型推向全国。

1966 年 7 月 2 日,新华社发表了题为《全国人民活学活用毛主席著作的群众运动空前高涨》的电讯稿,文中用了大段篇幅介绍了顾阿桃"学毛著"的事迹。7 月 16 日,《新华日报》也以头版头条的位置,发表题为《太仓县沙溪公社洪泾大队社教工作队满腔热情地帮助贫农妇女顾阿桃成为活学活用毛主席著作的标兵》的通讯和经验总结。9 月 10 日,《人民日报》整版刊登了顾阿桃带有 40 多幅画的"讲用稿"《毛主席的话照亮了我的心——学习毛主席著作积极分子顾阿桃的一份发言提纲》,并加了"编者按",称这个"讲用稿""闪耀着革命思想的火花","一幅画引出一段经历,一次思想转变,一条活学活用毛主席著作的体会",号召人们要像顾阿桃一

---

① 顾阿桃:《毛主席的话照亮了我的心——学习毛主席著作积极分子顾阿桃的一份发言提纲》,《人民日报》,1966 年 9 月 10 日。

样热爱毛主席,活学活用毛主席著作,把毛主席的话深深印在心里,落实在行动上。

1966年国庆节前夕,顾阿桃作为贫下中农学毛著积极分子的代表,应邀去北京参加国庆观礼。9月29日,顾阿桃带着一个刻有"毛主席万岁"的南瓜,随江苏代表团乘火车抵达北京。当天下午6时许,叶群、吴法宪等人到江苏代表团下榻的京西宾馆看望顾阿桃。晚饭后,叶群就带着她一手培养的典型——顾阿桃,分别到周恩来总理家、朱德委员长家、李富春家拜访,让顾阿桃分别在邓颖超大姐、康克清大姐和蔡畅大姐面前表演一番,以炫耀她的杰作,展示"活学活用,立竿见影"的效应。9月30日,在叶群的安排下,顾阿桃到空军司令部作讲用报告,赢得一阵阵热烈的掌声。

10月1日,顾阿桃登上天安门城楼,参加国庆观礼。叶群带顾阿桃到休息室拜见正在休息喝茶的毛泽东。毛主席微笑着向顾阿桃点点头说:"你好!"随即伸出了大手。顾阿桃非常激动,慌忙伸出双手,但无意中把毛主席手中的白瓷杯打翻了。顾阿桃吓呆了,手足无措。只见毛主席冲她和蔼地笑笑,操着浓重的湖南乡音说:"莫关系,莫关系嘛!"顾阿桃这才放下心,赶紧捧着刻有"毛主席万岁"的南瓜恭恭敬敬地放到毛主席面前的茶几上,又递上3封洪泾社员写的祝愿信。叶群又马上拿出顾阿桃的"讲用"画稿给毛主席看,毛主席接过去看了一会儿,微笑地说:"很好,很好!"说完又伸手与顾阿桃握手。此时,摄影记者按动快门,摄下了毛主席在天安门城楼接见顾阿桃的照片。[①]

顾阿桃参加国庆观礼上天安门被毛主席接见的消息,通过中央人民广播电台迅速传向四面八方。10月2日,全国各大报刊都刊登了毛主席与顾阿桃握手的照片,《新华日报》则刊登了顾阿桃口述的《我见到了顶红顶红的红太阳》。10月3日,《人民日报》刊登了《毛主席万岁!万岁!万万岁!——伟大领袖和一百五十万革命群众庆祝建国十七周年》,也对顾阿桃获得毛主席接见作了详细报道。据该报道,获得毛主席接见后,顾阿桃

① 朱凤鸣:《顾阿桃的人和事》,见太仓市政协编写组《洪泾往事》,方志出版社,2007年,第65－67页。

高兴得逢人就说:"旧社会把我们贫下中农当成一棵草,毛主席把我们贫下中农当成一个宝。像我这样的老太婆,过去只能站在家门口,眼看灶前头,读了毛主席的书,我也站在家门口,眼看全中国,心怀全世界了。"她表示一定要用同毛主席握过的手,捧着毛主席著作,好好学习。

此后,全国各地的报刊都争先恐后地报道顾阿桃老妈妈"活学活用"毛主席著作的"先进事迹",刊登顾阿桃和毛主席握手、顾阿桃在田间一边摘棉花一边向群众"讲用"的大幅照片。这样,顾阿桃就从一名默默无闻的普通农妇一举成为全国学毛著的"标兵"了。

随着顾阿桃名气的大增,洪泾大队干部群众也掀起了学习毛主席著作的"高潮"。据1966年一份资料统计,当时洪泾大队848名青壮年社员中能背出"老三篇"的有720人,加上老人孩子,能背出《为人民服务》的竟超过1000人。[①] 1966年10月,全大队共评出学习毛主席著作积极分子329人,其中除顾阿桃外,还有被誉为身残志坚的"不出门的政治队长"沈玉英。

在顾阿桃成为全国学毛著的"标兵"后,洪泾大队名声大噪。1966年国庆节顾阿桃在天安门城楼上受到毛主席接见后,省、地、县各级党委随即先后到洪泾大队召开现场会、交流会,大力推广洪泾大队"活学活用"毛主席著作的经验,掀起了一个热火朝天的"学洪泾"运动。10月3日,太仓县委召开会议,宣布确定洪泾大队为"活学活用"毛主席著作的样板队。10月6日,苏州地委在太仓召开各县县委书记会议,现场参观了洪泾大队。10月31日,江苏省委在洪泾召开"活学活用"毛主席著作经验交流会,推广洪径经验,并在全省范围内掀起了"学洪泾"运动。

1967年3月,太仓县掀起"学洪泾、超洪泾"、"活学活用"毛主席著作的新高潮。据称,全县有230个生产大队建立了中心学习组,80%的生产大队成立了宣传队,创办了各种各样的学习毛主席著作的夜校3200所。[②]

同年4月5日,《人民日报》发表了《关于洪泾大队在抓革命促生产高

---

① 朱凤鸣:《顾阿桃的人和事》,见太仓市政协编写组《洪泾往事》,方志出版社,2007年,第69页。

② 王大经、刘鹏:《洪泾大队及学洪泾运动记略》,见太仓市政协编写组《洪泾往事》,方志出版社,2007年,第11页。

潮中抓住根本,把活学活用毛主席著作放在一切工作的首位》的文章,并配发短评《忙要忙得有方向》。4月27日,《人民日报》再次刊发《毛泽东思想照洪泾》的通讯和《在大风大浪中活学活用毛主席著作》的评论文章,把"学洪泾"运动推向全国。4月29日至5月3日,苏州军分区在洪泾大队召开"活学活用"毛主席著作先进经验交流大会,南京军区、江苏省军区和苏州军分区领导分别在大会上讲话,号召在军内外掀起一个"学洪泾、赶洪泾、超洪泾"的群众运动。

7月2日,《人民日报》发表顾阿桃、沈玉英、杨明生等人的"活学活用"毛主席著作的文章,并在编者按中称洪泾大队为学习毛主席著作先进集体。7月3日,《新华日报》立即转载全文,紧接着又在7月7日发表了顾阿桃的《紧跟毛主席永远干革命》的文章。

1968年,在全国"学洪泾"运动的推动下,太仓县"活学活用"毛主席著作的群众运动更是空前高涨。全县80%以上的生产队建立了"早请示、中对照、晚汇报"制度,90%以上的生产队做到"五到田",即毛主席画像、毛主席语录牌、学习毛主席著作、开展革命大批判和唱革命歌曲到田头。

8月26日,苏州地区在洪泾大队召开忠于毛主席、忠于毛泽东思想、忠于毛主席革命路线的"三忠于"现场会,并举行洪泾展览馆开幕式,当时的江苏省革委会副主任到会祝贺并讲话。展览馆大厅内悬挂着毛主席在天安门城楼上接见顾阿桃的巨幅照片,还有洪泾大队社员学习毛主席著作的各种照片。

9月,太仓全县"学洪泾运动"掀起了"三忠于"、"四无限"的热潮。全县干部群众人人怀揣"红宝书",胸佩毛主席像章,家家张贴毛主席画像,处处竖起毛主席语录牌和毛主席巨幅画像。从城镇到乡村,从街道到田头,人们大唱"忠字歌",大跳"忠字舞";机关、企事业单位乃至每个家庭统统都搞"早请示、晚汇报"。仅9月21日一天,太仓县革委会便向全县人民发放毛主席像章38.42万枚。①

---

① 王大经、刘鹏:《洪泾大队及学洪泾运动记略》,见太仓市政协编写组《洪泾往事》,方志出版社,2007年,第14－15页。

1970 年 4 月 2 日,叶群等人第二次来到洪泾大队。当晚,召开洪泾大队党支部委员和生产队指导员会议,地、县、公社的领导也参加了这次会议。会议要求更大力度地宣传洪泾。随后,太仓县革委会立即作出《关于加强洪泾工作的情况报告》和《关于进一步开展学习洪泾的决定》,成立"洪泾领导小组"和"洪泾工作组",并向全县干部群众发出了"三年内把太仓建成洪泾式县"的号召。5 月 11 日,沙溪公社率先闻风而动,公社党委、革委会发出进一步学洪泾的号召,公社党委领导班子成员还先后 3 次到洪泾大队"讲用",交流学习洪泾经验。

随着学洪泾运动的深入开展,洪泾大队成了一片红海洋。田头路口插满了毛主席语录牌;家家户户的门前都挂起了"忠字旗";室内筑起贴有毛主席像或摆有毛主席半身石膏像的"忠字台"。社员每天出工前,向毛主席像"早请示",读有针对性的毛主席语录;中午收工回来,要"中对照";晚上收工回来还要"晚汇报"。吃饭前要手拿毛主席语录本喊:"敬祝毛主席万寿无疆!"这就是所谓"先吃精神饭,后吃白米饭"。学生放学时列队回家,领队的手举小红旗,一路高唱毛主席语录歌。全大队背诵"老三篇"蔚然成风,社员们"烧火时念一念,走路时背一背,干活时想一想,睡觉前夫妻间帮一帮"。全大队"老至八十三,小到手里揽",男女老幼全都在学习毛主席著作。少年儿童天天晚上组织"小喇叭队",在村头朗诵毛主席语录。[①] 洪泾学毛选的典型也不断增多,除了顾阿桃、沈玉英等两个著名典型外,还有 60 岁以上老人顾杏娣、周招娣,她们一字不识,全靠别人帮助,自己再死记硬背,能够背诵好几十条毛主席语录;青年人中有闻忠英、曹佩英等中坚力量,中年人中有"破船不沉只管摇"的生产队长李树松,少年儿童有孙佩玉。[②]

随着顾阿桃和洪泾大队的声名大振,洪泾大队"活学活用"的先进事迹和图片资料先后在上海、南京等地展出,后来还在北京的中国军事博物

---

① 王大经、刘鹏:《洪泾大队及学洪泾运动记略》,见太仓市政协编写组《洪泾往事》,方志出版社,2007 年,第 12 – 13 页。

② 徐振家:《驻洪泾工作组纪事》,见太仓市政协编写组《洪泾往事》,方志出版社,2007 年,第 168 页。

馆进行展览。由党支部书记杨明生和顾阿桃、沈玉英等十几人组成的洪泾"讲用"团也多次应邀外出作"讲用"宣传。顾阿桃在讲用中,往往有出色的即兴发挥,因而深受欢迎。如她讲到学习毛主席著作,便是"毛主席的书是世界上顶好的书,我们饭可以一天不吃,可毛主席的书不可一天不读"。讲到旧社会受的苦,便是"汗水流在地主的田里,眼泪落在自家屋里,一年做到头,24根肋骨做得根根痛,还是缸空、甏空、肚皮空,日子过得比黄连还苦"。讲到新社会的甜,便是"生活像芝麻开花节节高,脚踏楼梯步步升,日子过得比蜜糖还要甜……"①

新闻记者也云集洪泾,争相对顾阿桃和洪泾进行大量报道。一时之间,洪泾成为新闻媒体的聚焦点。自1967年初到1971年林彪叛逃事件,先后有23家新闻媒体的78名记者到洪泾进行采访报道。其中,新华社南京分社、《新华日报》和江苏人民广播电台等3家新闻媒体,常年派出1~2名记者常驻洪泾,随时进行报道。《人民日报》、《解放日报》、《文汇报》、《解放军报》、《东海民兵》和江苏电视台等11家新闻媒体,则每隔一段时间,就派记者到洪泾进行重点采访,推出专题报道。9家杂志和广播电台,则根据形势的发展,临时派记者到洪泾采访。除了广播电台、电视台、画报社等声像报道外,1966年6月至1971年8月,见诸报刊的有关洪泾的报道有575篇,平均每月9.1篇。如果加上新华社发电讯稿以及各省、市、自治区报纸刊载的,那就更多了。其中,刊登洪泾报道最多的是《新华日报》,有259篇,次之是《人民日报》,有94篇,再次之是《解放日报》,有42篇。声讯报道洪泾最多的是江苏人民广播电台,有一段时间,几乎天天可以从广播里听到有关洪泾的报道。②

与此同时,全国各地大量人员潮水般地涌到洪泾来参观、学习。为此,专门负责接洽参观事务的洪泾接待站应运而生。有好长一段时间,从沙溪到洪泾,从大队部展览馆到顾阿桃家的田埂上,挤满了前来参观学习的群

---

① 朱凤鸣:《顾阿桃的人和事》,见太仓市政协编写组《洪泾往事》,方志出版社,2007年,第60页。

② 徐礼和:《新闻媒体记者采访报道洪泾见闻》,见太仓市政协编写组《洪泾往事》,方志出版社,2007年,第238页。

众,每天少则六七千人,多则上万人。除了前来采访的记者外,还有前来视察的各级领导,有来搞教育革命的上海几所大学的师生,搞"革命大串联"的红卫兵小将,有来为贫下中农看病的巡回医疗队,有前来支农的解放军官兵,有来慰问演出样板戏的省市剧团。大家都想看一看这个神奇的大队,想一睹顾阿桃老妈妈的风采,握一握她那只与毛主席握过的手。此外,还有 10 个国家和地区的外宾也慕名前来"取经"。据当时统计,1967 至 1969 年,参观人数达 200 万人次以上。①

三

1967 年 7 月,顾阿桃加入中国共产党。她成为全国学毛著"标兵"后,不由自主地卷入了政治旋涡中。

1967 年夏天,上海、江苏等地造反派爆发了大规模的"武斗",各种造反派都竞相争取顾妈妈的支持。一天下午,无锡一个造反派组织的 3 名头子来洪泾找到顾阿桃,要求她表态支持他们的"造反派"组织:"顾妈妈,我们是坚决捍卫毛主席革命路线的,他们'九二'(无锡的另一个造反派组织)是土匪,你看该不该取缔?"顾阿桃不假思索,脱口而出:"土匪不好呀,土匪杀人放火,抢钱财……"这 3 人回去后立即大肆宣传,说连顾阿桃老妈妈也称"九二"是土匪,应该取缔。"九二"造反派的人立即赶到洪泾找顾阿桃说理。顾阿桃连忙辩解:"我可没说你们'九二'是土匪。我只说土匪不好,土匪要杀人放火抢钱财的……"但是,以前说的话已经传出,要收回来就很难了。从此,面对找上门要求支持的造反派,顾阿桃再也不敢轻易表态了。②

在毛主席发出"实现革命的大联合"的"最新指示"后,顾阿桃照毛主席的话去做"促联"工作,并在当时特定环境中发挥了特殊的作用。上海一家机械厂的两个造反派打得不可开交,最后,两派头头来洪泾找顾妈妈

---

① 朱凤鸣:《顾阿桃的人和事》,见太仓市政协编写组《洪泾往事》,方志出版社,2007 年,第 71 页。

② 同①,第 81 页。

评理。顾阿桃花了两天时间和他们一起学习毛主席语录,与他们促膝谈心,要他们各自多做自我批评,团结一致向前看,终于使两派头头握手言和。太仓的两个造反派在直塘武斗,一派有一人被打死,同伙抬着装着死者的棺材去太仓县城示威游行,扬言要踏平另一派。当时在太仓"三支两军"的解放军某部姜团长出面制止,但毫无效果,就只好请顾阿桃出面调停。名气很大的顾妈妈一出马,竟然收到神效,一场更大规模的武斗流血事件就被无形中消弭了。①

1968 年春,顾阿桃"官运亨通",先后当上了太仓县革委会副主任、苏州专区革委会副主任、江苏省革委会常委,需要参加很多会议。但是,她仍然是一个农民,没有固定工资收入,需要通过劳动来挣工分。她平时积极参加集体劳动,但作为典型,她一般还要比别人少记工。她经常到外面开会、"讲用",一般都有一点补贴,但回来都交给队里。

可是,有谁知道,这位大红大紫、风光无限的顾阿桃却有着别人难以体会的苦恼。

作为全国"学毛著标兵",顾阿桃最大的苦恼就是要四处"讲用"和接待前来参观学习的人员。她年纪大,记性差,理解力也不强,应付起来实在力不从心。她之所以成为全国"学毛著标兵",在很大程度上要归功于李春生为她绘制的带有 40 多幅图画的"讲用稿"。李春生回北京后,由沙溪公社妇女主任李淑娣负责帮助顾阿桃。由于文化水平有限,加上觉得顾阿桃丈夫顾泉和"难缠",半年后,李淑娣就不干了。1967 年 3 月,太仓县直机关干部陆美菊来到洪泾,成为顾阿桃的辅导员,负责帮助她学毛著,接待各地参观者,引导顾阿桃"做好人好事",然后帮她总结提高,准备"讲用稿"。② 为了适应不断变化的新形势,顾阿桃的"讲用"也必须讲出新水平,"讲用"内容也不断翻新。如"四清"时,她讲:学习张思德,自私自利要不得;学习白求恩,劳动不为挣工分;学习老愚公,碰到困难往前冲。到了"文

---

① 朱凤鸣:《顾阿桃的人和事》,见太仓市政协编写组《洪泾往事》,方志出版社,2007 年,第 81 - 82 页。

② 陆美菊:《在顾阿桃身边工作的日子》,见太仓市政协编写组《洪泾往事》,方志出版社,2007 年,第 100 页。

革"初期,就变成:学习张思德,无产阶级专政忘不得;学习白求恩,狠斗私心挖修根;学习老愚公,向阶级敌人进攻再进攻。到了"文革"中期,又发展成为:学习张思德,共产主义远大目标忘不得;学习白求恩,继续革命不停顿;学习老愚公,革命到世界一片红。她做"好事"的事例也不断增多和翻新,如晚上偷偷为生产队割麦子而不要工分。随着阶级斗争的弦越绷越紧,这方面的事例就日益增多。一次,外乡一位农民想和她家攀亲戚,送来一篮团子。她了解此人成分"高"时,马上把团子退了回去,并将此事报告给公社,让当地群众狠批了那人一顿。有一次,大队里开批判会,她脚跌坏了不能走路,有人劝她休息,她说:"脚痛是个人的小事,大批判是革命的大事",就让丈夫背她到大队"参加战斗"。①

"文化大革命"期间,毛主席的"最新指示"比较多。鉴于来访的新闻记者和参观者都会要求顾阿桃谈谈对毛主席"最新指示"的学习体会,顾阿桃头天晚上就要学习毛主席的"最新指示"。这对于年纪大、记性不好、理解力差的顾阿桃来说,实在是太困难了。为了帮助她理解和记忆,辅导员陆美菊就想尽办法,两人经常弄到整晚不能睡觉。有一次,毛主席接见西班牙的一个代表团,可是,顾阿桃老记不住"西班牙"3个字,陆美菊只得画两幅图,说"西边有一个人,嘴里长着一只板牙",她才算记住。还有一次背"整顿",她怎么记也记不住,最后,陆美菊就画了一个圆圆的切菜用的"砧墩",她才算背了出来。好在顾阿桃悟性极好,在陆美菊的反复"调教"下,她居然也能针对不同的参观者谈出不同的学习体会。不过,由于害怕说错了毛主席的指示,顾阿桃和陆美菊经常提心吊胆,心理负担很重。非常困难的学习和沉重的心理负担,使顾阿桃感到吃不消。林彪和叶群摔死在温都尔汗后,顾阿桃才免除了学习和"讲用"之苦。

丈夫顾泉和并没有因为顾阿桃大红大紫而感到丝毫高兴,相反,他不仅面对蜂拥而来的参观者表现得非常烦躁,还反对与阻挠顾阿桃外出开会和"讲用",这也让顾阿桃深感无奈和苦恼。

---

① 朱凤鸣:《顾阿桃的人和事》,见太仓市政协编写组《洪泾往事》,方志出版社,2007年,第63页。

　　前来参观的人一多,宁静的乡村喧闹得鸡犬不宁,顾阿桃家两间半破草房天天被挤得水泄不通,大家都争着要与顾阿桃老妈妈握握手,拿出笔记本让她抖抖索索很费劲地签上"毛主席万岁"几个字。有时,顾阿桃只好坐到马桶上与他们说话,而顾泉和连站的地方都没有。参观学习的人涌来涌去,把家门前种的青玉米和南瓜藤都踩得不像样子。门槛被踢破了,灶面砖被挤掉了一块,饭筲箕撞翻了,白花花的米饭洒了一地,鸡蛋婆碰倒了,破碎的蛋黄黏糊糊地流了出来;有一次,连床跟前的马桶也碰翻了,弄得满屋子都是臭味。于是,丈夫顾泉和便跺着脚破口大骂:"一个破老太婆,有什么好看的!"弄得大家尴尬不已。①

　　顾阿桃经常外出"讲用"、开会,一连几天不回,家里饭没人做,衣服没人洗,这也使一家之主的顾泉和恼怒不已。因此,每次顾阿桃需要外出时,他总会要求一起走,有时甚至还耽误了起程的时间,这让辅导顾阿桃的李淑娣和陆美菊都觉得他非常"难缠"。为了减少麻烦,后来,每当顾阿桃外出前,陆美菊就让负责接待、保卫工作的同志把顾泉和带到别的地方玩,等顾阿桃走后才让他回家。但是,有时,顾泉和还是不让顾阿桃外出"讲用"。一次,太仓县在沙溪召开三级干部会议,派专人前来邀请顾妈妈去讲话,但顾泉和掀翻了饭桌,坚决不让她去,急得辅导员陆美菊直掉眼泪,最后只好另请五队的沈玉英前去顶替,才解了围。② 直到叶群得知顾泉和拖顾阿桃"后腿"后,从北京派人到洪泾向顾泉和施加压力,他才不再阻拦顾阿桃外出"讲用"。

　　1968 年底,顾阿桃上南京参加华东片"九大"预备会议,被大家一致推荐为第九届中央委员的候选人。这可把顾阿桃急坏了。她想,自己既是全国学毛著积极分子,又是江苏省革委会常委,专区、县革委会副主任,应付这些已经相当吃力了,如果再当上个中央委员,可怎么吃得消?别的不说,单说要经常去北京、南京开会,丈夫肯定又要不高兴。经常外出,规定参加

<hr/>

① 朱凤鸣:《顾阿桃的人和事》,见太仓市政协编写组《洪泾往事》,方志出版社,2007 年,第72 页。
② 陆美菊:《在顾阿桃身边工作的日子》,见太仓市政协编写组《洪泾往事》,方志出版社,2007 年,第103 页。

的集体生产劳动天数也完不成。七烦八烦的事体一多，那些本来能背出来的语录、"老三篇"和"最新指示"就会忘记，往后还要不要"讲用"？因此，她向许世友提出不当中央委员候选人，但许世友摇摇头说："这我可作不了主，还是到了北京正式开会时再说吧。"

1969 年 4 月 1 日，党的"九大"正式开幕，顾阿桃当选为主席团成员。她坐在人民大会堂的主席台上，心里诚惶诚恐，生怕自己当上中央委员。在分组讨论时，她央求同去开会的常熟代表李安玉给周总理打电话（顾阿桃不会打电话），请求不当中央委员。周恩来总理随即表示同意，并安排有关人员作了一些说服和解释工作，顾阿桃才如愿以偿，没有当选为中央委员。[①] 1970 年 12 月，顾阿桃出席江苏省第五次党代表大会，并当选江苏省省委五届委员。

〔四〕

1971 年 9 月 13 日，林彪、叶群等从北戴河仓皇出逃，坠机摔死在蒙古温都尔汗荒丘。当时，顾阿桃还在常熟"讲用"。她在"讲用"开始时，仍十分虔诚地"敬祝林副主席身体健康，永远健康！"林彪叛逃消息传到洪泾，已是当年 10 月底，顾阿桃感到万分震惊。随之，"洪泾领导小组"和"洪泾工作组"立即撤销，顾阿桃和洪泾大队退出政治舞台。

顾阿桃在清查中受到审查。有人怀疑她参与了林彪的"571 工程"，因为她的一本语录的空白处，有着林彪一个死党的通信地址和电话号码。可是她很坦然，她不会打电话，也不会写信，那些地址和电话号码，别人写了也白搭。她不无感慨地说："我倒霉的是不识字，幸运的也是不识字。否则，我这辈子跳进长江也洗不清。"

但是，林彪叛逃事件对顾阿桃的冲击还是非常大的。顾阿桃又从"宝"变成了"草"。当年那些熟悉和相识的达官要人，还有那些为她出点

---

① 朱凤鸣：《顾阿桃的人和事》，见太仓市政协编写组《洪泾往事》，方志出版社，2007 年，第 86－89 页。

子的人,看见她都有意躲躲闪闪,不理不睬。她感到非常生气:"你们当时看出了问题怎么不开口?现在出了问题倒装聋作哑,把我这个不识字的老太婆当瘟神!"有人还风传,她得了病上吊自杀了。她听到风传后却非常坦然:"我没做亏心事,没做害人的事,为什么要自杀呢?"在关键时刻,许世友站出来为顾阿桃说了公道话:"顾阿桃有什么罪?要说上当受骗,谁没上过林彪的当。林彪在台上时,我许世友也不得不祝他身体健康……"此后,从专区到县、公社的各级领导,都对顾阿桃有了比较公正客观的评价:她是一个无辜的上当受骗者。1975年1月,顾阿桃仍当选为第四届全国人民代表大会代表,并出席会议。

党的十一届三中全会后,洪泾人摆脱"左"的思想束缚,一心一意抓起经济工作来,大搞村办企业。从1991年开始,洪泾工业利润名列沙溪乡第一,成为太仓市10个经济尖子村之一。村民们住进了幢幢新楼,家家用上了自来水……此时,顾阿桃已经没有任何职务,还是被乡亲们亲切地称为顾妈妈。她已经子孙满堂了,有3个孙子、3个孙女、3个重孙和3个重孙女。4个儿子都在工厂当工人,5个子女对父母都孝顺。她和丈夫因年事已高未能进厂,便种着1.3亩责任田加口粮田,养着1头猪、十几只鸡和几只兔子。农闲时,顾阿桃轮流到5个子女那里住一些日子,抱抱、看看重孙,享受天伦之乐。农忙时,所有子女孙儿都会前来帮忙。[①]

顾阿桃夫妇身体硬朗,种田花不了多少时间。1983年,顾阿桃便利用空闲时间,卖起棒冰。由于名人效应,她的生意一度非常红火。街上上下班的工人,田间劳作的农民,只要发现她的身影,就会蜂拥而至,将她的棒冰抢购一空。昔日大名鼎鼎的全国"学毛著标兵"、江苏省革委会常委,竟然背着箱子卖棒冰,这很快成为沙溪镇、太仓县男女老少的热门话题。顾阿桃自己有时也不免感叹地说:"毛主席请我上北京,邓小平让我卖棒冰。"没多久,《解放日报》、《扬子晚报》等报刊出现了《昔日省常委,今日卖

---

① 朱凤鸣:《顾阿桃的人和事》,见太仓市政协编写组《洪泾往事》,方志出版社,2007年,第97页。

棒冰》的热点新闻,随后又扩展到华东地区乃至全国。这样,顾阿桃卖冰棒就悄然掀起了一场风波,引发了各种风言风语:"昔日一个'宝',现在真的又变成了一棵'草'了。""这么大岁数的人还出来奔波,她的那些子女倒不怕丢人现眼?""那些干部也真是的,过去见面总是点头哈腰,顾妈妈长、顾妈妈短的黏在嘴上,现在怎么啦,她的死活都不管了?"

顾阿桃本人对新闻界的报道和种种非议十分坦然。她想,我本来是个普通人,和那么多卖冰棒的老太太一样,有什么值得大惊小怪的。但是,其他人却经受不住舆论的压力,纷纷出面干预了。她的 5 个子女首先出来干涉,要她不卖冰棒,说:"你卖棒冰的钱我们以后全数贴给你。"乡、村领导也对顾阿桃说,有什么困难可以提出来,冰棒还是不卖的好。在子女的干预和村乡干部的劝说下,加上年纪大,顾阿桃卖了 4 年冰棒就不卖了。①

当时,顾阿桃老两口的 5 个子女都已经住上楼房。子女们都很孝顺,都让他们到自己家去住。但是,老两口年龄都大了,实在不想来回折腾,就还住在原来的草房中。每逢下雨天,草房就要漏雨。于是,乡里、村里共同出资给顾阿桃的茅屋换了新草。1993 年下半年,沙溪镇、洪泾村共同出资7 000 元,为顾阿桃老两口盖了两间瓦房。

为了照顾顾阿桃夫妇的生活,在 20 世纪 80 年代中期,乡里每月给她36 元的补贴,后来增加到 40 元,逢年过节也能在乡、村里领到一份鸡、鱼之类的慰问品。村里给年满 60 岁的老人发放赡养费,她和丈夫每年有120元的收入。1993 年上半年,太仓市、沙溪乡两级政府考虑到顾阿桃老两口的生活实际困难,一次性补助了 1 500 元。5 个子女也纷纷解囊,经常都拿钱资助二老。

顾阿桃毕竟是名人,来太仓的宾客总有人提到她的近况,有的还要亲自跑到她家里看望。顾阿桃总会热情地请客人到简陋的住处坐坐,喝口茶,或端上瓜子儿,拉家常,话今昔,感谢人们没忘记她。

1994 年 1 月 13 日下午 3 时许,顾阿桃因心脏病突然发作,悄然去世。

---

① 朱凤鸣:《顾阿桃的人和事》,见太仓市政协编写组《洪泾往事》,方志出版社,2007 年,第93 –95 页。

2000年代,顾阿桃被收录进太仓名人录。为了利用名人效应开发经济,2008年,沙溪镇还将"顾阿桃"注册为商标。

# 第三节 "意识形态领域革命"典型小靳庄

20世纪70年代中期,天津市宝坻县林亭口公社小靳庄大队,因被江青树为"意识形态领域革命"的典型而名震全国。粉碎"四人帮"后,它又被政治风浪打入谷底,重新成为一个平静而普通的村庄。

## 一

小靳庄地处宝坻县东部黄庄洼边缘,是箭杆河畔的一个普通村庄。新中国成立后,宝坻的行政隶属关系几经变化:1949年8月,隶属于河北省天津专区;1958年6月,改属河北省唐山专区;1960年3月,改属河北省天津专区;1973年8月,改属天津市。

解放前,小靳庄因地势低洼,水灾频繁,村民生活极为困苦,是当地有名的佃户村。当地广为流传着这样一首歌谣:"大水吞门白汪汪,土地不收颗粒粮。锅盖长在锅台上,妻离子散奔他乡。"[①]为生活所迫,许多村民外出讨生活,"上京下卫"跑码头,在京津唐等大中城市里,从事理发、浴室服务等工作。

土地改革和农业合作化运动后,小靳庄村民的生活有了较大改善。但是1958年的"大跃进"使小靳庄一度陷入灾难之中。最困难的时候,每人每天只能分得一二两粮食,许多人饿得摇摇晃晃,甚至还有老人饿死。惨痛的教训让小靳庄人明白了一个浅显的道理:粮食只能用汗水来换。但是,由于底子差,小靳庄的粮食产量长期徘徊在200斤左右,经常需要吃返

---

① 李漠:《小靳庄的昨天与今天》,《小康》,2007年第10期。

销粮。"文化大革命"爆发后,小靳庄领导班子被打倒,一度人心涣散,生产混乱。1969 年,王作山担任村支部书记,组建了新的领导班子,决心带领群众改变小靳庄的落后面貌。他带领小靳庄人喊出"河挖三尺,地长一寸"的口号,硬是把箭杆河河床挖深了 1 米多,给村里的土地铺上了一层厚厚的河泥。同时,他们还养猪积肥,实行科学种田。

许多年后,王作山非常感慨地回忆起当年的情景:"那时大伙觉悟就是高。干活都自觉,不用吆喝,平时下地干活玩儿命,粮食成熟后根本不用护秋,棒子和麦穗落在地里,社员捡到后就送到队里,连小学生都如此。冬天挖河泥改良土壤,天不亮大家就到齐了。"就这样,经过几年苦干,小靳庄人终于把"旱收蚂蚱、涝收蛤蟆"的盐碱地变成了米粮仓。① 1971 年,小靳庄的亩产开始达到 400 多斤,达到了农业发展纲要规定的黄河以北亩产 400斤的标准。1971 年 9 月,宝坻县委在小靳庄召开了一次扩大会议,推广了小靳庄学大寨上纲要的经验。于是,继知识青年下乡的典型邢燕子所在的司家庄、侯隽所在的窦家桥以及老典型大口巷村之后,小靳庄成为宝坻县第四个学大寨的典型。随后,小靳庄又先后成为河北省"农业学大寨"和天津市"农业学大寨"的先进单位。

成为"农业学大寨"的先进单位后,小靳庄声名大振。附近一些农村干部,特别是那些盐碱地的农村干部,来小靳庄"取经"。务实的小靳庄人对外介绍的经验也是实在的,就是"大干、苦干、改土积肥"。他们自己也真的仍然按照这个思路干下去。到 1974 年,小靳庄的夏季粮食亩产达到400 斤,全年亩产超过了 800 斤,一举"跨长江"。全村 1 300 亩地一年就向国家交 20 万斤公粮,人均还分得口粮 450 斤。

小靳庄除了生产上有很大发展外,群众文化活动也非常活跃。由于历史上不少村民都外出讨生活,都见过"世面",因而往往敢说敢做,尤其是热心文化活动。新中国成立后,小靳庄人又掀起了写诗、办政治夜校、学唱样板戏等文化活动。

土地改革后,分得土地的小靳庄农民就编一些顺口溜来表达自己的喜

---

① 李漠:《小靳庄的昨天与今天》,《小康》,2007 年第 10 期。

悦和对党的感激之情。1958 年,小靳庄掀起过一次民歌创作的热潮。1971 年,小靳庄在改土治碱过程中涌现出了很多好人好事,有些民兵便在黑板报上编些顺口溜加以赞扬,在群众当中产生了积极的影响。1973 年冬,小靳庄掀起了一场挖河泥、搞积肥、平整土地、改土治碱的热潮。在繁重而紧张的劳动竞赛中,很多人情不自禁地开口编诗,以工种为别互相叫阵,在劳动竞赛中赛诗。例如,推独轮车的兴奋地叫起阵来:"榆木把,胜利带,八号辐条真吃载,一车推个千八百,打夯的同志要加快!"打夯的随即应对:"打夯齐声吼,震得地发抖! 劈开冻土如山头,看你们咋运走?"推车的又唱道:"毛主席教导记心间,我推小车跑得欢,一车就装一座山,抄起车把一溜烟。"积肥的也唱起来:"箭杆河畔战鼓擂,积肥大车排成队。红樱鞭儿催快马,车轮滚滚快如飞。早晨顶着星星起,晚上戴月把家归。""钢铁汉,飞毛腿。运肥小车排成队。你追我赶跑得欢,推上千车不觉累。"抬河泥的女社员也唱道:"顶风雪,冒严寒,你追我赶加油干,阵阵歌声伴笑声,拾泥万担不换肩,红心铁手学大寨,定叫粮棉过江南。"①这些从劳动号子发展而来的实质上只是顺口溜的"诗",均来自田间地头,大多比较朴实自然,乡土味比较浓厚。它鼓舞了群众的劳动热情,调动了群众的劳动积极性,同时也缓解了人们繁忙时的劳累,成为紧张劳动之余的精神调剂。②

小靳庄也开展文化学习活动和进行思想政治工作。1970 年,宝坻县委在农村搞起了政治夜校的试点。1971 年 8 月,小靳庄学习别处经验在村小学办起了一所政治夜校。办学指导思想是按毛主席"五七"指示精神,学工、学农、学政治、学军事、学文化、学科技。每周学文化两天,学农业科学技术一天,其余时间学习毛主席著作和时事政治。夜校学员一般是村中的整半劳动力,按文化程度分为高中低三班。低班以识字为主,高班在巩固原有文化知识的基础上学习政治、农技知识等内容,中班介于两者之间。农科课结合农时讲课,普及农业科学技术;文化课以村小学老师和上

① 天津市人民广播电台:《战斗生活诗歌多——介绍天津市宝坻县小靳庄大队开展诗歌创作活动的情况》,见复旦大学新闻系《广播稿选》(上),1976 年,第 203 页。
② 梁珊:《从文学创作到政治活动——试论小靳庄诗歌活动嬗变过程》,《湖南工业职业技术学院学报》,2006 年第 4 期。

山下乡知识青年为教师,普及文化知识;根据"文化大革命"的需要,还设有写大批判稿等课程。夜校开办之初,村中群众踊跃参加,许多文盲半文盲的文化水平得到大幅度提高,逐渐能够读书看报,学习毛主席原著。

1972 年 4 月,宝坻县委宣传部派宣传组干部李荣基到小靳庄长期蹲点,一边参加生产,一边帮助村里作思想文化工作。小靳庄的党支部和工作组干部在看到诗歌对劳动生产及农民生活所起到的积极作用之后,决定把写诗作为调动大家积极性的一种独特形式,开始进行有意识的鼓励和引导。于是,在夜校课程中开设了诗歌创作课程。小靳庄的诗歌创作活动便有声有色地开展起来。许多农民纷纷写诗,抒发他们劳动生产的豪情壮志、对美好生活的赞美以及对党和国家的热爱信任之情。为了提高农民写诗的热情,在李荣基的提议下,小靳庄还采用赛诗会的方式。在赛诗会上,邀诗声此起彼伏,参与者踊跃登台,笑声、掌声、欢呼声接连不断,形成小靳庄一道独特的风景和群众欢快的节日。1974 年 6 月以前,小靳庄举办 6 次村民赛诗会,交流诗歌 170 多首。[①]

这个时期,小靳庄的诗歌可以称为劳动的诗、生活的诗,主要反映生产劳动和人们日常生活,都是发自农民内心的比较真实的东西,反映现实生活,比较生动活泼,很有农民诗歌的特色。例如有一句"玉米拔节嘎嘣嘣",描述了玉米在久旱逢雨后拔节时发出嘎嘣嘎嘣的响声,使人觉得生动活泼。老贫农魏文忠的一首《斗倒龙王战胜天》:"榆木扁担五尺三,一对水桶两头拴,装满水,挑在肩,加快步子跑得欢。浇一担,绿一片,浇上万担绿无边。毛泽东思想威力大,永挑重担不换肩。就凭一副铁肩膀,斗倒龙王战胜天。天大旱,人大干,定要跨过八百,闯过千斤关。"语言顺畅、自然贴切,表达了自己的豪情壮志,不失为农民诗歌的佳作。同时也出现了少数结合政治形势、反映"批林批孔"内容的批判诗。

1974 年 4 月 22 日,《光明日报》刊出《革命豪情满胸怀——记天津市宝坻县小靳庄大队政治夜校的诗会》的报道,描述了赛诗会的场景,肯定了

---

① 梁珊:《从文学创作到政治活动——试论小靳庄诗歌活动嬗变过程》,《湖南工业职业技术学院学报》,2006 年第 4 期。

小靳庄办政治夜校、"农业学大寨"、开展诗歌创作活动等成绩,并选登了6首诗歌。这是媒体对小靳庄及小靳庄诗歌活动最早的报道。

除了诗歌之外,小靳庄还以政治夜校为中心唱起"革命样板戏"。小靳庄老一辈人爱唱旧京戏中的段子。"文化大革命"中,随着样板戏的流行和普及,小靳庄人也就跟着收音机学会了样板戏里的许多唱段。小靳庄的党支部就顺势组织社员在村头、地头搞一些演唱会。

据李荣基老人回忆,当时水利工程较多,每年都有相当长的时间去挖水渠、修园田,小靳庄村民经常赛诗或唱样板戏。在那个文化生活贫乏的时代,这些活动是难能可贵的,不仅活跃了农民的文化生活,还净化了思想,提高了群众积极性。思想文化的开展,有力地促进了小靳庄的农业生产。在当时的河工中,小靳庄几乎每次都是第一个完成任务,每段工程都把红旗扛回来。①

二

在1973年"十大"召开前后,毛泽东便多次提出,林彪同国民党一样,都是"尊孔反法"的,要求要把批判林彪同批判孔子和儒家、推崇法家联系起来。江青一伙接过毛泽东提出的这个口号,经过密谋策划,提出开展所谓"批林批孔"运动。1974年1月18日,毛泽东批准王洪文、江青的要求,由党中央转发江青主持选编的《林彪与孔孟之道》,"批林批孔"运动遂在全国开展起来。

当时天津市委根据中共中央指示精神,召开了第十四次全委扩大会议和市直机关全体工作人员大会,提出在"批林批孔"中要研究"儒法斗争"问题。铁路分局天津站随即通过南开大学工宣队的关系,派人参加南开大学举办的"工农兵批林批孔学习班"。在研究了从南开大学带来的儒法斗争材料后,天津站的领导认为,运动要进一步深入,可以从研究总结儒法斗

---

① 梁珊:《从文学创作到政治活动——试论小靳庄诗歌活动嬗变过程》,《湖南工业职业技术学院学报》,2006年第4期。

争的历史经验入手,便成立了一个儒法斗争史研究宣讲组,编写了《儒法斗争简史讲稿》,并进行宣讲。随后,天津站写了总结,报送天津铁路分局党委、天津市委宣传部和市生产指挥部,但均未引起注意。新华社天津分社得悉后,将其作为"国内动态清样"稿上报总社,总社又将其作为"国内动态清样"报送中央政治局。江青看到后,随即于6月16日指示工作人员通知天津市委速将天津站的"讲稿"报来。6月17日晚,江青和副总理纪登奎、江青的亲信迟群和于会泳以及北大清华写作班子("梁效")等来到天津,声称要听取天津站工人的宣讲。6月19日晚,在干部俱乐部大剧场召开的"批林批孔"报告大会上,江青听取天津站工人理论骨干的宣讲,并发表了"六一九讲话",大讲"儒法斗争史"。

江青还提出要选一个农村的点去看看。当时天津市委主要领导人介绍了4个学大寨的先进点供她选择,其中有西郊区的房庄子、东郊区的赵沽里、静海县的杨家园和宝坻县的小靳庄。江青听到小靳庄办政治夜校,有作诗、唱样板戏的情况,便如获至宝,立即决定去小靳庄。当时天津市委第一书记解学恭提出,小靳庄离市内很远,交通不方便,还有一段土路不好乘车。但江青坚持要去,说"骑马也要去"。于是,天津市委只得连夜组织人对土路进行突击修整,市委一位负责人还亲自到小靳庄安排接待工作。

6月22日10时许,江青一行乘车抵达小靳庄。江青还是像往常一样说:"是毛主席派我来的","我带来了毛主席的问好"。小靳庄社员激动万分,齐声高呼"毛主席万岁"。不料,江青却冷冷地回应道:"不要喊这个,不要学林彪那一套。"甚至还补充了一句老实话:"活到万岁也得死呀!"①

江青进村后,"评法批儒汇报会"随即在村头的小学(当时收麦,学校放假)举行。会议名义上是由天津市委主持,小靳庄农民唱主角,实际上成了江青个人为所欲为的表演舞台。

最先汇报的是老共产党员王树青,江青则不停地插话,同这位老共产党员一起声讨大地主李九的"驴打滚儿"盘剥。王树青讲完了,江青嚷嚷要"半边天"讲。一个名叫郭淑敏的妇女开讲了,江青又批评她不该让男

---

① 胡学常:《江青与小靳庄》,《百年潮》,2005年第4期。

人先讲,"下次你们要勇敢一点,咱的一下站起来,不叫男同志先讲"。当社员周福兰批判儒家提倡男尊女卑时,还没讲上几句,江青就打断她的汇报,借题发挥起来:"男尊女卑处处存在,我们中央就不合理……他们都是大男子主义,到了掌握政权,都出来了,一把抓,就我这一个,他们没有办法,只好要我。"

在听取社员汇报过程中,江青最热衷的是不厌其烦地为人改名。面对每一个人,江青几乎都有"正名"的冲动。王淑贤刚自报家门,江青就说她的名字有淑又有贤,《三字经》里全有,要改成"王树先"或"王先",由她挑一个。妇女队长于瑞芳汇报时,江青觉得"瑞"字特别要不得,同样透着《三字经》气味,于是为她改名"于芳"。有一位中年妇女叫李淑凤,江青把手一挥:"净是什么龙啊凤啊,改! 就叫李树风! 树立新风!"江青一听妇代会主任周福兰的名字,便说:"你这个名字太封建了。"接着说:"你就改成周抵周吧!"随后又改口说:"就叫周克周吧,用咱们这个'周',克他那个'周'。"老贫农魏文忠刚报告"我叫魏文忠",江青就批评他的名字太封建,后来,这个贫农给自己改名为"魏文中"。有一个青年叫王孝齐,江青听成了王孝岐,便说:"你这个'岐'字改了吧,周文王啊!"后来,王孝岐改了一个完全革命化的名字"王灭孔"。

在汇报中,自然少不了朗诵诗歌和唱样板戏。于瑞芳汇报说自己写了74首诗,江青夸她"了不起",又要她当场朗读自己的诗作。随后,于瑞芳还唱起《红灯记》中铁梅的一个唱段。刚唱了几句,便被江青叫停了。江青叫来扮演李玉和的著名京剧男演员浩亮,"你来和她一起唱"! 浩亮随即卖力唱了《穷人的孩子早当家》。看着满头大汗的浩亮,江青递给他一杯水,浩亮接过来昂首挺胸一饮而尽,丢下杯子,高喊一声:"谢谢妈!"接着就唱起来:"临行喝妈一碗酒,浑身是胆雄赳赳……"[①]

折腾了一个多小时后,"评法批儒汇报会"终于结束。接着,江青又到麦地表演了割麦子。随后,江青又到场院里"打场",照例又是表演了一番。到了吃饭时间,憨厚、朴实的庄稼汉用箭杆河的鱼、从林亭口采购来的

---

① 陈大斌:《江青在小靳庄的闹剧》,《百年潮》,2007 年第 3 期。

肉和自己园子里的蔬菜招待了江青。江青对吃饭倒是没有什么讲究,她对在小靳庄吃的农家饭十分满意。饭后,江青在一户社员家睡了午觉。下午6时,江青一行离开小靳庄。临行前,江青把天津市委领导叫到身边说:"小靳庄社员能'批林批孔',又能做诗人,又能唱样板戏,以后这里就是我的'点'。你们要经常来,你们不来,我就敲打你们。"①

三

　　成为江青的"点"后,小靳庄就身不由己地登上了中国的政治舞台。1974年7月初,解学恭刚送走江青,便立即返回小靳庄,一连住了8天,总结了小靳庄以大办政治夜校为首的"八件新事"。随后,小靳庄的"八件新事",很快变成了"十件新事",并正式向全国推广。1974年8月4日的《人民日报》刊登了新华社通讯员和记者共同撰写的报道《小靳庄十件新事》,向全国推出小靳庄这个"文化革命"或"意识形态领域革命"的典型。

　　"十件新事"中,政治夜校是小靳庄"文化革命"的发动机,许多"新事"都是从这里生产出来的。如前所述,1971年8月小靳庄政治夜校成立,到江青来到小靳庄,已经有近3年的历史,学习活动确实较为活跃。江青来过以后,小靳庄的政治夜校就日益"繁荣"起来。250名男女整半劳力全都参加了学习,甚至几位70多岁的老人也坚持上夜校。每周3次,坚持不断,老年人和家务重的妇女还要额外补课。1974年8月6日,《人民日报》刊发了《到处洋溢着社会主义的新思想——记小靳庄生动活泼的政治思想工作》一文。9月8日,《人民日报》专门刊载了中共天津市委、中共宝坻县委调查组、《天津日报》记者、新华社记者共同撰写的《小靳庄的政治夜校》一文。9月12日,《天津日报》配发了评论员文章《小靳庄的政治夜校经验值得推广》。

　　诗歌创作也是一件"新事"。江青到小靳庄的2天后,6月24日,《天津日报》发表了4首小靳庄农民诗歌。7月3日,《人民日报》第三版全版

① 霞飞:《江青三到小靳庄》,《党史纵横》,2007年第5期。

登载以《天津市宝坻县小靳庄社员诗歌选》为题的 16 首诗歌,并在编者按中对小靳庄诗歌进行高度赞扬和大力推荐。随后,《北京文艺》、《河北文艺》、《光明日报》、《天津文艺》、《文汇报》等报刊陆续刊登出小靳庄诗歌及各种诗歌评论。8 月 4 日,《人民日报》在《小靳庄十件新事》中也对小靳庄的诗歌创作作了介绍。该文声称,全村有 100 多人经常参加创作,不到一年工夫,就写出了 1 000 余首战斗的诗歌。社员于哲怀全家 7 口,人人能诗,经常坐在炕头上,互相修改润色。该文称赞说:"劳动人民登上诗坛,一扫旧诗坛的沉闷空气和靡靡之音,开了一代新诗风。"小靳庄农民有感而发,为战斗而写,鼓舞人民投入火热的三大革命运动。"大寨精神震山河,咱们队里英雄多。大战寒冬不觉苦,遍地红旗遍地歌。"在"批林批孔"运动中,社员们用诗歌作武器,投入了战斗。"笔似五尺钢枪,墨似子弹上膛,万弹疾发射靶,齐向林孔开仗!"运动开展以来,大队举办了 6 次大型赛诗会,当场献诗的有 170 多人,写出诗歌 600 多首。[①]

江青来后,小靳庄人诗歌创作就畸形地"繁荣"起来。编诗、赛诗几乎成了压倒一切的政治任务。人人都在作诗,个个都要登台赛诗。即使不识字的人也要编个顺口溜在会上念一念。此时,诗歌创作已经不是群众自发的行为,而是在驻村工作组及记者的政治引导下按照"党的基本路线"精神去写的。因此,小靳庄诗歌创作开始变调,成为"紧密配合政治斗争"的"战斗的武器"。写作范围逐渐缩小,并从反映劳动生产和人民生活向紧跟政治形势和政治运动转变,出现了大量"批林批孔"的诗歌,语言也开始模式化和口号化。

1974 年 12 月,天津人民出版社编的《小靳庄诗歌选》出版,收入诗歌 107 首。该书后记中说:"这些诗歌具有鲜明的时代特征和强烈的战斗性","在政治上和艺术上都达到了一个新的高度"。该书主要收录了小靳庄 1973 年、1974 年创作的诗歌,其中虽然有结合政治形势反映"文化大革命"和"批林批孔"内容的批判性较强的诗句,如"林彪他要搞复辟,坚决和他斗到底!","彻底砸掉孔家店,除掉肥草化肥料!",但是仍有很多诗歌保

---

① 新华社通讯员、新华社记者:《小靳庄的十件新事》,《人民日报》,1974 年 8 月 4 日。

持了农民诗歌的乡土味,语言朴实自然。文字上基本保留了诗歌的原始面貌,修改的地方不多。此后,社会各界人士喜读《小靳庄诗歌选》的评论和关于小靳庄诗歌活动的报道在各种报纸、期刊上如潮涌出,后精选出 19 篇评论,收入 1976 年 4 月天津人民出版社编辑出版的《新型的农民崭新的诗篇——〈小靳庄诗歌选〉评论集》之中。①

此后,小靳庄的诗歌创作进一步发生质变,沦为政治运动的传声筒。创作的诗歌语言直露浅白,完全模式化和口号化,把无数流行的政治概念堆砌起来,演绎和传达政治理念,并充满浓厚的杀斗之气,在艺术上也只停留在打油诗、顺口溜的水平。1976 年 4 月,人民文学出版社出版了《十二级台风刮不倒——小靳庄诗歌选》,选入 159 首诗歌和 4 首歌曲。天津人民出版社也出版了《小靳庄诗歌选》(第二集),收入诗歌 150 首。

唱革命样板戏也是小靳庄的一件"新事"。如前所述,小靳庄人都能唱些样板戏,但基本上只是群众性的娱乐活动。据统计,全村整半劳动力 250 人,有 220 人会唱样板戏。不少家庭人人能唱,一些老人也会唱,73 岁高龄的老贫农魏文惠能唱七八段。"不会唱几段样板戏,在小靳庄是一件不光彩的事。"江青来后,唱样板戏则与政治挂起钩来,大肆宣扬所谓"唱样板戏,学革命英雄",大肆鼓吹"唱英雄,学英雄,越唱越听心越红,干社会主义的劲头就更足了"。据报道,当谁在学习、生活上碰到困难时,别人就会说:"难道比智取威虎山还难?"1972 年春,河面还结着冰凌,小靳庄水泵入口处被堵死。民兵魏绍才想起杨子荣"越是艰险越向前"的革命精神,就坚决要求下水排除故障。1973 年秋天,几场暴雨后,兄弟大队地里的积水没有及时排出,小靳庄人发扬龙江风格,毅然把兄弟大队地里的水引到自己地里,帮助兄弟大队把水排干。小靳庄还将一些唱得好的社员组织起来,成立了"业余文艺宣传队",逢年过节或者农闲时登台演出。演出也不限于样板戏,还唱《红大嫂上夜校》、《四个老汉批林批孔》等。

培养贫下中农理论队伍也是一件"新事"。据称,在小靳庄政治夜校

---

① 梁珊:《从文学创作到政治活动——试论小靳庄诗歌活动嬗变过程》,《湖南工业职业技术学院学报》,2006 年第 4 期。

里,干部、群众紧密结合"批林整风"和"批林批孔"斗争的实际,攻读马列和毛主席著作,涌现出一批学习骨干,初步形成一支农民的理论队伍。这支队伍由小到大,在"批林批孔"斗争中,已发展到58人。他们提出"为革命学习理论"的战斗口号,把马克思主义理论作为阶级斗争的武器。青年社员周福兰、王杜、王孝齐、于瑞芳、王廷光等人,3年来都读了许多马列和毛主席著作,写了六七万字的笔记。老贫农王廷和、魏文忠等几年来从不间断,从文盲提高到能写批判诗文。为了介绍小靳庄深入开展"批林批孔"、狠抓上层建筑领域"革命"的经验,1974年12月,天津人民出版社出版了《小靳庄批林批孔文选》,收录19篇文章。该书后记称赞说:"这些文章,立场坚定,旗帜鲜明,气势磅礴,语言生动,并且紧密联系当前阶级斗争和两条路线斗争的实际,表现了小靳庄贫下中农敢想敢干、知难而进的革命精神,大长了无产阶级的志气,大灭了资产阶级的威风。事实充分说明,广大工农兵是批林批孔的主力军。"

还有几件"新事",虽有事实根据,但主要是人为拔高的虚假宣传。如"移风易俗,破旧立新"的"新事",以"十二姑娘退彩礼"最为出名。1974年,小靳庄的12位姑娘亲自把彩礼送还婆家。此后,女的订婚不要彩礼,男的结婚不讲排场。外村姑娘来到本村,村里召开欢迎会;本村姑娘去外村,村里召开欢送会。全村23名已经订婚的青年都自动推迟了婚期。101名有生育能力的已婚社员都制订了节育计划。半数以上的家庭做到了男女分担家务。村里死了人,开追悼会,提倡火葬。

再如体育运动的开展,也是被夸大了。在小靳庄原来成立了一个青年篮球队,在当地小有名气。后来,怕江青说"大男子主义",便组织了女子排球队,并从国家体委带来十几个排球,建起排球场,组织女青年打排球。由于女青年不会打排球,又把国家男女排球队调来,手把手地教,还作示范表演。小靳庄体育活动的另一个突出事例就是妇女学会游泳。箭杆河等几条河渠把小靳庄的1 000多亩地分割成5片。原先没有摆渡船,人们到对岸劳动要绕道五六里过桥,因此,村上绝大部分男社员都有一身好水性。但是,妇女在封建礼教束缚下,无人敢下河游泳。批判孔孟之道后,小靳庄妇女不少人学会了游泳。

小靳庄被树为"意识形态领域革命"的典型后,声名大噪,并引来许多参观学习的人。最多时一天有百十号记者,百十号教唱戏的、教打球的、教写诗的。小靳庄人也显得格外忙碌。一会儿记者来了,一照相、拍电视就是半天时间。一会儿参观的又来了,又要去赛诗、唱戏。中午,还得组织起来去打排球……

小靳庄经验风靡全国后,小靳庄的一些代表人物也风光无限。党支部书记王作山被安排到中央党校学习,随后参加第四届全国人大会议,当选为全国人大常委会委员,并被提拔为宝坻县县委书记。妇女主任王淑贤当选为天津市妇代会的代表,在天津与日本神户结为友好城市后,作为天津市友好代表团的农民代表,东渡日本,访问东京、神户、大阪等城市,成为小靳庄第一个到国外访问的人。

1974 年 9 月 24 日,江青陪同菲律宾总统夫人伊梅尔达·马科斯,再次来到小靳庄。小靳庄人再次表演了赛诗、唱样板戏等拿手好戏,在外宾面前露了一把脸。

1975 年底,毛泽东已经不能容忍邓小平全面纠正"文化大革命"中的错误,随即掀起了批邓"反击右倾翻案风"。1976 年 2 月 26 日,《十二级台风刮不倒——以反潮流的革命精神反击右倾翻案风的典型》在《人民日报》以头条发表,报道小靳庄与"党内不肯改悔的走资派""专开对头车"的事迹,一时间,小靳庄又被塑造成"以反潮流的革命精神"反击"右倾翻案风"的典型。

1976 年 7 月,唐山、天津一带发生地震,小靳庄未能幸免,大批房屋倒塌。于是,江青第三次来到小靳庄,了解受灾情况,看望和慰问几个社员。接着,江青脱下外衣,在一处震坏的房屋前边,和社员一起搬运砖瓦。她这次劳动,没有只做样子,确实下了一点力气,汗水把她的衣服都湿透了。劳动休息时,她和社员坐在村子里的砖瓦垛上,和大家东拉西扯,表现出接近群众的样子。她还给小靳庄大队带来了向日葵、油沙豆、玉米种。她见妇女队长于瑞芳头上没有发卡,就从自己头上摘下一个发卡,别在于瑞芳头上,以表示她对妇女同志的重视。①

1976 年 8 月 22 日,《人民日报》发表了新华社记者撰写的通讯《震灾面前更显英雄本色——记小靳庄在抗震救灾中坚持深入批邓的事迹》。文章声称:"'它来一场大地震,咱来一场大革命!'豪迈的语言,显示了英雄的小靳庄人民同天斗、同地斗、同邓小平反革命的修正主义路线斗的大无畏英勇气概。小靳庄人民在强烈地震面前,坚持以阶级斗争为纲,深入开展批邓、反击右倾翻案风的斗争,掀起了抓革命促生产、抗震救灾重建家园的高潮。"

四

1976 年 10 月,随着"四人帮"的垮台,作为江青一手捧红的小靳庄,自然也被政治风浪打入谷底。昔日的荣耀变成了耻辱,原来的风光无限则变成了臭不可闻。有一段时间,小靳庄人抬不起头来,外出都不敢自报家门。

在揭批"四人帮"时,大队党支部书记王作山被隔离审查,他的宝坻县县委书记一职和小靳庄大队党支部书记一职也一齐被撤销。要被开除党籍时,他憋不住了:"小靳庄的老百姓,最朴实最能干,是江青毁了小靳庄,咱农村基层干部,对上边也不了解,江青是毛主席夫人,谁敢慢待呀? 还有各级领导陪着,我是个村支书能怀疑县委还是能怀疑市委? 不是你们把江青领来,小靳庄能被毁了吗?"他还说:"我们农民有什么错? 我们能有那么高觉悟? 江青动不动就打着毛主席旗号,谁能不听? 为了需要,'四人帮'他们让小靳庄唱戏赛诗,不弄怎么行?"

后来,王作山直接给万里和帅孟奇写信,诉说自己的苦衷。万里和帅孟奇对王作山的来信很重视。在万里和帅孟奇过问下,对他的审查被解除。②

王作山回到小靳庄,重新得到小靳庄人的信任,又当上了党支部书记。

① 霞飞:《江青三到小靳庄》,《党史纵横》,2007 年第 5 期。
② 李漠:《小靳庄的昨天与今天》,《小康》,2007 年第 10 期。

在他的带领下,小靳庄人紧跟时代潮流,在联产承包责任制刚刚开始时,许多地方还在等待观望,他们却把全村土地承包了下去,并且获得了丰收。

为了谋求更大的发展,1991年9月,王作山写信给当年曾前来小靳庄学习"取经"的大邱庄禹作敏求助。5天之后,王作山收到回信,说大邱庄将尽力给予支持。10月中旬,王作山第一次前往大邱庄,受到热情接待。当天即商定,大邱庄给小靳庄一些加工活,争取年获利七八万元,并派技术人员给予指导。得知小靳庄加工厂过去不景气,欠着工人们一些工资后,大邱庄当即给小靳庄5万元以解燃眉之急。

1992年5月底,王作山第二次来到大邱庄,与禹作敏商议建厂之事。禹作敏答应支援机器设备和技术人员,争取每年获纯利150万元。在禹作敏的帮助下,小靳庄建起了厂房,正准备到大邱庄领取机器设备。不料,禹作敏出事被逮,大邱庄的援助也随之泡汤。[①] 这样,小靳庄又成了一个平凡的村庄,经济跟邻村差不多。年轻人外出打工,打工收入成为村里主要经济来源。老人和妇女在家种地,以种辣椒、大蒜、大葱这"三辣"为主。

如今,小靳庄与江青有关的遗迹已经烟消云散了,当年风靡全国的小靳庄诗歌集也难觅踪迹。当年风云一时的人物也都过着普通而平淡的生活。王作山已经退休在家。王淑贤1980年出嫁到外村后,没有再担任干部职务。王孝齐在粉碎"四人帮"后恢复原名,主要从事农业科技工作。周福兰则随参军的丈夫在外地城市工作。于瑞芳则于1978年嫁到季庄子,过着极为普通的农妇生活。

---

① 齐介仑:《悲情禹作敏——大邱庄经济标本崩颓背后》,《财经文摘》,2007年第11期。

第四章

# 农村改革的典型

1976 年江青集团的垮台,宣告了"文化大革命"的终结。在经历 2 年的摸索和徘徊后,以中共十一届三中全会的召开为标志,当代中国历史进入一个新的发展时期。在此后的 30 多年中,中国农村在经济、政治等诸多方面都发生了深刻的变革,涌现出了许多改革的探索者。

# 第一节 农村改革的探索者

自 1978 年以来,中国农村在经济、政治等诸多方面都发生了深刻的变革,其中最主要的有 3 项:一是普遍推行家庭联产承包责任制;二是推行和发展村民自治;三是进行以农村税费改革为中心的综合改革。在 30 多年的历史中,涌现出了许多改革的探索者。它们顺应历史潮流,用自己的大胆实践,探索出了一条崭新的道路。党和政府及时总结它们的创新经验,并予以推广和完善,从而共同推动和促进中国农村发生了深刻的变化。

一

自 20 世纪 50 年代中期开始,我国农村迅速实现农业合作化,由农民家庭经营转向集体经营。1958 年人民公社化运动后,中国农村长期实行人民公社高度集中的经营管理体制,剥夺了广大农民土地所有权和生产经营的自主权,并在分配中推行平均主义政策,因而严重地挫伤了广大农民的积极性。

为了克服集体化经营带来的弊端,早在 1956 年,一些地方便率先探索了"包产到户"的做法,其中以浙江永嘉县最为突出。不幸的是,1957 年"反右"运动后,"包产到户"受到严厉批判,被扼杀在摇篮中。为了扭转"大跃进"和人民公社化运动带来的严重困难局面,1961 年,安徽等地实行了"责任田"、"借地度荒"等做法,一度产生了积极效果。但是,当农村经济形势好转后,"责任田"被批为"分田单干",再次被扼杀。由此,人民公社高度集中的经营管理体制被强行巩固下来。

在"文化大革命"期间,由于长期固守人民公社高度集中的集体经营体制以及深受极"左"错误路线的干扰和影响,农业增长速度较慢。在1967年至1976年间,农业总产值每年仅递增2%。农民生活长期得不到改善,1978年全国农民人均收入仅117元,比1966年只增长了10元。农民的温饱问题始终没有解决,农产品短缺现象也很严重,整个国民经济持续缓慢发展。这样一来,农业集体化的困境就日益凸现出来。

"文化大革命"结束后,各地开始纠正极"左"错误路线,但仍未从根本上冲破长期以来"左"倾错误的束缚,依然坚持"农业学大寨"、"大批促大干"、"普及大寨县"、"向大队核算过渡"等不切实际的"左"的做法。在这种情况下,安徽、四川等少数地方率先进行大胆改革和探索,开始向错误的"左"倾政策和做法发起冲击。

1977年,四川省省委制定了《关于目前农村经济政策几个主要问题的规定》:兼顾国家、集体和个人利益,坚决保证农民分配兑现;减轻农民和生产队负担;以粮为纲,开展多种经营;允许和鼓励社员经营少量的自留地与家庭副业;积极慎重对待基本核算单位由生产队向生产大队过渡;同时,积极改革农村经营管理体制,改变了"文化大革命"中推行的"大寨工分"的做法,提出和推广了"定额包工"、"以产定工"等多种计酬形式。1978年年初,四川省广汉县委在金鱼公社举行"分组作业,定工定产,联产计酬"(即包产到组)的试验,全社116个生产队队队增产。同年9月,四川省省委及时总结金鱼公社经验,并在全省推广。四川省率先普遍实行包产到组,最先突破人民公社以生产队为基础的底线。

1977年,万里出任安徽省委第一书记,经过几个月的调查和研究后,于11月制定了《关于当前农村经济政策几个问题的规定》(简称"六条规定"):保护和尊重生产队的自主权;减轻生产队和社员的负担;分配要兑现;允许和鼓励社员经营正当的家庭副业;根据不同的农活,生产队可以组织临时的或固定的作业组,并定任务、定质量、定时间、定工分,只需个别人去做的农活,也可以责任到人等。1978年夏秋,安徽大旱,安徽省委提出临时性的变通办法——"借地种麦",将集体无法耕种的土地,借给社员种麦种菜,鼓励多开荒,谁种谁收,国家不征统购粮,不分配统购任务。在这种背景下,安徽一些地方的农民大胆探索,将农村改革推进更远。

安徽农村改革大体上有两种路径:一种是滁县地区在推行"包产到组"的过程中率先迈向"包干到组",进而迈向"包干到户"。一种是肥西县山南区由借地度荒直接迈向"包产到户"。

1978 年春,滁县地区来安县烟陈公社杨渡大队魏郢生产队实行"分组作业,定产到组,以产计工,统一分配"(即"包产到组")。同年 3 月,凤阳县马湖公社前倪生产队试行"分组作业,定产到组,以产计工,超产奖励,减产赔偿"(即"包产到组")的方法,引起许多生产队的仿效。6 月,全公社 48 个生产队有 42 个实行了这种"包产到组"责任制。滁县地委将这些经验推广到全地区实行。由于实行"包产到组"要由生产队进行统一分配,农民觉得办法很繁琐,也对生产队分配不太放心,于是,有农民提出,最好的办法是,把产量包到组,交足国家的,留够集体的,剩下多少是组里的,既简单又省事,干部省心,社员放心。这就是"包干到组"。随后,"包干到组"便在滁县地区推广开来。凤阳县小岗生产队在推行"包干到组"后,小组不断分小,最后分成 8 组,每组只有二三户,都是父亲组、兄弟组、邻居组,但还是矛盾不断。1978 年 11 月 24 日晚,小岗村民便将土地分到各户,实行起"包干到户"。此外,1978 年年底,来安县十二里半公社山尧大队前郢生产队,经县委书记王业美特许,也实行了"包产到户"。

肥西县山南区则是从"借地度荒"开始直接迈向"包产到户"的。"借地度荒"政策是安徽省委针对 1978 年夏秋旱灾严重而采取的变通措施:凡是集体无法耕种的土地,都借给社员种麦子;每人可借两到三分地;鼓励老百姓多开"四荒地"(荒地、田边、地边、小片荒地),谁种谁收,国家不征统购粮,不分配统购任务。1978 年 9 月 15 日,肥西县山南区区委书记汤茂林在其蹲点的柿树公社黄花大队召开党支部会议,讨论落实省委"借地度荒"政策。大家一致反映:借地是个好办法,但三分地太少了;借地,社员们担心还要往回收,心里总不踏实。于是,汤茂林大胆提出:"干脆按照责任田那样干,搞包产。"这一提议得到一致赞成。经过商议,制定了"四定一奖"的办法:定土地,全大队每人包一亩地种麦,半亩地种油菜;定工本费,每种一亩地生产队补贴 5 元,用于买种子、化肥;定产量,麦子每亩上缴队里 100 公斤,油菜每亩上缴队里 50 公斤;定工分,每种一亩地记工分 200 分;奖惩:超产全奖;减产全赔。9 月 18 日,黄花大队就开始分配承包地和生产资料了。①

黄花大队的做法不胫而走,迅速席卷整个山南区。全区 7 个公社 78 个大队 1 006 个生产队有 77% 实行了"包产到户"。在山南区的影响下,肥西县其他一些地方的群众也偷偷地搞起了"包产到户"。至 1978 年 11 月,全县除山南区外,有 726 个生产队实行了包产到户,占全县总数的 11.3%。②

馆西大队小井庄生产队在学习黄花大队经验时又有所发展。9 月 23 日,小井庄就将全队 158 亩田地全部包产到户,连塘口、耕牛、大型农具、种子也跟田一起分到户。小井庄还把黄花大队"四定一奖"这种分配形式也取消了,规定只要完成上交任务,收获全归自己,这实际上已与"包干到户"没有任何区别。③

肥西县山南区"包产到户"的消息很快反映到安徽省委。安徽省委派人调查后,召开会议,决定在肥西县山南公社进行试点,但不宣传、不推广、不见报。这就使"包产到户"得到一种半合法化的承认。肥西县山南区的包产到户有两个特点:一是范围较大,传播很快;二是带有明显的组织痕迹,从一开始就呈现半公开状态。④ 但是,当万里离开安徽后,由于遭受政治压力,肥西县的"包产到户"政策一度出现反复。

除了安徽外,江苏省泗洪县上塘公社也实行了"包产到户"。1978 年 9 月 8 日,上塘公社书记张世明在没有任何政策和领导指令的情况下,决定在全公社范围内实行分田到户。上塘公社这次变革涉及全公社 3.6 万人。⑤ 但在一些地方的实际操作中,已与"包干到户"没有分别了。如当年

① 赵婷:《肥西包产》,《北京日报》,2009 年 8 月 11 日。

② 同①。

③ 同①。

④ 同①。

⑤ 刘朝文:《上塘改革内情启封——全国第一个"大包干"公社的历史回溯》,《民主与法制》,2008 年第 19 期。

10月份,垫湖大队第五生产队30多户农民将集体260多亩土地包产到户,全组173口人,每人分得一亩半地,除了按照规定向集体上交农产品外,剩余的都归承包者自己所有。张世明多次遭到县委批判,被勒令作了3次检讨,但他都依然坚持将"包产到户"搞下去,并取得了明显的成效。最后,在上级的批判下,张世明被撤职,上塘公社改革也被取消了。

不难看出,1978年,安徽、江苏等地在农村政策有所松动的大背景下,已经自发地或在基层领导的支持下实行了"包产到户"和"包干到户"。这说明,突破人民公社高度集中的管理体制已经是大势所趋、势不可当了。

"包产到户"和"包干到户"一度在中央高层引起激烈争论。在政治压力下,江苏上塘公社、肥西县的"包产到户"等由基层领导组织的乃至得到上级领导支持的变革遭到扼杀或经历反复,但凤阳小岗村则由于农民自发的探索而顽强地保持了下来。

1982年1月1日,中共中央颁发的一号文件明确指出,"包产到户"、"包干到组"、"包干到户""是社会主义集体经济的生产责任制",从而结束了争论,并全面在农村推行家庭联产承包责任制。一号文件用了较多篇幅专门论述"包产到户",说明中央肯定并推行的主要是"包干到户"(俗称大包干)。随后,以"包干到户"为主要形式的联产承包责任制便在全国各地推行开来。到1983年,全国实行"包干到户"的生产队已占生产队总数的97%。

凤阳县小岗村后来被誉为"中国农村改革第一村",最主要的原因就是它首创了"包干到户"(即"大包干")这种责任制形式。虽然农村家庭联产承包责任制被简称为"包产到户",但两者实际上并不是一回事。农村家庭联产承包责任制包括"包产到户"、"包干到组"、"包干到户"等多种形式。其中,"包产到户"与"包干到户"也非一回事。从理论上说,"包产到户"强调"五统一",要实行"统一分配"。农民承包土地后,实行"承包产量,以产计工,增产奖励,减产赔偿"的办法。农户生产的粮食等,要全部交给生产队,由生产队上缴国家征购任务,留下集体提留,再按各户上缴的产品计算出工分,然后按工分实行统一分配。这种做法,农民只有生产自主权,并未赋予分配权。而"包干到户"则不需要经过生产队统一分配这一环。农民承包土地后,除了上缴国家的征购任务、交足集体的提留外,剩下的都是自己的。用农民的话来说:"大包干、大包干,直来直去不拐弯,完成国家的,交足集体的,剩多剩少全都是自己的。"这种做法,使农民不仅有生产自主权,还拥有分配收益权,而且"责任明确,利益直接,方法简单,群众放心",因而更受农民欢迎。不过,在实际操作过程中,许多实行"包产到户"的地方,采取了与"大包干"同样的办法,即交足国家的,留够集体的,剩下的都是自己的。

由于"包产到户"在一些地方实际操作过程中与"包干到户"并无区别,因此,安徽肥西县小井生产队、江苏省泗洪县上塘公社等地都声称,自己才是中国农村改革的发源地。但是,由于"包产到户"与"包干到户"在理论上毕竟是有区别的,而首创"包干到户"的小岗村当然要揽得"中国农村改革第一村"的桂冠。

以小岗村为代表的农村改革探索者,拉开了中国农村变革的序幕,冲破了"一大二公"的人民公社经营高度集中的管理体制,实现了家庭分散经营,使广大农民获得生产经营的自主权,有利于克服和纠正平均主义错误,促进了生产力的发展,缓解了长期以来的农产品短缺问题。它动摇了政社合一的人民公社的基础,推动了农村政治体制变革,催生了村民自治组织的兴起。

二

随着农村经济体制变革的推进,政社合一的人民公社体制也受到越来越大的冲击。一些地方率先进行了农村基层政治体制变革的探索。

四川省全面推行"包产到组"以后,广汉县向阳人民公社在管理体制上进行大胆探索。1979 年 9 月,公社成立了工业公司,负责管理社队企业。1980 年 5 月,又相继成立了商业公司、农业技术服务公司和农工商联合公司。7 月,公社委员会决定将公社的 18 名干部分成党务、行政、企业 3 个班子办公。这样,在"政社合一"的人民公社内部形成了党、政、企分开办公的格局。11 月初,公社党委向中共广汉县委打报告,要求变革人民公社"政社合一"的管理体制。在中共温江地委和广汉县委的支持下,它摘掉了向阳人民公社的牌子,挂起了中共向阳乡委员会、乡人民政府、乡农工商联合公司的牌子。11 月 11 日,中共四川省委接到广汉县委《关于农村管理体制改革的请示报告》后,于 13 日派出联合调查组。30 日,省委第一书记谭启龙到广汉视察,听取各方汇报,肯定了向阳改革经验。1981 年,四川省省委在新都县石板滩公社以及邛崃县桑园公社、新民公社继续进行试点。①

1981 年夏天,民政部部长程子华受全国人大副委员长彭真的委托,到广汉进行调查。此后,全国人大常委会法制委员会组织调查组,对人民公社体制问题进行了专门调查,作出了《关于人民公社政社合一问题的调查报告》。报告指出人民公社政社合一体制必须改革,并提出了政社分开的具体设想。

随着"包干到户"在部分地区首先实行,继而在全国全面推广,农村地区的生产方式和分配方式发生了根本性的变化。许多生产大队、生产队的领导班子陷于瘫痪、半瘫痪状态,生产大队和生产队的管理功能日渐弱化,甚至出现了管理组织瘫痪或缺位现象,没有人主持公共事务,农村社会治安问题恶化,民事纠纷大量增加,乱砍滥伐树木、偷牛盗马现象也急剧增多。在这种情况下,村里的公共事务究竟由谁来管、怎么管,就成为一个迫切需要解决的问题。

1980 年,广西壮族自治区河池地区宜山县(现为宜州市)、罗成县一些村庄的农民自发选举产生了自治组织。最初各种叫法都有,有的叫治安联防队,有的叫村主,有的叫村管委会,有的叫村委会。② 村民一起订立村规民约,实行自我管理,使偷盗、乱占耕地、打架斗殴、水利失修、乱砍滥伐等问题得到解决。此时,村委会功能主要是协助政府维护治安。随后,河北、四川等省的农村也出现了类似的群众性组织,这类组织的功能越来越向管理经济、政治、文化等村庄公共事务的方向扩展。

---

① 杨超:《当代四川简史》,当代中国出版社,1997 年,第 252 – 253 页。

② 徐勇:《最早的村委会诞生追记——探访村民自治的发源地:广西宜州合寨村》,《炎黄春秋》,2000 年第 9 期。

对于第一个建立村委会的村庄有不同说法。有的认为,1980 年 1 月 8 日,广西宜山县三岔公社(屏南乡)合寨大队(现在的行政村)的果地屯最早建立村委会。有的认为,1980 年 2 月 5 日,广西宜山县三岔公社合寨大队的果作屯最早建立村委会。① 现在果地、果作都属于合寨村,因此,一般学界均笼统称,广西宜州合寨村是"中国自治第一村"。

联产承包责任制实行后,农村公共事务管理中的真空现象引起了各级领导的关注和担忧。村民委员会这一新生事物的出现引起了彭真等国家领导人的注意。中央有关部门随即组织调查组到广西宜山、罗成一带进行调研,并对这一做法给予肯定。

1982 年 12 月 4 日,五届全国人大第五次会议通过了新的《中华人民共和国宪法》,正式宣布废除人民公社体制,实行政社分开,将"人民公社管理委员会"改为"乡、民族乡人民政府"。同时,也明确规定"农村按居民居住地区设立的村民委员会是基层群众性自治组织。村民委员会的主任、副主任和委员由居民选举"。

1983 年 10 月,中共中央、国务院发出《关于实行政社分开建立乡政府的通知》。此后,全国陆续实行政社分开,建立乡镇政府,并建立村民委员会。到 1983 年年底,各地共建乡 2 289 个,建立村民委员会 171 000 多个;至 1984 年底,全国共建乡 84 340 多个,新建村民委员会 822 000 多个,28 个省、自治区、直辖市全部完成建乡工作。1985 年 2 月,全国农村人民公社政社分开、建立乡政府的工作全部结束,共建立 91 590 个乡、民族乡、镇;截至 1985 年年底,共建立村民委员会 948 000 多个。②

撤社建乡(镇),设立乡(镇)人民政府和村民委员会,是当代中国农村基层政治体制的重大变化。它适应了农村经济体制变革的需要,改变了人民公社时期政社合一的体制和高度集中的管理体制,为村民自治提供了组织保障,开创了中国基层民主政治的新纪元。

---

① 米有录:《泥腿子踩出来的民主之路——关于村民自治情况调查》,《人民日报》,1999 年 3 月 4 日。

② 宋月红、方伟:《乡村经济变革与村民自治的兴起和发展——兼以梨树县村民自治调查为例》,《北京行政学院学报》,2009 年第 2 期。

1982 年的《宪法》只是确立了村民委员会这一组织形式和它作为群众性自治组织的性质。1983 年后,随着村民委员会的普遍建立,一些省市自治区先后制定和出台了《村民委员会工作简则》。在总结各地经验的基础上,1987 年 11 月《中华人民共和国村民委员会组织法(试行)》颁布,"村民自治"进入制度化运作阶段。

《中华人民共和国村民委员会组织法(试行)》内容表述比较模糊,尤其是在争议较大的地方没有给出明确界定。例如,虽然规定"村民委员会主任、副主任和委员,由村民直接选举产生",但没有给出具体的选举原则。因此,在大多数地区,名义上是实行村民选举,而实际上仍然由党支部或乡镇政府提名或任命村委会成员。但是,政策上的模糊性也给予了地方较大的自主性和创新空间。

1986 年 12 月底,吉林省梨树县梨树乡北老壕村在村委会选举中第一次摆脱了上级的"框框"、"调子"和"提名",首开了村民直接提名产生候选人的先例,民主选举了村委会干部。这就开创了村委会"海选"模式的雏形。1992 年 1 月 3 日,真正意义上的"海选"在吉林省梨树县双河乡平安村诞生了。

梨树县和吉林省及时总结平安村的"海选"经验,并进行大力推广。到 1997 年吉林省村委会第四次村委会换届选举时,"海选"率已经达到 86.8%。甘肃、河北等省也借鉴了"海选"经验。1996 年,甘肃省、河北省采用"海选"的办法提名初步候选人的分别占 70%、40%。

1997 年 7 月 7 日,李鹏来到梨树县,就《村委会组织法》修订问题进行调研,肯定了梨树县的"海选"方式。1998 年,正式颁布的《村民委员会组织法》就充分吸纳了梨树县的"海选"经验,将其确立为村委会选举工作的法定程序。现在,"海选"已经成为我国村委会直接选举的基本模式。

"海选"模式是我国农民的一大创举,开创了具有草根性的基层民主选举制度,成为中国基层民主发展史上的一个里程碑。

在村委会民主选举制度逐步确立过程中,各地还积极探索推行民主决策、民主管理、民主监督的新办法。1994 年 10 月,中共中央发出了《关于农村基层组织建设的通知》,除了要求抓好民主选举制度外,还要求建立村民议事制度和村务公开制度。在村民议事制度上,由村民大会或村民代表大会议论,并民主决定村中大事。在村务公开制度上,凡涉及全村群众利益的事情,特别是财务收支、宅基地审批、当年获准生育的妇女名单及各种罚款的处理等,都必须定期向村民张榜公布,接受群众监督。

1997 年,党的"十五大"报告指出:要在农村实行民主选举、民主决策、民主管理和民主监督,重点要抓好村级民主制度建设,依法健全村民委员会的直接选举制度、村民议事制度和村务公开制度。村民自治进入了深入发展阶段。

针对在民主决策、民主管理和民主监督上存在的问题,一些地方农民又进行了自发探索。

河南省开封市金明区西郊乡的阎寨村,曾经出现过民主理财的"三瓣章",分别掌管在由全村选举产生的 3 位德高望重的老党员、老干部手中。但是,这一做法在很长时间内鲜为人知。① 2006 年,贵州省锦屏县平秋镇圭叶村将刻有"平秋镇圭叶村民主理财小组审核"字样的印章分为 5 瓣,分别由 4 名村民代表和 1 名党支部委员保管,村里的开销须经他们全部同意(后改为至少 3 人同意)后,才可将其合并起来盖章,盖了章的发票才可入账报销。这一做法消除了此前村民对村里财务收支的怀疑,改善了干群关系。在 2007 年年底,这枚"五瓣章"引起舆论的广泛关注,并被网友追捧为"史上最牛的公章"。这些民间的探索,既反映出目前农村基层民主建设中存在的不足和缺陷,也折射出农村基层民主建设的日趋进步,更彰显出普通农民在民主建设中难能可贵的创新精神。

## 三

以家庭联产承包责任制为主的农村经营体制改革,解放了农村生产力,使农民生活水平有了很大提高。但是,自 1985 年后,农民收入增长速度放缓。到 20 世纪 80 年代末,粮食等农产品销售不畅,农民增收困难,而

---

① 张天蔚:《"五瓣章"的制度创新和制度困境》,《北京青年报》,2007 年 12 月 6 日。

农民的负担则与日俱增。

人民公社转变为乡镇政府后,各地乡镇政府按照经济社会发展需要从管理职能、行政编制等方面重新构建了一套复杂的政府组织管理体制。20世纪80年代中期推行财政包干政策和1994年实行分税制以后,财权上收和事权下放使乡镇政府的财政支出压力越来越大。为维持乡镇政府的正常运行并为农村提供必要的公共服务,基层政府开始以各种名义向农民收取名目繁多的税费。此时,农民负担主要有3块:一是农业税、农业特产税等国家税;二是"村提留乡统筹"的"三提五统"("三提留"是村里提取的公积金、公益金、管理费,"五统"则是乡里收取的教育附加费、计划生育费、民兵训练费、民政优抚费、民办交通费);三是名目繁多的集资、罚款和摊派。

1985年以来中央出台了一系列文件,要求严格制止乱收费,减轻农民负担,但成效并不明显。在20世纪80年代末90年代初,部分学者和地方政府就开始着手研究如何解决征粮征税难与减轻农民负担问题。1988年,安徽省何开荫在《农村第二步改革出路何在?》中首次提出农村税费改革的设想。1991年,他在《发展农村商品经济的根本措施——关于深化农村改革的一些设想》中进一步提出了进行农村税费改革的具体方案。何开荫因最早倡导农村税费改革,并多次参与制订了安徽一些地方税费改革方案,被誉为"中国农村税费改革第一人"。

1992年,安徽省涡阳县新兴镇率先实行了"土地承包税(费)制",即按照全镇每年的支出总额确定农民的税费总额,将农业税、农业特产税和"三提五统"等税费一并征收,分摊到亩,每亩地只交30元,从而揭开了中国农村税费改革的序幕。

在1993年和1994年国务院连续召开两次与减轻农民负担有关的工作会议后,全国大约有7个省50多个市县成为进行税费改革的试点。比较典型的方式有:河北正定的"公粮制"、安徽太和县的"税费合一"、湖南武冈的"费改税"、河北魏县的"税费合一,人地分摊"、贵州湄潭县的"税费统筹"、湖北枣阳市杨垱镇的"土地负担大包干"。① 其中,最积极的是安徽省,涉及面多达数十个县,而其他省份则仅限于少数县或个别县市的部分乡镇。

这些早期的税费改革主要是基层政府和地方政府自发进行的,在当时中央侧重于治乱减负的情况下,并未得到中央的明确支持,甚至遭到中央有关部门的反对。这些改革将重点放在了税费管理和征收方式上,明确了税费项目,简化了征管办法,因而提高了农民负担的透明度,比较有效地遏制了"三乱"。但是,对造成农民负担过重的行政管理体制、财政管理体制等深层次问题基本没有触及,再加上缺乏上级必要的财力支持,因而不能从根本上减轻农民不合理的负担。不过,这些自发的税费改革,却为后来中央制定税费改革政策提供了具体思路和经验。

1998 年 10 月十五届三中全会召开后,中共中央意识到"农业、农村和农民问题是关系改革开放和现代化建设全局的重大问题"。为了解决农民负担问题这个影响农村稳定和发展的关键因素,中共中央决定以农村税费改革为突破口。会后,国务院成立了由财政部、农业部和中央农村工作领导小组办公室 3 个部门主要负责同志组成的国务院农村税费改革工作小组,开始着手研究和制订新的改革方案。此后,税费改革由基层的自发试验,过渡到由中央推动的全局性改革。

2000 年,国务院在安徽省实行农村税费改革试点。另外,甘肃、湖南、河南、陕西、河北、黑龙江、吉林、内蒙古等 8 个省(自治区)选择了 32 个县(市)进行改革试点。此次改革的主要内容为"三个取消、两个调整、一个逐步取消和一项改革":取消乡统筹、农村教育集资等专门面向农民征收的行政事业性收费和政府性基金、集资;取消屠宰税;取消统一规定的劳动积累工和义务工;调整农业税和农业特产税政策;改革村提留征收使用办法。

2001 年,鉴于 2000 年配套改革不足而暴露出来的问题,国务院放慢了改革步骤,只鼓励具备条件的省份进行试点。除安徽省继续在全省进行农村税费改革试点外,仅有江苏省在全省范围实施了改革试点。此外,除上

---

① 黄铁平:《农村税费改革研究》,《福建师范大学学报(哲学社会科学版)》,2002 年第 2 期。

海、西藏外的 27 个省（自治区）选择了 102 个县（市）进行了局部改革试点。

在改革经验更为成熟后，2002 年，农村税费改革试点工作在全国 20 个省（自治区）全面展开，其余 11 个省（自治区）则继续在部分县（市）进行试点。此时，税费改革试点地区的农村人口达到了 6.2 亿，约占全国农村人口的 3/4。2003 年，又全面推进农村税费改革试点工作，缩小征税范围，降低税率。

鉴于税费改革的全面推进中仍遗留不少问题，同时考虑到征税成本远高于征税收入以及国家财力增强等因素，中央开始逐步尝试免征农业税的做法。2004 年 2 月，中共中央、国务院下发了《中共中央国务院关于促进农民增加收入若干政策的意见》，提出在 2004 年农业税税率总体上要降低 1 个百分点，同时取消除烟叶外的农业特产税。同年年底，中共中央、国务院发布了《关于进一步加强农村工作提高农业综合生产能力若干政策的意见》，进一步扩大农业税免征范围，同时加大减征的力度。到 2005 年 7 月，已有 28 个省、自治区和直辖市完全取消了农业税。2006 年，河北、山东和云南 3 个省也全部取消农业税。

在推进农村税费改革的同时，农村公共服务管理体制改革也全面展开：一是 2000 年以来全国各地纷纷开展乡村撤并工作，通过"减人、减事、减支"推进乡镇机构精简和职能转化。二是改革农村义务教育体制，对农村义务教育阶段学生实行"两免一补"政策，解决农民孩子上学难的问题。三是积极推进新型农村合作医疗制度，解决农民看病贵的问题。四是探索建立农村低保和社会养老保障制度，从制度上解决农村贫困和农民养老难等问题。

此外，为了加快农业发展和改善农民生产生活环境，国家还健全农业投入保障制度，大幅度增加财政投入，加强农业、农村基础设施建设；健全农业补贴制度，逐年大幅度增加农民种粮补贴、良种补贴、农资综合补贴、农机具购置补贴；健全农产品价格保护制度，稳步提高粮食最低收购价，保护种粮农民收益；等等。

以农村税费改革为中心的综合改革，涉及面广，影响深远，被称为

1949 年以来继土地革命、改革开放初期推行家庭承包经营制之后的"中国农村的第三次革命"。①

# 第二节 "农村改革第一村"小岗村

安徽省凤阳县小岗村农民在 1978 年冬天首创了"大包干",带来了席卷全国的农村改革浪潮,被誉为"中国农村改革第一村",成为中国农村改革的象征和标志。但是,20 多年后,"一步跨过温饱线"的小岗村人,却始终没有迈进富裕的门槛。2004 年,在外来书记沈浩的带领下,小岗又开始了新的探索和变革,在短短几年中发生了很大变化。

一

新中国成立后,随着土地改革的进行,小岗村农民获得了土地,摆脱了封建压迫和剥削,生产积极性空前高涨,再加上有安定的社会环境,小岗村生产发展很快。农业合作化前,小岗村共有 34 户、175 人、30 头牲畜、1 100 亩土地。全村正常年景粮食总产量都在十八九万斤,好的年成可达 20 万斤。下中农成分的严家齐,当时全家 6 口人,3 个劳力,1 头牛,种 40 多亩地,最多的一年收过水稻、小麦、高粱、山芋(折粮)、豆类(折粮)共计 9 200 斤,平均每人 1 500 斤。那时全村根本没有外流,人们把外流讨饭看成是极不光彩的事。②

1955 年,小岗还没有初级社,却在 1956 年一步跨进了高级社,当年收成勉强可以,全村收了 16.5 万斤粮食,平均每人 600 斤口粮,留下种子,其

---

① 陈锡文:《农村税费改革如何影响农民的命运》,《财经》,2002 年第 8 期。
② 吴庭美:《一剂必不可少的良药——凤阳县梨园公社小岗生产队"包干到户"的调查》,见《当代中国的农业合作制》编辑室《当代中国典型农业合作社史选编》,中国农业出版社,2002 年,第 570－571 页。

余4万多斤卖给了国家。这4万多斤粮食是小岗合作化后第一次、也是以后23年最后一次向国家作的贡献。1957年反右派运动后，小岗在讨论合作化"优越性"时，谁说个"不"字，不管你是贫农雇农，都要被大批一顿，甚至被戴上"反社会主义分子"的帽子。从此，政治上鸦雀无声，上面叫怎么干就怎么干。从1957年冬天开始，小岗就开始发粮票吃供应了。1958年以后，小岗村又卷入农业"大跃进"和"人民公社化"运动，大搞所谓"十里芋峰岭，五里菜花香，千亩水田方"。结果是，"十里芋峰岭变成大草荒，五里油菜地未收半'土缸'，千亩水田方没收多少粮"。在1959年至1961年3年中，小岗村饿死60人，76人外逃，只剩下10户、39人。农业生产上出现了"种20(斤)，收18(斤)，不用镰刀用手拔"的衰败现象。1962年，小岗队搞了"责任田"，生产刚有所好转，却很快在批判"复辟田"的声音中又拢了"大堆"。

1966年，"文化大革命"席卷小岗村，使小岗村又陷入长期内斗之中。从1966年到1976年的11年中，县、区、社、大队有38人次到小岗村搞过工作队、宣传队，每年最少1人，最多18人。每期工作队、宣传队都大抓"阶级斗争"，支持一部分人，整一部分人，搞得生产队干部像"走马灯"一样，换来换去。全队17个男劳动力，有15个人先后当过队长、副队长，20户人家户户有人当过干部，斗来斗去，人心斗散了，土地斗荒了，粮食斗少了，社员斗穷了，集体斗空了。

从1966年至1978年，小岗村每年粮食产量在3万斤左右，社员人均口粮只有一两百斤，成为凤阳县有名的"吃粮靠返销、用钱靠救济、生产靠贷款"的"三靠村"，是凤阳县最穷的梨园公社的一个穷队。从1956年开始，国家给小岗村先后贷款15 632.28元，无偿投资2 425元；从1966年至1978年的13年154个月份中，小岗村吃国家供应粮87个月，吃供应粮达22.8万斤，占13年总产量的65%，占集体分配口粮总数的79%；供应各类种子6.5万斤；仅有的10头牛和所有农具，都是国家给钱买的。[①] 为了维

① 吴庭美：《一剂必不可少的良药——凤阳县梨园公社小岗生产队"包干到户"的调查》，见《当代中国的农业合作制》编辑室《当代中国典型农业合作社史选编》，中国农业出版社，2002年，第572－573页。

持生活,小岗村民还经常外出去"数户头"、"查户口"(要饭),"不论户大户小,户户外流;不论男人女人,只要能蹦跳的都讨过饭"。

1978 年春,包括凤阳县在内的滁县地区 7 个县、市按照地委统一部署,有领导、有步骤地推行了"包干"责任制,开始实行"一组四定",后发展成为"包干到组"。20 户、115 人的小岗生产队,先是划分为 4 个作业组,后来不行,又划分为 8 个组。这 8 个组,每组只有二三户,都是"父子组"、"兄弟组"、"邻居组",可还是矛盾频出,难以维持。在这种情况下,1978 年11 月 24 日夜晚,小岗村 18 户(另 2 户户主外出要饭未归)农民齐聚在一起开会商议。虽然他们知道只能"包干到组",但还是冒着风险作出了"包干到户"的决定:全队 517 亩地,按人分到户,10 头耕牛评好价,2 户一头,国家农副产品交售任务、还贷任务、公共积累和各类人员的补贴,按人包干到户,包干任务完成后,剩多剩少都归自己。他们还秘密盟誓,约定 3 条:"1. 包干到户后,每户夏秋两季收打的头场粮食,要先把集体提留交齐,谁也不准装孬种;2. 我们是明组暗户,不准对上级和外人讲,谁讲谁不是人;3. 如果队长因为'包干到户'犯法坐班房,他家小孩由全队包下来,小孩养到 18 岁。"①

小岗村的"包干到户"很快被公社发现了,公社书记觉得这个队太"难缠",不守"规矩",几次限时纠正。如不纠正,就不供应贷款、化肥和种子。公社书记念起了"紧箍咒",小岗队长无可奈何,找到县委书记陈庭元。陈庭元同情小岗村民的苦衷,便对公社领导说:"小岗人穷毁掉了,算了吧!就让他们那样干吧","允许他们干一年,秋后再说吧"。就这样,小岗队的"包干到户"才得以幸存下来。

小岗队"包干到户"一年就收到显著效果:全队粮食总产 132 370 斤,等于 1966 年至 1970 年的 5 年粮食总产量总和;油料总产 35 200 斤,远远超过过去 20 多年的总产;生猪饲养量达 135 头,超过历史上任何一年;自1957 年后第一次向国家交售农产品,售了 24 995 斤粮食、24 933 斤花生和

---

① 张广友:《安徽省小岗村"大包干"始末》,见《当代中国的农业合作制》编辑室《当代中国典型农业合作社史选编》,中国农业出版社,2002 年,第 569 页。

芝麻;第一次归还国家贷款 800 元,卖肥猪 35 头。全队留储备粮 1 000 多斤,留公积金 150 元。由于生产发展,社员收入大增。全队农副业总收入 47 000 元,平均每人 400 多元,最好的户总收入七八千元,人均 700 多元,最差的户人均收入 250 元以上。①

二

小岗村"包干到户"很快在凤阳县一些地方传开了,在梨园公社更是成了群众舆论的中心。群众纷纷议论:"同是一个政府:小岗村能干,为什么不叫我们干呢?"尽管公社三令五申,不准"包干到户",可是,1979 年秋种时,不少地方采取瞒上不瞒下的办法,一夜之间就把田分到户了。公社干部捂不住了,埋怨小岗影响了全社。②

正当小岗村"包干到户"成为"众矢之的"之时,地委书记王郁昭来到了小岗村考察,明确表态:"县委支持你们干一年,我们地委支持你们干三年!"小岗人欢天喜地。这一消息迅速在凤阳县传开,许多社、队也由"包干到组"走向"包干到户"。

1980 年 1 月 3 日至 11 日,在安徽省委召开全省农村工作会议期间,省委书记万里收到了凤阳县委政策研究室工作人员吴庭美撰写的《一剂必不可少的补药——凤阳县小岗生产"包干到户"的调查报告》后,对小岗村"包干到户"产生了强烈兴趣。24 日,万里率领部分地委、县委领导来到小岗生产队进行视察。他挨门挨户看了一遍,看到家家户户丰收的景象,非常高兴。针对有人指责小岗队是开倒车的情况,万里当即表态:"地委同意你们先干三年,我批准你们先干五年。只要多打粮食,对国家多贡献,集体多提留,社员生活能改善,干一辈子也不是开倒车。"一位乡干部问:"别的地方学小岗也搞'包产到户'可中?"万里说:"可以,只要对国家有利,对人

---

① 吴庭美:《一剂必不可少的良药——凤阳县梨园公社小岗生产队"包干到户"的调查》,见《当代中国的企业合作制》编辑室《当代中国典型农业合作社史选编》,中国农业出版社,2002 年,第 575—576 页。

② 同①,第 577—578 页。

民有利,哪个学都行!"①此后,"包干到户"迅速在全省蔓延开来。

不久,安徽等地刚刚兴起的"包产到户"却受到部分人的指责,并在中央高层引起了激烈的争论。在此紧要关头,邓小平于 1980 年 5 月 31 日发表了重要谈话:"农村政策放宽以后,一些适宜搞'包产到户'的地方搞了'包产到户',效果很好,变化很快。安徽肥西县绝大多数生产队搞了'包产到户',增产幅度很大。'凤阳花鼓'中唱的那个凤阳县,绝大多数生产队搞了'大包干',也是一年翻身,改变面貌。有的同志担心,这样搞会不会影响集体经济,我看这种担心是不必要的。"②这不仅使安徽农村改革避免了夭折的危险,也推动了农村改革在全国范围内快速地发展。

1980 年 9 月,中共中央印发的《关于进一步加强和完善生产责任制的几个问题》指出:边远山区和贫困地区"可以'包产到户';也可以'包干到户',并在一个较长的时间内保持稳定"。这使"包干到户"第一次在中央文件中落下了"户口"。

1982 年 1 月 1 日,中共中央颁发了一号文件,第一次以中央文件形式肯定了联产计酬、"包产到户"、"包干到户""是社会主义集体经济的生产责任制","是社会主义农业经济的组成部分",从而结束了围绕"包产到户"的激烈争论,使得深受农民欢迎的"包干到户"(即"大包干")以燎原之势迅速在全国推广开来。

随着"大包干"浪潮席卷全国,小岗的事迹开始得到新闻媒体的广泛关注。除了大量文字报道外,还通过电影、电视等形式进行了直观报道。1983 年,小岗村的"包干到户"事迹首次在记者王映东拍摄的一部新闻纪录片《来自农村的报告》中亮相。1986 年,深圳电视台又拍摄了电视专题片《征服饥饿的人们》。1988 年凤阳电视台拍摄了专题片《鼓魂》。2008 年,以小岗村"大包干"为题材的电影《十八个手印》正式上影。在新闻媒体的大幅报道下,被誉为"中国农村改革第一村"的小岗村声名大振,家喻户晓。

---

① 张广友:《万里与小岗村》,《决策与信息》,2006 年第 5 期。
② 《邓小平文选》第 2 卷,人民出版社,1994 年,第 316 页。

小岗村成为中国农村改革的象征。1998 年 9 月 22 日,在改革开放 20 周年之际,江泽民总书记来到小岗村视察,明确指出:家庭承包经营这一政策,要长期坚持下去,是不会改变的! 他高度肯定 20 年前小岗村民冒险搞"包干到户"的创举,勉励小岗村人继续发扬敢试、敢闯的改革精神,再创新的辉煌。① 在改革开放 30 周年之际,2008 年 9 月 30 日,胡锦涛总书记来到小岗村考察,并发表重要讲话。

不过,在耀眼光环的笼罩下,小岗村却留下两团无法辨别的历史迷雾。

迷雾之一是谁是"大包干"的带头人。毫无疑问,"大包干"是 18 户农民集体作出的决定,但是,谁是当时的队长,也就是说,谁是"大包干"的带头人,至今有两种截然不同的说法:一些人说当时队长是严俊昌,副队长是严宏昌,陈大斌、张广友、王映东等早年采访者都持此说;另一些人则说当时队长是严宏昌,副队长是严俊昌,20 世纪 80 年代后期开始出现此说法,并逐渐占据主流地位。不过,2008 年严宏昌也承认,他在选出的 3 个生产队干部中得票最多,但当时"并没有确定谁是队长,因为这最后是要把名单报到公社去批准"的。但选出来后,他履行的就是队长的职责——派活。② 然而,2009 年出版的《小岗村故事》却这样描述当时的选举情况和结果:在公社党委副书记钱进喜的"督阵"下,小岗生产队选出的 4 个人按得票多少分别是:严立学、严宏昌、严金昌、严俊昌。后来,公社只批下来 3 个人。严金昌因为有过"资产阶级暴发户"的问题而被除名;得票最多的严立学,已断断续续地干过 10 多年的队长,不愿再干了,认为自己干会计最合适,这样,队长自然就落在了严宏昌的头上。③

另一个更大的迷雾是"大包干契约"(即"十八个手印")的有无和真假之谜。据有人考证,大约在 1979 年年底,《人民日报》记者张万舒是第一个听说秘密会议产生秘密契约的人,但张万舒直到临终也没能见到实物。1981 年,记者温跃渊和南京军区的一个记者在蚌埠市文联主办的一个杂

---

① 何平、何加正:《总书记来到小岗村》,《人民日报》,1998 年 9 月 28 日。

② 钱江:《划时代的红手印——小岗村"大包干"契约的产生经过》,《党史博览》,2008 年第 9 期。

③ 陈桂棣、春桃:《小岗村的故事》,华文出版社,2009 年,第 28 页。

志上发表的联合采访中第一次进行公开报道,但他们也同样没有见到实物。1983 年,在新闻纪录片《来自农村的报告》中,"大包干契约"首次以直观形式亮相。1984 年,中国革命博物馆收藏了盖有小岗村 18 户农民鲜红手印和名章的"大包干契约"。1986 年,电视专题片《征服饥饿的人们》则首次用电视画面重现"十八个手印"的形成过程。从此,"大包干契约"("十八个手印")广为流传,深入人心。

1998 年,《南方周末》首次对小岗村"大包干契约"的有无和真假提出质疑。陈大斌、张广友等当年多次到小岗村采访,都听说小岗村民"秘密起誓","瞒着公社偷偷搞'包干到户'",但均未听说有"大包干"文书。当时的县、地领导人陈庭元、王郁昭等也一无所知。不过小岗村民却一致认为,当时的确有过"大包干契约"。于是,问题的焦点就集中到中国革命博物馆收藏文书的真假上来。严俊昌始终坚称,这个文书不是原件,而是严宏昌一手包办的赝品。严宏昌则声称,这个由他书写的文书是货真价实的原件。

中国革命博物馆收藏的文书的确有着明显的疑点。该文书用纸大小相当于 16 开,全白、无损、无皱褶。从 1978 年年底到 1984 年,这张纸竟平整如新,令人难以置信。时任地委书记的王郁昭也指出:"小岗村那时户户家徒四壁,根本没有可能拿出一张那样高质量的白纸。假如他们真要立下字据,也可能是写在一张从账本上或小学生作业本里撕下来的纸上。"[①]

1999 年秋,《南方周末》刊登了中央新闻纪录电影制片厂导演王映东的文章《小岗包干到户红手印辨析》,揭示了这张文书的来龙去脉:1982 年 10 月,为拍摄新闻纪录片《来自农村的报告》,王映东来到小岗村。在会计严立学家听到写契约按手印时,他便提出想看看那张契约。严立学找出来一张纸,纸上只有 20 个人名、手印和私章,没有开会内容。王映东不满意,就让再找找。严立学说,全队户主开会按手印只有那一次,这就是原件。王映东就拿着这张文书到北京拍纪录电影。1983 年 2 月 4 日,王映东带着摄制组到小岗村看拍摄现场,向队长、副队长和会计介绍说,准备把严立学

---

① 陈大斌:《"小岗传奇的"两团迷雾》,《记者观察》,2008 年第 12 期。

给他的契约书用在队长严俊昌讲写契约按手印的时候。副队长严宏昌却说,开会契约是他写的,开头写的就是会议决定。王映东请严宏昌把他那个拿来看看,严宏昌说找不着了,接着又说,这事好办,再写一个,让大家再按一次手印。会计、队长一言不发。王映东以为他们觉得会计的那个没写会议决定,不圆满,不发言就是默认严宏昌重写。王映东当时觉得偷搞"包干到户"确有其事,原件也有,复制一个用在电影上,并不违背纪录片真实性的原则。于是,他就请严宏昌在找社员按手印时,要向大家讲清楚是给拍电影用的。次日,严宏昌把一张全新的契约给了王映东。在纪录片《来自农村的报告》公映时,中国革命博物馆的工作人员张某来征集用在影片上的契约。经领导同意,王映东无偿赠给了他们用于展览。王映东指出:"我从没说过严宏昌复制的契约是原件,到现在我也不承认它是原件。"①随着王映东出面澄清,在一些人看来,围绕手印文书的这团迷雾应就此风吹云散。

但是,安徽记者汪强、钱江等人到小岗村调查和采访后,仍然坚持认为,收藏于中国革命博物馆的那份文书是原件,并对有关质疑作出回应:书写契约的纸张是当时记工员严立富(家里有纸)从家里拿来的。② 契约写好后,先是放在会计严立学家中,后来他家修房子,就把契约交给严宏昌保管。严宏昌把它藏在毛竹椽子的数学书中。王映东来小岗村拍摄电影时,严宏昌最初谎称找不到了,"是不愿意拿出来,是防止以后政策有变,好保一条命,为子女留条后路"。后来,经人说服,才从毛竹椽子筒子里取出红手印,交给王映东。汪强还将有关调查的论据和结论带到北京参加"大包干红手印真假分析论证会",得到文史专家和文物专家的一致公认。③

时至今日,关于"大包干红手印"真假的迷雾仍难以澄清。有人指责说,现在"红手印"成为香饽饽,严俊昌在小农意识和名利观念的驱动下,想多争点头功,想以否定馆藏件的真实性来降低严宏昌的影响力。但也有

① 陈大斌:《"小岗传奇"的两团迷雾》,《记者观察》,2008 年第 12 期。

② 钱江:《划时代的红手印——小岗村"大包干"契约的产生经过》,《党史博览》,2008 年第 9 期。

③ 孔章圣:《解开"大包干红手印"的真假之谜》,《华人时刊》,1998 年第 23 期。

人感叹说：10 年后的今天,人为伪造的故事仍在广泛传播。为什么当事人出面都难以扫除这些迷雾? 人造的迷雾当真要代替历史真相吗?[1]

三

小岗村"包干到户"一年就取得了明显成效,解决了温饱问题,并成为声名赫赫的"中国农村改革第一村"。可是,到 2004 年,20 年多年后,小岗村却始终没能致富。让小岗人感到困惑的是,"一步跨越温饱线,二十多年没有迈进富裕门"。

严俊昌把小岗村未能致富的首要原因归结为外部环境,即 20 世纪 80 年代中期以来的乱收费和乱罚款。在村民才富一点时,就开始乱收费了。他家有四五十亩地,那个时候干的只够缴费。名义上说是为群众服务的代收款,比如用于集体抽水的费用,但是那几年根本没抽多少水。再比如"基本建设费",每个人收二三十元。收上去了什么也没建设。那一时期乱罚款也很厉害。"不交罚款就把你家门给扒了,罚你多少钱就从你家粮仓扒多少粮食"。村民要是抗拒打架,就被抓到派出所。[2]

依照《小岗村的故事》的说法,村民的思想保守和领导班子不团结以及当地政府的干预是小岗村未能致富的主要原因。

"大包干"后不久,严宏昌就想建一个轮窑厂,并从县委书记陈庭元那里争取到 80 万元的贷款。但是,其他村民思想保守,一致决定不蹚这个浑水。他转而求其次,要求由自己承包轮窑厂,每年向队里缴纳利润 20 万元,也没有获得同意。1983 年,他到浙江瑞安考察,看到办塑料加工厂可以赚钱,决心为小岗村办一个塑料加工厂,并在技术和销路上获得了可靠的支持,但是,依然没有得到村民们的同意。他只好独自建起一个塑料加工厂,4 个月下来就赚了八九万元。正当他准备继续添设备扩大生产时,县里却突然来人勒令他不准办。恰在此时,他的儿子严德锦生病住院,严

① 陈大斌:《"小岗传奇"的两团迷雾》,《记者观察》,2008 年第 12 期。
② 韩福东、雷敏:《大包干带头人严俊昌讲述小岗村故事》,《南方都市报》,2008 年 7 月 15 日。

宏昌夫妻在医院守护孩子。等到孩子病好,他们回家到工厂一看,两台机器已被破坏得面目全非,办厂的梦彻底破灭了。①

其后,严宏昌干起了粮食长途贩运生意,从当地收购粮食运往温州销售。这又被指责为"投机倒把"、"不务正业",但他坚持干了下去。同时,他家又养起了鸭子,从几百只喂到了2 000多只,并带动本村严立学、严立华、严金昌、严付昌、韩国云、关友章家都喂起了鸭子。可是,好景不长,县里又来人了,命令说:"鸭子不许喂了,你们这样干严重污染了小岗村的环境,群众意见很大。"严宏昌等人只好"金盆洗手"。②

1993年,凤阳县委把大严生产队和小岗生产队从严岗村分出来,合并成小岗村,小岗村就扩大为100多户、400多人。严俊昌担任扩大后的小岗村村主任。同时成立"小岗村农业实业总公司",由严宏昌担任法人代表和总经理。

据严宏昌说,"小岗村农业实业总公司"只是借用了小岗村集体的名义,但实际上完全是他个人拉来资金办起来的私营企业,与小岗村并无关系。在"小岗村农业实业总公司"运作下,先后建起了小岗米厂、小岗食用菌厂、小岗工艺被厂3个厂,3个厂办得很红火,后来却被小溪河镇强行接收了,米厂被卖掉,食用菌厂、工艺被厂先后倒闭。③ 2000年年底,严宏昌的儿子严余山外出打工归来后,与人合伙在小岗村搞了一个酒瓶盖加工厂,效益不错。2001年11月,当严余山准备再搞一个电表厂时,酒瓶盖厂却被别人炸掉了。

但另一些人则说,"小岗村农业实业总公司"是集体性质企业,严宏昌只是担任法人代表和总经理。在这个公司的运作下,引进了不少项目和资金,先后成立瓶盖厂、电子仪表厂、面粉厂、摩托车镜子厂、铜线厂、工艺被厂、食用油厂等。瓶盖厂运作不久被人炸了,公安局也来了,最终不了了之;电子仪表厂建了厂房,合作方就走了;面粉厂也是胎死腹中。对于引进的这些企业纷纷流产,不少村民归咎于小岗村首富严宏昌。严美昌还保留

---

① 陈桂棣、春桃:《小岗村的故事》,华文出版社,2009年,第113-129页。
② 同①,第131-136页。
③ 同①,第154-163页。

了多年前办冶炼厂时湖南的合作方给他的证明和委托书,上面写了严宏昌伙同自称为《解放日报》驻合肥记者站站长的人骗取他 10 多万元财物的事情,并委托严美昌帮他讨回。而严宏昌否定了这个说法,并出具了湖南合作者写给他的欠条,上面写欠小岗村电费水费地租等若干元,委托小岗村委卖掉厂房,以偿还欠款。[①]

小岗村还多次得到过领导的关注和外界的支持。但由于小岗人的内斗,加上当地政府的从中揩油,错过了一次次宝贵的机会,小岗村依然没有发生任何实质性的变化。

1991 年,严宏昌应邀到上海参加政策研讨会,结识了上海市的有关领导。上海市有关领导很关注小岗的发展,决定无偿提供 100 头良种母猪、3 头种公猪,同时拨给 15 万元,帮助小岗村创办养殖场。可是,小岗村人却为谁当场长、谁当会计争得不可开交。于是,有人建议,干脆谁都别争了,养殖场也别办了,100 头猪一家分几头,15 万块钱也平摊到各户。最后的处理办法是,这批猪和 15 万元交给凤阳县畜牧局,准备等猪养大后再一家分几头。而县畜牧局也没有养殖场,最后被城西乡白白捡了个便宜。[②]

1993 年,严宏昌当上了安徽省人大代表,便积极为小岗村争取外援。当年 2 月,省人大常委会主任孟富林还召集省直各有关厅局、滁州市和凤阳县的主要负责人参加联席会议,专门研究支持小岗村发展的问题,并决定拨付给小岗村高达 1 300 万元专项发展资金。会后,凤阳县委迅速行动,从县里几大班子中抽调了 10 多人,成立了一个专门的班子,开进小岗村。在村里建起了两层楼的村委会,在村西竖起高大的牌楼。接着又要小岗村每家出资 500 元,统一在沿路两边为各家各户拉起了院墙,此后便没有任何动静了。

直到 1995 年春,严宏昌参加安徽省八届人大三次会议时,向大会递交了一份提案,询问小岗发展专项资金的调拨情况。很快,严宏昌就收到了滁州市政府的答复函,不禁大吃一惊:各级财政支持小岗村建设资金逐步

① 丰鸿平:《"改革第一村"并未富裕　小岗村蹒跚重走集体路》,《南方都市报》,2006 年 3 月 7 日。

② 陈桂棣、春桃:《小岗村的故事》,华文出版社,2009 年,第 139－151 页。

到位,目前已投资 661 万元。而这还不包括由省交通厅帮助小岗村修路而被镇里截留的那一大笔钱![①]

1997 年末,江苏省张家港市长江村与小岗村结成了"东西部经济合作发展优势互补联动振兴"的对子。当年,长江村捐助 100 万元修建宽 22 米、长 1 000 多米的"友谊大道"。本来长江村准备在小岗村建立一个工业园区,但条件不成熟,就于 2001 年为小岗村建立了 80 亩的优质葡萄园。

1998 年,安徽省委拨款修建了从小溪河镇到小岗村长 8 公里左右的柏油公路;凤阳电信局贷款为小岗村安装了电话;省教委花了 3 个月为小岗村建起了宽敞明亮的学校;省建设厅、水务局等单位为小岗村建了自来水水塔;在五六月酷暑难当的时期从百里外的林场挖来冬青树种在友谊大道两旁;在小岗村专门布置了一个"小岗村大包干 20 周年展览室"。[②]

同年,日本驻上海总领事馆与凤阳县农业局签了一个合同,由日方支援 1 000 万日元(当时折合 67 万元人民币),由中方在小岗村搞农牧业开发。一开始,就说要小岗村农民养鸭子。鸭子被承包到户,一家养十几只,结果死的死,丢的丢,不但没效益,连成本都没有收回来。为了应付日方的检查,还从凤阳县拖了一批鸭子去。[③] 严俊昌则称,钱被县政府拿去盖了一栋房子,根本就没有用来养鸭子。[④]

小岗村"一步跨越温饱线,二十多年没有迈进富裕门",也引起了外人的议论。2001 年 5 月,陈窗、曾德方实地考察后在网上发表了文章《小岗村:一条越走越窄的小农经济"老路"》,认为小岗村单干后,只能不断走向两极分化,并不能达到共同富裕。也有人认为小岗村是一个本来不应被树立却被人为树立的落后典型。但是,更多的人则认为,作为淮河旁边一个缺少资源、封闭落后的小村庄,小岗村的发展现状基本符合其客观的地理环境、群众素质等条件,不能指望最早实行"大包干"的小岗村在此后的经

---

① 陈桂棣、春桃:《小岗村的故事》,华文出版社,2009 年,第 164 - 172 页。

② 丰鸿平:《"改革第一村"并未富裕 小岗村蹒跚重走集体路》,《南方都市报》,2006 年 3 月 7 日。

③ 同②。

④ 韩福东、雷敏:《大包干带头人严俊昌讲述小岗村故事》,《南方都市报》,2008 年 7 月 15 日。

济发展中继续走在前列。华西村等走集体富裕道路的明星村庄毕竟是凤毛麟角,很难在广大农村中复制和推广。而小岗村则是广大中西部农村的一个缩影,它的困境与困惑,实际上也是广大中西部农村村庄的困境与困惑。不过,每当想到小岗村毕竟获得过那么多其他村庄无法获得的关照和厚爱,却依然没有实质性变化,笔者也不禁为之深深叹息。

四

2004 年,"中国改革第一村"小岗村还是破破烂烂,一些人家仍然住着茅草房。全村人均收入远低于市县平均水平,集体存款为负数。除了穷之外,小岗村还"乱","人心涣散",连续多年没选出两委班子。1993 年以来,小岗村已"走马灯"般来过 3 名下派书记,都黯然离去。

2004 年 2 月,40 岁的安徽省财政厅年轻干部沈浩被安徽省委选派到小岗村担任党支部书记。两年后,他还清楚地记得当时的情景:村里连为欢迎他写标语的墨水、纸张都是借钱买的。村集体没有一分钱,还欠着 4 万多元债。"大包干"展览馆陈旧不堪,由国家投资的村小学破破烂烂,师生上厕所都很困难。国家投资办起的自来水、有线电视也停了。唯一的资本——"名气",如"小岗"、"小岗村"、"大包干"等也都被别人注册了。可以说,小岗村是个穷摊子、烂摊子,是空壳村。①

沈浩上任后,抓住机遇,放手大干,用自己的行动赢得了村民的接纳和信任。2006 年 11 月,沈浩选派任职期满。98 名小岗村村民采用了他们传统的摁手印方式挽留沈浩,并到安徽省委选派办和省财政厅请求将沈浩继续留在小岗村。

由于真心为小岗村办事,背后又有省财政厅这个"大财神"撑腰,沈浩为小岗村争取到大量资金,加上各级领导的支持和社会各界的捐助,使得小岗村面貌发生了显著变化。沈浩任职一年多后,小岗村的自来水通了,有线电视通了,村小学有了相应的配套设施。沈浩还带领小岗村人维修了

---

① 韦文洁:《小岗之变:困惑与希望》,《法制日报》,2006 年 7 月 30 日。

村里的"友谊大道",并延长了 1 000 米,后来又新修了 3 条道路,使得小岗村交通落后的状况得到彻底改观。其中,仅修建"小岗快速通道"就花了 1 200 万元。2004 年年底,当得知国家即将对"三农"增加投入资金后,沈浩随即向上级部门争取到了补助资金。2005 年 6 月,村里建起 4 幢楼房,徐庆山等 26 家危房户搬进户均 160 平方米的小洋楼。此后,沈浩又争取到一笔补助资金,给每户补助 2 万至 8 万元,使 122 户小岗村民全部翻建了新房。小岗村"友谊大道"两侧,鳞次排列着红顶白墙的两层小楼。① 这一切,都给小岗村村民带来了实实在在的实惠。

沈浩到小岗村后,除了"输血"外,还力图"造血",带领小岗村人进行新的探索与变革。经过充分的调查研究,沈浩为小岗村确立了"三步走"的发展规划:第一步是调整产业结构,发展现代农业;第二步是以"纪念馆"带动旅游业;第三步是着力办好工业园,实现小岗跨越发展。目前,小岗村在这 3 方面都取得了不同程度的进展。

小岗村大力探索实行土地流转,调整产业结构,发展现代农业。早在 2001 年,张家港市长江村的润发集团,投资 150 万元,以每亩 500 元的价格租用小岗农民土地,派专业人员辅导,建成占地 79.5 亩的葡萄园,种植优质葡萄,作为小岗村调整产业结构的示范。这是小岗村的第一次土地流转。2003 年年底,润发集团将葡萄园无偿转交给当时的村委会主任严德友。2004 年以后,葡萄进入丰产期,严德友收获颇丰。2008 年年初,他又承租村民的 200 亩土地,扩大种植。在严德友的带动下,小岗村 80 户农民也种植了 400 多亩葡萄。② 目前,种植葡萄是小岗村一个重要收入来源,也是小岗村迄今为止收效最为明显的项目。

2003 年,小岗村进行了第二次土地流转,上海三农公司租用 214 亩土地建了一个养猪场。但是,饲养的大明贡猪在本地没有价格优势,拉到上海销售成本又过高,所以到 2007 年因效益不好便停止了。所留下 179 亩地则由当地农民用来养猪、种植花卉苗木和办农家乐。

---

① 杨万国:《村书记沈浩"多角色"施政小岗村》,《新京报》,2009 年 11 月 23 日。
② 石玉:《严德友和他的葡萄园》,《第一财经日报》,2009 年 8 月 28 日。

2004 年 10 月,沈浩带着 13 名村干部进行了一次"红色之旅",参观了大寨、耿庄、红旗渠、南街村等 4 个走集体经济道路致富的明星村,学习他们的经验,反思自己的发展之路。参观南街村后,沈浩在留言簿上欣然留言:"学习南街村,壮大集体经济,走向共同富裕。"2006 年 1 月 25 日,沈浩在村民大会上提出了一项大规模土地流转计划:把小岗当年分到各家各户的 1 400 亩土地以集体的名义按每亩 500 元的价格租给大龙公司,建设商品猪养殖基地,村民参与养猪业分红,另外还可选择外出打工,或成为企业的工人,每月领取 600 元左右的薪水。[①] 但是,这一计划遭到部分村民的抵制。与此同时,当时部分舆论把沈浩参观南街村后的留言和这次土地流转计划解读为小岗要终结"大包干"、重走集体化模式,因而引起了众多议论。在内外的压力下,这次大规模土地流转计划宣告流产。

但是,在沈浩的努力下,小岗村还是实行了小规模的土地流转。2006 年年初,滁州市凤阳县出台了一项优惠政策,给种植双孢菇的小岗村民及大学生创业者提供每个大棚 1 万元无息贷款和 6 000 元补贴。安徽科技学院的王中华、苗娟、周盘龙 3 名大学生来到小岗村创业,每人各建起了 3 个双孢菇生产大棚,并带动 7 户村民种植了 26 个大棚,总共占地 28 亩。当年效益良好,吸引了更多大学生到小岗村创业和带动更多农民种植双孢菇。到 2007 年 10 月,来自安徽科技学院、南京农业大学、湘潭大学等 8 所高校的 23 名大学生、18 户小岗村村民和 6 名外来人员一共种植了 179 个双孢菇生产大棚,形成了一定的产业规模。一时间,大学生来小岗村创业与小岗村实行土地流转和调整产业结构成为媒体争相报道的热门话题。但是,2008 年以后,由于市场竞争激烈,种植双孢菇的效益下滑,小岗村双孢菇种植有所停滞和萎缩。

在胡锦涛总书记视察后,在沈浩的大力推动下,小岗村的旅游产业也有了很大发展。他争取了 300 万元资金,使"大包干"纪念馆工程于 2004 年 10 月正式破土动工,并于 2005 年 6 月建成并正式对外开放。"大包干"

---

① 丰鸿平:《"改革第一村"并未富裕 小岗村蹒跚重走集体路》,《南方都市报》,2006 年 3 月 7 日。

纪念馆展示了小岗村历史风采,提升了小岗村的知名度,带动了小岗村经济和社会的发展。短短的 4 年间,纪念馆已被评为安徽省爱国主义教育基地、滁州市爱国主义教育基地,成为安徽科技学院、安徽财经大学、上海理工大学等 30 多所大学的社会实践基地,并接待超过 100 多万旅游参观人员。与此同时,小岗村还修建了 3 条公路,改善了交通状况,全部翻新了住宅楼,美化了村容村貌,并建起了村医疗卫生室、警务室、档案馆和文化广场等,打造了一个全新的小岗村,为小岗村旅游品牌建设打下了厚实的基础。小岗村的葡萄园和双孢菇大棚等高效农业也初具规模,成为新的农业观光旅游点。小岗村还连续举办了 6 届小岗村葡萄文化旅游节,吸引了大批游客前来参观考察、观光游览,参与葡萄节的采摘活动,促进了农家乐旅游的兴起,现有近 20 家农户办起了农家乐。2006 年,小岗村被评为安徽省农家乐旅游示范点。2009 年 1 月,小岗村乡村旅游区被评定为国家 4A 级旅游景区。①

相比之下,小岗村的工业仍处于艰难求索的起步阶段。到 2008 年,小岗村唯一的工厂是 2007 年凤阳县城的人来小岗村投资建成的小岗钢构厂。该厂一般按订单生产,最多时要用 10 来个人。由于订单不多,该厂经常停产。

在沈浩的带领下,小岗村的面貌发生了较大变化,经济出现较快发展,到 2007 年,小岗村人均年收入达到 6 000 元,已经高于周围的村镇。2008 年 9 月 30 日,胡锦涛总书记来到小岗村考察,对小岗村实行土地流转的探索给予肯定,指出:"以家庭承包经营为基础、统分结合的双层经营体制是党的农村政策的基石,不仅现有土地承包关系要保持稳定并长久不变,还要赋予农民更加充分而有保障的土地承包经营权。同时,要根据农民的意愿,允许农民以多种形式流转土地承包经营权,发展适度规模经营。"②

沈浩带领小岗村人继续前进,并在招商引资上取得了较大突破。2009

---

① 马顺龙、王哲:《凤阳旅游人眼中的沈浩:优秀村官促小岗村旅游巨变》,人民网"安徽视窗",2009 年 11 月 24 日,http://ah.people.com.cn/GB/channel2/15/200911/24/183972.html。

② 孙承斌:《江淮金秋话农事——胡锦涛总书记在安徽农村考察纪实》,《人民日报》,2008 年 10 月 1 日。

年1月8日,小岗村与美国GLG集团、瑶海、天下一碗、从玉菜业在滁州签订4份投资大单。到10月份实际落户企业两家。一是总投资额达15亿元的小岗村GLG农产品深加工高科产业园项目。该项目于2009年3月20日在小岗村奠基,3月28日破土动工。该园区建设用地2 000亩,投资建设国内唯一的民用甜菊糖生产加工、RA97高端甜菊糖生产加工、蜂产品深加工等10多个高科技产业项目,项目全部建成后,将形成60亿元以上的年产值。到10月份,该企业已开工办公楼、民用糖车间、银杏滴丸车间等7栋办公及生产厂房,并已实现封顶,部分生产设备已在车间内安装,民用糖产品已正式下线。二是投资1.5亿元的安徽省小岗村从玉投资发展有限公司。该公司2009年5月底正式落户小岗。这是由国家级农业产业化龙头企业——从玉菜业集团重点打造的集生产、科研、销售、旅游、休闲于一体的现代化蔬菜生产示范项目。3年内将投资1.5亿元,打造1万亩现代蔬菜生产基地。自2009年6月起,该公司首期投资3 000万元建设现代蔬菜项目核心示范区。此外,8月,小岗村与深圳普朗特集团已达成初步协议,该集团目前已汇入50万元订金,正式启动项目土地的流转工作。该集团计划投资6个亿,在小岗流转土地4 300亩,打造小岗村生态农业园项目。①

2009年11月,沈浩的第二个任期又要满了。9月24日,183名村民再次按手印,挽留沈浩,希望他再干3年。可是,11月6日,沈浩因心脏病发作猝然离开人世。11月7日,小岗村人第三次按手印,要求把沈浩安葬在小岗村,以见证小岗村的发展。这一请求得到沈浩家属的同意,11月8日下午,在家属和小岗村村民的送别下,沈浩的骨灰安葬在小岗村公墓,永远留在了小岗村。

没有沈浩的小岗村,未来将如何发展?这是一个很多人都非常关心的问题。我们期望,小岗的未来会更美好!

---

① 苗子健:《小岗村举行纪念胡锦涛总书记视察小岗村一周年座谈会》,人民网"安徽视窗",2009年9月26日,http://ah.people.com.cn/GB/channel2/15/200909/26/180240.html。

# 第三节　村民自治中的三个村庄

1980年以来,中国村民自治运动获得了很大发展,推进和完善了农村的基层民主。在这个过程中,广西宜州合寨村、吉林梨树北老壕村、贵州锦屏圭叶村发挥了极其重要的作用,推动了村民自治的发展,并因此声名大振。

一

广西壮族自治区宜州市是传说中的歌仙刘三姐的家乡。唱山歌在当地是家常便饭,用"出口成曲"来形容一点都不为过。1980年,在刘三姐故乡的合寨村诞生了中国第一个村民委员会,拉开了村民自治的序幕,开创了中国基层民主的先河。

合寨村位于宜州市屏南乡西南部,与柳江县土博镇、忻城县欧洞乡相邻,是三县(市)的交界处。全村有12个自然屯,1 050户,人口4 298人,其中壮族占95.3%。全村耕地面积3 578亩,森林面积3 860亩,经济作物880亩,主要作物有水稻、玉米、甘蔗等。

1979年,当风闻外地兴起"分田到户"时,三岔公社(屏南乡)合寨大队(合寨村的前身)的农民自发地将田分到农户,生产积极性迅速高涨。但是,获得了自由的农民很快又面临着社会治安恶化、社会矛盾增多等新问题,出现了"六多一少"现象:赌博多、盗窃多、砍伐树林多、唱痞山歌多、放养的马牛多、搞封建迷信活动的多,管事的人少。为了防盗,村民只好将牛拉到自己的房子里与人同住。农民把当时的生活描述为"吃得饱,睡不好"。[1]

---

① 王布衣:《中国第一个村委会诞生记》,《传承》,2008年第23期。

三岔公社合寨大队的一个小型水库灌溉附近十几个村庄的农田。分田到户后，由于滥砍滥伐、盗砍盗伐，水库的蓄水量锐减。为了争夺水源，上下游的村庄经常为水争执，甚至引发械斗。

严重的社会治安问题和解决用水矛盾的迫切需要催生了治安联防队。1979年10月的一个晚上，合寨大队三队队长韦文林找来大村、新村、肯塄、乾浪4个小队的队长及15名队"干部"开会，商议成立了一支义务治安联防队，并起草了一份治安《民约》，将禁赌、防盗、打拐等6条治安规定写了进去。治安联防队成立后，很快就制止了上游的村民偷水，并把偷牛的人赶了出去，一时名声大振。紧接着，1979年11月中旬，合寨大队其他8个村也分别成立了上片和中片的治安联防队。

治安联防队成立之初，村民积极性很高。但是，联防队既没人管理，也没有报酬，时间长了队员们的积极性就开始降低了，开始以各种理由推托。同时，联防队只能管治安，不管其他公共事务。再加上没有权力执法，要罚钱也只有村里人买账，外村人根本不买账。在这种情况下，就迫切需要成立一个正式的组织。时任合寨大队书记的蒙宝亮对果地屯的蒙光新说："屯子那么大，光靠联防队不行，得有个正式的组织才好管事。这个组织可以管治安的事情，也可以管其他事。比如修路、吃水、集体林场分红，还有一些家庭纠纷也需要有人调解。"

1980年1月7日，蒙光新等20余人开会商议，决定成立村民委员会。8日下午，在果地屯屯口的球场上举行了村委会成立大会。全屯有500多人到会。蒙光新在会上宣布了14条村民公约：一是禁止乱砍伐，二是严禁赌博，三是严禁乱放牛羊，四是禁止唱痞山歌……村民们一致举手同意，签字盖章。当天夜里，全屯老小在球场聚餐。饭前，每个户主领到一张白纸，无记名投票，推选村民委员会成员。按照得票多少的顺序，蒙光新被推选为果地屯村委会主任，另选出1个副主任和3个委员。① 果地屯人没有料到他们在不经意中创立了村民自治委员会这种全新的组织形式。因此，当后来研究者和记者前来探寻第一个村委会成立的有关情况时，当年的资料

---

① 王维博：《合寨："中国自治第一村"的故事》，《中国新闻周刊》，2009年第33期。

已经完全湮没了。

1980 年 2 月 5 日,在果作屯屯口一棵 5 人合抱的大樟树下,85 位村民代表开会选举出了村委会。果作屯有 6 个生产队,开始计划每个队选 1 人加入村委会。代表们选出 6 个人,却发现村委会只需要 1 个主任、2 个副主任、1 个出纳和 1 个会计 5 个人。于是,只好从 6 人中选出 5 个。这次会上,果作生产队原队长韦焕能被选为首任村主任。① 细心的韦焕能将盖有村民印章和按下红手印的"村规民约"完整地保存下来,成为中国首个村委会成立的有力证据。

村民委员会成立以后,"六多一少"现象转变为"六少一多":赌博的少了、盗窃的少了、乱放牲口的少了、盗砍盗伐集体林木的少了、唱风流痞山歌的少了、搞封建迷信活动的少了,管事的人多了——有联防队员,有新当选的村委会干部,还有组织起来的村民。随后,合寨大队其他自然屯都建立了村委会等群众自治组织。因为是群众自发建立的组织,最初各种叫法都有,有的叫治安联防队,有的叫村管委会,有的叫村委会。

中央肯定了家庭联产承包生产责任制后,宜山县广泛推行"包干到户"。为了解决"包干到户"后公共事务无人管的问题,合寨村成立村委会的经验很快引起了宜山县所在的河池地委的重视。地委书记金宝生派人专程前往调查。中共河池地委 1981 年发出第 26 号文件,要求各地从实际出发,建立村民委员会。到 1982 年,宜山县 12 个公社的 2 288 个自然村中,有 598 个建立了村委会。在这一过程中,县委领导还只是将村委会作为过渡性组织,因此,在领导村委会建设中出现了徘徊现象。

当广西壮族自治区区党委书记肖寒带人到河池地区调查时,了解到宜山县农民自发组织起来的情况,意识到这是实行生产责任制后出现的新事物。1981 年 6 月 20 日,随肖寒前往调查的区农委干部宋毅撰写的调研报告《宜山县冷水村建立村管理委员会管理全村事务》刊登在广西区委研究室主办的《调研通讯》第 4 期上。这份报告很快引起彭真等中央领导同志的重视,由彭真任书记的中央政法委员会专门派人到宜山调查。全国人大

---

① 王维博:《合寨:"中国自治第一村"的故事》,《中国新闻周刊》,2009 年第 33 期。

和民政部也专门组成调查组前来调查。中央数次来人调查，又引起了广西壮族自治区的重视，自治区再次组织区委政策研究室、区办公厅、区农委、区公安厅、区民政厅等8家单位进行实地调查，并于1982年4月15日完成了《关于宜山、罗城两县村委会的调查报告》。该调查报告充分肯定了村委会的作用，但也反映了对村委会的不同认识，一部分人认为村委会只是权宜之计，不宜倡导。彭真在1982年7月22日全国政法工作会议的讲话中肯定了建立村民委员会的经验，应予以推广。同年8月，中共中央36号文件指出，近年有些地方建立的村民委员会是"群众性自治组织"，大家订立公约，大家共同遵守，"经验是成功的"，并要求各地"有计划地进行建立村民（或乡民）委员会试点"。1982年年底，"村民委员会"正式载入《宪法》第111条，并强调村民委员会的群众自治组织的性质。至此，村民委员会及其村民自治得以合法化，并开始在全国广泛推行。

1999年年底，韦焕能作为"新中国第一位村委会主任"应邀参加中央电视台的春节联欢晚会。这引起了果地屯和果作屯之间关于"中国村民自治第一村"的归属之争。果地屯村民认为，最早的村委会明明是他们成立的，原本决定到北京参加春节联欢晚会的人是蒙光新，但他当时恰好不在，最后才换成韦焕能。果作屯村民则反驳果地屯村民拿不出依据，而他们则有保存完好盖有村民印章和按下红手印的"村规民约"。最后，蒙光新站出来说："果作果地都属于合寨村，以后就说第一个村委会是合寨村的好了。"此事方才平息。

## 二

北老壕村地处吉林省梨树县梨树乡东南部，距县城7.5公里。全村11个村民小组，630户，2 476人，共有耕地面积802公顷。

1982年，北老壕村实行"大包干"。1983年后，生产大队改成村民委员会。该村粮食产量有很大增加，但是又出现了一些新的矛盾和问题，主要是各种收费造成干群关系紧张，有不少村民去县里上访。1985年，上级调查后发现村委会主任张国良生活不检点，还贪占了计划生育款，便让其停职检查。

1986 年,梨树县开展村级整党,并同步整顿村委会。乡党委将北老壕村村支书调走,提拔原来的三把手苏成玉当村支书,指派徐有担任村委会主任,把张国良降为副主任。二把手张国良没当上村支书,又被降为副主任,感到非常不满,便闹了一些事情,造成村里的班子不团结,很多工作不好开展。群众对张国良很有怨气,村干部也不服气。

1986 年 12 月 15 日,梨树县选择问题较多的北老壕村,进行基层政权建设试点工作,成立以县民政局副局长簿守库为组长的北老壕村委会整顿补课试点小组。

整顿补课试点小组在深入调查和宣传发动工作的基础上,先由村委干部述职、村民评议,然后再进行选举。在评议村委会干部时,许多村民对张国良的贪占、不团结行为提出批评意见,认为其不应再当村委会干部;一些老党员则提出,希望这次选举上边不定调、不划框,完全撒手让老百姓自己"整"一把。在此情况下,整顿补课试点小组决定:一是每 10 户左右选 1 名村民代表,全村选出 46 名;二是成立以村党支部领导、村民代表参加的村选举领导小组;三是召开村民代表会,将如何产生村委会干部问题提交村民代表会讨论。代表们一致同意,放开手,"整"一把,并兴致勃勃地将代表意见带到各村民小组,征求村民意见,群众咋说咱咋办。村民同意不划框子、不定调子,由大家随便提名推荐。

1986 年 12 月 23 日晚,北老壕村 11 个村民小组进行推荐村委会成员的工作。经过第一轮户代表的推荐,超过半数票数的徐有等 13 人作为村委会成员的初步候选人。村民代表征求本小组意见后,于 25 日由 46 名村民代表进行了第二轮无记名投票,然后确定票数排在前 9 名的成为村民委员会成员的正式候选人。已任职 17 年、经济上不廉洁又闹不团结的原村委会副主任张国良在这一轮落选了。当晚,由村民代表会进行了第三轮有职务的无记名投票选举,结果徐有连选连任村委会主任,从未担任过村干部但在村中小有名气的小队会计孙国清当选为村委会副主任。在群众充分发挥和行使民主权利后,一个群众信赖、充满生机的新班子产生了。

北老壕村委会新班子上任后,投资 9 万元修了沙石路 13 里,新修水田

170 多公顷,建了一座占地 15 公顷的养殖场,引进玉米"掖单号"品种,每公顷增产 2 500 公斤,显示出了民主选举产生的村委会新班子的生机和活力,在全县反响强烈。

北老壕村这次民主选举,还有一些不完善或不规范的地方:如第一轮由户代表而不是全体村民推选候选人,第二轮也不是由全体村民投票确定正式候选人,在第三轮等额选举村委会成员。但是,它第一次摆脱了上级的"框框"、"调子"和"提名",首开村民直接提名产生候选人的先例,民主选举出了村委会干部。因此,这次选举具备了"海选"的雏形,北老壕村成为"海选"发源地。这次选举为"海选"在梨树县产生铺垫了基石。

1988 年至 1989 年,梨树县在全县范围内举行首次村委会换届选举。在这次换届选举中,继承和推广北老壕村"不定调、不划框、不提名"、候选人由村民推荐、正式候选人由预选确定等经验,同时又有了新的突破:一是实行了全体村民的直接选举;二是实行了差额选举;三是进一步规范了选举程序的 8 个环节。这无疑为"海选"的产生夯实了坚实的基础,为"海选"的产生创造了条件。

1991 年至 1992 年,在梨树县举行的村委会第二次换届选举中,真正意义上的"海选"诞生了。根据《吉林省实施〈中华人民共和国村民委员会组织法〉(试行)办法》第 13 条的规定,提出村民委员会成员的候选人有 3 种方式:由村党支部、村民小组或者有选举权利的村民 10 人以上联名提出。至于一个村采用哪种方式提名候选人,由村民代表会议讨论决定。这些提名摆脱了县和乡镇等上级机关的干预与影响,但也容易引起分歧,并不能充分体现全体村民的意志。双河乡平安村在确定提名候选人方式时就产生了分歧,"村民们不认可村支部提出的候选人,而村支部也不认同村民们提出的候选人,双方闹得很僵"。乡镇干部将情况上报县里后,分管选举工作的县委副书记费允成决定,不提名候选人,让村民直接投票决定候选人。

1992 年 1 月 3 日,首次没有候选人的预选在平安村进行。第一轮由全体村民进行了民主推荐候选人的投票,共提出 76 人,以得票数多少为序确定了 19 名候选人。再将 19 名候选人拿到全体选民中进行第二轮投票,确定出 12 名正式候选人。第三轮再由全体村民投票从中选举出 7 名村委干部。结果,陈永喜当选为村委会主任,原主任陈森落选。

受平安村的影响,在村委会第二次换届选举过程中,梨树县有20多个村实行了"海选"的办法,都收到了很好的效果。群众高兴地把这种"大海捞针"式的选举形式称为"海选"。梨树县及时总结这次"海选"经验,并在1993年6月把"海选"作为一种候选人提名方式正式确定下来。

1994年年末到1995年年初,吉林省村委会举行第三次换届选举,省民政厅在北老壕村搞了"海选"试点,以省政府名义在梨树县召开全省村委会换届选举工作会议,大力推广"海选"的做法和经验。当时全省村委会"海选"率达到15.8%。1997年进行的吉林省村委会第四次换届选举,全省"海选"率达到86.8%,以"海选"为特征的村委会民主选举制度在吉林省已经初步确定。

1997年7月7日,李鹏来到梨树县,就试行多年的《中华人民共和国村委会组织法》修订问题进行调研,高度肯定梨树县的"海选"方式。此后,全国人大有关方面在《村委会组织法》的修订工作中,充分吸纳了梨树县的"海选"经验,将其确立为村委会选举工作的法定程序,使全国所有村庄的农民拥有了"海选"带来的直接民主权利。

1998年,梨树县正在进行第四次村委会换届选举时,中央电视台对梨树县四大家村"海选"的热烈场面进行了直播报道,让全国亿万观众通过荧屏目睹了一个普通村庄中所展开的民主实践。在海外,被誉为"中国式的草根民主"的"海选",也引起了美国的《世界日报》、《华盛顿邮报》、《新闻周刊》和加拿大的《环球邮报》等媒体的关注和报道。

## 三

贵州省锦屏县平秋镇圭叶村是一个地处黔东南山区的小村庄,却在2007年年底因一个分成5瓣的"史上最牛的公章"而名震全国。

圭叶村被大山环抱着,一幢幢由木板搭建的侗族吊脚楼依山而建。全村辖4个村民小组、86户、347人,共有劳力221人,外出务工的劳力就有118人,人均稻田面积0.33亩。2006年,加上外出打工的收入,全村的年人均纯收入才越过 1 000 元大关。

作为国家重点贫困村,圭叶村只能每年从镇财政获得 5 000 元的办公费,再加上偶尔获得的一些扶贫赠款,此外就再无其他收入。多年来,这些为数不多的公款怎么用,用在哪儿,常常引起村民们的不满和质疑。

圭叶村按照上级要求成立了村民理财小组,村委会每年都按规定在村务公开栏中公示账目,但还是招致不少村民的质疑。有的村民直截了当地说:"你们一天公布一次都没用,我们还是觉得有问题。"

2004 年年底,村里公布收支情况时,一个村民当众把布告撕烂,并贴了大字报,声称"村干部干什么事都不公开,村里的钱被村干部吃了"。由于群众对村里财务有怀疑,引起干群关系紧张,使得这个 300 人集中居住的村子都无法召集群众开会。[1] 在这种情况下,解决民主理财问题已经刻不容缓。

2006 年 2 月 21 日,村党支部书记谭洪勇召集 10 位村民集思广益。53 岁的会计谭洪源提议,"既然群众对财务有怀疑,能不能为财务审核刻制一枚专用'五瓣章',把它分成 5 瓣,然后 4 个村小组各选一个代表再加上一名支部委员,5 个人各管一瓣,真正把财务审核权交给群众,比签字画押还可信"。这一提议得到大家的一致赞成。

老木匠谭洪灿用了 10 天时间雕刻了一枚"五瓣章":5 块楔形木块上面分别写着"平秋镇"、"圭叶村"、"民主理"、"财小组"、"审核",合起来就组成一枚完整的公章。4 月 3 日,在村小学的教室里,全体村民选举出了谭俊汉、谭俊滔、谭元煜、谭洪灿 4 位村民代表和村党支部委员谭洪源,组成村民理财小组,代表村民行使村务公开、财务管理的职权。当时规定,必须 5 人一致同意,把 5 瓣公章合起来盖章才能报销。因此,也有人把这枚公章称为"五合章"。

由于中途有人长期外出打工,2007 年 6 月 9 日,村上又重新选举产生了谭洪源、谭洪灿、谭洪权、谭洪江、杨仁炳组成理财小组。民主理财制度也有了变化,执行新的"五分之三制度",即 3 个人或 3 个人以上同意盖章,

---

[1] 闵云霄、哲生:《最"牛"公章与村治难题》,《浙江人大》,2008 年第 1 期。

就能生效。"这样做既提高了理财效率,又可以防止个人矛盾影响到民主工作。"

自从启用"五瓣章"实行民主理财制度后,村里的开支受到严格制约和约束,一些不合理或缺乏票据的开支都未能报销。2006年9月,村主任谭洪康到县农业局开扶贫会议,他买了一包11元钱的黄果树香烟,吃了一顿7元的快餐,去时的车费没要求报销,只打算报销回去的10元车费。但是,有的代表认为,"买香烟的事情说不清楚",结果理财小组拒绝报销这28元。村文书谭元均应朋友邀约,到锦屏县吃喜酒,顺便为村里办了一件公事,想报销来回车费20元。但是,民主理财小组认定,谭元均出去的主要目的是办理私人事务,不应视为出公差,拒绝报销。村支书谭洪勇请村民帮忙买了些招待用的菜,没有专用发票,也没能报销。

启用"五瓣章"一年多后,圭叶村准予报销的票据达258张,没有盖章报销的票据仅有5张。这种透明的做法和实实在在的监督,使群众感到很满意。群众对干部财务问题的种种怀疑和议论不见了,又积极参与到村里的事务当中。2007年年初,村里修建风雨桥,人人投工投劳,共投工365个,30户村民还捐献木料50根。村支书谭洪勇感叹说:"群众的积极性提高了,彻底扭转了工作被动的局面。"

2007年7月18日,锦屏县纪委下发了《关于在全县农村推行"五合章"理财办法的通知》,认为"做好农村民主理财,是保证人民群众的选举权、知情权、参与权、监督权的基础性工作",要求各乡镇党委、政府将落实情况于12月底前上报。

11月3日,《贵州日报》以《一枚奇特的印章》为题报道了圭叶村理财制度以后,"圭叶村"和"五瓣章"这两个名词开始走进公众视线。但是,一开始只是贵州省内几家报刊刊登,没有引起太大关注。11月29日,《贵州政协报》记者闵云霄把自己实地采访的成稿贴到自己的博客上,冠以《史上最牛的公章惊现贵州》,并还在天涯社区、新华网"强国社区"和红网广泛发帖,从而使外界对"五瓣章"的关注迅速升温。省内多家媒体及《新京报》、《人民日报》、《北京青年报》等数十家报纸纷纷跟进报道。"五瓣章"还引起中央电视台《实话实说》、上海东方卫视《七分之一》等广播电视媒体的名牌栏目和新浪、搜狐等网络媒体的广泛关注。一时间,"史上最牛公章"备受瞩目,默默无闻的圭叶村成为 2007 年末最受关注的小村庄。

许多人对于圭叶村推行"五瓣章"实行民主理财给予了高度评价,认为它是推行村民自治和民主理财的一次成功尝试。有人指出:这枚"史上最牛公章"体现了最简单,同时也最真实的民主。村里的最高"长官"——村支书管花钱不管报销,报销由一名党支部委员掌管,但为了防止掌权者合谋,再由 4 名村民代表一起掌管财务报销,于是就有了一个公章分 5 瓣,只有在至少 3 人多数同意的情况下,才可以报销。权力制衡、广泛参与——这些民主实质在"史上最牛公章"里全部体现。① 有人称赞,圭叶村"几个普通不过的农民","用最简明朴素的方式","轻而易举地给破解"了"颇为复杂的基层民主行政监督难题",并感叹说:"民主不一定是从专家学者的书本中来,也不一定是从精英人士的高谈阔论中来。圭叶村村民为解决困扰本村行政制度的缺陷所做的大胆有益的尝试,让复杂的理论在实践中变得如此朴素透明,一目了然。"②

但是,也有人并不认同对于"五瓣章"的高度评价,并从中看到了"五瓣章"背后的无奈。有人指出村级领导的权力腐败现象严重是"五瓣章"出现的无奈背景,并认为:虽然"五瓣章"在相当程度上克服了以往财务管理方面的混乱局面,赢得了村民们的高度肯定,但能否真正克服以往"一把手"只手盖章引发或潜藏的种种弊端,还有待时日检验。"试想,如果'五瓣章'的持有人'抱团滥权',合谋滥用公款,村民们又能咋的?"③有人则认为:"'最牛公章'此类民间智慧的出现,说明了村民对民主的需求和朴素的民主探索,但更反衬出基层民主制度建设的软弱无力,说明在很多地方,村民自治的民主政治建设,依然处于摸着石头迟迟过不了河的状态。"④也有网友认为,这枚"五瓣章"虽说从某种程度上有助于杜绝领导干部"一支笔"现象,但会不会出现持有某部分公章的人不同意某项支出,发生扯皮、

---

① 王攀:《"最牛公章"告诉我们什么是民主》,《工人日报》,2007 年 12 月 6 日。
② 编者:《五瓣章引发的题外话》,《成都行政学院学报》,2008 年第 1 期。
③ 何先武:《五合章背后的无奈与期望》,《贵州都市报》,2007 年 12 月 10 日。
④ 刘县书:《最牛公章不是真正的村民自治》,《中国青年报》,2007 年 12 月 6 日。

故意拖延的现象? 会不会因意见不合而影响到领导班子的决策和办事效率?①

更多的专家学者则在积极肯定圭叶村实现民主理财的探索的同时,反思目前我国在基层民主建设中的不足,认为"五瓣章"的具体做法并不具有广泛推广的价值。

贵州省社科院社会学研究所所长史昭乐认为,从"五瓣章"本身来说,给予其再高的赞扬都不为过。但"五瓣章"是根据圭叶村村情创造出来的自治形式,是典型性很强的个案,没有在全省乃至全国推广的必要。贵州省委党校姜大仁教授也认为,"五合章"所体现的村级治理的"分权制衡",并不等于对乡级治理、县级治理、省级治理乃至国家治理的"分权制衡","分权制衡"的具体实现形式不能随便套用。②

有人认为,圭叶村的"五瓣章",使民主理财由原来的监督结果转变为监督过程,村民监督阵线的前移更有助于从源头上杜绝腐败。但是,"此种现象的出现,是否正击中了当前我国民主实行体系中的某些软肋,也或者是我国民主中的悲哀,值得我们去深思"。③

也有网友指出:我们不能完全被"史上最牛公章"奇特的外表和构思吸引,它的出现应该是当地村民民主意识萌生和发展的产物。"五合章"只是权力监督和制衡的载体,想效仿圭叶村做法的其他村庄应该看到,产生"五合章"的民主土壤的培育比"五合章"本身更重要。④

贵州籍李从国博士指出,圭叶村的"五瓣章"之所以引起广泛关注,主要有两方面原因:一方面是"五瓣章"这种简朴的农村自治组织内部的草根民主,点燃了人们对真正有法律制度保障的现代民主的渴望之情,因而"五瓣章"一出笼,就像六月天一大碗凉水,大大解了一把民众积久难忍的"民主之渴"。这从侧面反映了任何一丝一毫一点一滴的真实民主,都会

---

① 闵云霄、苏江元、李青:《民主理财新招引起关注 舆论界热评》,《贵州商报》,2007 年 12 月 12 日。
② 闵云霄:《媒体再掀"最牛公章"报道热》,《贵州政协报》,2007 年 12 月 28 日。
③ 周祖荣:《五合章出现的喜与忧》,《泉州日报》,2007 年 12 月 13 日。
④ 王攀:《"最牛公章"告诉我们什么是民主》,《工人日报》,2007 年 12 月 6 日。

得到人民群众的坚决拥护,都会引起时代的强烈共鸣。另一方面是"五瓣章"童话般的设计和土得掉渣的创意,引起了人们强烈的好奇,这一好奇与当下的社会风气一对比,自然平添几许亮丽。①

# 第四节　安徽省取消农业税的探索

20 世纪 80 年代末至 90 年代初,安徽何开荫首倡进行农村税费改革。1993 年,安徽涡阳县新兴镇第一次进行税费改革的尝试。随后,太和县又在全县范围内进行税费改革,创造了"太和模式"。其后,五河县又在税费改革的深度上进行大胆突破。2000 年,安徽省担负起全国农村税费改革试点的重任,全面推行税费改革。到 2005 年 1 月,安徽省宣布全面取消农业税,由此一举终结奉行了 2 000 年之久的皇粮国税。

一

农村"大包干"后,1984 年安徽省农民增产增收达到高峰,1985 年后粮食生产出现 4 年徘徊,农民负担加重、收入增长艰难的趋势开始露头。1985 年年初,中央将粮食统购改为合同定购(后又改为国家定购),全国合同定购 500 亿公斤,多余的粮食由农民自己处理,可以进入集市贸易,即实行粮食购销双轨制的政策。由于当时仍是计划经济体制,市场还没有形成双轨制政策,又缺乏配套措施,农民手里的余粮卖不出去,迫不得已减少粮食种植面积,造成粮食大减产,招致了连续 4 年的粮食生产徘徊不前,农民收入增加趋缓,甚至出现了负增长。与此同时,农民负担却与日俱增,农民除了缴纳农业税和"三提五统"外,还要缴纳各种收费、集资、摊派。

1988 年,何开荫发表了《农村第二步改革出路何在?》一文,针对农民

① 《五瓣公章看民主　贵州籍博士热议"五瓣章"》,《贵州商报》,2007 年 12 月 11 日。

负担过重和买粮难与卖粮难恶性循环的矛盾,首次提出把粮食购销体制与农村税费制度结合起来进行配套改革的建议,建议实行税费统筹,折实征收,交纳公粮,取消定购,按"什一税"的办法交公粮,午秋二季统一交清,此后任何部门、任何个人都无权向农民征粮索款,同时开放粮食市场,取消双轨制。

1989 年,新华社的内参和《半月谈》内部版连续报道了何开荫的想法,引起一些中央领导和政策研究部门的高度重视。国务院农村发展研究中心找何开荫去中南海作专门汇报,要求他拿出可行性方案,在一个县,哪怕是一个镇搞试点。1991 年 4 月,经过调查论证,何开荫等又重新撰写了深化农村改革的综合措施方案:《发展农村商品经济的根本措施——关于深化农村改革的一些设想》,提出了深化农村改革的 10 项措施,其中涉及农村税费改革的内容有:税费统筹,折实征收,交纳公粮,取消定购,夏六秋四,两次交清,一定三年,不增不减,农民交粮,财政结算,税入国库,费归乡村,费用包干,村有乡管,严格收支,账目公开等。

这篇文章引起了安徽省委、省政府的重视。省委书记卢荣景、副书记孟富林、常务副省长邵明、副省长汪涉云先后作出批示。分管工业的副省长龙念高让何开荫在他的扶贫点临泉县搞试点。当年春天何开荫跟随龙念高到临泉县进行调查,搞好了方案,但秋天临泉县遭遇大水灾,试点工作只好作罢。

1992 年,何开荫得到时任阜阳地委书记王昭耀的支持,准备在阜阳地区搞试点。颍上县委主要领导很感兴趣,但在召开县委扩大会议时有一些不同看法,结果没搞成。涡阳县委书记、县长都表示同意,但县人大常委会没通过,也没有搞起来。①

二

当何开荫失望地离开涡阳县后,他并不知道,当年年底,涡阳县新兴镇

---

① 胡作法:《农村税改,一步跨越两千年——"农村税费改革第一人"何开荫》,《安徽市场报》,2008 年 12 月 9 日。

第一个自发地搞起了农村税费改革。

1990年到1992年，新兴镇各村人均负担少则140元，多则190元，平均也达到170元，而当时全镇农民人均年收入还不到600元。1993年，全镇要完成的征收任务更重。对此，新兴镇镇长李培杰很是担心。这时，他从《农民日报》上看到杨文良的《给农民松绑，把粮食推向市场》，深受启发，萌生出进行税费改革的想法。他找到镇党委书记刘兴杰，提出在新兴镇尝试着"税费一把抓，用钱再分家"的办法。这样，既可以税费"一口清"，让农民交得明明白白，又可以杜绝胡乱摊派，层层加码，真正把农民负担减下来。刘兴杰随即表示同意。二人坐下来，按照杨文良文章中提供的办法，进行了一番认真核算：新兴镇全镇一年起码要260万元左右的经费，才能运转起来。全镇耕地面积一共是8.7万亩，每亩一年一次性交纳30元钱，就能保证全镇全年的财政支出。两人立即召开了党政联席会议，在镇村干部中形成了改革的共识："就按一亩耕地一次性收取30元的标准，任何人不得再多收！"这一方案也得到了群众的普遍拥护。①

刘兴杰和李培杰把改革方案向县委书记王保明和县长汪炳云汇报后，得到大力支持。但是，不久他们就听到以前县人大在这个问题上与县委、县政府有不同看法。为了稳妥起见，他们就想出一个由镇人大通过的办法。1992年11月23日，新兴镇人民代表大会隆重召开，讨论并通过李培杰代表镇政府做的《切实减轻农民负担，建立土地承包税（费）制度》的报告。12月20日，新兴镇到处都贴上了镇人民政府的通告：从1993年起，全镇"土地承包税费征收制度"实行税费提留金额承包，农民每亩承包地全年上交30元，午秋各半，"农民只承担按照政策规定的义务工，不再承担任何费用，不准任何单位和个人擅自向农民摊派或增加提留款"。

1993年1月初，涡阳县人大明确指出，新兴镇的改革方案虽说合理，却不合法，这对新兴镇的改革无疑是一个当头棒喝。此后，县里主要领导的支持也不再理直气壮。但是，新兴镇党政班子内部磋商后，决定硬着头皮继续干下去，"大不了掉顶乌纱帽"。而曾经准备与新兴镇一同进行改

---

① 潘小平：《一步跨过两千年——安徽农村税费改革始末》，《党史纵览》，2008年第11期。

革的马店镇党委书记决定缩手,同样由基层人大通过改革方案的丹城乡却决定与新兴镇一起坚持下去。

随后,新兴镇顶着压力与农民签订了协议书,颁布实行 1992 年年底形成的《新兴镇土地承包税(费)收缴结算办法》、《新兴镇关于实施土地税(费)制度试行细则》。3 月,涡阳县人大法工委与县财政局派人到新兴镇检查,制止实施新的土地税费制度。3 月 3 日,镇党委书记刘兴杰离开新兴镇调任涡阳县城关镇镇长,李培杰继任书记。当李培杰向县委、县政府领导汇报继续搞改革时,县委书记已经不再表态。4 月 27 日,涡阳县人大常委会通过决议,撤销新兴镇和丹城乡人大通过的实行税费改革决议。在这种情况下,丹城乡退缩了,新兴镇也不得不有所退却,但实际上仍顽强地坚持着。在场面上,李培杰在大会小会上都讲:遵照县人大常委会的决定,新兴镇没有执行镇人大通过的改革决议,一切照旧征收。但暗地里却"我行我素",继续执行与农民签订的协议。①

1993 年,新兴镇的税费改革取得了意想不到的成功,仅用了 7 天时间全部完成了收税任务。② 1993 年年中,涡阳县信息科科长王伟将新兴镇进行农村税费改革的信息报到省里,新华社安徽分社的一位记者很快将其写成内参,并在《半月谈》内部版上发表了寥寥数十字的消息,《安徽日报》也进行了小篇幅报道。但是,这些寥寥无几的报道却引起了社会各界广泛的关注,也引来了各地的参观学习者。③

新兴镇的这一"壮举",成为引爆各地农村税费改革的"导火索",揭开了中国农村税费改革的序幕。

## 三

得到涡阳县新兴镇偷着搞税费改革的消息,太和县也闻风而动,决定

---

① 刘建锋、杜登彬:《改革是这样"非法"搞出来的》,《中国经济时报》,2001 年 2 月 24 日。

② 潘小平:《一步跨过两千年——安徽农村税费改革始末》,《党史纵览》,2008 年第 11 期。

③ 上海财经大学公共政策研究中心:《2006 中国财政发展报告》,上海财经大学出版社,2006 年,第 178 页。

在全县搞试点。经过调查研究,又得到何开荫的具体指导,太和县向省政府提交了《太和县农业税费改革意见报告》。这个报告的方案几经修改后,于1993年11月16日得到安徽省人民政府的正式批准。

在有着139万人口、175万亩耕地的太和县,随即拉开了一场声势空前的农村税费改革大幕!其具体方案是:从1994年起,全县取消粮食定购任务,实行公粮制,农民交纳公粮后,不再交纳任何税费,有权拒绝一切不合理负担。公粮按每亩地一年征收50公斤的标准征收,3年内一定不变。公粮由粮站统一征收,乡镇经管站统一结算,属于税的部分划入国库,属于费的部分由经管站统一管理,实行村有乡管、专款专用。

1994年夏,太和县的税费改革初见成效,午季农业税的征收工作,仅花了短短5天时间就全部完成!到年底,该县共征收粮食6 527多万公斤,比国家下达的定购任务超出了1 774万公斤。扣除价格因素,农民负担减轻了一半还多。单商品粮这部分,就让全县农民增收1.5亿元,人均增收120元。[①]

周边的蒙城、利辛、临泉、界首等几个县受到鼓舞,也纷纷起来效仿,连在他们之前偷偷摸摸搞改革的涡阳,也大张旗鼓地动起来了。在阜阳,人们一般把这次改革称作"第一轮税改"。

1994年12月18日,时任中共中央政治局委员、中央书记处书记、国务院副总理、中央农村工作领导小组组长的姜春云,率10个部委的负责人来安徽考察,高度肯定了阜阳地区的税费改革。太和改革模式,由此进入了中央决策高层的视野。

随后,时任中共安徽省委副书记、省长的回良玉就在省长办公会议上明确要求:江淮分水岭以北的沿淮一带,尤其是淮北地区,必须全面推行农村税费制度的改革。由此,太和税改走出了太和,走出了阜阳,迅速在安徽北部20多个县市推行开来。

可是,从1996年下半年开始,市场粮食价格迅速回落,1998年甚至出现了市场粮价低于定购价的现象。有的地方把一些不合理、不合法的收费

---

① 潘小平:《一步跨过两千年——安徽农村税费改革始末》,《党史纵览》,2008年第11期。

一并列入了正税,加重了农民负担。与此同时,全国分税制改革后,中央财政收入猛增,地方财政收入则猛减。很多地方连办公经费都难以保证。于是,太和县不得不对原先的改革方案作出相应的调整。1996年下半年,阜阳市在总结太和经验的基础上,报省政府批准,在全市范围内推行"农村税费征收办法改革"。在皖北,这一般被称为"第二轮税改",重新恢复征收货币。经过反复测算后,涡阳、蒙城、亳州、太和、界首5县,农民年人均承担的农业税、农业特产税、村提留、乡统筹,控制在140元,颍上、临泉、阜南、利辛4县,农民年人均承担的农业税、农业特产税、村提留、乡统筹,控制在130元,从1997年起,3年内一定不变。征收的办法是农民卖粮时由粮站代扣。虽然农民税费负担比太和第一轮税改所定的负担要重,但是征收办法规范了,所有税费从暗到明、从分到统、从无序到有序、从多人多项乱收费到一个部门专项统一收费,农民的实际负担大大减轻了。[①]

（四）

太和县税改刚一开始,听到风声的蚌埠市五河县,就组织了一班人前去学习。五河县领导在充分调研、反复权衡的基础上,选择将"农村税费征收方法"作为突破口,并于1995年年初制订出一个税费征收方法的改革方案:乡镇组织,财政结算;税费合一,统收分管;公开透明,依法征收。这个方案有三大优点:一是明确了财政是农村税费的征收主体,负责征收的具体业务,而乡镇政府组织和镇村两级干部,不得随便"沾手"税费。二是明确了农业税、"三提五统"和"排涝水费"合并征收,由财政部门统一与农户结算。收上来的资金实行分类管理,农业税进国库,"三提五统"解交农经部门,"排涝水费"解交水利部门。三是明确了农业税费征缴实行公示制,并结合村民自治,给群众以知情权、参与权和监督权。[②]

五河县的改革方案上报省财政厅后,得到充分肯定。由于简化了征收

---

① 潘小平:《一步跨过两千年——安徽农村税费改革始末》,《党史纵览》,2008年第11期。
② 同①。

方法,减少了征收环节,同时提高了征收透明度,方案实施后,很受群众欢迎。改革实施的结果,使有的乡镇一个星期就完成了征收任务,有的乡镇午季一季就把全年的税费征收上来,大大提高了征收速度,降低了征收成本。

1996 年下半年,五河县着手筹划第二轮农村税费改革方案,并将《五河县农业税费征收改革实施办法(试行)》上报省市有关部门审批。1997 年 4 月,五河县第二轮税改方案终于通过,其主要内容为"两个稳定、一个调整、一个暂缓",即:"农业税的计税面积稳定不变,计税税率稳定不变;调整了农业税的计税常产,以 1992 年到 1996 年 5 年的粮食产量平均值的 85%,作为计税常产;暂缓征收农业特产税。"

按照国家的有关规定,农村的"三提五统"属于"费"的范畴。农民把农业税和特产税,看成是"皇粮国税"。在农业税费缴纳的过程中,往往出现先交农业税、后交"三提五统"的现象,有的甚至故意拖欠或干脆不交。加上"三提五统"本身也比较混乱,多头征收、多头管理,容易给人钻空子,加重农民负担。针对这种情况,1997 年下半年,在第二轮改革取得成功的基础上,五河县委、县政府决定对"三提五统"征收难、管理难、群众意见大等问题进行改革,将农村税费改革向更深一步推进。恰在这时,财政部准备出台"费改税"改革方案,年底召开全国各试点单位座谈会。五河县的改革思路与财政部的这个改革思路一拍即合,因此在会上被定为"费改税"试点县。

1998 年 6 月,经财政部批准,五河县正式下发了《五河县农村公益事业建设税征收实施办法(试行)》,决定从 1998 年开始,在全县农村实施农村公益事业建设税试点工作,将原先乡统筹的 5 项费用,改为农村公益事业建设税。农村公益事业建设税纳入乡镇财政预算管理,主要用于乡村两级办学、计划生育、优抚、民兵训练、乡村道路等农村社会公益事业开支。"费"改成了"税",征收和管理都规范化了,乡统筹不再像往年那样出现大量"尾欠"。[1]

---

[1]　潘小平:《一步跨过两千年——安徽农村税费改革始末》,《党史纵览》,2008 年第 11 期。

## 五

1998 年,安徽各地税费改革试点取得了初步成功,干部群众普遍反映良好。随后,国家主席江泽民又专门派人到太和县考察。9 月份,江泽民亲自来到安徽进行考察。9 月 25 日,《安徽日报》用两个整版作了报道,肯定了税费改革的成功。10 月 27 日,财政部部长项怀诚、农业部部长陈耀邦和中央财经领导小组办公室副主任段应碧,组成三人领导组,开展税改工作。

1999 年年初,财政部、农业部、中央农村工作领导小组办公室一起制定出了《关于农村税费改革的意见》。这一年,安徽省濉溪、来安、望江、怀远等 4 个县按《意见》确定的方案进行了试点。

2000 年 3 月,中共中央、国务院发布《中共中央、国务院关于进行农村税费改革试点工作的通知》,确定在安徽以省为单位进行农村税费改革试点。这主要出于几个方面的考虑:一是安徽地处中部,有代表性,又是农业大省,农业比重大,农民负担重;二是安徽有改革基础,在此之前有"大包干",有太和税改、五河税改以及怀远和濉溪等 4 县试点,省委对农村税费改革重视,有领导基础和群众基础。

从 2000 年起,安徽担负起全国农村税费改革试点工作的重任,按照"减轻、规范、稳定"的总体要求,全面推行农村税费改革。同时,还进行了建立农民负担监督机制、乡镇机构改革、农村义务教育体制改革和财政体制改革等配套改革。

安徽税费改革很快取得显著成效。税费改革后的 2000 年和 2001 年,人均税费支出由税费改革试点前 3 年的 127.89 元降到 92.2 元,人均税费占人均纯收入的比例由 6.89% 降到 4.66%,全省平均每年减少农民税费支出约 18 亿元。人均纯收入明显增加,由税费改革前 3 年的 1 857.37 元增加到 1 977.31 元。①

　　但是,安徽税改的脚步却并未止于此。2003 年伊始,安徽芜湖马塘区决定,今后不再向辖区农民征收农业税及附加税。与此同时,安徽在全省范围内开始进行全面取消农业特产税的试点。在此基础上,2004 年,安徽又作出了一项重大政策调整——取消农业附加税。自此,中国农村税费改革在安徽再次迈出了一大步,完成了从正税清费阶段向减免乃至取消农业各种税费阶段的过渡。②

　　2004 年 3 月,国务院总理温家宝在政府工作报告中宣布,将在全国推广安徽的经验,进行农村税费改革,并在 5 年的时间内全面废止农业税。2005 年 1 月 25 日,在安徽省第十届人民代表大会第三次会议上,安徽省省长王金山在《政府工作报告》中宣布,2005 年,安徽将在全省范围内全部免除农业税,从而实现一步跨越两千年的历史变革。

---

　　① 上海财经大学公共政策研究中心:《2006 中国财政发展报告》,上海财经大学出版社,2006 年,第 183 页。
　　② 徐浩程:《农赋之变》,《决策》,2008 年第 10 期。

第五章

新时期农民致富和创业的典型

随着 1978 年以来农村经济改革的推行,农民摆脱了人民公社的束缚,走上了自由发展的道路。其后,随着改革开放的深入和市场经济的发展,农村经济发生了深刻的变化,农民也获得了更加广阔的发展空间。"海阔凭鱼跃,天高任鸟飞",一批批的致富能手在市场经济大潮中脱颖而出,成为新时期农村个人致富和创业的典型。

# 第一节 市场经济大潮中的"弄潮儿"

改革开放的深入和市场经济的发展,促使全国农村涌现出一批批市场经济大潮的弄潮儿。他们成功创业和致富的事迹,不仅演绎了个人创业的辉煌与传奇,也见证着农村经济发展的轨迹和趋势。

一

改革开放初期,当大多数人还在为填饱肚子而忙碌时,少数农民靠个人或全家的埋头苦干,加上懂技术善经营,迅速致富,家庭年收入超过万元,成为令人羡慕的"万元户"。

第一个公开报道的"万元户"是广东省中山县小榄公社埒西二大队第二生产队社员黄新文。黄新文一家八口,除了老人、小孩外,有他自己、妻子、妹妹 3 个主要劳动力。他在大队建筑队劳动,工分是建筑队 36 名社员中的前 3 名;妻子工分在全队 103 名妇女社员中名列第三;妹妹在砖厂打砖,工分在 40 名打砖工中名列第六。集体工分所得以及向生产队交粪肥所得共计 3 100 多元;家里养猪扣除成本,纯利润 1 700 多元。养鸡鸭、种蘑菇、种蔬菜的收入也有 1 300 多元;加上黄新文闲时帮人建房修屋的收入,一年下来全家毛收入达 10 700 多元,纯收入近 6 000 元。1979 年 2 月 19 日,《人民日报》刊登了记者李沪的《靠辛勤劳动过上富裕生活》一文,报道了黄新文的事迹。一时间,全国各地来人或来函,向黄新文请教致富经的络绎不绝。① 但是，当时还没有正式出现"万元户"的说法。

1980 年 4 月 18 日，新华社播发了一篇标题为《雁滩的春天》的通讯，首次提到"万元户"。文章指出，甘肃省兰州市雁滩公社滩尖子大队一队社员李德祥因家里有 6 个壮劳力，从队里分了 1 万元，社员们把他家叫"万元户"，人们戏称李德祥是"农村里的高干"。

1980 年 11 月 17 日，新华社发表了记者李锦拍摄的一幅照片，报道了山东省临清市八岔路公社赵塔头村赵汝兰一家植棉纯收入 10 239 元的事迹。赵汝兰家有 4 个儿子、2 个女儿，共有 10 个劳动力。1979 年，他家分得 21 亩地，还开荒 9 亩地，都种植棉花"鲁棉一号"良种。每亩至少收获 220 斤。按每斤 2.6 元计算，收入 17 160 元。再扣去成本，纯收入也有 10 239 元。而通过套种、间种和补种等收获的花生、芝麻、绿豆、地瓜等，还未计在收入内。这是媒体首次报道山东"万元户"的消息，照片先后被国内外 51 家新闻媒体采用。从此，"万元户"一词逐渐流行开来。②

随后，各地纷纷涌现出一批"万元户"。1982 年，湖南省出现了第一个"万元户"——望城县黄金乡金桥大队的张明尧。张家本来是一个劳力少的困难户。1979 年，张明尧承包了生产队里的养猪场，不仅还清了积欠多年的债务，还有了 72 元的积蓄。1982 年，他出钱买下养猪场，还做起了豆子粉丝加工，经营分得的 7 亩半水田。当年向国家交售肥猪 47 头。粗略算下来，一年生产粮食 1 万斤、送售肥猪 1 万斤，总收入 1 万元。1982 年 11 月 16 日，《长沙晚报》头版头条刊出《望城出了个"张三万"》。③

"万元户"是农村率先富裕起来的人，他们只是初步迈入市场经济的门槛。对"万元户"的广泛报道，扭转了过去很长一段时间中存在的"以穷为荣"的观念，树立了"致富光荣"的价值取向，从而推动了市场经济在农村的发展。

随着"万元户"的纷纷出现，一些地方还出现了"万元户村"。改革开

---

① 李创、徐兵：《"养猪佬"登上〈人民日报〉——全国第一个"万元户"背后的故事》，《中山商报》，2008 年 12 月 9 日。

② 宋庆祥、肖国宾、孙维华：《赵汝兰：种棉致富的"万元户"》，《大众日报》，2008 年 10 月 19 日。

③ 卜劲文：《寻访长沙第一个"万元户"》，《长沙晚报》，2008 年 10 月 20 日。

放前,深圳还只是一个小渔村——就是现在深圳罗湖区的渔民村。从1980年开始,渔民村利用特区的经济政策,组建起运输车队、船队,办起了来料加工厂。1981年,渔民村户均年收入3.3万多元,成为深圳的第一个"万元户村"。

二

1978年以前,由于人民公社制度的约束,加上严格的户籍管理制度和粮油计划供应办法,广大农民被长期束缚在土地上,不能向城市自由流动,因而形成城乡隔离的二元经济结构。

十一届三中全会后,随着农村经济变革的进行,人民公社对农民的约束日渐松弛,少数能工巧匠开始流入城市。但是,由于户籍管理制度和粮油计划供应办法的继续实行,农民仍无法自由进入城市。从1978年到1983年,东部沿海地区农村劳动力主要是流入乡镇企业,其主要特点是离土不离乡。

随着家庭联产承包责任制的推行和人民公社的解体,有了经营自主权的农民摆脱了自由流动的障碍。农村改革后农产品大幅度增长,基本上满足了农民进入城镇就业对粮油等食品的需要。1984年中央一号文件准许农民自筹资金,自理口粮,进入城镇务工经商,由此农民进城务工经营的闸门逐渐打开。

农村改革后劳动效率的提高使得农村中原来隐形的剩余劳动力日益显性化,迫切需要向外转移劳动力。乡镇企业的大规模发展,拓展了农村非农就业的空间。城市经济体制改革的全面推进,增加了农村劳动力的就业机会。随着农产品统购统销制度的改革和1985年身份证制度的实施,农民流动和进入城市的潮流日渐扩大。到1989年,农民外出人员增加到3 000多万人,开始出现"民工潮"。

从1989年到1991年,由于宏观经济调控致使就业机会大减,加上为应付民工潮带来的交通等诸多方面的压力,国家采取了限制农民工流动的措施。1992年以后,随着新一轮改革浪潮的兴起,大量农民工又涌向城

市,并出现大规模的跨区流动。1993 年农村劳动力出乡就业数量达到
6 200 万人。

从 2000 年起,国家从城乡统筹就业的角度考虑,取消了对农村劳动力
进城就业的各种不合理限制,并积极推进涉及农村劳动力转移就业诸多方
面的配套改革。在国家政策的引导下,全国农民工数量每年增加 600 万至
800 万人。2006 年,全国农民工外出务工人员上升到 1.32 亿人,2008 年高
达 1.4 亿人。

在持续的民工大潮中,一批批农民走出了自己的家乡,饱尝了种种痛
苦和磨难,也收获了成功的喜悦。其中,许多农民改变了自己的命运,安
子、刘延林、张全收就是 3 位具有代表性的人物。

1984 年,16 岁的安丽娇走出广东梅县小山村,跟着表姐闯到深圳,先
后在电子厂做插件工,在宾馆当服务员,在印刷厂当学徒工。在南园宾馆
工作半年后,一个部长职位出现了空缺。所有人都认为部长的位置非她莫
属。但是,初中没毕业的安丽娇最终与部长职位无缘,出人意料地由一名
高中毕业生出任部长。这一大挫折让安丽娇痛下决心,补习了初中、高中
的全部课程。1988 年,她进入深圳大学中文系读夜大,并逐渐爱上了文
学。1991 年,她根据亲身经历,并以"安子"为笔名创作《青春驿站——深
圳打工妹写真》,陆续在《深圳特区报》上连载,引起了强烈反响,一举成
名。1992 年以后,她先后在《深圳商报》、《深圳青年》、《特区企业文化》、
深圳广播电台开设的"打工仔信箱"、"打工者之家"、"安子的天空"等栏目
中担任专栏作者、节目主持人,为众多打工者排忧解难。她把有代表性、有
普遍性的来稿、来信分类整理、解答、编辑成《安子的天空》、《青春絮语》这
两本书信体散文集出版。她先后被评选为深圳市十大杰出青年、全国先进
女职工、深圳市文明市民。她走进人民大会堂出席了团中央十三大,还加
入了中国作协广东分会,被选为深圳市作协理事。一时间,安子成为 20 世
纪 90 年代初的"打工明星",是众多打工者的偶像。有人称她是"深圳最
著名的打工妹,都市寻梦人的知音和代言人"。

随后,安子又开始新的创业。她先后开过酒楼,办过"打工者之家",
开过职业介绍所等,其间有成功也有失败,但她一直在不懈努力,并继续自

学、创作,先后出版了13本书。现在,安子已经有了4家自己的公司,管理着上万名员工,其中"安子新家政公司"是深圳最知名、最具品牌的家政公司,是全国十大家政公司之一。

如果说,安子用自身的努力诠释了"知识改变命运"这一哲理,那么,刘延林则创造了从打工仔到亿万富翁的传奇。1964年,刘延林出生于四川省广安县恒升乡果子村。14岁那年他因为交不起学费辍学,随姨父到河南打工,后又到湖北、福建等地当小工。1981年,他回到家乡,养鸡鸭并干起贩猪生意,结果亏本欠下一屁股债。1982年,他再次离家,南下广州在一家机砖厂打工,深受老板的赏识。半年后,老板又在海丰办起一家机砖厂,交给刘延林承包管理。两年里,刘延林挣到一笔相当可观的钱,还清了债务,并萌发了自己创业的想法。他来到紧邻深圳的惠阳县淡水镇,与人合伙接办了一家砖瓦厂。由于砖瓦厂连续亏本,合伙人都退了股,他只好一个人独自背负起全部债务,全面接管砖厂。半年后,由于大亚湾核电站上马和美国的"熊猫汽车城"的落户,淡水的基本建设规模迅速扩大,建筑材料越来越紧俏,一年前仅卖4分钱的砖,一下子涨到3角多还是供不应求。1988年年底,砖厂纯利已达200多万元。他倾尽资产,以每平方米17元的低价买下几百亩地。不久,惠阳县城迁到了淡水,淡水地价猛涨到每平方米2 000多元。他留下自己准备使用的几处地,将其余土地全卖了,全部投资实业。1989年,他创办"川惠实业发展公司",1991年改为"惠阳县川惠实业发展有限公司",1993年发展成为"广东省川惠企业集团有限公司"。1994年,他当选为四川省第七届政治协商会议委员,倡导在公司成立了中共党支部和工会。同年,刘延林的自传《中国第一打工仔》在《厂长经理日报》上连载。1995年,他在北京人民大会堂受到全国人民代表大会副委员长王光英接见,全国人民代表大会副委员长布赫为他题词——"中国第一打工仔"。1996年,刘延林的自传《从打工仔到亿万富豪》出版。

张全收则是在21世纪"珠三角"的"民工荒"后脱颖而出的。他于2003年创办了全顺人力资源公司,不仅实现了个人创业的成功,还帮助众多的农民工解决了就业难题,被誉为"农民工司令"。

改革开放 30 年来持续不断且日渐壮大的民工潮,对中国经济乃至社会产生了深远的影响:一是促进城市经济的繁荣,加快了中国城市化进程。农民工进入工厂,提供了大量的廉价劳动力,促进了中国工业的迅速发展,并为中国制造业在国际竞争中奠定了低成本优势;大批农民进入市政建设、第三产业、环境卫生、家庭服务等行业,为城镇经济的繁荣作出了贡献,给当地居民生活和工作带来了便利;促进了城市化进程的加快,城市化率由 1978 年的 17.92% 上升到 2008 年的 45.68%。二是促进农村经济和社会的发展。大量农民进城缓解了农村土地紧张的状况,为农村剩余劳动力找到了出路,并促进了土地适度规模经营和提高了农业生产效率,从而增加了农民收入。1997 年,四川省外出打工人员寄回的钱款高达 140 多亿元,而当年四川省的财政收入只不过 170 亿元。1999 年,深圳特区近 300万名外来工就寄回家乡 47.9 亿元。三是持续不断的"民工潮"逐渐冲击着长期以来坚固的城乡二元格局的壁垒,促使了二元结构经济向一元现代化经济的转变。

## 三

联产承包责任制在全国推行后,除了少数乡镇工业发达、集体经济实力雄厚的集体继续实行集体经营(由一部分社员组成专业队或专业场,专门从事农业生产)外,绝大多数都实行了"包干到户",实行家庭分散经营。这一变革促进了农村生产力的发展。但是,家庭经营方式也具有一定的局限性,那就是规模狭小、土地细碎,不利于使用农业机械和先进技术,农业生产效率低下。

20 世纪 80 年代中期后,东部地区和大城市郊区农民大量进入乡镇企业务工或从事经商等第三产业。进入 90 年代后,全国范围内越来越多的农民进城务工或从事第三产业。随着农民非农收入比重不断增加,农业收入逐渐显得无足轻重,加上农业的效益比较低下,因此,先是在东部地区,继而在全国许多地区出现了农业兼业化、副业化、土地复种指标下降和抛荒撂荒等现象。这不仅给农业生产特别是粮食生产带来很大冲击,也给从事小规模种植的农民收入增长造成很大困难。在这种情况下,规模很小的家庭分散经营的弊端逐渐暴露出来,实行土地(农业)适度规模经营的必要性也日益凸显。

由于农业收入比重的降低,许多农民愿意出让承包的土地,这就为实行土地适度规模经营创造了必要的前提条件。

早在20世纪70年代末80年代初,一些农民通过承包集体机动地和荒地而成为种植大户。80年代中期后,在经济发达的东部地区和城郊地区,农民就开始自发性地转包土地,并形成了一定程度的规模经营。1986年中央一号文件强调指出,随着农民向非农产业转移,"鼓励耕地向种田能手集中,发展适度规模的种植专业户"。在中央统一安排下,江苏的苏锡常、北京的顺义、广东的南海进行适度规模经营试验,山东平度进行两田制试验。后来,贵州湄潭、广东南海等地也开始了土地经营的创新实践。90年代中期后,中央在进一步巩固和稳定承包制的基础上,明确提出要建立土地承包经营权流转机制,并对土地流转和规模经营进行规范。2002年,十六大报告指出,"有条件的地方可按照依法、自愿、有偿的原则进行土地承包经营权流转,逐步发展规模经营"。2008年9月,胡锦涛总书记在考察小岗村时提出:"要根据农民的意愿,允许农民以多种形式流转土地承包经营权,发展适度规模经营。"此后,随着土地流转在全国范围内的推行以及政府对土地规模经营支持力度的不断加强,土地规模经营获得了很大发展。

在实践中,农民创造了农业适度规模经营的多种形式。按照经营主体划分,有家庭经营型、合作经营型、集体经营性、企业经营型等几种类型。

一是家庭经营型,是指家庭通过承包集体机动地和荒地、转包和租赁其他农民承包地而形成规模经营。这是我国农业规模经营的主要形式。在20世纪80年代初,一些农民通过承包集体机动地和荒地而成为种植大户。在80年代中期后,在经济发达的东部地区和城郊地区,一些农民转包和租种其他农户不愿耕种的偏远地、低洼地,除了代缴农业税外,基本上实行免费或者低偿甚至"倒贴"耕种。90年代中期,一些地方推行"两田制",使土地逐渐向种田能手集中。随着越来越多的农民进城打工经商,不少地区农民转包或租种其他农民土地而形成一定的规模经营。进入 21 世纪后,随着政府推行土地流转以及对种粮大户的补贴和扶持力度的加大,种植大户在全国各地都得到较大的发展。

20 世纪 80 年代以来,全国各地涌现出一批有文化、肯吃苦、懂技术、会经营的种植能人,湖北省大冶市大箕铺镇农民侯安杰就是代表之一。

与许多种田大户都是种田能手不同的是,侯安杰最初并未从事农业生产。他先是办机械配件厂赚取第一桶金,后又与人合伙到陕西开矿。2000 年,他回到家乡投资创业。他先是承包荒山种植中药材、果树和经济林,接着承包外出务工农民的土地种植蔬菜,最后又承包大量耕地种植水稻。他利用科学化、机械化、市场化三大"法宝",把种地事业经营得非常红火,规模不断扩大。到 2008 年,他租种了大冶、阳新 2 个市县 8 个乡镇 35 个村的 2.03 万亩流转农田,创下了全国农民种田面积第一,被誉为"种田大王"。

二是农业企业经营型。一些农产品加工企业为了获得数量稳定、质量可靠的可供加工的农产品,通过租赁农民的承包土地建立加工农产品生产基地,从而形成规模经营。部分流转土地的农民在获得租金收入的同时,还能从基地获得劳务收入。这类规模经营在全国各地均有分布,尤以农产品加工水平较高地区为多。

三是合作经营型。若干农户根据生产发展的需要,自愿联合起来建立农业生产合作组织。其中,有的实行统一经营、统一核算、统一分配,有的只在某些流通环节上实行联合。这种类型在全国各地都有,它在一定程度上克服了分户经营的局限性,但由于在处理组织内部成员分配利益的问题上缺乏法律依据和保障,因此稳定性较差。

四是集体经营型。实行集体经营主要有两种形式:一是 20 世纪 90 年代,针对绝大部分农民不愿种田的情况,通过社区组织的统一调整,建立各种集体性质的社区农场,实现农地经营规模的相对集中。江苏省锡山市(厚无锡县)与北京市顺义县等经济发达的东部或大城市郊区农村,大都采用这种方式。二是通过土地经营权入股实行集体经营,以广东省南海市最具代表性。针对该市大量农地转为工业用地、土地收益资本大增、农民视土地为福利、土地难以流动的情况,20 世纪 90 年代,南海市采取以农民土地经营权入股的方式,实现土地集中经营。

虽然在推行土地规模经营过程中也产生了不少问题和矛盾,但总的来说,土地规模经营的推行对中国农业、农村、农民都产生了深远的影响:一是有效地解决了农田粗放经营甚至弃耕抛荒等问题;二是促进了土地、劳动力、技术、资金等农业生产要素的优化组合和合理配置,有利于实现连片的区域化种植和机械化作业,有利于应用先进的农业技术和农业机械,从而推进农业和农村经济的现代化;三是有利于获取农业的规模效益,改变过去农业生产效益比较低下的状态,不仅使种植大户发财致富,也使其他农民能通过出租土地和外出务工而增加收入。

四

以家庭承包经营为基础的双层经营体制的实行,解放了农村生产力。但是,随着市场化改革的不断深入和农村经济的快速发展,分散经营的千家万户与大市场的衔接问题、农户经营规模偏小与农业专业化、规模化发展的矛盾逐步暴露出来。在这个背景下,农业产业化这种新的经营体制就应运而生。它以市场为导向,依靠各类龙头企业和组织的带动,将农产品的生产、加工、销售等各环节连成一体,形成有机结合、相互促进的经营机制。

20世纪80年代,为了解决分散生产与大市场之间的矛盾,在农村经济发展较快的东部地区和大城市郊区开始出现了"贸工农一体化"、"产加销一条龙"的新的经营方式,形成了我国农业产业化的雏形。90年代以来,随着农业和农村经济的不断发展,农业产业化逐步发展起来。1995年12月,《人民日报》发表了题为《论农业产业化》的社论,标志着农业产业化经营逐步得到社会和政府的认可。1997年十五大报告提出,要"积极发展农业产业化经营,形成生产、加工、销售有机结合和相互促进的机制,推进农业向商品化、专业化、现代化转变"。

20世纪90年代后期,随着农产品供求关系的历史性转变和市场经济的快速发展,党中央、国务院及时把推进农业产业化作为农业和农村经济发展的重大战略。

进入 21 世纪后,党中央、国务院进一步制定了推进农业产业化的具体部署,农业部等中央部委也制定了一系列扶持和促进农业产业的具体政策与措施。各地党委和政府也都结合当地实际,采取措施,推进农业产业化发展。农业产业化便在全国各地蓬勃发展起来。至 2002 年年底,全国各类农业产业化组织总数已达到 9.4 万个。其中,国家级重点龙头企业 372 家,平均固定资产 2.5 亿元,平均销售收入 7.1 亿元;省级重点龙头企业达到 1 839 家。一个以国家级重点龙头企业为核心,以省级重点龙头企业为骨干,以数万个中介组织、专业市场、小型龙头企业为基础的农业产业化组织群已初步形成。随着规模的扩大,龙头企业带动农户的能力也不断增强。全国各类龙头组织带动农户总数超过 7 000 万户,占农户总数的30.5%,其中,每个国家级重点龙头企业平均带动农户达到 7.6 万户。①

目前,我国农业产业化组织主要有 4 种形式:

一是龙头企业带动型,即"公司 + 农户"模式。它以农副产品加工或流通企业为龙头,通过合同契约、股份合作制等多种利益联结机制,带动农户从事专业生产,将生产、加工、销售有机结合,实施一体化经营。企业为农户提供产前、产中、产后一系列服务,实行农产品保护价收购政策并保证优先收购;农户定向生产、定向销售,为龙头企业提供稳定的批量原料、资源。这种形式可以实现公司和农户的优势互补、合作共赢:农户不仅可以获得公司提供的优质服务,还能获得公司的保价收购;公司则降低种植、养殖成本,着力于对农产品进行多层次加工,提高产品的附加值。但是,由于公司与农户双方的经济实力悬殊、信息不对称、谈判能力不对等,农户的利益往往受到损害。这种组织形式在种植业、养殖业特别是外向型创汇农业中最为流行,在全国各地都得到普遍发展,是目前我国农业产业化的主要模式。

较早实行"公司 + 农户"模式的是 1983 年广州市江高镇的江村鸡场和1985 年山东诸城市外贸公司。随后,这种模式被许多公司纷纷采用。其

---

① 杜青林:《农业产业化是农村经济发展大战略》,《农村经营管理》,2003 年第 12 期。

中,广东温氏集团是最为成功的企业之一。

广东温氏集团的前身是 1983 年由温北英等 8 人集资建立的勒竹养鸡场。1984 年,该养鸡场开始为周围养鸡户代育种鸡、代购饲料和代销肉鸡,从而获得迅速发展。在 1989 年肉鸡市场不景气的情况下,它将代销肉鸡改为保价收购,实行"公司 + 农户"模式。到 2008 年,温氏集团已拥有全国 20 多个省区的 4 万多合作农户,从最初的一个仅有 8 000 元资本的小养鸡场发展成为一个以养鸡、养猪、养牛为主导,兼营食品加工、生物制药、粮食加工及贸易的跨行业、跨地区发展的巨型畜牧企业集团。

二是批发市场带动型,即"批发市场 + 农户"模式。它以专业批发市场为纽带,通过合同契约或其他较稳定的经济关系,连接广大农户,实施产销一条龙经营。专业批发市场一般通过龙头企业、中介组织与农民发生经济利益关联,有的逐步发展为服务型经济实体,向农民提供产前、产中、产后服务,包括提供市场信息、优良种子和农用生产资料、生产技术服务等,引导所在地区的农户按照市场需要调整产业结构,及时提供质量合格、数量足够的农产品。这种组织形式以批发市场为依托,拓宽商品流通渠道,带动区域专业化生产,实行产加销一体化经营,扩大生产规模,形成产业优势,节省交易成本,提高运销效率和经济效益。它主要适用于加工层次少、只进行初级分类整理即可出售的新鲜蔬菜瓜果等农产品产业化经营,其在"风险共担"和"利益共享"方面还有待发展完善。

山东省寿光市在这方面很有代表性。寿光市从发展蔬菜批发市场入手,建成了占地 500 多亩的寿光蔬菜批发市场,年销售蔬菜 10 亿公斤,经营额突破 10 亿元,产品销往 24 个省市区的 190 多个大中城市,并在全国 180 个大中城市设立了销售网点,已经成为全国最大的蔬菜交易中心、信息交流中心和价格形成中心。它不仅带动了寿光市 3.1 万公顷的蔬菜生产基地,还促进了蔬菜加工企业的发展,并带动了数万人专门从事蔬菜运销。

三是中介组织带动型,即采取"中介组织 + 农户"模式。它以各种中介组织(包括农民专业合作社、供销社、技术协会、销售协会)为中介,组织产前、产中、产后服务,使众多分散的小规模生产经营者联合起来形成统一的较大规模的经营群体,实现规模效益。这种组织形式不仅可以为农民提供市场信息和技术服务,还可以把农户分散的交易量、交易对象集中起来,扩大交易规模和市场空间,提高市场竞争力。目前,各种中介组织大都是小型的、小区域性的,只有"山东省农产品生产加工销售联席会议"("农产联")和云南花卉联合会规模较大。

四是主导产业带动型,即"主导产业 + 农户"模式。它利用当地资源和专门技术,从发展"名、优、新、特"等农产品和特色农业入手,大力推行"一乡一业"、"一村一品",逐步扩大经营规模,提高产品档次,组织产业群、产业链,形成区域性主导产业和拳头产品。山东省莱阳市在20世纪80年代末就根据资源条件和市场需求,确立了生姜、大蒜、鸡腿葱、精细菜、果品、桑蚕、生猪、肉鸡、长毛兔、花生等十大主导产业,尤其以"三辣"(姜、蒜、葱)立县。湖南省常德市大力实施"一村一品"战略,积极培育乡村特色产业,到2005年涌现出"珍珠村"、"柑橘村"、"茶叶村"、"苎麻村"、"花卉村"等639个专业村。湖北省洪湖市利用水域宽广的优势,发展"名、优、特、新"水产养殖业,不仅出现了众多的养鱼大户、养蟹能手、养鳖专业村,还带动了与此相关的饲料、冷冻、食品加工、包装、运输、销售等行业的发展。江西省南丰县发展本县名优产品南丰蜜橘,后又大力发展甲鱼养殖业,从而形成了蜜橘和甲鱼两大主导产业。

无论采取何种模式,农业产业化的共同实质是,按市场机制组织农副产品的生产、加工和销售,使三者由原来的单纯买卖关系变为以利益为纽带、以契约为连接方式的新型利益共同体,形成促进农业发展的新机制,推进农业走上专业化、商品化、社会化的轨道。

农业产业化经营对中国农业和农村发展具有重要影响:一是可以把市场信息、技术服务、销售渠道直接而有效地带给农民,比较好地解决了小农户与大市场的矛盾;二是可以有力地推进农业科技的进步,扩大农业经营规模,提高专业化生产程度和市场化程度,是推进农业结构调整、繁荣农村经济的重要带动力量;三是可以有效拉长产业链,提高农产品附加值,并使农民可以分享农产品加工和销售环节的利润,是发展现代农业和促进农民增收的重大举措。

## 五

我国的农村地区,是一个十分广阔的天地。由于受"跳出农门"的思想认识以及城市生活环境相对优越等因素的影响,这一广阔天地被不少有知识、有文化的青年所忽视。但是,仍有少数热爱农业的大学毕业生放弃在城市的工作机会,回到农村创业。

1992年,毕业于海南大学园林系的冯子云,为了实现自己的"田园梦",放弃了到当时琼山市最好的国有企业——市信托贸易总公司的工作机会,选择回到农村创业。他一面对自己开发的农业项目进行调研,一面通过当公园的园林绿化主管和技术指导积累了一笔资金。1998年6月,他拿出全部家当,又向亲戚朋友借钱凑了20多万元,回到了自己的老家——三江镇罗梧村,承包了村里60多亩地种植果树。[①]

1999年,已在上海工作的上海师范大学物理系毕业生谈浩勤、复旦大学计算机系毕业生陈怡放弃了稳定的工作和舒服的环境,来到奉贤县一个普通园艺场承包70亩菜地。这引起了沪上新闻媒体的注意,并获得当时上海市副市长孟建柱的称赞。[②]

20世纪90年代末到21世纪初,回到农村创业成功,并产生较大影响的有华中农业大学的师智敏和沈阳农业大学的李鹏。

师智敏1994年考入华中理工大学,不到一年,就弃工学农,转入华中农业大学学习果树专业。1998年毕业后,他放弃了到武汉市东西湖区农委工作的机会,回乡创业。为了积累创业资金,他先到四川明日风种苗园艺公司、四川攀枝花市出口枇杷示范基地工作。其间,他两度回家创业,均因种种原因而告失败。2001年,他放弃了月薪近4 000元的攀枝花市出口枇杷示范基地副总经理职务,再次回家创业,终于获得初步成功。2003年,他又在桂花镇毛坪村建成示范园50亩,并取得成功,改写了咸宁地区

---

① 邓小兰:《一位大学生的"农民生涯"》,《中国青年报》,1999年12月22日。
② 王津元:《从都市里走来的大学生农民》,《今日上海》,1996年第6期。

不能生产高端水果的历史。其后，他两次租下了近 1 000 亩荒地发展有机水果，其事业不断发展壮大，成为当代最有名的"大学生农民"。

李鹏是辽宁省阜新市太平区水泉镇长哈达村人。1999 年，他考入沈阳农业大学应用微生物专业（专科），2001 年毕业。他曾被评为"校优秀学生干部标兵"、"优秀团干部"、"社会实践先进个人"、"沈阳农业大学优秀毕业生"、"辽宁省优秀毕业生"。毕业时，他放弃了到沈阳生态研究所工作的机会，选择回家乡从事食用菌的生产、研究和推广工作。经过几年的艰苦努力，他成功地引进和繁育了几十个适合本地区栽培的优良品种，并培育出 10 余种高产、抗病的优良品种，掌握了液体复壮、固体复壮、组织分离、平板分离等菌种复壮技术和固体菌种、液体菌种的生产技术，研制出适合平菇、香菇、金针菇、鸡腿菇、姬菇、杏鲍菇、木耳和冬虫夏草等多个栽培品种的数十种配方。他的 7 栋标准化日光温室实现了全年生产，年纯利润可达 5 万至 6 万元。与此同时，他还免费为周围农户提供技术咨询和指导，亲自到农户大棚里帮助他们解决实际生产难题，使不少农户走上了致富道路。他先后被阜新市政府评为"市级农村优秀实用人才"、"市农业科技带头人"，2006 年又被团市委推荐为"辽宁省十大杰出农村青年"，被阜新市总工会授予"五一劳动奖章"。

1999 年高校扩招后，我国高等教育进入新的发展阶段。高校毕业生人数每年大幅增加，2003 年大学毕业生超过 212 万人，2005 年达到 338 万人，2008 年达到 559 万人。随着高等教育由原来的"精英教育"转向"大众化教育"，大学生的就业岗位也由原来以精英岗位为主转向以大众化岗位为主。但是，由于大学生就业观念的转变需要有一个过程，加上城市和东部经济发达地区与广大中西部农村地区客观上还存在明显差距，很多大学生仍然留恋大城市和东部发达地区，而不愿意到基层和中西部农村工作。因此，大学生就业难的问题逐渐浮现出来，2003 年、2004 年有近 70 万未就业的大学毕业生。其后，大学毕业生的就业形势日趋严峻。在这种情况下，政府和高校积极推动大学生调整就业观念，务实择业。与此同时，为了缓解大学生的就业压力，政府还出台了一系列优惠和扶持的政策，鼓励大学生自主创业。而大学生创业的一个重要方向就是到农村去。一些农村地区还设立大学生创业园,帮助和扶持大学生在农村创业。其中,较早且影响较大的是安徽省凤阳县小岗村设立的大学生创业园。

大学生农民的出现和日益增多,满足了农村对高素质人才的需求,缓解了大学生就业的压力,是符合时代需要的选择。

# 第二节 "农民工司令"张全收

河南农民张全收从一个打工仔,经过多年打拼,最终成立了深圳市全顺人力资源开发有限公司,一度拥有2万多名农民工,被誉为"农民工司令"。他探索出一种实现农村劳动力有序转移、解决农民工就业难和就业不稳定难题、保障农民工收入和权益的"全收经验"和"全顺模式",受到社会各界的广泛关注和高度肯定。

一

1966年,张全收出生于河南省上蔡县朱里镇拐子杨村。上蔡县是国家级贫困县,曾因农民卖血大量感染艾滋病而闻名全国。在拐子杨村上完小学5年级后,家境贫困的张全收便辍学了。他先是走街串巷卖雪糕,后又挑着炉子在周边地区卖爆米花。1982年,他跟村里人去河南义马市渑池县的一个砖瓦厂烧砖。白天出去干活,晚上在稻草上铺着被子睡,结果患上类风湿性关节炎,走路的时候脖子都歪着,胳膊也抬不起来。[①] 由于窑主借用别人的煤,没钱还人家,他只拿到25元,但治病却花了200多元。

1983年春节过后,张全收在山西省灵石县石油公司的一个建筑工地当炊事员,学会了蒸馍,从此,他又多了一个谋生的手艺。1984年夏,他到郑州铁路南站当临时工,随后,又到新乡一家钢铁厂打工,晚上还出去兼职

---

① 一飞:《"司令"张全收》,《南方人物周刊》,2007年第29期。

当油漆工。可一个月后去结账时,却不见了工头的踪影。于是,他到新乡一家馒头店干活,上午蒸下午卖,一个馒头可赚4厘钱。①

经过多年的打拼,20岁时,张全收终于存下了一点钱,在河南新乡开了一家烩面馆。正当生意开始变得红火时,他被人坑害了,更糟糕的是饭店又发生了火灾。他只得两手空空地回到家乡。其后,他又当过司机,跑起长途运输,但倒霉的是一个月遭遇了3次交通事故……②

许多年后,张全收回想起当初的种种艰难,不禁感慨万分:"都不知道自己是怎么走过来的,那时候也确确实实掉过了很多眼泪,甚至躲到屋子里不见人。"

## 二

1990年,张全收第一次来到改革开放的前沿城市——深圳,眼界大开,从此和深圳结下了不解之缘。第一次南下,他因为种种原因无功而返。1993年,他再次来到深圳,开了一家烩面馆,惨淡经营。正当生意稍有起色时,妻子在生育时不幸患上脑溢血,他不得不关门歇业赶回家去。

1997年年初,怀揣梦想的张全收带着170元路费第三次来到深圳,在河南老乡的帮助下,凑了不多的资金,在平湖汽车站附近又开了一家烩面馆,以货真价实赢得了顾客的良好口碑,经营上小有收获。在餐馆里,常常有打工者来吃饭,闲谈中张全收得知了他们往来深圳乘车难的事情,便抽空进行了实地调查,看到外来的汽车随意停放,到处设站,漫天要价,造成当地交通秩序的混乱。他找到平湖汽车站站长,建议整顿秩序,对外来车辆实行统一管理。他说服了站长,并拿出自己的所有积蓄入股,协助车站解决了资金问题,终于把平湖汽车站整顿得有条不紊。从此,张全收成了农民工在平湖汽车站的"客运总代理"。③

1999年,积累了一些资金的张全收开始向实业进军,开办了深圳全顺

---

①　张培奇、施维:《农民工的杰出代表——张全收》,《农民日报》,2007年3月9日。
②　张全收:《一个农民工的三十年》,《人民论坛》,2008年第17期。
③　同①。

玩具加工厂,由打工仔变成了"老板",事业终于小有所成。备尝打工酸甜苦辣的他,并没有忘记那些打工兄弟。可是,由于能力有限,他的小加工厂也只能招募十几个河南老乡。

三

张全收的小厂主要是给大厂做加工,人家有什么订单,他就帮着做什么,挣些加工费。因此,小厂业务经常处于有上顿没下顿的状况,经营上也不太景气。正当他为此万分苦恼之际,一个朋友打电话给他,说自己的厂子赶工,问他能不能把工人借给他用。张全收当然愿意帮忙。合作下来,他的员工除了拿到工资外,还拿到了额外的奖金,而他的公司则挣到了一笔管理费。他从这件事中深受启发,便开始联系需要招工的厂子,发现了不少厂子都愿意"租工人"。原来,深圳不少企业是"三来一补"的加工企业,当订单少或没有订单时,只需要不多的工人或不需要工人,到了获得大量订单时,就需要大批工人。企业在没有订单时要留住工人,势必花费不少。但不留住工人,有订单时又不一定能招到工人。因此,许多不想在平时留住工人的企业愿意临时用更高的价格租用工人。这样一来,张全收便意外地发现了一个巨大的商机。

2001年年初,张全收当机立断,停掉了自己并不景气的小加工厂,专门做起了"租工人"的营生。他把农民工聚集起来,哪个厂要人,就"打包"调人过去,这个厂干完了,就调到另外一个厂。由于有市场需求,他手下的工人不断增多,很快就达到几百人、上千人。不过,他最初只招收河南农民工,加上当时没有合法手续,发展仍较为有限。

2004年,珠三角首度出现了"民工荒"现象,张全收的生意便日益红火起来。当年8月,在河南省和深圳市有关部门的大力支持下,深圳市全顺人力资源开发有限公司在深圳市龙岗区平湖街道大草埔1路27号正式挂牌成立,由此张全收获得合法的资格。此时,全顺公司在招收河南农民工的同时,也吸收安徽、陕西、河北、山东等省农民工。2004年年底,公司就拥有6 000多名农民工。到2007年年底,全顺公司拥有员工已达1.5万人,分别被输出到广东深圳、东莞和福建、浙江等地的 60 多家用工企业。到 2008 年,全顺公司员工高达 2 万余人。

全顺公司在实践中也逐渐摸索出一整套管理经验,较好地解决了农民工就业难、就业不稳定的难题,有力地保障了农民工的工资收入和合法权益。后来,这些做法被专家们概括为"全收经验"和"全顺模式"。其主要内容有:一是进行准军事化训练,帮助农民工养成良好的行为和生活习惯,进行政治、思想、安全、法律等方面教育,让农民工尽快适应城市的就业环境。二是对农民工进行岗前培训。根据不同企业、不同层次、不同岗位的需要,有针对性地进行培训,提高农民工的业务素质和能力。① 三是较好地解决农民工就业难、就业不稳定的问题。按 50 人一组成建制向用工单位输送经过培训的农民工,每组配一个领班负责,自成体系组织完成生产任务。一家工厂的活干完后,随即转移到另一家工厂。四是有力地保障农民工的合法权益。在输送农民工时,全顺公司代表员工与用工单位签订包括工资待遇、生活标准、人身安全等十几项内容的协议。用工单位同公司进行经济结算,用工单位企业除支付工人工资之外,要另付全顺公司一定的管理和培训费用。员工合法权益受到侵害时,由全顺公司负责出面协调。五是实行农民工工资收入托底保障制。2004 年全顺公司承诺:保证员工计时月工资 900 ~ 1 500 元,计件月工资 1 000 ~ 2 500 元,包年薪 9 000 ~ 20 000 元。员工在公司待工期间,每天给予 25 元补助(前述各项金额在不断变化,在 2004 年前不到此数,2004 年后则在不断提高),并包吃包住包培训;工作后,其工资、医疗、意外伤害都由全顺公司直接对农民工负责,所有风险都由全顺公司承担。此外,全顺公司还为广大农民工营造了一个温馨和谐的家园。公司给农民工配备专职医生,安排北方厨师做饭,安排农民工业余看电影、唱卡拉 OK。在中秋、元旦等重大节日,举行联欢大会。每年进入腊月后,公司就租来十几辆大客车,分期分批送员工回乡。

由于全顺公司的工人受过准军事化训练和岗前培训,整体素质和业务水平较高,又有带班组长跟踪管理,不仅为企业提供了优质的人力资源,也

---

① 张建忠:《保障农民工权益,张全收经验值得借鉴》,《乡镇论坛》,2008 年第 5 期。

减少了企业的管理成本。而采用劳务租赁方式则为合作企业营造了一个高度灵活、低成本、低风险的劳务用工环境,解决了企业的"季节性"民工荒,因而也受到企业的欢迎。

从 2004 年开始,张全收和全顺公司开始受到媒体的广泛关注。新华社、中央电视台、《人民日报》、《农民日报》、《南方日报》、《南方都市报》、《南方周末》、《河南日报》、《大河报》以及香港的凤凰卫视、阳光卫视等新闻媒体,都对其进行过报道,中央电视台的《经济半小时》栏目更称张全收为"民工司令"。"全收经验"和"全顺模式"也引起专家学者的广泛关注与高度肯定。

在 2005 年至 2007 年间,各种荣誉便像潮水般涌向"农民工司令"张全收。他先后荣获全国第五届优秀进城务工青年、首届河南省十大杰出务工有为青年、河南省十大杰出青年农民、河南省五四青年标兵、2006 感动中原十大新闻人物等荣誉称号,获得河南省五一劳动奖章;他还光荣地当选为河南省优秀共产党员、河南省第八次党代会党代表、驻马店市第二届人大代表。[①]

2008 年 1 月,张全收当选第十一届全国人大代表,同年 11 月被评选为全国优秀农民工,12 月荣获改革开放 30 年十大农民创造风云人物、河南省十大三农新闻人物和河南省青年创业风云人物等荣誉称号。[②]

张全收成功后没有忘记家乡,始终关心和支持家乡建设。2004 年 10 月,他在公司只剩下 15 万元流动资金的情况下,转借 80 多万元帮助拐子杨村小学修建了新校舍。2006 年 9 月,他又向朱里镇捐款 60 万元修建了养老院,后在养老院竣工时又向入住的 80 多位老人分别送上一个红包。在乡亲的力邀下,2008 年年底,他回乡竞选并高票当选上蔡县朱里镇拐子杨村支部书记兼村委会主任。他发表就职演说,提出实行规模化、科技化种植,通过土地流转,整合全村的土地资源,搞养殖场、加工厂等项目,切实提高村民收入,彻底改变村容村貌,把家乡真正建设成为一个社会主义新

---

① 何庆国:《张全收:农民司令的情怀》,《人大建设》,2009 年第 6 期。
② 同①。

农村的亮点。他随后赶回深圳,平时则通过电话指导村里工作。①

2009 年上半年,由于金融危机的冲击造成企业用工减少,全顺公司遇到了很大困难,公司员工一度降到 6 000 人。张全收四处求人,但还是有许多工人未能就业,只好由全顺公司自己养起来。仅吃住和发工资,一个月就要搭进去 100 多万元,最多时有好几千名农民工在公司待着,几个月下来赔了 800 多万元。到了当年 11 月,企业用工量开始大增,很多企业主动加薪要人。全顺公司处境迅速好转,员工又增加到 2 万多人。

# 第三节 "种田大王"侯安杰

2008 年,湖北省大冶市大箕铺镇的侯安杰租种了大冶、阳新 2 个市县 8 个乡镇 35 个村的 2.03 万亩流转农田,创下了全国农民种田面积第一,被誉为全国"种田大王",成为正在兴起的土地规模经营的杰出代表。

一

1957 年 8 月,侯安杰出生于湖北大冶大箕山下一个贫困的小村庄。1976 年高中毕业后,他便到村里的铁匠铺学习打铁,每天抡起大铁锤,挥汗如雨地锤打着。由于善于动脑筋,他很快就掌握了打铁手艺。几年后,便自立了门户。他多次到矿上送货,结识了一些朋友。一次,他得知矿上用的许多异型螺丝都是从外省买回来的,就决定摸索着去做异型螺丝。他没有任何经验,也无人指点,经过无数次试验后,终于做出了一个像样的异型螺丝。经过矿里的检测和使用后,其质量比正规厂家生产的更耐用,价格又很低廉。于是,他就为矿上加工异型螺丝,建起了矿山机械配件厂,掘得了人生的第一桶金。

---

① 刘炎迅、王婧:《农民工返乡竞选村官现象引发关注》,《决策探索》,2009 年第 5 期。

20世纪90年代初,在朋友们的邀约下,有了资金的侯安杰做起了开矿的生意。开矿虽然能获得暴利,但也存在着巨大的风险。2000年,在陕西开金矿赔了60多万元后,侯安杰便果断地带着剩余的资金回到了大冶老家创业。

## 二

侯安杰在家待了几天后,就带着一万元现金和妻子一起到温州找"市场"。在温州,他看中了皮鞋厂,并联系好了厂家,也请到了师傅。就在他买好火车票准备返程时,摸摸身上还剩下的4 000多元钱,突然心血来潮,决定退票坐汽车回家。当汽车行至安徽临泉县时,他发现车窗外都是连片的低矮的植物,便好奇地向人打听,才知道那些都是当地人种的中药材。仿佛冥冥之中有仙人指点一般,他拉着妻子就下了车。看到遍地的药材,他想到了家乡的大片荒山,于是决定不开鞋厂了,转而全力投资兴建药材基地。

侯安杰下车后,打听到了一位叫龚建华的药材种植大户,便上门拜访求教。龚建华热情地接待他,告诉他:贵重的药材对海拔、气候、土壤等条件特别挑剔,弄不好,品位达不到,就会亏本。因此,他建议侯安杰种一些红丹参、地黄、板蓝根、白术等普通药材。临走时,他还送给了侯安杰40多斤药材的种苗。

此后,侯安杰又到江西樟树、安徽亳州、河南温县、陕西等药材种植基地进行考察。接着,又到市科协咨询建立中药材基地的可行性。经大冶市土肥站测试,大箕山气候温暖、阳光充足,各项指标均表明这是一个理想的药材种植基地。村委会、镇政府和林业局等各级领导都支持他建立中药材基地,并提供了优惠扶持的政策。

2001年1月,侯安杰投入38万元人民币,承包了家乡大箕铺镇500多亩荒山,种上了银杏、湿地松等经济林,在林间套种了200亩生地、红丹参、白术、板蓝根等药材。当年,他仅药材的纯收入便达到了11万元。

2001年冬,侯安杰再次外出考察,先后参观了江西省广昌县、陕西省安康市双平镇的水果基地。在双平镇,他得知一棵果树就可赚到 400 多元,便怦然心动。于是,他便投资 24 万元购进了优良品种的梨子、枣子、桃子、李子、柿子、板栗等果树,并在当年春节前将果树全部种上山。

2002 年国家下达退耕还林政策后,侯安杰又投资 71 万元,在大箕铺镇承包 1 300 亩荒山,种植了刺槐、湿地松、银杏、杜英、重阳木等经济林。

2003 年,侯安杰在大冶、阳新以及周边的蕲春等地考察时,发现当地劳动力多外出打工,大片的田地都荒芜了。于是,他投资 30 万元在大箕铺镇承包了 230 亩耕地,从山东寿光引进 10 户种菜能手发展大棚蔬菜生产,使大冶市辣椒的上市时间提早了 2 个月。其后,又投资 24 万元将大冶城北开发区的 1 300 多亩荒滩进行开垦整理,发展水稻生产,并投资 2.2 万元在水果园里套种了 100 亩西瓜。2005 年再投资 1 万多元在大箕铺镇造林 207 亩。[①]

2005 年 1 月 10 日,侯安杰被湖北省政府评为 2004 年度全省粮食生产标兵。同年 5 月,获得了湖北省委的专门表彰,省委书记俞正声亲自奖给他一台价值 8 万多元的联合收割机。

随着规模效益的扩大,侯安杰的种植面积也不断扩大。到 2006 年,租种面积扩大到 4 000 亩。2007 年,租种面积增加到 9 280 亩,其中种稻面积 6 730 多亩。2008 年,租种面积扩大到 2.03 万亩,地跨大冶、阳新 2 个市县 8 个乡镇 35 个村,其中水稻种植面积 1 万多亩。从 2006 年开始,他连续 3 年被农业部评为"全国粮食生产大户"。2008 年 10 月 28 日,他还上了中央电视台的《新闻联播》。2009 年 4 月 15 日,他登上清华大学的讲坛作报告。"种田大王"侯安杰名震全国。

三

21 世纪初,湖北大冶、阳新一带人均耕地只有 6 分到 8 分,种田收入微薄。有一技之长或有劳动能力的农民大量进城打工。家里只留下小孩、老

---

① 亦农:《侯安杰:土坷垃里刨"黄金"》,《东楚晚报》,2007 年 1 月 23 日。

人和一些没有劳动力的人，大量土地抛荒了。在当地政府支持下，侯安杰率先探索实行土地流转的方式。这一创新，在十七大后得到了中央的肯定和支持。中央要求在稳定土地承包经营制度的基础上，依法、自愿、有偿地进行土地流转，有条件的地方可以发展多种形式的适度规模经营。

侯安杰租种土地时，并不是与每家农户分别签订合同。他说："如果一家一户地签合同，我从年初到腊月三十都签不完。"他一般是与村委会签订为期5年的合同，合同后面由村民签字画押。租金最初是每亩每年30～130元不等，后来则上涨到100～150元。他同村委会签订合同时，还缴纳每亩15元的风险抵押金。如果村里在5年合同期内能够提供保障和服务，就不收回，如果什么事都不做，就收回抵押金。因此，乡村干部也积极请他去租地。出租土地农户不仅可以获得租金，还能得到每亩四五十元的粮食补贴。当地农民常说："在家种田划不来，不如租给老侯种。"

侯安杰租种的地，如果乘小车"巡视"一圈要花两天时间，骑摩托车"巡视"一圈得花个把星期。这么多地，怎么种呢？他聘请300多名农民长年干活，绝大多数是来自湖南、江西、山东等省的外地农民。他把这300多人分成11个生产队，选拔11个靠得住的人当队长，每个生产队再选拔2～3个技术能手当小组长。至于农忙时节的"应急工"则多是本地农民，最多的时候，一天要招2 000多人。

侯安杰的管理有两种模式：一种是与生产能手三七分成。生产能手负责生产和技术，他负责种子、化肥、农药等，秋后按产量计报酬。一个种田能手在他这里可种200亩地，一年下来可赚6万元。这种模式的核心是统一的大生产，即统一规划、统一耕整、统一播种、统一管理、统一收割、统一销售和统一结算。另一种是每亩30元承包给生产能手。由侯安杰负责协调工农关系，组织水源，免费提供技术资料，请专家给予技术指导，每亩提取30元管理费。生产能手除给原承包农户租金外，每亩缴纳30元管理费，自负盈亏。①

侯安杰种田有三大"法宝"：科学种田、机械化种田和面向市场种田。

---

① 余爱民：《解读全国种田冠军侯安杰》，《中国乡村发现》，2008年第3期。

他长年聘请 4 名农业技术专家,其中 2 名是水稻专家,1 名是蔬菜专家,1 名是林业专家。生产队和小组干部大都是农业方面的技术骨干,有一名叫陈世海的队长是湖南省的高级农艺师,被侯安杰作为人才引进过来,年薪高达 15 万元左右。科学种田使他的水稻单产达千斤以上,而别人每亩只能收到 600 斤左右。① 他先后投入上百万元资金,购置了 100 台农业机械,实现了从耕种、打药、收脱、运输全程机械化作业。他面向市场生产,以确保生产出来的产品有销路。2008 年他种了 5 630 亩南瓜,年初时就已经订出去 4 000 多亩。②

侯安杰对记者不无得意地说:"我是个农民,但我用现代高科技手段种田,既给自己带来经济效益,又为当地农民创收,还从根本上解决了'抛荒弃耕'的现象,稳定了国家粮库。你说像我这样开着小车种田的人,至少是个'现代农民'吧。"③

2008 年年底,侯安杰成功申请注册了"侯安杰"牌农产品商标,在黄石市粮食局的主动协调下与长丰米业公司合作,实行贴牌生产。2009 年元旦,首批"侯安杰"珍珠米正式上市,因其质优味好,已经开始抢占市场制高点。

2009 年,黄石市规划建设规模最大的农业示范区——凤庄农业示范区。该示范区以侯安杰租种土地为基础,计划 5 年之内建成 5 800 亩的核心基地,辐射大冶、阳新周边 8 万多亩农田,将对全市农民起到启发和带动作用,成为学习的样板。

侯安杰流转抛荒耕地种粮种菜,有效促进了农业增效、农民增收,走出了一条粮食生产集约化、机械化、科技化、市场化的现代农业生产之路。黄石市委常委、大冶市委书记曹立明感慨地说,侯安杰靠规模经营和科学种田,不仅富了自己,还安置了很多农民就业,并解放了更多的农民到城市打工致富。他的出现,对发展土地规模经营、保障粮食生产安全、转移农村劳

---

① 饶伟:《从庄稼地走向最高领奖台——记全国"第一种粮大户"侯安杰》,《黄石日报》,2008 年 12 月 10 日。

② 何红卫、余爱民、罗雷:《湖北农民侯安杰跨县种田两万亩》,《农民日报》,2009 年 4 月 1 日。

③ 廖杰华:《湖北农民种田年收入百万 1 人种 80 万人口粮》,《广州日报》,2008 年 10 月 24 日。

动力,对发展现代农业、建设社会主义新农村,都有很大的示范意义。①

# 第四节　打造巨型龙头企业的温鹏程

广东温氏食品集团有限公司总裁温鹏程,用 20 多年时间,把一个七户八股集资 8 000 元创办的小养鸡场,打造成为一家以养鸡、养猪、养牛为主导,兼营食品加工、生物制药、粮食加工及贸易的跨行业、跨地区发展的巨型畜牧企业集团。他参与创立并最终确立了"温氏模式",为探索中国特色的农业产业化道路作出了贡献。

一

1983 年 5 月,广东省新兴县食品公司干部温北英停薪留职,联合温鹏程、温木桓、温金长、温湛、梁洪初、严百草、温泽星等七户八人自愿入股,每股 1 000 元,创办了勒竹畜牧联营公司,俗称勒竹鸡场。温北英的儿子温鹏程时年 18 岁,刚刚高中毕业,就投身到父亲开创的事业中。

1984 年,公司的养殖规模为种鸡 300 只,肉鸡 8 000 只。这种规模现在已经微不足道,但在当时是相当可观的。当时,鸡场除了面临鸡难卖的问题外,还面临着鸡抗病能力弱、员工劳动强度大、鸡场经济效益差等重重困难。为此,温北英在 1985 年制定出 36 条养鸡的规则:发展母鸡,走自繁自育自养自销的路子;养鸡必须封闭消毒,要有严格的操作规程……养鸡场由此步入工厂化模式,经营日益好转。

勒竹镇农民向来有养鸡的传统。当地村民原先是到养鸡场购买鸡苗。后来有些村民觉得去县城买饲料、卖鸡既麻烦又不划算,就纷纷让养鸡场代购饲料、代为卖鸡。温鹏程便建议,采取"场户结合"、"代购代销"的方

---

① 何红卫、余爱民、罗蕾:《湖北农民侯安杰跨县种田两万亩》,《农民日报》,2009 年 4 月 1 日。

法,与周边的农户进行合作。1986 年,这一建议得到采纳。这一做法把分散的农户组织起来,以整体力量参与市场竞争,很快就显示出强大的生命力。它不仅方便了农户和增加了农户的收入,还使勒竹畜牧联营公司得到跨越式发展。公司总产值从 1986 年的 36 万元上升至 1987 年的 100 万元,1988 年再度飙升至 235 万元。公司的利润也由 1986 年的 5 万元上升到 1987 的 8 万元,1988 年更高达 37 万元。

1989 年,国际形势、国内市场发生了一些激烈变化,而与勒竹畜牧联营公司挂钩的农户增多,肉鸡的数量猛增。在这种情况下,肉鸡销售市场低迷,价格下跌。如果按照"代购代销"的办法,可以保住公司眼前的利益,但将使农户的利益蒙受损失。温鹏程与父亲召集了所有股东,决定把原来的"代购代销"变为"保价收购"。这一做法保护了农户的利益,也保护了农户与公司合作的积极性。从此,在企业与农户之间形成了专业化生产的利益共同体,"公司 + 农户"的模式正式确立,这为企业的腾飞奠定了良好的制度基础。[①]

1992 年,温鹏程和父亲力排众议,以技术入股的方式(占 10% 的股份)邀请华南农业大学动物科学系与公司进行全面合作。这一战略决策为公司的发展带来了重大的影响。1993 年 7 月,勒竹畜牧联营公司改组为"新兴县温氏食品集团"。

在大力发展养鸡的同时,勒竹鸡场还开始向饲料业等相关产业进军,基本形成"产供销一条龙"的生产销售系统。1989 年,勒竹鸡场以每年10.8万元的租金承租了新兴县粤新饲料厂,有了自己的饲料业。到 1994年 10 月,温氏集团已经建立 3 个饲料厂,具备年产 20 万吨配方颗粒饲料的生产能力。1992 年 4 月,温氏集团与华南农业大学动物科学系合作成立了家禽育种中心,培育出抗病能力强、经济效益高的新品种,从此结束了集团要引进商品代种鸡的历史,并有了商品代种鸡销售。此外,还研制了6 种鸡疫苗制剂,于 1994 年在集团各种鸡场和合作鸡农户中内部广泛应用。

①　何鹏程:《温鹏程创立新兴第一家养鸡场》,《云浮日报》,2008 年 12 月 25 日。

到 1994 年,温氏集团已经拥有 7 个种鸡场、3 家饲料厂以及罐头厂、肉鸡分割厂等一大批企业,合作养鸡农户达到 4 000 多户,年上市肉鸡 1 800 万只,已经成长为一个区域性品牌。在这个企业初创过程中,温鹏程辅佐父亲做了大量工作,积累了丰富的经验,并初步在公司中树立了一定的权威。

二

1994 年,温北英因长期过度操劳而累倒,决定退居二线,由温鹏程接任集团总裁,全面主持集团工作。温鹏程当年就交出了年销售额 1 亿元的漂亮答卷,使温氏集团发展再上了一个台阶。1995 年,新兴县温氏食品集团有限公司改名为广东温氏食品集团。

从 1995 年到 1999 年,尽管遭遇了禽流感的严重冲击,温氏集团公司依然获得迅速发展。饲料厂由 3 个发展到 12 个,种鸡场由 5 个发展到 20 个,孵化场由 3 个发展到 19 个,上市肉鸡由 3 000 多万只发展到 1 亿多只。① 此时,温氏集团"产供销一条龙"生产销售系统也进一步得到完善。

此后,温鹏程又进一步开拓国内市场,大力拓展产业链,带领温氏集团进行全面发展和扩张。

随着国内肉鸡销售市场的发育和完善,温氏集团向外扩张的条件日益成熟。温鹏程及时带领温氏集团进一步开拓国内市场,跳出新兴,跨向广东,迈向全国。1996 年,在河南省禹州市组建了"禹州市广东温氏中原家禽有限公司",迈出在省外扩展的第一步。随后,他又相继成立玉林公司、桂林公司、莆田公司、太仓公司、汉川公司、宁乡公司。到 2009 年,已经在全国 22 个省、市(自治区)建有 120 多个公司。其中,他重点开拓了华东、华中、西南三大区域市场,形成了环海(江苏、福建、广东、广西)和沿京广线(河南、湖北、湖南、广东)两大带状分布。这样,温氏集团就由新兴县一个区域性公司发展成为全国性企业。

---

① 李国胜:《温氏食品集团的成功之路》,《饲料广角》,2000 年第 1 期。

与此同时,温鹏程不断寻求新的经济增长点,大力拓宽产业链,从单一行业转向多元经营。从 1997 年,温氏集团开始涉足养猪业。从 2000 年起,又探索发展养牛以及贸易等相关产业,先后建立了负责奶牛饲养与乳品生产销售的乳业公司、负责肉食品加工与销售的食品公司和负责原料采购与销售的粮食贸易公司等专业化公司。现在,温氏集团已经拥有十大业务体系,以养鸡、养猪业为主,以养牛、养鸭为辅,以动物保健品、食品加工、有机肥业、粮食贸易、农牧设备为产业链配套,形成了有完整产业链的多元化经营的发展格局。①

随着集团公司在全国的扩张和产业链的拓展,温氏集团的生产规模不断扩大,产值不断增加。2002 年,温氏集团上市肉鸡 2.28 亿只、肉猪 35.8 万头,生产牛奶 1 500 吨,总销售收入达 28 亿元。2003 年,上市肉鸡 2.92 亿只、肉猪 60 万头,销售牛奶 3,500 多吨、饲料 143 万吨,总销售收入达 38 亿元。2004 年,上市肉鸡 3.64 亿只、肉猪 78 万头,销售牛奶 5 600 多吨、饲料 170 万吨,总销售收入达 50 多亿元。2007 年,上市肉鸡 5.3 亿只、肉猪 182 万头、肉鸭 680 万只,总销售收入达 117 亿元。2008 年,上市肉鸡 6.3 亿只、肉猪 250 万头,生产饲料 367 万吨,总销售收入达 158 亿元。

就这样,温鹏程把一个创业时仅有 8 000 元资本的小养鸡场,打造成地跨全国 22 个省(自治区)、有完整产业链的多元化经营、产值高达 158 亿元的巨型农牧企业集团。它的养鸡规模亚洲第一,养猪规模中国第一。

辉煌发展为温氏集团和温鹏程带来了巨大荣誉。1999 年,温氏集团被广东省政府命名为"农业龙头企业"。2000 年,被国务院八部委评为"农业产业化国家重点龙头企业"。1995 年,温鹏程当选为全国劳动模范,并连续当选第九、第十、第十一届全国人大代表。

## 三

养殖业是一个高风险行业,不仅分散养殖面临很大的技术风险,而且

---

① 《精诚合作 齐创美满生活——访全国人大代表、广东温氏集团董事长温鹏程》,《广东饲料》,2008 年第 12 期。

在销售上也存在着巨大的市场风险。温氏集团在发展中就曾经经历过1997年香港禽流感、2003年的"SARS"、2004世界性禽流感等多次行业危机,在同行30%~50%倒闭的情况下,不仅安然渡过危机,还在危机过后迎来更大的发展,这简直就是一个奇迹。在这个奇迹的背后,在很大程度上要归功于"温氏模式"。

"温氏模式"之一是实行"公司+农户"的经营模式和采取股份制的组织形式,这体现了温氏集团"真诚合作,齐创美满生活"的宗旨。

温氏集团实行"公司+农户"的经营模式。在种苗、饲料、防疫、技术、生产、销售6个环节中,公司负责除生产以外的5个环节,生产(养殖)则交由广大养殖户负责。养殖户与公司签订养殖合同,领取结算卡,凭卡从公司购买鸡苗(或仔猪),领取饲料,登记养殖地,加入微机联网。公司在一定区域范围内设立一个服务中心,为每20~30个养殖户安排一个联络员(养殖户管理员),为农户提供全方位的技术指导和服务。鸡、猪育成后,交给公司收购站统一收购和销售。

这种"公司+农户"的模式把公司的优势和农户的优势结合起来:养殖户无种苗、防疫、销售上的后顾之忧,专心从事养殖,并充分发挥分散饲养的管理成本低的优势;公司则可以突破养殖场地和人力不足的局限,负责育苗和销售,进行兽药和饲料的集中研发,可以最大限度地提高科技含量,拉长产业链以获得深加工的利润。

"公司+农户"的模式为许多公司所采用。温氏集团并不是最早采用该模式的企业,但却是做得最为成功的企业之一。温氏的集团成功之处在于,它始终能够与农户进行真诚合作,并切实保护农户的利益。温氏集团长期坚持"五五分成"的利益分配机制,将产业化经营中获得的行业利润与农户进行第一次"五五分成",并明确无论行业处于何种经营环境,都要保证养鸡户每只鸡有1~1.5元的获利。即使在行业遭受禽流感重大冲击的情况下,公司也依然顶着每天亏损五六百万元的压力,承担经营的亏损,保证养鸡户的利润。同时,公司还建立了二次分配机制,即在年终结算时,如果农户的年平均收益低于社会同行的平均利润水平,公司将以补贴形式返回农户。此外,公司还提取一定的风险基金,如果农户在饲养管理中因遭遇洪涝、台风、疾病等灾害而受到重大损失,公司将从基金中提取补贴,保证农户不发生亏损。[①]

由于保护农户的利益,温氏集团吸引了越来越多的合作农户,从而为公司发展提供了强大的后方保障。同时,日益增多的农户也从同温氏集团的合作中获得稳定而良好的收益,不少人因此走上了致富道路。1994 年,公司合作农户 4 000 多户,2000 年增加到 1.2 万户。2007 年,升至 3.65 万户多户,总收益 11.35 亿元,平均每户 3.1 万元。2008 年,达到 4 万多户,总收益 13.6 亿元,户均获利 3.4 万元。

温氏企业始终采取股份制的组织形式。在 1983 年初创时,公司就是一家由 7 家农户 8 份股份的股份合作制企业。1986 年,温北英在公司内推行了职工全员持股制,并打出了富有现代企业色彩的口号——"温氏食品、人人有份"。此后,随着员工的增多,公司的股权越来越分散,以至于集团最大的股东——董事长兼总裁温鹏程目前的持股比例不到 4%。[②] 到 2008 年,温氏集团公司已经拥有 2.8 万名员工,绝大部分员工都持有公司股份,让员工能够分享经营上的成果,这就是温氏所推崇的"齐创美满生活"。

"温氏模式"之二是建立产供销"一条龙"和科工农贸"一体化"的产业发展模式。

经过 20 多年的发展,温氏集团打造和形成了一个完整的产业链。在纵向上,以养鸡为核心,建立了一个产、供、销"一条龙"的生产销售系统。在横向上,以养鸡、养猪为主,建立了包括饲料、动物保健品、屠宰加工、农牧设备等在内的配套产业,形成了科、工、农、贸为一体的产业结构。

这种建立在完整产业链上的多元化经营,拓宽了企业获得利润的渠道。企业在保证整体效益的前提下,无须计较某个时期、某个环节甚至某个年度的盈亏。特别是公司有条件通过其他渠道的盈利,来保证在生产环节上向养殖户让利,以保护农户的利益。同时,多元化经营也增强了公司抗击巨大市场风险的能力。面临禽流感和"非典"时期低迷的销售市场,

---

① 陈清浩、陈韩晖:《温氏魔法:8000 元起步跻身"百亿俱乐部"》,《南方日报》,2008 年 3 月 27 日。

② 陈韩晖、苏计林:《精彩大戏:百亿温氏的百年老店梦》,《南方日报》,2008 年 3 月 27 日。

温氏集团的加工企业就很好地发挥了肉鸡销售的分流作用。

完整的产业链和巨大的规模也有利于降低生产成本。温氏集团生产的饲料、动物保健品、农牧设备等产品,除政府统一调拨的禽流感疫苗等产品外,绝大部分产品为自产自销,直接面对与温氏合作的农户,无须像其他同行一样构建庞大的营销体系和组织管理人员,节省了大量的营销成本。这些环节中管理和交易成本的降低,使公司肉鸡、肉猪生产的综合成本整体要低于社会平均成本。公司还能以巨大的规模优势,降低玉米、豆粕等大宗饲料原料的采购成本。[①]

"温氏模式"之三是重视科技,重视人才,实行产学研高度结合的研发模式。

1985年,勒竹鸡场就聘请华南农业大学兽医系岑德光做技术指导。1992年,公司又以技术入股的形式,诚邀华南农业大学动物科学系进行全面技术合作,由华南农业大学长期派出专家、教授指导和开展科研工作。至今温氏已与华南农业大学、中山大学、中国兽医药品监察所等全国10多所高等院校、科研院所建立了长期的"产、学、研"合作关系。2004年成立博士后科研工作站。2007年获准设立广东温氏集团研究院(广东全省只有两个企业研究院)。这就使温氏集团能够及时推广和运用行业最新的技术成果,保证了公司技术在行业的领先地位。如温氏培育的短脚黄鸡由于卖相较好,在消耗同样饲料的情况下,每只可以比别的品种多卖一元钱。

温氏集团非常重视引进专业人才,为专业人才提供优厚待遇和发挥其才能的环境。1995年,北京农业大学硕士生张莹加盟温氏集团成为温氏集团的技术骨干。与此同时,温氏集团也很重视对员工的培训和教育。在1995年建立了温氏科研基地,并成立了畜牧兽医中专班,对没有中专文化的年轻员工进行专业培训。2001年将所有的总经理送到高等院校接受经营管理知识的培训,使经营管理层的素质有了很大的提高。截至2001年8

---

① 陈清浩、陈韩晖:《温氏魔法:8000元起步跻身"百亿俱乐部"》,《南方日报》,2008年3月27日。

月,总经理以上领导干部大专以上文化程度达 83%。[①] 经过长期努力,温氏初创时期外界对温氏"农民军"的看法已经被彻底颠覆,现公司员工中大专以上学历的有 3 300 多人,硕士 185 人,博士 22 人,外聘教授级专家26 人。

为了管理分散在各地的众多分公司和广大养殖户,温氏集团充分利用电脑等通信工具。1996 年,温氏集团建立了微机联网,通过网络对养殖户进行管理和提供技术服务。公司技术中心下设一个技术快速服务队,技术中心通过网络及时了解养殖情况,发现问题,立即派出技术人员前去处理,使养殖户少受损失。[②]

2007 年,温氏集团与华南农业大学、金蝶等高校和企业开展合作,投入 6 000 多万元建立了一套具有养殖业特色的信息管理系统,实现财务、供应链、养殖户、销售户等产业链管理体系信息的无缝连接,增强总公司、分公司、养殖户及销售户之间的信息沟通,做到快速反应、准确高效。现在,温氏集团的管理层每天只要打开电脑,轻点鼠标,就能很快将国际饲料原材料价格、全国市场供求、每个养殖户的领料时间和数量以及公司的市场销售等信息掌握在手中。[③]

# 第五节　"大学生农民"师智敏

华中农业大学的师智敏,1998 年毕业后回乡创业,几经曲折,终于获得成功,被誉为"大学生农民"。他用实践验证了知识在农村的价值,证明了大学生在农村依然具有广阔的发展空间,并带动了周围农民迈向致富道路。

---

① 杨恒东:《做精做大畜牧产业经济链——与温氏集团董事长兼总裁温鹏程及其伙伴们的对话》,《中国家禽》,2001 年第 23 期。
② 李国胜:《温氏食品集团的成功之路》,《饲料广角》,2000 年第 1 期。
③ 何鹏程:《温鹏程:创办新兴第一家养鸡厂》,《云浮日报》,2008 年 12 月 25 日。

## 一

师智敏是湖北省咸宁市咸安区桂花镇明星村人。父亲师家文当过村支书,喜欢钻研农业科技方面的知识,村民遇到技术问题都向他请教,这使年幼的师智敏感到很自豪。在父亲的熏陶和影响下,他在中学时便对农业科学产生了浓厚兴趣。高中时,他就从 60 元的生活费中拿出钱来订阅《河南农业大学学报》和《养猪》2 份杂志。

1994 年高考填志愿时,师智敏准备全部填报农业类院校,但遭到家人的强烈反对。无奈之下,他玩了一个小花招,第一志愿填报了估计考不上的华中理工大学,其他志愿仍填报农业院校。不料,他超水平地考出 610 分的高分,被华中理工大学录取了。[①]

进入华中理工大学后,师智敏学习的是机械制造设备及工艺。一学期过去了,尽管获得乙等奖学金,但他对所学专业始终无法热爱起来,兴趣依然还在农业方面。思索再三后,他毅然申请转学到华中农业大学。

师智敏要求转学的消息,引起家人极大的震惊。最关心他的大姐,又急又气,急忙赶到学校阻止他,但他不为所动。经过与学校两三个月的交涉,他转入华中农业大学果树专业。对此,父亲师家文始终采取默默的支持态度,周围的亲人们只好慢慢地接受这一现实。[②]

师智敏从理工科转向一向被视为"冷门"的农科院校,也在华中理工大学和华中农业大学引起很大轰动。《中国青年报》、《湖北日报》等相继进行了报道。随后,全国各地的信件雪片般飞来,不少人纷纷写信表示支持和敬佩,其中就有当时正在四川建材学校就读的杨玉凤。两人在一来二往的通信中,慢慢地擦出了爱情的火花,后于 1998 年年底结婚。

转到华中农业大学后,师智敏不仅如饥似渴地学习自己喜爱的专业知

---

① 程墨、王珺:《师智敏:成功创业的"知识农民"》,《中国教育报》,2007 年 6 月 19 日。

② 范敬群:《黄土掘"金"的华农毕业生——记华中农业大学毕业生师智敏》,见《中国大学生就业》杂志社《青春在这里闪光:讲述当代大学生基层就业和创业的故事》,中国经济出版社,2008 年,第 89 页。

识,还到学校的植物园里参与果苗和花卉的管理,积累了不少实践经验。1998 年,他获得了"章文才奖学金"。

1998 年 6 月,师智敏以优异的成绩毕业。班主任推荐他到武汉市东西湖区农委工作,这在当时是同学们梦寐以求的好单位,家人听说后也非常赞成。可是,师智敏并不满意这个远离一线科技的工作,便谢绝了班主任的好意,再次作出了令人不解的决定:回乡创业。这一选择让家人伤透了心,亲戚朋友也埋怨他"傻到了家",姑父甚至在电话里对他说:"即使在外扫厕所,也不要回家来丢丑。"

二

师智敏选择回乡创业不是一时冲动,其中既有对农业科学的热爱,也有对从事农业前景的独特看法。他知道,美国大部分农场主都是农业院校毕业生,德国 67% 的农民是大学毕业生,日本大学生农民比例也达 59% 以上。他坚信,在中国,做农民一样可以获得稳定丰厚的收入,一样可以活得自信、充实而有尊严!

可是,要自已创业谈何容易! 这起码需要土地和资金等物质基础,而当时师智敏一无所有。因此,他决定先到外地打工,等待条件成熟后再回乡创业。

师智敏先到四川明日风种苗园艺公司工作。在这里,他初显身手,攻克了康乃馨斜纹夜蛾防治的难题。1999 年,他带着妻子回到老家,接管了父亲 2 亩多的葡萄园。他用专业技术精心地管理着这个小葡萄园,收入从过去的 3 000 多元钱增加到 1 万多元。但是,这一点微薄收入还远不及夫妻在外打工多,与他创业的初衷相去甚远。可是,要扩大种植规模,又无更多的土地和资金。于是,他再次外出打工,为积累资金而努力。

几个月后,师智敏的创业欲望再次被点燃。咸宁是有名的桂花之乡,当地政府大力鼓励发展"桂花经济"这一特色产业,当时一棵桂花树苗能卖七八毛钱。他觉得这是个机会。1999 年 12 月,他借了一笔钱,搭起了大棚,准备大量培植桂花枝。但是,由于保温技术未做好,扦插的 8 万株桂花枝只有 3 万株存活了,他的创业再一次失败。①

2000 年 8 月,师智敏到四川攀枝花市出口枇杷示范基地工作,解决了很多生产中遇到的新问题,为公司带来巨大收益。他由技术员升任为主管技术的副总经理,工资也涨到每月近 4 000 元,医药费全部报销,并能每年带薪探亲 6 次。但是,这种优厚的待遇并没有拴住他那颗渴望创业的心。②

2001 年年底,师智敏还清了债务,还有几万元的积蓄。他觉得时机成熟了,便辞职回乡创业。他考察了武汉周边的很多果品批发市场和大卖场,发现市场对高档果品的需求非常旺盛,但生产链条这一环却迟迟跟不上。而咸安地区交通便捷,气候土壤适合,完全具备发展高档果品的条件。因此,他选择发展高端水果作为这次创业的突破口。

师智敏说服父亲将自家的 9 亩水田改成了水果品种实验基地,并陆续从全国各地引来 20 多个树种 50 多个品种。经过筛选,发现艳光油桃、京春水蜜桃、丰水梨、东方明珠杨梅等 10 多个品种适合在当地种植。

风雨过后见彩虹。到秋天时,师智敏的果园开始试果,他的油桃、水蜜桃卖到每公斤 10 元的价格,轰动了整个村子,而当时普通桃子批发价不到 2 元。当年他就有了 1 万元的收入,初见成功的曙光。2003 年,他又在桂花镇毛坪村建成示范园 50 亩。2004 年,他的水果被城里来的批发商整车拖走,京春水蜜桃每公斤卖到 12 元,艳光油桃则卖到 1 元 1 个,而其他果农的桃子,最好的 1 公斤也只卖到 3 元。至此,师智敏创业终于获得了初步成功,并结束了咸宁地区不能生产高端水果的历史。

三

2004 年,师智敏成立了湖北天人生态农业有限公司(后改为咸宁市天人有机果业有限公司),寓意是追求人与自然的和谐,同时注册了一个商标"顶尖",寓意就是做最好的水果。同年年底,他又瞄准了有机水果这一新

---

① 邓昌炉、朱封金、余中宏:《绿色的梦想——记咸安区桂花镇大学生农民师智敏》,《咸宁日报》,2004 年 11 月 16 日。
② 顾兆农:《"新农民"师智敏》,《人民日报》,2007 年 4 月 1 日。

兴的高端产品。有机水果是指不施用任何农药、化肥和生长剂的无污染水果。他敏锐地意识到,随着人们生活水平的提高,对有机水果的需求量会越来越大。他查阅大量资料,全面分析咸宁市生态环境、农业资源、地形、气候等各种条件后,决定发展有机水果。

2005 年初春,在咸安区委、区政府的帮助和支持下,师智敏在横沟桥镇孙祠村租下 400 亩荒坡发展有机水果。为了解决有机水果的种植技术,2006 年年初,师智敏与华中农业大学联合成立湖北省有机园艺研究所,由他出任所长,华中农业大学 8 名专家出任研究员。他们初步摸索出一整套有机水果的种植技术,施用鸡粪、稻草等有机肥,用瓢虫等治理害虫。2006 年 5 月 10 日,天人有机果业公司获得国家环保总局有机食品认证中心颁发的认证证书,成为湖北省首家得到国家认证的企业。当年,他的有机水果园试果,刚一上市就非常畅销,每公斤 50 元的无花果、水蜜桃很快卖断货。① 2007 年 4 月,他又新开辟 500 余亩有机果园,有机果园规模达到 1 000 亩。2007 年,公司实现产值 100 万元,2008 年产值增加到 200 万元。2009 年,公司员工发展到 32 人,其中还有来自 10 余所高校的 20 多名大学生。②

师智敏在成功后,无偿地向周围农民传播新技术和新品种,帮助和带动周围农民致富。2004 年,他牵头成立了咸安区果业协会,为果农提供技术培训、防治病虫害、贮运销售等多项服务。2005 年,协会共订购果袋40 余万只,为果农节约成本 8 万元。为了解决咸安市枝剪、手锯等果需工具缺乏且价格高、质量不可靠的问题,他与台湾"德之助"等知名园林工具厂家联系,以厂价购进工具提供给果农。③ 从 2004 年以来,他培训果农25 000 人次以上,带动咸宁地区几千余农户发展特色果园达 3 万余亩,使

①　汪健、高小明:《不做副总做农民 师智敏:带领众乡亲种果树》,《武汉晨报》,2007 年 12 月11 日。

②　师智敏:《耕耘青春 收获人生》,人民网"教育频道",2009 年 7 月 7 日,http://dxszk.people.com.cn/GB/9605330.html。

③　范敬群:《黄土掘"金"的华农毕业生——记华中农业大学毕业生师智敏》,见《中国大学生就业》杂志社《青春在这里闪光:讲述当代大学生基层就业和创业的故事》,中国经济出版社,2008 年,第 93 页。

种植果树的农户收入水平也有大幅度提高。

2004 年以来,师智敏得到了各级党委和政府的关注与支持。中共中央政治局委员、原湖北省委书记俞正声,湖北省委常委、副省长汤涛,副省长郭生练,农业部副部长危朝安等都曾亲临他的公司和基地视察与指导工作。《人民日报》、《中国青年报》、《湖北日报》、《农民日报》、中央电视台、湖北电视台等十几家省级以上新闻媒体都做了专题报道。他成为大学生回农村成功创业的典型,其事迹也有力地推动了大学生回到农村创业的潮流。

师智敏先后荣获 2003 年度全国农村青年创业致富带头人标兵、2004 年度湖北省十大杰出青年农民、2005 年度全国服务农村青年增收成才奖、2006 年湖北省劳动模范、2007 年中国教育年度新闻人物、2008 年北京奥运会火炬手等荣誉称号。

第六章

『大包干』时代的集体化典型

20 世纪 80 年代初以来,当全国绝大多数村庄实行"大包干"、告别集体化时,仍有少数地方一直或一度继续保持着集体经济,走着与绝大多数村庄完全不同的道路。其中,一些明星村庄成为改革开放后继续走共同富裕道路的典型。

# 第一节　共同富裕的明星村

在家庭联产承包责任制风行全国后,少数地方未实行分田到户,继续保持与发展集体经济。其后,南街村等个别地方在分田单干后又重新走上集体化的道路。还有一些村庄也实行分田到户,但集体企业没有分或者后来又通过利用集体资源(土地和名气)发展了集体经济。目前,关于全国究竟有多少个村庄在继续发展集体经济有不同说法,大致在 4 000 ~ 7 000个左右。其中,既涌现出一批备受舆论关注的明星村,也出现一些因带有人民公社痕迹而被称为"坚守的人民公社"的村庄。

一

1978 年以来,一些村庄因发展集体经济而走上了共同富裕的道路,成为令人羡慕的明星村庄,形成了改革开放后农村的一道亮丽的风景线。

20 世纪 70 年代末 80 年代初,河南新乡刘庄、江苏江阴华西村等少数村庄崭露头角,成为发展社队企业的模范。其后,天津大邱庄、北京窦店和韩河村、黑龙江甘南兴十四村也迅速崛起。90 年代初,深圳万丰村以倡导公有制和其迅猛发展势头而名噪一时。大邱庄凭借强大的经济实力和大胆的改革魄力而风云一时。独具特色的红色亿元村——河南临颍南街村也异军突起。1994 年,大邱庄因禹作敏被捕而失去光环,华西村则雄居中国村庄之首。随后,山西昔阳大寨在郭凤莲领导下重现辉煌。

除了上述非常有名的村庄外,全国还有以下比较有名的村庄:北京郑各庄村、上海九星村、大连郊区后石村、江苏张家港长江村、江苏张家港永联村、江苏常熟蒋巷村、江西南昌东郊进顺村、浙江奉化滕头村、浙江萧山航民村、山东烟台南山村、山东威海西霞口村、云南昆明福保村、湖北荆州洪林村等。

　　这些明星村庄最受舆论关注的有4个共同特点：一是发展集体经济，走共同富裕道路。这些村庄中的大多数，在农村改革的浪潮中，大力发展乡镇工业，对农业实行专业承包。尽管不少村庄后来改制后，已非完全集体所有制，但大都还保留了一定的集体股份（大邱庄除外）。南街村等个别村庄则是在"包干到户"后又重新走上集体化道路。深圳万丰村、上海九星村、北京郑各庄村等都实行了"包干到户"，但后来是通过利用集体土地资源发展了集体经济和股份合作经济等，走上共同富裕道路的。这种情况在大城市郊区农村和城市化与工业化发达的广东南海市表现得尤为突出。由于南海市大量农地转为工业用地，土地收益资本大增，因而农民视土地为福利，土地难以流动。针对这种情况，20世纪90年代，南海市采取以农民土地经营权入股，实现土地集中经营。大寨也实行了"包干到户"，但后来则主要是利用大寨的名气来发展乡镇企业和旅游经济而再现辉煌的。二是经济发达，村民收入高，生活富裕。这些村庄拥有着强大的经济实力，是本地区、本省的首富村，一些村庄的总产值超过1亿元、10亿元，甚至100亿元，跻身中国经济强村之列。村民收入多，生活富裕，住宅别墅化和公寓化，享有教育、医疗、老年津贴等多种福利待遇，过着许多城市人都羡慕的生活。1999年，"南国第一村"万丰村拥有总资产14亿元，年总收入1.61亿元，人均年收入3.1万元。2002年年底，洪林村固定资产达到2.8亿元，户均积累53万元。2003年末，后石村可支配财力1 050万元，人均年收入9 540元。2004年，郑各庄村经济总收入7亿元，农民人均年纯收入1.7万元。2005年，蒋巷村经济总产值超过11亿元，村民人均年收入达到1.5万元。2006年，南山村总资产175亿元，年销售收入126亿元，村民人均年收入1.5万元。2007年，航民村工农业总收入41.57亿元，村民人均年收入2万元；进顺村集体经济总产值20多亿元，村民人均年收入超过1万元；四川彭州宝山村总资产达到30亿元，人均年纯收入1.23万元；

福保村全村经济总收入 12.36 亿元,农民人均年纯收入 1.17 万元。2008年,江苏张家港永联村完成工业销售收入 310 亿元,村民人均年收入超过1.6 万元;河南刘庄村实现销售收入 19.8 亿元,人均年纯收入 2 万元。三是注重精神文明建设,以"文明村"而著称。许多村庄村风文明和谐,邻里团结,家庭和睦,形成无迷信赌博、无打架偷盗、无刑事犯罪、无超计划生育的好风气。四是热心扶贫帮困等公益事业。华西村先后建立了"宁夏华西村"和"黑龙江华西村",并帮助中西部地区培训技术人才和培训全国农村干部。大邱庄曾慷慨支持小靳庄、大寨的发展。南街村也大力帮扶周边村庄,并扶持北徐村走上富裕道路。张家港长江村还扶持了安徽小岗村的发展。窦店、洪林等村庄也在扶贫帮困上做了大量工作。一些村庄还通过并村的方式,带领周边的穷村走上共同富裕的道路。华西村先后将周边 20村并进,南山村并进周边 11 个村,永联村并进 7 个村,西霞口村并进 4个村。

这些明星村庄的崛起和持续发展,除了得益于改革开放的大环境外,还与以下因素有重要关系:

第一,有能干而公道的领导人。它们往往都有一个长期担任领导的灵魂人物。这些灵魂人物的一个共同点是公道廉洁,能赢得村民的信任,能把村民团结起来。吴仁宝、王洪彬、史来贺、仇振亮在全村盖新房时都是最后一个迁入新居的。史来贺在国家发给他的工资高于刘庄的平均工资时,把自己的工资交公,领取刘庄的平均工资;后来当他的工资低于刘庄的平均工资时,他就不参与刘庄的工资分配,而只领自己的工资。另一个共同点则是能干,早先是搞生产的一把好手,后来则是市场经济中搏击风云的强将。因此,他们往往享有极高的权威。其中,有些人年龄很大时才退休或一直干到病逝。如史来贺自 1952 年到 2003 年担任刘庄领头人长达 51年。吴仁宝从 1957 年到 2003 年主政华西村 46 年。傅嘉良从 1960 年到1997 年掌舵滕头村 37 年。陈玉圭在 1966 年到 2004 年的 38 年间领航大连后石村。许多人从 20 世纪六七十年代到现在一直都是村里的掌舵人,如蒋巷村的常德盛、洪林村的叶昌保、兴十四村的付华廷、长江村的郁全和、西霞口的田文科、南街村的王宏斌等。韩河村的田雄、航民村的朱重庆、进顺村的罗玉英也在 20 世纪 80 年代成为各自村庄的领头人。正是在他们的长期领导下,才创造出一个个光彩夺目的明星村庄。

第二,选择了合适的发展道路。这些明星村庄大都选择了适合自身实际的发展道路。致富途径之一是"工业兴村",这种方式占据主流地位。早在 1978 年之前,刘庄、华西就率先发展了社队企业。1978 年之后,兴十四村、大邱庄等也走上了工业兴村之路。它们运用集体的力量,积累资金兴办工业,并利用乡镇企业机制优势,在 20 世纪七八十年代经济短缺的条件下,实现了经济的迅速崛起。90 年代中后期,它们一方面不断搞技改,上设备、上水平、上档次,增加产品科技含量,提高附加值,另一方面又进行企业产权和经营管理的调整和变革,在激烈的市场竞争中站稳了脚跟,并逐渐形成自己的支柱产业和优势产品。

致富途径之二是"旅游兴村"。1984 年,进顺村果断关闭 4 个村办小企业,集中资金,在南昌市黄金地段建设鄱阳湖大酒店,迈出了发展第三产业的第一步。到 1997 年,进顺村集体累计资产总额达到 8 000 多万元,成为拥有多家大型酒店餐饮企业的江西首富村。云南福保村在通过兴办集体企业实现经济崛起后,在 20 世纪 90 年代又借助濒临滇池得天独厚的资源和区位优势,相继建成了以福保文化城、蓝色庄园为代表的生态休闲度假村,大搞旅游文化产业,现在已经发展成为中国西南地区规模较大的旅游度假、会议接待、文化交流中心。此外,华西村、南街村、大寨村、藤头村、韩河村、南山村、西霞口村、蒋巷村、宝山村也利用自身的名气和良好的生态资源把旅游产业搞得红红火火。

致富途径之三是"资源兴村"。这在一些城中村和城郊村表现得尤为突出。有的"筑巢引凤",即利用集体土地资源,建立工业园区,引进外来企业,村集体获得厂租,村民则向工人出租房屋。深圳万丰村是采用这种方式而致富的最突出代表。窦店村、韩河村、郑各庄村、进顺村等也采取这种做法。有的以"市场兴村",即利用集体土地兴建市场,提供配套建设和相关服务,向租用商户收取租金。20 世纪 90 年代中后期,上海九星村就是通过这种方式而迅速崛起的。此外,宝山村利用当地资源兴建水电站 17 座(其中有全国最大的村级水电站桂花树水电站)。山东威海西霞口村则利用当地资源发展海产品养殖业、造船业和海运业。

第三，在坚持发展集体经济和走共同富裕道路的前提下，不断变革和完善所有制结构和分配方式。除了南街村等个别村庄外，绝大多数都与传统的集体企业有了很大的不同。最初，它们依然是集体经济，产权模糊，但在分配方式上则打破了"大锅饭"体制。1997年后，随着乡镇企业的改制，大多数地方的企业产权进一步明晰化，除了保留多少不等的集体股份外，其他产权都明确到村民个人头上。在分配方式上，除了福利待遇外，由单纯的按劳分配转为按劳分配和按资分配（股份分红）并举。此外，一些村庄的个体经济也蓬勃发展。

这些明星村吸引了外界羡慕的眼光，获得了热情赞扬，但也不时招来质疑乃至反对之声。如有人对能人（强人）长期领导不无微词，特别是对领导层中的家族化现象非议颇多。还有人对这些村庄的严格管理尤多质疑，为所谓"村民失去了自由"而深感遗憾。甚至有人怀疑这些村庄的成就不是自身努力奋斗的结果，而将它看成是政府扶持的结果。

应该指出，这些村庄之所以能够独树一帜，除了有好的领导人和得到大多数村民的支持外，也要归功于中央在实行农村改革时没有完全采取"一刀切"的做法。当然，许多村庄当初选择这条道路时，也曾经面临一些政治压力。但是，正是由于中央政策的开明和宽容，这些村庄才能顶住压力而得以保持下来。当这些村庄辉煌崛起，享誉全国时，党和政府领导人从大胆改革发展经济、重视精神文明建设和党的建设以及带领群众走共同富裕道路等方面，对它们给予了高度肯定和赞扬，并没有把它们发展集体经济的模式强行向全国推广。

二

除了上述备受关注的明星村外，还有一些村庄长期保持了明显的人民公社痕迹，如实行集体耕作、工分分红和多种福利制度等。在很长时间内，人们对这种情况知之甚少。20世纪末，特别是进入21世纪以后，在新闻媒体的挖掘下，这些村庄才逐渐进入公众视野，引起人们的好奇和关注，并被称为"坚守的人民公社"。

这些"坚守的人民公社"范围有大有小,其中,相当于原来人民公社的有河北晋州周家庄乡、西藏双湖特别区嘎措乡;相当于原来生产大队的有广东中山崖口村、河北晋州吕家庄、陕西户县后寨村、江西宜春花园坪村、浙江宁海望海岗村;相当于原来生产队的有湖北十堰李家岗村一组和二组等。

实质上,这些村庄与原来的人民公社有着根本的不同:一是它们面对的是市场经济的环境,不再单纯依靠农业生产,而是以发展工业和商业作为主要收入来源;二是村民不再受到集体严格控制,可以自由流动,自由选择从事个体经营。实际上,这些村庄在管理上比南街村、华西村、南山村、西霞口村等明星村庄显得更为宽松和开放。

这些"人民公社"的存在,都是农民自愿的选择。它们在相当长的时间内运作良好,村民们过着较为富裕的生活,享受着多种福利,然而,由于各种原因,目前这些"人民公社"的命运和境况并不相同。

西藏嘎措乡和浙江望海岗等"人民公社"至今运行良好。嘎措乡原属西藏自治区申扎县的嘎措人民公社。20 世纪 70 年代,因草场急剧缩小,便整体搬迁到西边的草场茂盛但海拔很高、交通不便的无人区。在艰难的搬迁过程中和严酷恶劣的自然环境下,嘎措人产生了对集体的信仰和依赖。在农村改革时,他们不愿单干,依然实行集体放牧和工分分红,成为西藏自治区保留下来的唯一一个"人民公社"。到 21 世纪初,嘎措乡的人均年收入已达 4 000 多元,成为全行政区中人均收入最高的乡。① 望海岗村是浙江省宁海县的一个高山自然村,只有 20 余户 70 多人。1979 年,望海岗人不愿分田到户,依然实行集体出工、记工分红的原有做法,成为浙江最后的"工分村"。该村利用全国著名的"望海茶"走上了共同富裕的道路。村里现有可以采摘的 200 亩茶园(另有 200 亩茶园尚未进入采摘期),每年可收入 192 万元。2004 年集体固定资产达到了 400 多万元,全村 25 户村

---

① 玉平:《羌塘西行散记》,中国西藏信息中心网,http://www.tibetinfor.com.cn/zt/zt2002004723100729.htm。

民人均年收入达到 1.5 万元。①

周家庄、崖口村等"人民公社"虽然存在一些问题,但仍能保持良好的运转。1983 年,周家庄人民公社改为乡,在老书记雷金河和绝大多数村民的坚持下,没有分田到户,依然实行集中耕作、记工分、分口粮、统一分配等方式。同时,先后发展了 9 家劳动密集型的集体企业。虽然周家庄在集体耕作上存在一些弊端,集体企业发展也面临一些压力,但还是能够良好运转。2006 年,周家庄工农业总收入 48 678 万元,人均年收入达到了晋州市最高的 5 609 元,财政收入也是全晋州市第一。② 2009 年 1 月 13 日,该乡为 6 个自然村的村民发放了近 7 000 万元的年底分红款,人均分红 6 000元左右。由于分红数额巨大,分红过程中有警察维持秩序。③ 崖口村有3 000 多亩土地,由 600 多位社员(全村劳力有 1 000 多人)集体耕作,由 13个生产队负责生产和田间管理,收入则由全大队进行统一分配,被誉为"珠三角最后一个人民公社"。虽然该村集体耕作效率低下问题明显,但是,该村利用先出卖当地的白泥资源,后出租大量滩涂所获得的巨额收入来补贴农业,也能保持良好运转,2004 年社员人均年收入达到 9 000 多元。④

后寨村、吕家庄等"人民公社"一度运行良好,但随着弊端日益暴露而陷入困境。陕西后寨村(当时是生产大队)20 世纪 70 年代后期农业生产搞得不错,1979 年办了集体纺纱厂,效益很好。80 年代初,后寨村没有实行分田到户,村子里 1 200 亩土地被集体耕种。1984 年后,后寨村又先后办起了 3 座玻璃厂和 1 座电厂,都是实行集体经营。社员日子过得非常红火。1998 年后,虽然集体企业发展逐渐陷于停滞,但到 2005 年,社员人均年收入是 4 500 多元,是户县排在前 10 名的富裕村。村里的公共设施建设、老人福利等在当时都是全县村庄中最好的。⑤ 随着集体企业效益进一

---

① 王景波、张裕定、应于波、薛建国:《望海岗,浙江最后的"工分村"》,《钱江晚报》,2005 年1 月 9 日。
② 钱昊平:《最后一个人民公社的求富实践:农民享 10 项福利》,《新京报》,2006 年 9 月 19 日。
③ 刘刚:《探访我国最后的人民公社:人均分红 6000》,《河北青年报》,2009 年 1 月 15 日。
④ 柯学东、刘海健、王燕:《探访伶仃洋畔的"集体生产制农庄"》,《广州日报》,2004 年 11 月28 日。
⑤ 江雪、张颖俊:《陕西户县后寨村:"人民公社"的共富之梦》,《华商报》,2006 年 9 月 26 日。

步下滑和集体耕作弊端的日益严重,加上 2008 年村主任韩红卷走集体 40 多万元资金,在当年冬季的村委会和党支部换届选举中,被誉为后寨灵魂人物的张志武黯然落选,后寨陷入严重困境。① 河北晋州吕家庄(原是东卓宿人民公社的一个生产大队)的集体经济发展很好,1982 年劳动日值已经达 1.92 元,公共积累近 600 万元,并且开始了农业机械化生产。吕家庄村没有实行分田到户,依然实行集体耕作,还先后建立了造纸厂、毛毯厂、砖厂、塑编厂、五金厂、制帽厂等 16 家集体企业,每年上缴集体近千万元,成为有名的富裕村。2004 年以后,随着周边村庄私营企业的蓬勃发展和市场竞争的日趋激烈,村民的积极性开始降低,企业效益也大幅度下滑。许多企业相继停产,只好对外招租。到 2009 年,吕家庄村只剩下一个制帽厂还在生产出口产品。②

有些"人民公社"坚持了相当长的时间,但由于弊端日益突出或面对土地被征用的客观形势而陷于解体或即将解体的困境。黑龙江双城黎明村第四生产队在 20 世纪 70 年代中后期走上了"弃粮种菜"、"弃农经商"的路子,又办了一个锅炉厂,社员劳动日值高达 5 元钱。因此,改革时社员不同意实行分田到户,仍延续原来的集体体制。但随着集体化的弊端日益暴露,加上锅炉厂效益下滑,第四生产队陷入困境。1998 年 1 月 12 日,四队社员投票表决:解散生产队,实行大包干。③ 江西宜春花园坪村是一个紧邻市区以种菜为主的村庄。改革时,该村没有实行分田到户,而是继续实行全村人听钟声集体出工,干完活后记工,年底开大会分红。2005 年,一个中等劳动力年底可分到一万多元。除了通讯费、有线电视费、水费 3 项日常开支由村民自己缴纳外,其他费用由村里集体承担。④ 2007 年,因城市扩建和机场用地,村里被征用了 100 多亩土地。考虑到将来城市扩建的需要,经村民大会讨论通过,实行分田到户,不再敲钟集体上工,仅保留

① 史佳:《探访陕西后寨:最后"人民公社"路在何方?》,《西安晚报》,2008 年 10 月 17 日。
② 蒋昕捷:《最后的"人民公社"遭质疑:还能存活多久?》,《中国青年报》,2009 年 7 月 29 日。
③ 解国记、高淑华:《迟到二十年的历史跨越》,《人民日报(海外版)》,1998 年 12 月 3 日。
④ 陈国菊:《江西宜春有个"人民公社"村庄》,《信息日报》,2006 年 6 月 9 日。

了少量的果园、山地和公益事业等集体经济痕迹。① 湖北十堰李家岗村是一个城中村,在人民公社时期叫"五堰大队",下辖 15 个生产队。后来在十堰城区的发展建设中,其中 12 个生产队陆续转成居委会,剩余 3 个生产队因地处沟岔,且土地在不断减少,在改革时未实行土地承包制度。到 1997 年,位于赵家沟的三组才将土地承包到户,但一组、二组仍坚持继续实行大集体记工分生产方式。② 2008 年,一组的土地被全部征用,二组也仅剩下20 亩,有 19 名社员挣"工分"。到 2009 年,3 名村民外出谋生,只剩下 16名社员。2009 年,二组土地也纳入商业规划区,最后的"生产队"即将消失。③

上述"坚守的人民公社"的存在证明,只要真正是农民的自愿选择,无论采取何种发展模式,都应得到尊重。新闻媒体对其大量报道,固然有猎奇和吸引眼球的考量,但也在一定程度上反映出我国在政治、舆论和社会心理上的宽容度在日益增强。

# 第二节 "天下第一村"华西村

20 世纪六七十年代,华西人大搞农田水利建设,成为苏南乃至"江苏农业学大寨"的典型,同时努力发展社队企业,悄然实现华西的崛起。1978年,华西人大力发展乡村工业。1985 年后,华西人走出村门,与大企业、外商、台商及港商进行"强强联合",经济连续高速发展,人民生活水平不断提高,创造了令人惊叹的"华西奇迹"。与此同时,华西人还持续开展精神文明建设,积极扶贫帮困。1994 年,华西村赢得了"天下第一村"的美誉,成为中国最耀眼的明星村。

---

① 陈国菊:《不再敲钟集体出工 村民生活多样化》,《信息日报》,2009 年 9 月 14 日。

② 彭军、章新:《李家岗村:湖北最后一个记工分的大集体》,《十堰晚报》,2009 年 3 月 27 日。

③ 张勇军、谭经田:《十堰李家岗村沿袭人民公社制度半个世纪》,《长江日报》,2009 年 3 月24 日。

## 一

华西村位于江苏省江阴市华士镇,全村面积 0.96 平方公里。华西村的前身,在解放初期是吴家基、孙家基、唐家巷、朱家基等 12 个小自然村落,共有 126 户、568 人,其中贫农 103 户,中农 11 户,地主富农 12 户。这 12 个自然村落共有 700 多亩耕地,其中大部分被地主富农占有。1952 年土地改革后,贫雇农分得土地,摆脱封建剥削,农业生产获得发展。1952 年春,孙家基、吴家基村民响应党的号召,掀起组织互助组的热潮。吴仁宝在互助合作运动中积极带头,当上了瓠岱乡第三村的村长和民兵队长。1953 年冬,第三村组织了 6 个初级农业生产合作社,粮食亩产 400 斤,比 1951 年增产 100 斤。1954 年,吴仁宝任乡财粮委员。1955 年秋,6 个初级社合并为一个高级社。1956 年粮食亩产增加到 500 斤。1957 年,又合并为瓠岱乡第 23 高级社。吴仁宝毅然回乡当农民,担任第 23 高级社党支部书记。1958 年,第 23 高级社并入华士人民公社,成为第 17 生产大队。

1961 年 10 月,华士人民公社缩小生产大队规模,将第 17 生产大队划分为 4 个生产大队。当时以华士人民公社西边的吴家基、孙家基、唐家巷、朱家基等 12 个小自然村为基础成立了华西生产大队,由吴仁宝担任党支部书记。当时,华西大队共有 667 人,耕地面积 843 亩,亩产 780 斤,集体积累 1 760 元,分得外债 1.5 万元,年人均分配 53 元。由于"浮夸风"、"一平二调"严重挫伤了社员的积极性,加上为响应为国分忧、多卖爱国粮的号召,华西大队卖了过头粮,人均口粮只有 240 斤,日子过得十分艰难。此时,华西村人穷村破,全村土地被分成 1 300 多块,高低不平,"半月无雨苗发黄,一场大雨白茫茫",社员住的大都是茅草房。[①]

1964 年 2 月,《人民日报》发表《大寨之路》的通讯后,吴仁宝与支部一班人决心以大寨人为榜样,战天斗地,改变华西面貌。1964 年冬,他们踏

---

① 杨峰挺:《江苏省华西村农业合作经济发展史》,见《当代中国的农业合作制》编辑室《当代中国典型农业合作社史选编》,中国农业出版社,2002 年,第 489 - 491 页。

遍全大队 1 300 多块田地和 40 多条河沟,绘制出一幅符合村情的华西大队学大寨十五年发展远景规划图,提出了五大目标:一是全体社员树立一个爱国家、爱集体的社会主义思想;二是开挖一条灌排两用的华西河;三是治土改水,建设一片高产稳产的农田;四是每亩年产一吨粮;五是建设一个社会主义新农村。[①] 当时,这个远大规划不被人理解,周围的人讥讽华西大队为"吹牛大队"。

在吴仁宝的率领下,华西人顶风雪、冒严寒、踏冰霜,日夜苦干,踏上重造华西山河的艰难历程。周围的群众很不理解,讽刺华西是"做煞大队",一时间弄得外村的姑娘不愿嫁到华西"做煞",外村的小伙怕华西的姑娘有"做伤"而不敢娶。这使得华西的年轻人大为郁闷,吴仁宝一度不得不动员华西的小伙和姑娘自由恋爱,自产自销。

华西人拼命苦干,一干就是 8 年,搬掉了 984 条田岸,削平了 57 个土墩,填平了 39 条废河沟渠,挑走了 110 多万方土,用了 27 万个人工,把原来 1 300 多块七高八低的零星田块改造成 400 多块能排能灌的高产稳产大田。1966 年,华西村亩产就达到 1 200 斤,一跃成为江阴县的 5 个样板大队之一。1972 年粮食亩产突破 1 吨,提前 7 年实现了十五年规划。[②]

与此同时,华西大队还发展工副业。1961 年 10 月,华西大队从邻近的向阳大队买来一个石磨,建起了磨房,在一头老水牛的拉动下,为本大队和周边的群众加工粮食和饲料。1963 年,又改用一台 30 马力的柴油机拉石磨,增添一台石磨,一天能磨 600 斤。1965 年,将磨房更名为"华西粮食饲料加工厂",将大石磨换成大钢磨,一天能磨 2 500 斤,每年可获净利 5 000 多元。到 1967 年,一年能挣 1 万元。

1963 年冬,华西大队建立华西废纺站,把收购来的等外棉、旧棉絮用弹花机弹松,分到各家各户纺纱、织布,再由废纺站收上来统一销售。第一

---

① 杨峰挺:《江苏省华西村农业合作经济发展史》,见《当代中国的农业合作制》编辑室《当代中国典型农业合作社史选编》,中国农业出版社,2002 年,第 492 页。

② 本书编委会:《为百姓谋幸福:"天下第一村"的带头人吴仁宝》,学习出版社,2006 年,第 168－172 页。

个冬春,就净赚了 1.4 万多元。①

1964 年,华西大队又创办华西铁匠店,生产和修理小农具。1969 年,华西人在一片泽地之中偷偷地建起了五金加工厂,生产丝攻(螺丝帽的模具)和扳牙(螺丝的模具)。至 1978 年,华西五金厂总计实现产值 296.35 万元,创造利税 135.03 万元,为华西的工业起步积累了资金和经验。

随着生产的发展,社员的收入大幅度提高,人均年收入由 1961 年的 53 元提高到 1970 年的 130 元。1964 年至 1972 年间,华西大队按照统一规划,拆除了 12 个自然村近 300 间破旧瓦房和茅草房,集中连片建成一个 200 多户、670 间新瓦房的华西新村。"做煞大队"变成远近闻名的幸福村。1973 年,江阴县委号召全县农村各社队开展"学大寨、赶华西"的群众运动。此后,华西成了江阴乃至苏南"农业学大寨"的榜样。②

1973 年 8 月,吴仁宝当选"十大"代表。此后,他先后出任江阴县委副书记、江阴县委书记兼任县"革委会"主任,同时仍兼任华西大队支书。1975 年,华西大队粮食亩产突破"三纲"(2 400 斤),1976 年又猛增到 2 704 斤。到 1978 年,工农业总产值达到 108 万元,人均收入 220 元。这样,在改革开放前,华西人就已经告别贫穷,悄然崛起,在全国农村中率先迈向了富裕道路。

二

十一届三中全会后,华西人大力发展乡村工业。1978 年 12 月,建成塑料纺织厂,次年 1 月投产,一年创造产值 119 万元,获利 38 万元。1980 年,关闭了曾经作出重大贡献的五金厂,打开了塑料编织袋市场,把生产规模扩大了 6 倍,1981 年净赢利 160 万元。随后,又先后创办板网厂、药械厂、织布厂,连战皆捷,经济实力不断壮大。

---

① 本书编委会:《为百姓谋幸福:"天下第一村"的带头人吴仁宝》,学习出版社,2006 年,第 177 – 181 页。

② 杨峰挺:《江苏省华西村农业合作经济发展史》,见《当代中国的农业合作制》编辑室《当代中国典型农业合作社史选编》,中国农业出版社,2002 年,第 494 – 495 页。

1981 年春,吴仁宝在中共江阴县第五次代表大会代表选举中意外落选,不再担任江阴县委书记,回到华西。1983 年,华西大队改为华西村,吴仁宝担任华西村党支部书记。

1985 年 8 月上旬,赵毛妹、吴协德代表华西村参加由江西南昌郊区人民政府主办的中国农村"六雄会"。参加会议的还有江西南昌顺外村、天津大邱庄、河南刘庄、上海马陆、广东联星等 5 个赫赫有名的村庄。会上,大邱庄坐上中国农村村庄的第一把交椅:1983 年大邱庄工农业总产值已达到 3 002 万元,1984 年发展到 5 000 万元,准备在 1985 年实现翻番达到产值 1 亿元。大邱庄的后来居上,使华西人感到了压力,也产生了追赶的动力。华西人随即树立一个目标:决战三年,实现"三化(绿化、美化、净化)三园(远看是林园,近看是公园,细看是农民生活乐园)亿元村"。8 月 19 日,吴仁宝率领华西村 100 多人冒着炎炎烈日在南京雨花台烈士群雕前庄严宣誓:"苍天在上,大地作证,我华西的一百多名党员和村民代表,今天,面对先烈庄严宣誓,我们和华西的老百姓要有难同当,有福同享,决心苦战三年,目标一亿,谁若三心二意,老天不容,百姓不容……"次日,吴仁宝趁热打铁,主持了三年承包合同的签字仪式。[①]

10 月初,吴仁宝率队北上大邱庄取经,受到禹作敏的热情接待。此行使吴仁宝看到了华西村与大邱庄的差距,意识到华西人发展不如大邱庄迅速的主要症结是"左"的影响未消除,脑袋上还有"紧箍咒",思想不够解放:一是"满",满足于因陋就简的厂房和简单低级的产品;二是"怕",不敢高薪聘用全民技术人员和大专院校的教授、工程师,怕有人说闲话、抓辫子;三是"等",等待上面有具体规定再行事,有稳中求上的思想。[②] 问题症结弄清后,吴仁宝明确提出,华西村应该继续解放思想,结合本地实际,放开手脚,大胆改革,大胆实践。于是,华西人大胆突破,走出村门,积极向外拓展,大力发展联营企业和合资企业。

1985 年 11 月,华西村投资 140 万元与上海铜厂联营建成"沪西铜铝

---

① 彭维锋、孙海燕:《华西铁律:成就"天下第一村"的二十五条"金科玉律"》,鹭江出版社,2007 年,第 36－37 页。

② 同①,第 32 页。

材厂"。1986年,与上海铝制品一厂合资建成"华西铝制品厂"。1987年9月,又与上海钢铁一厂联合建成"华西冷轧带钢厂",一年后年产值达3 000万元,成为华西的龙头企业。

与此同时,华西村还继续筹集资金兴办工厂。1986年,华西村高速建成"华西锻造厂"并投产,生产法兰盘,并成功地推向国际市场,当年创产值548万元。第二年,产值跃至2 427万元,成为华西的骨干企业。同年,"华西五金拉丝厂"也投入生产。

解放思想和大胆实践带来了华西工农业总产值的飞速增长。1985年,华西总产值达到1 900万元。1986年,增到2 800万元。1987年攀升至5 200万元。1988年年底,华西农工商联合公司已下辖23家工厂、3个公司、2家宾馆、1家商场、1个建筑队、1个运输队、4个养殖场,全年总产值达到1.01亿元,提前实现了"苦战三年,目标一亿"的誓言。

1988年6月18日,华西村制定了"下千日之功,目标三亿"的奋斗目标。1991年,华西村总产值达到3.06亿元,实现了总产值3亿元的目标。其后,总产值继续不断攀升。1992年,华西总产值达到5.33亿元,1993年跃升至10.55亿元,1994年增至15.78亿元,1995年超过20亿元,1998年达到28亿元。1999年8月10日,华西村股份公司发行的3 500万A股在深圳证券交易所挂牌上市,成为全国第一家农村经济综合开发的上市公司,使华西的发展进一步提速。从2001年开始,华西村按照村民自愿原则,采取"一分五统"方式,先后并进了周围的16个村,使华西的发展如虎添翼:2001年总产值达到40亿元,2003年跃升至100亿元,2004年继续攀升到200亿元,2005年增至300亿元,2006年发展到400亿元……2009年华西村销售收入超过450亿元。

随着华西村经济的飞速发展,华西人收入水平和生活水平也不断提高。1988年,华西村农民年平均纯收入1 699元,1995年跃为24 618元,2001年增至49 500元,2003年跃升至72 500元;2004年高达122 600

元。[①] 1993 年,华西村村民家庭平均存款为 87 500 元。到 2006 年,村民家庭存款最少的 100 万元,最多的已达 1 000 万元。从 1989 年到 1994 年,华西村投入巨资将 20 世纪 70 年代的楼房改建成第三代别墅式的居民区,每户一幢三层 400 平方米的中式别墅楼。楼房造型美观、实用,居民区道路、林带、水、电、气、电话齐全。绿地、长廊式人行道,设计新颖、别致。从 2001 年开始,华西村又建设第四代别墅——欧式小洋楼。每幢楼 400 多平方米,底层有 3 个车库、2 个餐厅、1 个大客厅和 2 间住房。二楼和三楼是卧室、客房、钢琴房、电脑房等。一户五口之家,共有 8 个卫生间。随后,又兴建了更为豪华和舒适的第五代别墅。华西村还先后率先全村使用电话、彩电、冰箱、煤气、空调、轿车,被媒体宣传为"电话村"、"彩电村"、"冰箱村"、"煤气村"、"空调村"、"别墅村"、"中国第一小轿车村"。

华西经济的飞速发展和华西村村民生活的日益富裕,创造了一个令人惊叹的"华西奇迹"。华西村因此获得了全国先进基层党组织、中国十佳小康村、全国文明村镇等一系列荣誉。创造"华西奇迹"的带头人吴仁宝也先后当选为党的十大、十一大代表,第六、第七、第八届全国人大代表,获得"全国劳动模范"、"全国农业劳动模范"、"中国功勋村官"等光荣称号,被评为"全国乡镇企业十大新闻人物"和"中国农村新闻人物"。

1993 年禹作敏出事后,大邱庄"天下第一村"的桂冠也在无形中失落。1994 年 2 月,国务委员兼国家科委主任宋健和国务院副秘书长刘济民考察华西村,首次称赞"华西是全国第一村"。2001 年,国务院、中宣部、中组部、农业部等部门在纪念建党 80 周年"肩负人民的希望"的大型图片展中,正式称华西村为"天下第一村",称吴仁宝是"天下第一村的带头人"。[②]

华西村也赢得了中外政要和舆论的高度赞扬。1992 年 5 月,国务院总理李鹏视察华西村,欣然挥笔题词:"华西村,中国农村的希望所在!"1998 年 4 月,江泽民总书记兴致勃勃地登上百米高的"华西金塔"第十五层观光台,连声赞叹:"华西人民幸福! 幸福! 真幸福!"2006 年,国家主席胡

---

① 彭维锋、孙海燕:《华西铁律:成就"天下第一村"的二十五条"金科玉律"》,鹭江出版社,2007 年,第 5 页。

② 同①,第 3 页。

锦涛看了《中国关注》刊登的长篇通讯《天地作证,问心无愧》后,连声称赞:"华西村不简单,吴仁宝不简单!"吴仁宝、吴协东、吴协恩等先后到韩国访问,均获得韩国前后几任总理指名会见,并且赞赏有加。2005 年 4 月,英国的《卫报》记者感慨地说:"我走过很多国家与地方,也见过一些富裕的村庄,但是从来没有看过有哪一个村庄能像华西村这样达到共同富裕。"①

三

华西村长期坚持物质文明和精神文明两手抓,"富口袋"时不忘"富脑袋",精神文明建设之花长期盛开,使华西村这个耀眼的明星村更加灿烂夺目。

20 世纪 80 年代后期,"公司热"席卷神州大地。1988 年,吴仁宝却别出心裁地成立了华西村精神文明开发公司,挑选 5 名群众信任、作风正派、办事公道、有一定文化素质的党员干部担任精神文明开发公司的领导,在各个村办企业中聘请20 多名"信息员"、"采购员",在 40 多个村办企业中建立联络点,负责全村精神文明建设方面的"产、供、销"。②

20 世纪 80 年代末,曾经销声匿迹的赌博风死灰复燃,华西村村民中也有人"小弄弄"(搓麻将小赌),一位创业功臣还到外村参与赌博。为了防微杜渐,吴仁宝挥泪斩马谡,重罚了这个功臣 4 个月的退休金,并多次登门做思想教育工作。同时,村精神文明开发公司及时开办讲座,讲"赌博的危害"。很快,刚刚露头的赌博之风就被煞住了。为了彻底杜绝赌博,1994 年 7 月,吴仁宝还派人在村子周边贴出通告,宣布:"凡发现华西人在本村或外村赌博者,均请举报。举报准确者,一个一次奖励一千元,当场兑现,并给举报者保密。"结果,通告贴出后,至今无人领取奖金,赌博在华西村彻

---

① 彭维锋、孙海燕:《华西铁律:成就"天下第一村"的二十五条"金科玉律"》,鹭江出版社,2007 年,第 6－10 页。

② 同①,第 222 页。

底绝迹了。①

从 20 世纪 80 年代开始,华西村创造性地对全村党员干部和村民进行"爱党爱国爱华西,爱亲爱友爱自己"的"六爱"教育。其后,吴仁宝又编成"十富赞歌,十穷戒词",把社会上致穷的行径、致富的道路编成唱词——阐明,让村民在传唱中受到教育。1999 年年底,华西村成立"华西特色艺术团",围绕宣传改革开放、社会主义思想以及华西人走共同富裕道路、艰苦创业的经验,共创作节目 300 多个,演出近 3 000 场。

华西村特别注重发扬中国传统美德,尤其重"孝"。早在 20 世纪 80 年代初,吴仁宝和村干部就把刚面世的电热毯铺到华西老人的床上,让老人首先品尝刚摘下来的瓜果蔬菜,让老人坐在好位置上看戏、看电影。90 年代初,吴仁宝又在华西公园里建造长寿亭和宣讲"二十四孝"典故的"二十四孝亭"。② 此外,还规定:凡是哪家老人活到 80 岁、90 岁、100 岁,村里对这些老人的直系亲属分别奖励 100 元、1 000 元、10 000 元的敬老奖。2000 年除夕,千名村民会聚民族宫,向百岁老人程珍妹拜寿。程珍妹全家 37 人因赡养百岁老人有功,获得了 37 万元的敬老奖。③

为了更好地与中外宾客交流,华西精神文明开发公司专门开办了日语、英语班和普通话培训班,并明确规定:会讲一门外语的人,经考试合格后加二级工资,对普通话讲得标准的人,经面试合格后加一级工资。于是,华西村掀起了学外语和讲普通话的热潮。

华西村精神文明建设取得了令人瞩目的成绩。在华西,无人上访,无人告状,也没有暗斗,尊老爱幼、敬业爱岗蔚然成风。村民整体素质提高,社会安定团结,村风民风纯朴,凝聚力增强,大家齐心协力搞生产。虽然精神文明建设并不直接产生经济效益,但它产生的实际效果却是无法用经济效益衡量的。它不仅为华西村的发展营造了良好的内部环境,也提高了华

---

① 冯治:《中国三大村》,华中师范大学出版社,1998 年,第 172－175 页。

② 彭维锋、孙海燕:《华西铁律:成就"天下第一村"的二十五条"金科玉律"》,鹭江出版社,2007 年,第 193 页。

③ 本书编委会:《为百姓谋幸福:"天下第一村"的带头人吴仁宝》,学习出版社,2006 年,第 230－231 页。

西村村民的幸福指数,还为华西村打造了文化品牌。

在精神文明建设之花盛开的同时,华西村还为中国扶贫事业作出了贡献。华西村人始终信守"一村富了不算富,全国富了才是富"的理念,在富裕起来之后,"不忘国家,不忘集体,不忘左邻右舍及经济欠发达地区",帮助近邻远亲脱贫致富。

1988年后,华西村开始对周边5个村给予资金、项目、技术上的帮带。当年年底,在华西成为"亿元村"之际,20世纪50年代与华西村同属一个大队的前进村却穷得连村干部的工资都发不出来,还欠村民6万元。这时,吴仁宝主动送来10万元现金,解除了前进村的燃眉之急,并决定投资帮助前进村建厂。在华西村的帮助下,前进村化工厂于翌年建成投产,当年就净赚50多万元,三四年后利税达到四五百万元,逐渐走向富裕。同样,华明村、三余巷村等也在华西村的支持下,兴办工业,脱贫致富。

华西村在帮带近邻致富的同时,也情系中西部,向贫困地区伸出援手。1992年4月,吴仁宝带人到陕西省汉中勉县高潮村考察落实扶贫与商量联合建厂事宜。此后,华西村为高潮村义务培训了20名生产技术人员和经营骨干,使高潮村的经济发展步入快车道。

1993年后,华西村提出了扶贫的新思路——为中西部欠发达地区培训乡村干部和乡镇企业管理人员。当年来自陕西、甘肃、宁夏和山西的300名乡村干部,分3批来到华西参加培训班,由华西免费提供食宿,免费培训。此后,华西每年都为不发达地区培训一两千名干部。

1994年春,吴仁宝在北京参加了国家召开的"八七扶贫攻坚计划"会议,回到华西后,立即召开村党委会,决定采取东西合作的方式,帮助中西部贫困地区10万人脱贫,1万人奔小康。随后,华西村采取一系列举措大力扶贫。

1995年8月,华西村无偿投资30万元,帮助甘肃省定西县北部干旱缺水的几个乡改善生产和生活条件,解决饮水问题,村党委副书记赵毛妹将自己荣获的1万元"如心农业奖励基金"捐给贫困地区。[①]

---

① 冯治:《中国三大村》,华中师范大学出版社,1998年,第214页。

1995 年 8 月,吴仁宝派吴协恩、沈连法等到黑龙江省肇东市五站镇南小山屯建立"黑龙江华西村"。吴协恩、沈连法等在一星期内就组织了 400 多名民工、10 多台推土机和拖拉机,开进原始荒原垦荒造田;10 天内就开垦土地 2 000 亩,筑路造渠,挖土 6.8 万立方米。① 在随后的 3 年内,华西村向南小山屯投资 100 多万元改善住房;投资 100 万元开发沼泽地,建成良田 2 500 亩,水田 1 500 亩;又投资 100 万元平整厂区,建设工厂,生产电工铝和无氧铜。南小山屯由穷变富了,"北大荒"变成了"北大仓",被誉为"北国农村的希望"。

1995 年 9 月,华西村派出党委副书记吴协东、翟建明等人奔赴宁夏,在银川市郊的镇北堡地区建立"宁夏华西村",帮助自然条件极为恶劣的西海固地区 4 个县 1 万多名农民走出荒山恶水,来到这里开始新的生活。在华西村的带领和帮助下,宁夏华西人修建简易住房,开渠修路,改造盐碱地;发展种植、养殖业;兴建华西农贸市场,对沿街铺面房进行改造,带动周边地区第三产业的发展;集体贷款发放给农民买了 100 多辆农用车跑运输;广为招商引资,引进外来资本创办了 30 多家工厂,吸纳了许多村民进厂务工。到 2000 年年底交给当地干部管理时,宁夏华西村旦盖了两层小楼、家有两辆以上农用车、年收入超万元的农家已占村民总数的 10%。现在,"塞上华西村",道路畅通,绿树成荫,工厂林立,商贸繁荣,呈现出一派生机勃勃的景象!

2000 年,华西村与江苏盐城东台市后港镇沙杨村结成对子,在信息、资金、技术等方面对其提供无私的帮助和支持。沙杨村这个亏空 180 万元的"烂摊子",迅速改变了面貌,经济获得快速发展。到 2006 年年底,沙杨村总产值达到 1.8 亿元,村集体积累 700 万元,人均年纯收入超过 10 000元,一跃成为盐城市和江苏省的富裕村与文明村。

从 2001 年开始,华西村采取"一分五统"的方式,先后分批将周边 20个村子纳入华西。"一分"即与华西合并后的村子原村委会仍由本村村民选举,实行自治。"五统"即联合起来的大华西由华西集团实行经济上的

---

① 冯治:《中国三大村》,华中师范大学出版社,1998 年,第 215 页。

统一管理,并实行干部统一使用、人员统一使用、福利统一发放、村建统一规划。大华西成立后,华西面积已由原来的0.96平方公里扩大到30平方公里,人口也由原来的1 533人增加到30 340人。村民素质提高了,全村大中专以上学历的人将近3 000人。经济变强了,保持了经济快速、高效和健康发展。现在,大华西的村民实现了"基本生活包,老残有依靠,优教不忘小,三守促勤劳,生活环境好,小康步步高"。可以说,大华西的成立是一大创举,既是华西村帮带近邻致富方式的"创新",也是华西村实践"共同富裕"理想的必然发展。

2005年12月,老书记吴仁宝宣布:今后5年内,华西要坚持"村帮村、户帮户,核心建好党支部,最终实现全国富"的发展思路,在"十一五"期间,每年邀请全国1万名村支书来华西进行互学交流活动。目前,全国各地到华西进行互学交流的已有23个省、自治区,200多个县,3 000多个乡镇,5 000多个村。县级以上干部11 950多人,乡镇干部29 360多人,村干部59 890多人,累计近10万人。

四

在短短的几十年中,华西村从一个贫困村庄发展成为享有盛名的"天下第一村"。人们在惊叹之余,总是不禁要探讨华西成功的奥秘。在笔者看来,成就华西辉煌的至少有以下几个因素:

第一,有一个坚强有力的领导班子。

华西村成功的奥秘首先在于有一个好的领导班子,尤其是有吴仁宝这样好的带头人。吴仁宝是华西村当之无愧的灵魂人物,有人称他是华西村的邓小平,有人称他是华西村的李光耀。可以说,没有吴仁宝,就没有今天的华西村。

吴仁宝心系老百姓,尤其关心生活贫困的群众。1968年,他帮助因患小儿麻痹症留下残疾的吴荷英找到一位修鞋师傅,让她学会修鞋手艺,解决了生活困难。① 1975 年,为了安慰失去独生儿子的村民孙良庆夫妇,他毅然把自己的小儿子吴协恩过继给孙家当儿子。② 他生活俭朴,自律甚严。他有一句名言:"家有黄金数吨,一天也只能吃三顿;豪华房子独占鳌头,一人也只占一个床位。"从 20 世纪 70 年代开始,他就一直坚持"三不"的规矩:一不拿全村最高的工资,二不住全村最好的房子,三不拿全村最高的奖金。1999 年至 2004 年,华西镇人民政府先后奖励给吴仁宝个人 5 000万元,他都全部留给村里。③ 2005 年春节,他又将镇里奖给的 628 万元奖金中的 600 万元交给村里,将 28 万元拿出来给全村男女老少发压岁钱。

吴仁宝不仅以身作则,还狠抓领导班子的建设。他要求领导班子成员自觉做到"三头"(吃透上头、熟悉下头、分析问题及时碰头)、"三个过硬"(思想过硬、工作过硬、作风过硬),同时按照德才兼备的原则选拔干部,要求干部必须具备"三正"(办事认真、处事公正、经营廉政)、"三守"(守法、守约、守信誉)、"三平"(政策水平、技术水平、管理水平)等基本条件。他经常教育领导班子成员要"有福民先享,有难官先当":要求老百姓做到的,干部首先要做到;要求老百姓不做的,自己首先不做;党员干部见困难就上,见荣誉就让。

吴仁宝还注意选拔人才,充实华西领导班子。在华西本土人才中,老一辈的有当年以"铁姑娘"著称的赵毛妹,中生代涌现出吴仁宝的 5 个子女和李满良、翟永兴等一大批领导人才。在外来人才中,1988 年从西安交通大学来华西村效力的程先敏、1994 年从盐城来华西村打工的孙海燕、2002年落户华西村的江阴市陆桥镇朱蒋巷村的杨永昌等先后担任华西村党委副书记。其中,杨永昌的经历颇具传奇色彩。他 1997 年来到华西村独资创办金属软管厂,在短短 5 年中,工厂规模从最初的几十万元扩大至数百万元,前景十分看好。可是,2002 年春,他不仅花 10 万元买下了华西户

① 朱凤鸣:《三千万元奖金留给集体的村书记》,《太仓日报》,2003 年 2 月 17 日。
② 彭维锋、孙海燕:《华西铁律:成就"天下第一村"的二十五条"金科玉律"》,鹭江出版社,2007 年,第 194 页。
③ 本书编委会:《为百姓谋幸福:"天下第一村"的带头人吴仁宝》,学习出版社,2006 年,第120 页。

口,还令人吃惊地将自己的工厂参股华西村,由集体控股,从而完全融入华西,找到一个施展才能的更大舞台。①

2003 年 7 月,华西村领导班子举行换届选举,吴仁宝宣布退居二线。通过选举,吴仁宝的小儿子吴协恩担任华西村党委书记,出任华西集团董事长兼总经理,成为华西的领军人物。

在吴仁宝的带领下,华西建立了一个坚强有力的领导班子。它既能以身作则,廉洁自律,赢得群众的高度信任,又能发展经济和管理经济,带领华西村村民在市场经济大潮中搏击风云。正是在这样一个好的领导班子的带领下,华西人才能艰苦创业,并不断开拓创新,终于谱写了"天下第一村"的辉煌。

第二,实事求是,从华西村实际出发,探索具有自身特色的道路。

有人问吴仁宝华西取得成功的秘诀是什么? 他的回答很简单:实事求是。事实也正是如此,几十年来,华西始终坚持实事求是,既不唯书,又不唯上,走具有自身特色的道路不动摇。

20 世纪 50 年代到 70 年代,党的指导思想偏离了实事求是的轨道。在这种大背景下,华西村不可避免地受到影响,但是,华西人还是尽量排除"左"倾错误的干扰,从实际出发,探索华西的发展道路。华西人在"抓革命、促生产"和"农业学大寨"运动中避开了"左"的思潮,不搞形式主义,大搞农田基本建设,使粮食产量大幅度提高。随后,华西人又从小五金厂开始,先后办起了药械厂、织布厂、扳网厂等企业,率先走出一条农、工、副全面发展的道路,使农民收入大幅度提高,走出了改变传统农村经济结构的第一步。十一届三中全会后,随着党的思想路线重新回到实事求是的轨道上,华西人进一步实事求是,极大地促进了华西的发展。

每当回顾华西发展道路时,吴仁宝总是感慨地说:"千难万难,实事求是最难。"他坦承自己实际上犯过"三个主义"的错误:教条主义、形式主义、官僚主义。他用 4 个字概括了自己的思想路线从不实事求是走向实事

---

① 彭维锋、孙海燕:《华西铁律:成就"天下第一村"的二十五条"金科玉律"》,鹭江出版社,2007 年,第 123 - 127 页。

求是的过程:20 世纪 50 年代"听",60 年代"顶",70 年代"拼",到 80 年代才"醒"。50 年代时,吴仁宝年纪轻,没有经验,只要是领导的话都听,上面说啥就做啥。1958 年"浮夸风"盛行的时候,他也虚报 1 亩地收 3 700 斤,犯了教条主义错误。60 年代初,又有领导命令吴仁宝怎么搞,上过当的吴仁宝就不听了。领导不满意,指责吴仁宝是"骄傲自满,目中无人,独立王国"。吴仁宝一想不对,明顶是要吃亏的,就改为暗顶。从此以后,不管哪个领导讲什么,他当面都是答应的,之后,凡是不符合华西实际的,绝不执行。60 年代的"顶",实际上是"形式主义"。对于形式主义,吴仁宝后来也改了不少,但还舍不得完全丢掉,因为形式主义可以对付官僚主义。70 年代,吴仁宝带领华西人拼命大干社会主义,有的拼得对,但也有拼错的,犯过官僚主义错误。后来,吴仁宝基本上改过来了,遇事讲究民主,依法办事,有事坚持与群众商量,群众满意的,马上去办;群众暂时不理解的,加强教育和疏导,等群众觉悟了再去办。到 80 年代后,吴仁宝认识到在过去的工作中存在着缺点和错误,开始解放思想、实事求是,什么事情都从实际出发。①

吴仁宝对实事求是的理解很朴素,叫做"吃透两头"、"两头一致"。所谓"吃透两头",就是吃透党和国家的大政方针政策,吃透本地工作实际。"两头一致",则是一头与中央保持一致,一头与老百姓保持一致。因此,不管政治风云如何变幻、国家方针政策怎样调整,华西村都坚持从实际出发,选择符合华西特色的发展道路。

改革开放之初,在全国大搞分田到户的大潮中,吴仁宝根据中央文件"宜统则统,宜分则分"的精神,从华西人多地少、工业发达、集体家底厚的实际出发,没有实行分田到户,而是让 30 名种田能手"集体承包"了全村 500 亩良田,搞产业调整,把劳力转移到乡镇企业。正是这一实事求是的做法,使华西走上了共同富裕的道路。

在 20 世纪 90 年代全国乡镇企业改制浪潮中,华西村依然没有随大

---

① 彭维锋、孙海燕:《华西铁律:成就"天下第一村"的二十五条"金科玉律"》,鹭江出版社,2007 年,第 232 - 233 页。

流,而是从实际出发,继续发展集体经济,同时实行"一村两制"(允许村民既可以搞集体,也可以搞个体),使华西走上一条以集体经济为主、多种经济成分并存的混合型经济的发展新路。在改制具体方案上,华西村也未机械照搬中央提出的"抓大放小"方针,而是一手"抓大放小",一手"抓大扶小",必要时还要"抓小放大":对那些关系到华西经济命脉的大企业——毛纺厂、线材厂、型钢厂,抓住不放,继续花力气深化改革,提高效益;一些效益较差的小企业则转给个人经营;对那些有发展前途的小企业,加大扶持力度,在资金、人才、技术等方面给予大力支持,帮助它们增强竞争力;对原来准备投资 10 亿元的两个大厂——造纸厂和炼钢厂,则果断地"放",让客商加大投入,华西只用土地和配套的水、电、气入股,以减少风险。①

第三,与时俱进,不断创新,探索符合华西特色的具体机制和体制。

改革开放后,华西村坚持发展集体经济,但又与时俱进,不断创新,逐步完善了华西村的所有制结构。改革开放之初,华西村没有实行分田到户,但并未固守传统的集体所有制模式,而是在实践中不断创新。1978 年创建华西塑料纺织厂时,华西村就曾向村民集资,开创了股份合作制的先河。20 世纪 80 年代中期后,华西村先后与其他大企业和外商、台商、港商发展合资和联营经济。在 1997 年全国乡镇企业改制的浪潮中,华西村没有把乡镇企业一卖了事,而是实行"一村两制",既继续坚持发展集体经济,同时又大力发展个体经济,并从资金、项目、人才、技术等方面给予扶持,使得个体经济和私营经济在华西得到蓬勃发展。10 多年下来,华西村的个私经济发展到 206 家,涉及印染、纺织、带钢、电子、建材、塑料等产业。

华西村实行"一村两制",但不允许干部和村民搞"一家两制",更不允许搞"一人两制"。因为丈夫在企业当厂长,就可能把厂里客户都引到妻子开的饭馆吃饭,吃一百,付一千,甚至不吃也付钱,集体的"肥水"就不声不响地流进个人的"田";父亲在厂里搞供销,很可能把联系到的业务交给搞个体加工的儿子做,结果是"富了和尚穷了庙"。2000 年,来华西村参观

---

① 彭维锋、孙海燕:《华西铁律:成就"天下第一村"的二十五条"金科玉律"》,鹭江出版社,2007 年,第 114 页。

的江泽民总书记赞赏华西村的"一村两制"是"正确处理权与钱的关系"。①

华西村一直坚持走共同富裕的道路,但既不搞"大锅饭",也不搞"独吃饭",而是创造性地建立了一套独特的分配制度。华西集团总公司与各下属公司、企业实行承包经营,经济效益超额部分,实行"二八开、一三三三"制办法兑现,即 20% 上缴集团公司,80% 留给企业;留给企业的部分,其中 10% 奖给承包者,30% 奖给其他管理技术人员,30% 奖给职工,还有30% 留给企业作为公共积累。村民的收入主要有 3 个来源:一是工资和奖金,根据各厂效益和个人业绩进行分配,体现出社会主义按劳分配原则,既适当拉开档次调动个人积极性,又不过分悬殊,保证共同富裕。二是福利待遇,每个村民每年的各项福利至少 2 800 元,体现出共产主义的按需分配原则。② 三是股份分红,属于社会主义初级阶段的资本分红,每年至少有 5% 的现金收入。

华西村的分配制度的一个特色是"少分配、多积累,少分现金、多记账入股"。村民每人每月只领取 50% 的工资,作为当月的生活费,其余 50%存在企业作为流动资金,到年底一次性兑现。奖金通常是工资的 3 倍,只发给职工 20%,剩余 80% 作为股份投入企业,第二年开始按股分红。奖励承包者的奖金,只兑现 20% 现金(但现金支付的上限是 20 万元),80% 长期记账入股享受分红。这种做法,让钱没有分散到农民手中被消费掉和被亲朋好友借去,而是通过股份制把农民的小资本聚集形成大资本,创办大企业,推动华西村经济规模的不断壮大。

第四,超前决策与实行适宜的发展战略。

在市场经济的风云中,华西村多次超前决策,赢得市场先机,避开了市场风险,对华西的跳跃式发展起了至关重要的作用。

20 世纪 80 年代中后期,苏南大地掀起了一股"毛纺热",各地纷纷抢着办毛纺厂。当时华西村也决定贷款 2 500 万元,办个 500 锭的大型毛纺厂。在资金已经落实和土建已经动工的情况下,吴仁宝思前想后,反复权

① 彭维锋、孙海燕:《华西铁律:成就"天下第一村"的二十五条"金科玉律"》,鹭江出版社,2007 年,第 214 页。

② 同①,第 236 页。

衡,觉得虽然毛纺前景很好,但是全国各地都在搞这一类项目,华西村并无特别的优势,便决定将在建的毛纺厂立即下马。时隔不久,"毛纺热"在一片悲叹声中迅速降温,许多企业纷纷亏损甚至倒闭,而华西村则安然避过一个巨大的危机。①

1992年2月,邓小平南巡讲话刚一公布,吴仁宝立即意识到这是华西发展的一个千载难逢的良机。3月1日凌晨,吴仁宝通知全村干部开会,要求所有干部"借钱吃足",全力筹措资金,尽可能多地购进原材料。同时,大搞股份制,大量吸收村民个人资金入股。会后半个月,华西人就借来2 000多万元,吸收个人资金400多万元,加上自有流动资金,购进了一大批原材料——10 000吨钢、1 000吨铝锭和700吨电解铜。不久,全国掀起了加快改革的经济热潮,原材料价格飞速上涨。华西村当时购进的铝锭每吨6 000多元,3个月后就涨到了每吨1.8万多元。事后,有人算了一笔经济账,这次会议,让华西村赚了1个亿。②

2003年8月,全国经济形势发展很好,但已经出现过热苗头,吴仁宝从新闻报道中嗅出中央宏观调控的气息。于是,吴仁宝召集华西村领导班子成员举行紧急会议,提出了"三车"原则:新上项目要"急刹车",现有企业要"开稳车",已经投入的项目要"开快车"。11月,中央宏观调控各项政策措施陆续出台,很多盲目发展的企业陷入全面被动局面。但是,华西村下手早,丝毫未因中央的宏观调整而受到影响。

除了超前决策外,华西的跳跃式发展还得益于采取了一系列正确的发展战略。

一是实行低成本扩张战略。如前所述,20世纪80年代中期后,华西村就走出村门,频频与大企业、外商、港商、台商建立联营和合资企业。由此,华西借助外来的资金、技术和智力优势,以较低成本实现了企业扩张,为华西的跳跃式发展立下汗马功劳。

尤为值得称道的是,华西村还善于利用品牌优势,与其他企业进行联

---

① 彭维锋、孙海燕:《华西铁律:成就"天下第一村"的二十五条"金科玉律"》,鹭江出版社,2007年,第57-58页。

② 同①,第56-57页。

营,获得了丰厚的回报。1996年,华西村"联姻"淮阴卷烟厂,推出"华西村"牌香烟,同时联合四川五粮液酒厂,开发"华西村"牌白酒系列。在这两个联营中,华西村不建工厂、不占地,仅靠"华西村"这3个字的投入,就带来了丰厚收入。"华西村"牌烟酒系列每年为华西人带来的纯利润大约在3 000万元左右,相当于新建了一个销售额五六亿元的大工厂。①

二是推行多元化战略。华西村在发展过程中,形成了多元化经营的战略。华西村企业规模大、中、小结合,产品档次低、中、高结合,农业、工业和第三产业同时发展。这种多元化发展的战略,降低了市场风险。其中,旅游业就是华西村实行多元化发展战略的一大亮点。

随着华西村名气越来越大,前来参观学习的人越来越多。于是,华西村适时地创办了旅游服务业,相继建设了一批饶有创意的景点。旅游项目也由最初的"农业游",发展到现在的"工业游"、"田园游"、"农家游"等多个项目。

1996年建成的华西标志性建筑——百米金塔,集购物、餐饮、住宿、娱乐、商务为一体,登上塔顶还可以鸟瞰华西全貌,远眺田野农庄,是华西旅游的热门景点。游客走进农民公园,可以饱览"二十四孝亭"、寿苑、桃园、五牛园、鹊桥相会等极具本土特色的景点,还能亲身体验牛车水、人车水、钓鱼、扳鱼等江南传统农事的乐趣。"世界公园"则汇聚了美国白宫、法国凯旋门、捷克别墅、英国肯特红屋、菲律宾别墅、意大利罗马别墅、奥地利维也纳画廊、德国爱因斯坦天文台等国外知名景观建筑,游人不出国门就可以领略异域风情。走进龙西湖风景区,可以尽情观赏水天一色美景,细细品味名桥荟萃的"桥文化"。登上龙砂山,可以攀登蜿蜒的万米"长城",观看威严的"天安门"和"山海关"。此外,游人还可以游览山北万亩农林示范园区,观赏各种奇花异草,领略田园风光和现代农业科技,亦可游览山南8平方公里的工业园区,充分感受现代化的工业文明。

随着旅游景点的增多和旅游项目的发展,来华西旅游的人数也在不断

① 彭维锋、孙海燕:《华西铁律:成就"天下第一村"的二十五条"金科玉律"》,鹭江出版社,2007年,第69页。

增加。2006年,赴华西学习、参观、旅游的人数达100多万人。2007年,华西村接待游客200多万人,旅游产业实现收入1个亿。

三是推行名牌战略。1995年,为了把名村、名人优势变成品牌优势,华西村在国家商标局一次就注册了44个与"华西村"、"仁宝"相关的商标,使华西村15家大公司、58家企业生产的1000多个品种、1万多种规格的产品有了自己的品牌。为了打好品牌的攻坚战,华西村由两名村党委副书记专职抓名牌工程,20多家骨干企业组建了各自的创名牌小组。通过努力,华西村20多家企业通过了ISO9002国际标准质量体系认证,拿到了走向国际市场的通行证,50多个产品获得了国家、省、市优秀产品称号。其中"仁宝"牌西服荣获了中国"十佳品牌"。华西村商标还被国家工商总局认定为含金量极高的"中国驰名商标"。

四是推行绿色战略。在经济发展的同时,吴仁宝反复告诫领导班子成员:"金山银山要,绿水青山更要,老百姓需要的生态环境更紧要。"2000年,华西村关掉了年产值达2.5亿元、利润超过2000万元的染料化工厂、线材厂等3家企业。随后,华西村更加注重发展环保型企业,基本实现了工业废水的零排放,每年可以节约36万吨水资源。此外,华西村还大力发展循环经济和生态经济。

# 第三节　风云一时的大邱庄

粉碎"四人帮"后,天津静海大邱庄大力发展乡村工业,迅速脱贫致富。1987年,大邱庄成为中国第一个"亿元村",此后其工农业产值、税收收入、人均收入等多项指标又连续5年雄踞中国村庄的榜首。一时之间,大邱庄声名大振,誉满华夏,成了中国农村改革的典型,享有"华夏第一村"的美誉。1993年,禹作敏的被拘和判刑,终结了大邱庄辉煌的历史。1997年亚洲金融危机后,大邱庄经济陷入困境。后来,经过改革和调整,大邱庄经济重现生机。

一

大邱庄位于天津市静海县城东南18公里处,地处九河下梢。解放前,经常春旱秋涝,人民生活异常艰难。几个世纪以来,当地一直流传这样一首民谣:"大邱庄,老东乡,喝苦水,吃菜糠,有儿不娶东乡女,有女不嫁东乡郎。"

解放后,大邱庄实行土地改革和农业合作化,人民生活条件有所改善,但仍然生活贫困。1958年,大邱庄卷入"大跃进"和"人民公社化"运动后,经济遭受严重破坏。1960年,禹作敏当上党支部副书记兼大队长,因反对说大话而被免去职务,到全村最穷的第十一生产队当社员。但群众信服他,1961年又选他当第十一生产队队长。他当了10年生产队队长,把第十一生产队变成一个拔尖队。1971年,他重新当上大队干部。1974年,他正式担任党支部书记,成为大邱庄的带头人。

禹作敏担任大邱庄党支部书记时,正值农业学大寨运动在全国蓬勃开展。禹作敏对大寨人"战天斗地"的精神十分敬佩,决心带领群众改变大邱庄的落后面貌。1974年冬,他带领全村男女老少进行大规模的改土治碱。大邱庄人大干了3年,累计挑土410多万立方米,硬是把数千亩高低不平又无法排灌的盐碱地改造成为横平竖直的肥田沃土,还修了7条宽敞笔直的大道与几十条能走马车和拖拉机的小道,为大邱庄的农业实现水利化、机械化打下了基础。[①] 1976年,在上级派来的工作组的逼迫下,禹作敏3次带队到小靳庄学习,把唱唱跳跳当成抓革命促生产。3个月时间,大邱庄1 200名劳力中产生了860名演员,结果当年粮食减产了80万斤。

大规模的改土治碱,改善了大邱庄农业生产条件,使大邱庄农业生产获得了较大发展,但大邱庄人仍然没有摆脱贫穷,能吃上大碗面条竟是大邱庄人难得的奢望。从1974年到1977年,大邱庄这个有近2 000人的大村,竟然只娶进4名媳妇,成年未婚的光棍却高达252名之多。

---

① 齐介仑:《悲情禹作敏——大邱庄经济标本崩颓背后》,《财经文摘》,2007年第11期。

1976年10月"四人帮"倒台后,江青一手树立的典型小靳庄沦为批判对象,禹作敏因学小靳庄导致粮食减产而备受指责。在随后的整党整风中,群众把积火都冲着党支部和禹作敏发出来,提了几百条意见。面对这种情况,禹作敏陷入了深深的反思。几天后,他敲钟集合大邱庄群众,诚恳地说:"这些年大家跟我受苦了,现在,我既不埋怨上,也不埋怨下,一切责任都由我承担!大伙要是还能信得过我,我就再干上3年。我承诺两点:第一,要让大邱庄变个样,让大家过上富裕的日子;第二,要让村里250多个光棍都娶上媳妇。如果大伙信不过我,那我现在就下台。"群众气消了,热情地鼓掌,说:"行!干吧,老禹!"禹作敏又发话了:"既然大伙叫我干,家得叫我当,班子得由我建,大伙要和我一条心,跟我走。孬话说在前头,新建的班子一人一把号,都吹我的号,不吹我的号,再能都不要!"台下群众喊道:"你只要把大邱庄摆弄富,别说吹你的号,就是一天给你磕三次头,把你当神仙敬,我们都愿意!"①

禹作敏连任后,觉得再也不能单搞粮食生产了,随即成立建筑队,办起了养猪场和养鸡场,成立工程队到天津大港承包土方工程,使得大邱庄的经济有了起色。但这并没有从根本上改变大邱庄的贫穷面貌。禹作敏想到,过去的地主、富农,凡是单纯种地的,只不过是穷财主,而地主兼资本家才是真财主、大财主。因此,大邱庄要彻底脱贫就必须开办工厂。

村里的刘万明找到禹作敏,建议办一个冷轧带钢厂。刘万明以前在天津当过冷轧钢工人,担任过副科长,1960年下放回乡务农。他认为办冷轧带钢厂有几个有利条件:一是他在天津有熟人可以帮助;二是他懂得轧钢技术,有业务经验;三是上冷轧带钢厂效益有保证。禹作敏听了觉得有道理,便决定起用刘万明,上冷轧带钢厂。由于刘万明在新中国成立前当过"伪军",1962年又犯过"投机倒把"错误,平时又喜欢占集体的便宜,名声不太好,因此,禹作敏在支部会议上一宣布起用刘万明,便遭到强烈反对。但是,禹作敏还是力排众议,任用刘万明为管技术的副厂长。② 随后,任用

① 冯治:《中国三大村》,华中师范大学出版社,1998年,第11页。
② 同①,第15－16页。

刘万明胞弟、管电磨房的刘万全担任厂长。刘万全当过小炉匠,会搞电气,被大邱庄人称为"刘万能"。他为人忠厚正直,大公无私,在群众中享有较高威望。

大邱庄是穷大队,要建一个冷轧带钢厂谈何容易! 首先就面临着资金筹措的困难。大邱庄自筹万元,再加上东挪西借和几批贷款,共凑了15万元。刘万全、刘万明兄弟找熟人从天津冷轧带钢厂买了一台废旧轧钢机,回来后"照葫芦画瓢"仿制了两台。随后又买进了一批边角余料做原料。1978年春,冷轧带钢厂正式轧钢,并一炮打响,当年盈利30万元。[1] 第二年,又净赚60万元。由此,大邱庄走上工业致富的道路,迈出大邱庄发展史上的关键一步。

随后,禹作敏大胆起用高中毕业生禹作尧(禹作敏的堂弟)、高中毕业生赵书忠(禹作敏的女婿)、初中毕业生张延军等有文化的年轻人,继续大力发展大邱庄工业。1981年,大邱庄高频制管厂成立,由禹作尧任厂长;1982年,大邱庄印刷厂、大邱庄电器厂相继开工投产,分别由张延军、赵书忠任厂长。

1983年,禹作敏成立了大邱庄农工商联合总公司,并将建立分厂的权力下放到各厂。总公司和各厂都有权根据市场情况,建立新厂,以大带小,自我发展。经过一年发展,全公司建立了几十个分厂,生产能力迅速扩大。1984年,公司已发展到4个总厂、19个分厂,工农业总产值超过6 000万元。此时,大邱庄经济结构发生根本性的变化,工业收入占总收入的90.6%。

在大力发展工业的同时,大邱庄也没有忽视农业。1979年,大邱庄把11个生产队划分为25个作业组,实行自由组合,由生产队统一经营,作业组单独核算,粮食由生产队统一分配,多劳多得,调动了社员的积极性。当年,粮食产量大幅度增加,并转移出一批劳力从事工副业。1982年,大邱庄将作业组改为专业承包,取消生产队,全大队按专业划分为13个承包单位,实行"统一经营,专业承包,联产到劳,累进计奖",彻底抛弃了生产上

---

① 许涤新:《中国企业家列传》第4册,经济日报出版社,1990年,第342页。

的"大呼隆"和分配上的"大锅饭",调动了农业劳动社员的自主性和积极性。1983 年,大邱庄的种田能手马德良家一个半劳动力承包土地 137 亩,产粮 9.8 万斤,当年收益连奖金达到 1.65 万元。1984 年,马德良应邀访问法国,获得法国农业骑士勋章。同年,大邱庄向国家交售 111 万斤粮食、1.5 万斤棉花、11 万斤油料,分别比 1978 年交售量增长了 28.7%、3.5 倍、7.9 倍。

随着工农业生产的发展,大邱庄的经济收入也连年翻番。1984 年,大邱庄总收入从 1978 年的 137.2 万元增加到 6 057.1 万元,6 年翻了 5 番多;纯收入则从 1978 年的 80.1 万元增加到 1 027.6 万元,翻了 3 番多;人均分配达到 2 110 元(含福利基金),比 1978 年人均分配 167 元提高了 11.6 倍。

大邱庄人民生活水平也得到了显著提高,开始过着较为富裕的生活。全村统一规划,拆掉了七高八低的土坯房,建起了整齐划一的砖木结构的新房,人均住房面积达到 13.5 平方米。家家用上了自来水和电视机、收录机、洗衣机、电风扇、电饭锅等高档商品。1984 年,大邱庄人均生活消费从 1978 年的 119 元上升到 938.05 元。[①]

二

1984 年,大邱庄利用起步早、资金雄厚、供销渠道畅通等优势,提出打破行业界限,跨行业上项目,使大邱庄经济进入高速发展阶段。到 1987 年,大邱庄已经有了钢材、五金、化工、机电、印刷、家具、装潢等 20 多个门类的工业企业 117 家,工农业总产值达到 3 亿元,集体积累 9 593 万元,人均年收入超过万元,成为中国第一个"亿元村"。

1988 年,禹作敏提出新的发展目标:产值要在 1987 年 3 亿元的基础上再增加 1 个亿,达到 4 亿元,争取 5 亿元。为此,他进一步将全公司划分成 149 个厂,甚至车间也成为独立核算单位,把生产任务、产品质量、经济效益、利润分配等多项指标实行层层承包。结果,当年就完成了预期目标。

---

① 黄道霞,等:《建国以来农业合作化史料汇编》,中共党史出版社,1992 年,第 1302 页。

随后,大邱庄生产规模迅速扩大,出现了若干个年产值上亿元、年利税上千万元的大厂,拥有一批在国内甚至国际上技术领先的一流设备,生产管理也达到新的水平。到1991年,大邱庄实现工农业产值18亿元,上交税金达3 538万元,公共积累达4.8亿元,人均年收入达2.6万元。

1992年邓小平南方谈话发表后,大邱庄迅速制订新的发展规划,提出1992年工农业总产值要达到40亿元,1993年达到80亿元,1994年达到160亿元,实现3年翻3番的目标。为此,大邱庄又采取了一系列引人注目的大动作。

1992年3月,为适应生产规模不断扩大和发展外向型经济的需要,大邱庄进行了第四次管理体制改革,成立了"大邱庄企业(集团)总公司",下辖万全、尧舜、津美、津海、华大5个集团公司。集团总公司设董事会,5个集团公司实行经理负责制和利润总承包制,理顺权、责、利的关系,使所有干部放开手脚干事业。

1992年,大邱庄投资2亿多元,对原有企业的旧设备、旧工艺进行技术改造,推动了技术进步和产品更新换代。同时,陆续投入8亿元,在1 800亩土地上兴建"百亿元产值工业区"。在建的21个企业跨冶金、机电、化工等八大行业,年产值超过7亿元的有3个,超过2亿元的有4个,其余14个也都上亿元。1992年上半年,大邱庄与外商合资办了30个企业,总投资额达4 077万美元。大邱庄还投资1 500万元,用3个月时间建成长400米、宽28米,使用面积达1.12万平方米的商贸一条街"香港街"。1992年年底,"香港街"交付使用后,轰动一时,成为大邱庄时尚、超前的标志之一,前来旅游、参观的人熙熙攘攘,川流不息。他们还在海南、深圳等地开发地产,拟在海南建"第二个大邱庄";此外,大邱庄还加大引进人才的力度,准备聘请"三个一千名",即一千名专家教授和高级工程师,一千名经营管理人才,为发展外向型经济交一千名华侨和外国朋友。

1992年年底,大邱庄总产值、上交税费、纯利润分别为45.5亿元、1亿元和5.1亿元,3项主要指标均相当于1978年到1991年13年的总和。①

---

① 高以诺:《农村致富今属谁,全国遥指大邱庄》,《经济日报》,1993年1月7日。

至此,大邱庄的社会总产值、人均收入等多项指标连续 5 年均居全国首位,当之无愧地享有"华夏第一村"的美誉。大邱庄名气还冲出了国门,走向了世界。1993 年年初,《纽约时报》报道说:"大邱庄实际上就是一个大公司。这个村有 4 400 人,却有 16 辆奔驰轿车和 100 多辆进口的豪华小轿车,1990 年人均收入 3 400 美元,是全国平均收入的 10 倍,1992 年,大邱庄的工业产值据称达到了 40 亿元。"

大邱庄的巨富最能吸引人们的眼球。1991 年,大邱庄农民住上了现代化的楼房或别墅,人均住房面积达 40 多平方米,部分家庭还拥有小汽车。大邱庄农民还享受"从摇篮到坟墓"的福利待遇,包括水、电、房子、车子、医疗、子女入学等 15 项福利。1992 年,大邱庄率先安装 2 000 部程控电话,可以直拨世界各地。1992 年,外交部组织了 54 个外国驻华使节来大邱庄参观,贵宾所乘坐的车统统被拦在村外,全部换上大邱庄的车,凯迪拉克、奔驰、皇冠等名车足足排了半里路那么长,令这些不同肤色不同国家的外交官们目瞪口呆。①

富裕后的大邱庄,积极参加救灾扶贫和赞助社会公益事业。1991 年,南方遭受特大水灾,大邱庄一次就捐款 100 多万元,是全国捐款最多的村级单位。② 1991 年 10 月,禹作敏热情接待前往大邱庄学习"取经"的小靳庄村主任王作山,除了决定协助小靳庄办厂外,还赠送 6 万元帮助小靳庄支付拖欠工人的工资。1992 年 10 月,禹作敏又热情接待前来"取经"的大寨党支部书记郭凤莲,拿出 50 万元支票相赠(但郭凤莲坚持写下借条)。一"大"一"小"的两个曾经声名显赫的"典型"都前来大邱庄学习,并得到大邱庄的无私帮助,迅速成为新闻媒体争相报道的话题,大邱庄名气更为大震。

大邱庄在工业发展具备雄厚实力后,又大力投资农业,实行以工建农。仅 1983 年到 1987 年,大邱庄对农业的投资就高达 705 万元,购置农业机械,建设现代化农田设施,发展农业科技等。从耕种收割到打轧、仓储,全

---

① 形式:《大邱庄——中国名村纪实》,中原农民出版社,1998 年,第 158 页。
② 冯治:《中国三大村》,华中师范大学出版社,1998 年,第 64 页。

部实现机械化、自动化;4 400亩土地全部埋设了暗管,实现了喷灌,彻底根治了盐碱。大邱庄的农业劳动力逐年减少,而农业产量却在逐年增加。1990年年底,劳动力降为8人,而粮食总产量却增加到350万公斤。到1992年,粮食总产量增至520万公斤,平均亩产900公斤,达到世界发达国家的先进水平。1991年,大邱庄又向农业投入700万元资金,先后建成生产能力2万吨的BE酵母饲料厂、万头规模的机械化养猪场、10万只规模的养鸡场等,初步实现了农业自我发展的良性循环。1992年,大邱庄农业产值达到4.5亿元。

大邱庄既无资源优势,又地处经济发展相对落后的北国农村,却能实现经济收入连年翻番,这实在是一个奇迹。

毫无疑问,大邱庄是通过工业化而致富的,而它又因特别的机缘而具有别的乡镇企业所无法具备的特殊优势:地处乡镇工业相对落后的北国农村,因而具有更为广阔的发展空间;1978年创办冷轧带钢厂,起步早。到20世纪80年代中期中央大力提倡发展乡镇企业时,先行一步的大邱庄已经累积了相当的实力,比起刚刚起步的乡镇企业具有明显的先发优势;大邱庄发展的主要行业——钢铁行业在当时较少有乡镇企业涉足,而大邱庄乡镇企业在体制和机制上与国营企业相比都具有明显优势,这就使得大邱庄在市场竞争中具有无与伦比的竞争优势。

当然,大邱庄的成功也离不开以禹作敏为代表的大邱庄人的主观努力。其中,大邱庄大胆起用能人和大胆改革分配制度最为媒体所津津乐道。

禹作敏本身就是一个能人,1978年他力排众议起用刘万明,随后任用能干而公道的刘万全,从而成功地创办冷轧带钢厂。其后,他又大胆起用禹作尧、赵书忠和张延军3个青年人。这3人当时20多岁,在别人看来都是办事不牢的毛头小伙子,却被委以重任。他"用人不疑,疑人不用",一旦认准了,选用了,就把责、权、利全部交给他,放手让他去闯。刘万全、禹作尧、赵书忠和张延军都在市场的摸爬滚打中成为出类拔萃的企业家,分别掌管万全、尧舜、津美、津海四大集团公司,成为大邱庄的4个台柱子。

大邱庄靠"包"实行按劳分配,破除平均主义"大锅饭",改革分配制度。1984年,大邱庄规定各类人员年基本工资为1 000元,盈利单位以工人工资作为利润承包基数。完成基数,公司一文不取;超过基数部分,公司与企业按不同比例分成。各大单位内部也相应对下属单位实行了类似的承包办法。在个人收入分配上,鼓励竞争,鼓励冒尖,实行"联产到劳,累进计奖",上不封顶,下不保底。各大单位正职的工资,在税后纯收入中按比例提取,其中工业提1%,商业提5%,农业提7%。分配制度改革激发了企业及员工的积极性。对此,禹作敏总结为:"包字不封顶带来不平衡;包字不变带来千变和万变;包字当家治掉了与其对立的平均主义;包字当头治了懒滑奸;包字为准使人们追求的是才能与本领;包字兑现解决了说不清的剥削和被剥削的关系。包字的文凭不好拿,就是改革的路不好走。"①1992年,大邱庄4个工业集团公司年创造利润都在1亿元以上,其中最高的达到1.5亿元,4个工业集团公司经理的年薪都在100万元以上,最高的达到150万元,因而成为轰动一时的新闻。②

与此同时,大邱庄大力引进科技人才,重视发展教育科技,实行"借脑工程"和"换脑工程",也是大邱庄成功的重要因素。

禹作敏信服邓小平关于"科学技术是第一生产力"的观点,总是把"科技是真佛,谁拜谁受益"、"引科学之水,浇农民的田"挂在嘴边。他长期实行"借脑工程",大力引进科技人才,为大邱庄的发展插上科学的翅膀。到1991年,在大邱庄的科技顾问名册上,有农业、生物、化工、冶金、电子、城建、机械、医疗、教育等众多领域的知名专家,其中具有高级职称的就达224人。大邱庄只有8名从事种植业的农业工人,但在他们的背后却有来自北京、黑龙江等地的许多农业科学家。他们为大邱庄选择了适宜种植的优选良种,找到了小麦和玉米的最佳种植密度,实现了农业机械的配套优化组合,引进了钛微肥拌种的增产新方法。③

大邱庄为科技人才提供了优厚待遇和舒适环境,他们住的是人才楼和现代化公寓,出门有车,干事有资金。他们的工资收入与其创造的效益挂

---

① 张建伟:《钱围着人转,人围着钱转》,《中国青年报》,1993年1月18日。
② 张建伟:《大邱庄企业集团经理年薪150万》,《中国青年报》,1993年1月18日。
③ 余洪丰:《辉煌中的阴影:中国"首富村"大邱庄揭秘》,警官教育出版社,1993年,第53页。

钩。一旦科技人才为大邱庄作出重大贡献,就可获得重奖。例如,两个高级工程师对大邱庄一家机械厂进行技术改造,产生 4 000 万元效益,每人就各获得 100 万元奖励。① 一名专家成功研制 BE 酵母饲料,产品打入国内、国际市场,并获国际博览会金奖,就获得 150 万元重奖。

1991 年年初,禹作敏提出,大邱庄要聘请"三个一千名"。随后,各类人才纷纷拥到大邱庄应聘或以各种方式为大邱庄经济振兴出谋划策。到 1992 年年底,大邱庄已经聘请了专家、教授、工程师 1 600 名,经营管理人员 1 000 名。1992 年,大邱庄办了 30 家合资企业,在册的华侨和洋朋友有 200 多人。②

在实行"借脑工程"的同时,大邱庄人还实行自我更新的"换脑工程"。1983 年,他们投资 15 万元,与天津理工学院联办了机电大专班。1984 年,又投资 30 万元,扩大为"天津理工学院大邱庄分部",设立了学制两年的机电、企业管理、土木建筑等专业。1985 年,投资 30 万元,建起一座幼儿园楼,接收本村 3~6 岁的儿童入园学习。1986 年,投资 150 万元,建成一座 4 层中小学教学楼。大邱庄规定:没有初中以上毕业证书,不能进入工作岗位;按文化水平确定上岗后的基本工资。大邱庄还十分重视对在职干部和职工的专业培训教育。从 1982 年起,就聘请各方面的工程技术人员对职工进行培训。到 1992 年,大邱庄 260 多个企业的厂长、经理大部分达到大专以上水平。1992 年,为了培养开拓海外市场的人才,大邱庄又决定送 100 名有培养前途的农民后代出国留学。

随着大邱庄声名远扬,禹作敏也获得了名目繁多的荣誉。1987 年 9 月,他当选为全国当代最佳农民企业家,并获全国改革人才金杯奖。1988 年,当选第七届全国政协委员。1989 年,获全国农业改革十年创新奖,被国务院命名为全国劳动模范。1991 年,被评为全国乡镇企业优秀企业家。1992 年,禹作敏作为改革典型上了中央电视台《经济半小时》,并被《半月谈》杂志评为 1992 年中国十大新闻人物。一时之间,禹作敏成了一个耀眼

---

① 张建伟:《大邱庄有多少外来人才？2600 名专家教授展才大邱庄》,《中国青年报》,1993 年 1 月 20 日。

② 同①。

的政治明星,其一言一行备受瞩目。

禹作敏虽然读书不多,但通过入木三分的观察以及对世情民情的理解,再加上丰富的实践经验,往往能够提出一些富有哲理的话语,常常能出口成章、妙语连珠。

早在1985年,禹作敏就提出4句顺口溜:"抬头向前看,低头向钱看,只有向钱看,才能向前看。"随后又提出"完美的经济之花,必然结出丰硕的政治之果"。这些话当时一度引起争议,但在20世纪90年代初,便成为他大胆改革的标志性语录之一。有人声称,"它把曾经被颠倒了的政治和经济关系颠倒了回来",是用典型的"农民语言"阐述了"以经济建设为中心"的道理。①

随着大邱庄成为中国"首富村",禹作敏也俨然以农民改革家自居,其禹氏语录也越发引人关注,一度红遍大江南北。他用"左了穷,穷了左,越穷越左,越左越穷,左了准穷,穷了准左"精辟地阐述了对于"左"的看法。他对改革提出了许多颇有见地的见解:"改革首先要破两'纲'。以阶级斗争为纲,搞得人心慌;以粮为纲,搞得穷当当。""改革中有人摸着石头过河,有人捡起石头砸人。"他这样阐述了"坚持基本路线一百年不动摇"的观点:"我们坚持一个中心两个基本点的路线,永远不变。只有不变,才能千变和万变。一变几千人封建旧观念,二变耽误了的20年,三变说不清姓社姓资的观念。贫穷不是社会主义,这是一条最简单的道理,明白人说不清,糊涂人一听就明白。"关于科技:"科技是真佛,谁拜谁收益。要引科学的水,浇农民的田。艰苦奋斗是苦干,运用科技是巧干,由苦干到巧干是中国农民思想观念的转变。"②关于用人看人:"用封建的思想看人,愚人是忠人;用阶级斗争的观点看人,好人当坏人;用'文革'的观点看人,能人是罪人;用派性的观点看人,逆我者是仇人;用改革开放的观点看人,到处都是能人。"关于"两个文明":"能挣钱,会花钱,赚的是物质文明,花的是精神文明,有一个不文明就不是真水平。"③

---

① 张建伟:《经济政治学》,《中国青年报》,1993年1月18日。
② 冯治:《中国三大村》,华中师范大学出版社,1998年,第52—53页。
③ 张建伟:《大邱庄流行"禹作敏语录"》,《中国青年报》,1993年1月22日。

## 三

在大邱庄和禹作敏如日中天、声誉正隆之际,1993 年,禹作敏因卷入大邱庄血案而锒铛入狱,从而终结了大邱庄风云一时的辉煌历史。

禹作敏个性倔强张扬,敢作敢为。这种个性使他能够大胆改革,开创一番新天地,但也埋下他后来倒台的潜因。20 世纪 80 年代初,大邱庄刚刚见富,社会上对大邱庄的工业发家议论纷纷,说什么"发不义之财","挖社会主义墙角"。静海县委在很长时间内并不看好大邱庄,在接到几封匿名信后,就组织了一个联合清查组对大邱庄进行清查。清查组刚进村,就遭到禹作敏与村民的抵制和抗议。清查组成员对禹作敏说:"你没做亏心事,就不怕鬼敲门。"禹作敏当即反驳说:"尽管没做亏心事,但是鬼老在你门前敲,日子能好过吗?"每天都有老头子拎着棍子来质问清查组:"我们刚过了几天好日子,你们就来了,我们挨饿的时候你们怎么不来?"年轻小伙子也纷纷上门指责清查组:"我们打光棍多年,刚找上对象,你们一来就散了。这媳妇要找不上,你们可得负责。"7 个月后,清查组未作任何结论,一走了之。后来,此事被当成禹作敏坚决抵制错误干扰和坚持改革的例证而广为流传,但是,实际上,这已隐然流露出他公然蔑视组织的端倪,也反映出他与当地政府关系的高度紧张。

大邱庄声名大振后,禹作敏变得更加张狂起来。一位香港记者问他:"有人说你是这里的土皇帝……"没等人家说完,他就笑着应声答道:"我去了'土'字就是皇帝。"①他对一群前来考察的官员说:"局长算个球,我要当就当副总理。"

日益膨胀的禹作敏在 1990 年卷入了刘玉田命案,悄然埋下了导致自己倒台的导火索。1990 年 4 月 9 日,禹作敏堂弟禹作相得知其女儿被大邱庄家具厂厂长刘金会猥亵后,非常气愤,纠集禹家数人,到大邱庄派出所将

---

① 许黎娜、张莹琦:《天津大邱庄:六十年贫富变迁 未竟的村庄改制》,《南方都市报》,2009 年 7 月 13 日。

关押在那里的刘金会暴打一顿。禹作相还不解气,要求禹作敏为他做主,"教训教训"教子无方的刘玉田。禹作敏说:"把他弄到大街上,啐一啐,寒碜寒碜他。"11 日上午,禹作相等 10 多人,在供销社附近疯狂殴打白发苍苍的老人刘玉田,致其死亡。当天下午,禹作敏召开全体职工大会,扬言:"刘玉田早就该死,有水平的可以上台揭发,没水平的可以骂大街。"随后,连续两天组织几千人的队伍上街游行,沿途高喊:"打倒刘玉田,刘玉田死有余辜!"1991 年 6 月,天津市高级人民法院分别判处禹作相等 7 名凶犯无期徒刑和 9 年以上有期徒刑。对此,骄横的禹作敏认为,这是天津市司法机关故意栽他的"面子",便在大邱庄搞起了一系列违法和对抗司法机关的活动:组织为凶手的家属募捐,组织 2 000 多名群众投书司法机关提抗议,停止刘家 7 人在大邱庄所属企业的工作,对刘家亲属的住宅进行监视,限制他们与外人接触,不许他们出村。[①]

1992 年 11 月,大邱庄华大集团公司总经理李凤政突然病故,留下 3 亿元债务说不清。查账过程中,发现外来的干部有严重贪污的嫌疑。禹作敏非常生气,随即宣布撤销华大公司,将其所属的企业划归万全、津海、津美、尧舜 4 个集团公司管理,同时对原华大公司中的所有怀疑对象进行审讯。原副总经理兼农场场长侯洪滨、原养殖场场长宋宝和以及原氧气厂厂长、高级工程师田宜正等十几名领导和职工遭到非法关押、审讯甚至殴打。

12 月 13 日,原华大集团公司养殖场 26 岁业务员危福合因有 22 000 元账目无法自圆其说,被万全集团经理部经理刘云章勒令交代问题。危福合坚决不承认贪污,便遭到刘云章及其手下连续殴打,当晚 10 时被殴打致死。[②]

得知危福合死亡后,禹作敏随即向静海县公安局报案,谎称:在审讯危福合时,危福合被一群不明身份的人闯进来打死了。随后又暗示万全集团公司代总经理刘永华安排编造危福合死亡的过程和伪造现场。但是,静海县公安干警经过勘察和调查,很快识破了禹作敏等人掩盖事实的伎俩,并提取刘永章等 4 名打人凶手的脚印。心中有鬼的禹作敏便指使刘永华安

---

①　冯治:《中国三大村》,华中师范大学出版社,1998 年,第 78 - 80 页。
②　齐介仑:《悲情禹作敏——大邱庄经济标本崩颓背后》,《财经文摘》,2007 年第 11 期。

排 4 人外逃。

12 月 15 日晚,天津市公安机关 6 名干警来大邱庄勘查危福合死亡现场,却被禹作敏指使人扣留。直到 16 日 11 时在天津市市委书记聂璧初的责令下,禹作敏才下令放人。此时,6 名干警已被关押达 13 个小时之久。事后,禹作敏觉得风头过去了,便让人通知外逃的 4 名凶手回村。

但是,事情很快就急转直下。1993 年 2 月 17 日,天津市人民检察院、公安局派人准备缉拿刘云章等 4 名重大嫌疑人。天津市公安局还派出了 400 名干警集结于大邱庄附近的村庄待命,防备嫌犯外逃。

2 月 16 日,禹作敏获得消息后,连夜召开会议,策划阻碍执行公务的干警进村的办法。17 日上午,禹作敏带领并指使他人围攻、指责进入大邱庄的天津市检察院、公安机关领导和静海县负责人,阻挠检察机关、公安干警进行搜捕案犯和张贴通缉令等公务活动。同时,命令各公司调集人员,"保卫"总公司,封堵进村路口。随后,上万名群众聚集在总公司大楼前,用卡车、油罐车将进村路口全部封堵,手持钢棍的群众在各路口和总公司大楼周围昼夜把守。为防止与不明真相的群众发生冲突,天津市公安局当即决定,留下 30 名干警待机执行任务,其余干警于当日返回。18 日上午,禹作敏又召开全村广播大会,煽动全村工厂停工、学校停课,致使公安、检察机关未能正常执行公务。21 日,禹作敏又散发《天津市出动千余名武装警察包围大邱庄的事情经过》的传单,诬称天津市公安部门非法抓人,要求全国各省市声援。

3 月 10 日,中共天津市委向大邱庄派驻市委工作组,以帮助大邱庄恢复正常的生产、生活和社会治安秩序,并协助执法机关查处案件。禹作敏表面声称一定配合工作组工作,却指使刘永华提供大量资金,协助 4 名凶手外逃。在天津市委工作组和公安机关的细致侦察以及各地公安机关的配合下,从 3 月中旬开始,刘云章等 4 名凶手先后落网或投案自首。4 月上中旬,案件侦破有了重大进展,禹作敏的罪行暴露出来。4 月 15 日,公安机关依法对禹作敏进行拘留审查。4 月 16 日,新华社正式发布了禹作敏被刑事拘留的消息,顿时震惊全国。4 月 21 日,经检察机关批准,禹作敏被依法逮捕。

8 月 27 日,天津市中级人民法院以窝藏、妨碍公务、行贿、非法拘禁和非法管制等 5 个罪项,判处禹作敏 20 年有期徒刑,其子、大邱庄的二号人物禹绍政被同时判刑入狱 10 年。这样,禹作敏从改革的政治明星沦为阶下囚,并彻底退出了大邱庄的历史舞台。大邱庄辉煌的历史也宣告终结。6 年后的 10 月 3 日凌晨,70 岁的禹作敏在天津市天河医院黯然病逝。

四

没有强人的"后禹作敏时代"的大邱庄,悄然发生着变化。1993 年,大邱庄撤村建镇,随后万全、尧舜、津美、津海四大集团公司也分别改为 4 条街道。

禹作敏被捕后,大邱庄经济有过短暂的混乱。尧舜集团公司总经理禹作尧、津美集团公司总经理赵书忠、津海集团公司总经理张延军在禹作敏被捕前就纷纷出走外地,用电话遥控公司生产经营。万全集团公司在代总经理刘永华及许多公司骨干被捕后,陷入一片混乱。此时,生病住院的万全集团公司总经理刘万全老人毅然抱病复出,稳定军心,随后又力邀被禹作敏解职的原大邱庄党委副书记张玉银出任万全集团公司的总经理,恢复了生产秩序。① 禹作尧、赵书忠、张延军等也陆续从外地赶回大邱庄,使尧舜、津美、津海三大集团公司重上正轨。因此,禹作敏的下台并没有减缓大邱庄前进的步伐。到 1997 年,大邱庄工业发展达到巅峰,工业产值达到 130 多亿元,钢材加工产量 270 万吨,国内生产总值 16.1 亿元,税收 9 400 余万元。不过,此时大邱庄已无耀眼的政治光环,也一改禹作敏时代的高调和张扬,转趋低调和务实。

但是,大邱庄经济快速发展的背后隐藏着三大致命缺陷:一是产业结构单一。大邱庄靠钢铁加工业起步和发家,其产品基本上是低附加值、高能耗的建材类和管材类。二是债务负担沉重。1992 年后,大邱庄走上依靠高负债、畸形发展钢铁工业之路。到 1995 年大邱庄借款、贷款以及承兑

① 冯治:《中国三大村》,华中师范大学出版社,1998 年,第 125 - 132 页。

汇票加起来总负债已达到50亿元,工业企业的综合负债率达到100%。三是企业产权不明,管理模式落后。

1997年,随着国家调整产业政策,钢铁工业尤其是建筑业用的盘条、钢管等产品生产过剩,利润率大幅度下降。很多国有特大型钢铁企业都难以为继,缺少资源优势、规模不大的大邱庄企业更是身陷困境。雪上加霜的是,亚洲金融危机爆发后,国家开始整顿金融秩序,银行紧缩银根,停开承兑汇票,大量信贷资金和社会游资从大邱庄撤出,企业赖以生存的资金链被掐断。在这种情况下,大邱庄经济陷入困境。到1998年年底,大邱庄工业销售收入由1997年的130亿元降到60亿元,税收由9 400万元降到6 000万元,有一半企业处于停产半停产状态。2001年,大邱庄经济跌到谷底,税收仅完成了3 500万元,只相当于1993年的水平。① 许多工厂已偃旗息鼓,街上再无熙熙攘攘的人流,整个大邱庄显得十分寂寥与衰败。②

面对危机和困境,大邱庄被迫进行改制。改革的第一步是取消原来的集体福利制度。1995年,大邱庄实施了住房改革,将18万平方米的普通住宅和别墅全部出售给个人,随后又相继进行医疗、物业管理、交通工具、通讯工具等14项福利制度改革,使禹作敏时代的福利待遇几乎全部被取消,为企业卸下了沉重的包袱。第二步是1997年6月开始进行企业产权制度改革,将企业资产出售给个人,使大邱庄企业由集体变成民营。改制后,大邱庄经济成分的80%为民营,20%为外资和集体参股。通过改制,吸收个人注入的资本2.6亿元,运作20多亿元的企业资本,缓解了大邱庄的资金困难。

与此同时,大邱庄还采取"一引、二提、三淘汰"的方法进行艰难的产业结构调整。"引",就是要利用大邱庄的土地、厂房、设备优势,引进有资金、有技术的大企业;"提",就是提升原有钢铁企业层次,进行技术改造;"淘汰",就是把停产企业通过破产、租赁、嫁接和出售等形式进行清理。

经过改革和产业结构调整,再加上钢铁产业形势转好,大邱庄重新焕

---

① 许黎娜、张莹琦:《天津大邱庄:六十年贫富变迁 未竟的村庄改制》,《南方都市报》,2009年7月13日。

② 李漠:《今日大邱庄:绕不开的禹作敏》,《小康》,2007年第9期。

发了生机。从 2002 年下半年,大邱庄经济开始逐步复苏,财政收入连年增加。2003 年,财政收入为 7 200 万元,2006 年攀升到 2.4 亿元,2007 年达到 3 亿元。大邱庄再次繁荣起来。

再次繁荣起来的大邱庄已经不再是禹作敏时代的大邱庄了。原来集体企业都卖给私人了,"资产上亿的大有人在,但也有人穷得连供暖费都交不起"。原来梦幻般的福利待遇也都成为美好的回忆了。

对于这些变化,有些人感到如鱼得水,极为满意。大邱庄长江道上一位杂货店老板说:"虽然那时候集体什么都分,但手上确实没钱啊,一个月的工资只有 300 多块。"有的办企业的老板说:"过去福利很好,却根本没有自由创业的可能,而现在,完全看你的本事了,有本事就赚大钱。"①

# 第四节 "红色亿元村"南街村

1984 年,河南临颍南街村将由私人承包经营的 2 个企业收归集体经营,随后又将分给各户的土地收归集体经营,重新走上了集体化的道路。1991 年,南街村产值突破亿元大关,1997 年发展到 16 亿元,实现了经济的迅速崛起和腾飞。与此同时,南街村在企业经营和村庄管理上较多地保留了改革开放前的传统色彩,并以高举毛泽东思想旗帜而闻名于世,被誉为"红色亿元村"。它的特立独行引起了舆论的广泛关注,既赢得高度赞誉,也受到严重质疑。

一

河南省临颍县南街村,地处豫中平原,位于临颍县南隅,总面积 1.78 平方公里。1947 年 12 月临颍县解放时,全村 259 户,1 426 口人,158.4 公

---

① 李漠:《今日大邱庄:绕不开的禹作敏》,《小康》,2007 年第 9 期。

顷耕地。土地改革后,贫下中农分得土地和农具,生产积极性空前高涨,农业生产得到恢复和发展。

20 世纪 50 年代初,南街村逐步卷入农业合作化浪潮。1953 年,臧保轩等 10 户农民成立了南街村第一个互助组。1954 年,全村很快实现了全村生产互助,粮食亩产量提高到 50 公斤左右。1955 年,南街村在全村互助的基础上成立了初级社。1956 年,成立了"红星高级社"、"联三高级社"等高级社。[①]

1958 年,南街人在农业"大跃进"运动中,在"临颍变江南、旱地变稻田"口号的鼓舞下,组织社员进行大兵团作战,吃住在田间,挖坑塘、打大口井、挖幸福河、大搞农田基本建设,计划把岗田变水田,南水北调种水稻。同年秋,南街村在人民公社化的高潮中并入城关人民公社,成立南街大队,办了 5 个大食堂,2 000 口人过着集体劳动、集体吃饭的生活。1959 年到 1961 年,南街村连续 3 年干旱少雨,连年歉收,粮食亩产量不足 50 公斤。食堂粮食短缺,只好用麦秸做淀粉,吃野菜和薯叶,以红薯和胡萝卜为主食。那时南街村尽管没有饿死人,但不少人得了浮肿病,群众生活极端困难。

1959 年春,南关公社将公社核算改为南街村大队核算。1961 年公共食堂解散。1962 年贯彻《农村人民公社 60 条(修正草案)》后,南街村经济逐步得到恢复,并有所发展。

1966 年"文化大革命"爆发后,又一次给南街村农业生产造成重大损失。群众组织之间打派仗,斗干部,农业生产没有人过问,粮食连年减产。家庭副业、个体手工业也被当做资本主义尾巴割掉了。1970 年后,南街村干部和群众开始抵制派性与不抓生产的错误倾向,生产形势有所好转。[②]

1971 年,刚刚 20 岁的王宏斌出任第一生产队队长,团结全队干部和群众,大搞生产,使第一生产队粮食产量大幅度提高,社员生活明显改善,成

---

① 杨峰挺:《河南省南街村农业合作经济组织发展史》,见《当代中国的农业合作制》编辑室《当代中国典型农业合作社史选编》,中国农业出版社,2002 年,第 810－811 页。

② 同①,第 812－813 页。

为全县先进生产队。

1972年10月,在供销社工作的父亲在县里为王宏斌争取了一个名额,让他进城当了工人。他先后当过仓库保管员、门卫、业务员和采购员,虽然日子比当生产队队长舒坦,但他总觉得"一样也没弄成景",还没有在农村干得有意思。一年多后,他不顾家人反对,决定不当工人,重返南街村。在他离开后,第一生产队沦为落后生产队,干部群众也盼望他回来。1974年春,南街村党支部领着社员,开着拖拉机来到县城,敲锣打鼓地接回了王宏斌。① 王宏斌再次当上第一生产队队长,当年就使生产得到恢复,第二年又让第一生产队成了全县的先进队。县委发现了这一先进青年,号召向王宏斌学习,王宏斌成了全县青年人和生产队队长学习的榜样。

1975年,王宏斌担任南街大队副队长。1976年,县委特批他加入中国共产党,并让他担任大队党支部副书记。当年,他担任南街村大队党支部书记,带领南街人大搞农田基本建设,打机井、建井房、修硬渠,使水浇地面积不断扩大。当年,南街村棉油亩产量大幅度提高,小麦单产250公斤,麦秋两季超过千斤,烟叶亩产量也超过千斤大关。南街村成了临颍县农业战线上的一面旗帜,并在许昌地区声名大振。②

与此同时,南街村开始发展工副业。最初只有一炉(洪炉)、二组(修理组、缝纫组),收入极为有限。1978年,虽然南街村农业发展较快,粮食产量跃居全县之首,但是,农民人均年收入只有100多元,村里道路坑洼不平,60%的村民还住着破草房,30多岁讨不上老婆的光棍汉就有几十个。1978年,《人民日报》发表《粮食是基础,工业是发展,无农不稳,无工不富》的文章,使王宏斌等人深受启发。当年冬天,王宏斌亲自开着拖拉机,带上全大队的干部到新乡县刘庄大队参观学习,感触颇深。③ 回来后,南街村支部认真分析了本村地处豫中平原盛产小麦和本村有千亩岗地的条件,决

---

① 谢宜祥、乘舟:《说凤阳,道凤阳》,见《我们的共和国丛书》(振兴卷),中国和平出版社,2003年,第123页。

② 杨峰挺:《河南省南街村农业合作经济组织发展史》,见《当代中国的农业合作制编辑室》《当代中国典型农业合作社史选编》,中国农业出版社,2002年,第814页。

③ 姚中福:《追问南街:旗帜? 怪胎?》,《文明与宣传》,1999年第6期。

定试办面粉厂和砖瓦厂。

为了筹建面粉厂,王宏斌等 9 名干部带头集资 10 万元,于 1979 年 11 月建起一座日产 20 吨面粉的加工厂。加工厂从本村和周围农民收来小麦,加工成面粉后把面粉返还给农民,厂里仅靠出卖剩下的麦麸盈利。虽然利润微薄,但收入还颇为可观,第一年就获利 3 万元。

1980 年,南街村党支部决定利用岗地建一座大型砖窑厂。为了筹集资金,王宏斌想出一个指山卖磨、借腿搓绳的妙招:将每块砖的价格比别的砖瓦厂压低一分钱,先由大队干部预购。3 天之内,大队部向每位大队干部开出了一张预售砖发票,每张票上的砖数为 3 万块,刚好可盖一所房子,要比市场价节省几百元。消息"不胫而走",生产队干部也要求交钱"预购"。群众更有意见了:"干部都比社员精,肯定是便宜事,他们能买,群众就不能买?"于是,为满足群众要求,大队决定向群众公开出售大队机砖厂生产的机砖,但数量有限,每户只售 3 万块。群众纷纷前来缴预售砖款,甚至外村与南街村有亲戚、熟人、朋友关系的人也要求"照顾"缴款买砖。不到半个月,他们就筹齐了建窑厂所需要的 35 万元资金。① 经过 10 个月的紧张施工,南街村建成了一座当时全县最大的砖窑厂。正是这个砖窑厂,为南街村掘得了第一桶金,这就是南街人说的"以砖起家"。

面粉加工厂和砖窑厂的建立,使得南街村在工业化道路上迈出了第一步。1981 年,南街村实行了联产承包责任制,分田到户,砖窑厂和面粉厂也分别给个人承包了。

二

面粉厂和砖瓦厂承包给个人后,南街人没有尝到甜头,却更多地尝到了个人承包所带来的苦果:承包人偷漏国家税款,对上交集体的承包金赖着不交。村民们给承包者干活,工资却兑不了现。但是,承包人却大发横财,吃的、穿的、用的、住的明显比普通村民高出了几个档次。

---

① 邓英淘,等:《南街村》,当代中国出版社,1996 年,第 9 页。

1981 年南街村分田到户后,最初也给南街人带来了实惠,解决了大多数人的温饱问题,但同时也产生一些负面影响。原来平整的大地被划成很多小块,生产队时配套的农业机械,已被化整为零,失去作用。以前修建的机井和其他水利设施也被闲置不用。随着改革开放的深入和农村政策的放宽搞活,地处县城、素有经商传统的南街村村民,纷纷外出摆小摊、卖烟、卖饭,还有些人办工厂搞企业。因此,村民们对农业生产兴趣降低,一些人不施肥、不浇水、不管理,有的干脆把田地转包给亲朋好友,甚至长期弃耕撂荒。1983 年,粮食年亩产由 1980 年的 1 000 多斤降到 500 多斤,农业陷入了全面萎缩的境地。

由于企业承包给个人是经过南街村党支部同意的,也是王宏斌点头的,因而村民怨声载道,把矛头指向党支部和王宏斌,不少人背后戳脊梁骨,甚至当面责骂,南街党支部的威信一落千丈。村民还纷纷上访告状,各种告状信送到县委、地委甚至省委。各级领导也对南街村干部很不满意。王宏斌等党支部一班人被弄得灰头土脸的,到处抬不起头来。

面对严峻的现实,王宏斌等一班人陷入了深深的思考,并意识到问题的症结:党组织没有带领广大群众治穷致富,而把两个企业承包给了个人,伤害了群众的感情,败坏了党组织的声誉和形象。于是,1984 年,党支部作出了一个对南街村的发展历史具有转折性作用的重大决策:鉴于个体承包者不履行承包合同,终止他们的个人承包权,由南街村党组织实行集体承包。

两个企业收回后,党支部首先就碰到缺乏资金的难题。当时,南街村竟然连买一桶平价 7 分钱一斤的柴油钱都没有。找信用社贷款,信用社怕南街村将来无力偿还,不肯贷款。于是,王宏斌变卖家里东西,求亲戚找朋友借,筹集 3 000 元钱交给村里。接着,郭全忠、王金忠等也筹集 3 000 元交过来。其他干部和党员也纷纷送来 1 000 元、500 元不等的资金。村民们被感动了,有的拿出准备盖房的钱,有的拿出准备娶媳妇的钱,老人们拿出准备办后事的钱,纷纷交给村里。马达转了,机器响了,两个小厂恢复了生产。①

经过一年的艰苦拼搏,到 1984 年年底,这两个厂产值达到 70 多万元,在偿还债务后还盈利了 7 万多元。这样,不仅有了一笔可观的收入,而且赢得了村民的信任。1985 年,村里盖起了糕点厂和养猪场。当年,全村产值比上年又翻了一番,达到 130 多万元。1986 年,面粉厂增加新设备,生产能力大大提高,全村年产值攀升至 320 多万元。其后两年,南街村产值连续两年翻番,1987 年为 730 多万元,1988 年增至 1 500 万元。

为了打开面粉的销路,1989 年冬,王宏斌、王金忠将一车面粉送到北京,用免费试用的办法敲开了北京市劲松糕点总厂的大门,并凭借过硬的质量和低廉的价格赢得了该食品厂的信任,一次就与该厂签订了 12 年的供销合同。

1989 年,南街村方便面厂投产。由于市场上没有竞争对手,这个产业"开着机器就能赚钱"。1990 年,南街村方便面生产线由 1 条变成 5 条,1991 年增加到 12 条。其后几年不断增加,最多时达到 50 条。与此同时,又配套建起了包装厂、印刷厂、啤酒厂,和日本合资建了食品厂,还专门成立了一个运输公司。南街村的产值飞速增长:1991 年,突破亿元大关,1994 年超过 8 亿元,1997 年达到 16 亿元。由此,南街村经济迅速实现了腾飞和崛起。

南街村收回两个企业后,短期内就取得了较好成效,并赢得了村民的信任,这就为解决分田到户后出现的问题创造了条件。1986 年 5 月,南街村贴出了一张安民告示:没有能力管好种好责任田的,可以写出申请,经村委会研究批准后,把责任田交归集体,村民可在集体中从事生产或安排到企业上班,由村面粉厂负责解决吃面问题。告示公布后,当年就有 100 多户村民把土地交给集体。随着村办企业的迅速发展,自愿把土地交给集体的村民越来越多。到 1990 年 10 月,全村 2 300 亩土地全部交回村里,由个体经营过渡到了规模经营。在随后 10 多年中,南街村对农业投入资金数

---

① 临颍县南街村编写组:《理想之光——南街人谈共产主义小社区建设》,中共中央党校出版社,1998 年,第 24 页。

百万元,添置大型农业机械,实行半固定式喷灌,农业生产实现了耕播收打机械化,浇水喷灌自动化,农田管理专业化,田、林、路、渠、水、电、机械七配套,实现了旱涝保丰收。随着农业机械化水平和规模化经营的不断提高,南街村粮食产量逐年上升,小麦单产一直保持在450公斤以上,农业务工人员则不断减少,发展到后来,南街村只有几名老农带领几十名外地工人从事农业生产。

随着村集体经济的逐年壮大,村民生活水平不断提高。从1993年到1998年,南街村建成了22栋高标准的现代化6层村民集体住宅楼,村民们搬进三室一厅或两室一厅的公寓。家用电器、家具、炊具、制冷取暖设备由村集体统一配备。村集体免费对村民供应水、电、气、食用油、面粉等;村民的入学、入托、防疫治病、人身保险、各项村提留、乡统筹,一概由村集体负担。与此同时,南街村的配套设施和城镇建设也不断完善。村里先后投资1 500万元建起幼儿园,投资5 000万元建立了现代化学校(其中设有高中部),还建有图书馆、敬老院等。派出所、银行、邮局、法庭等机构也先后配套成立。南街村的道路全部硬化,其中长1 000多米、宽35米的颍松大道(也称幸福大道)足以与大城市的主要街道相媲美。此外,还修建一个很像天安门的建筑"朝阳门"和享有盛名的"东方红广场"。南街村已经变成了一个完全现代化的城镇。

南街村经济的腾飞和崛起,主要得益于南街村实行了正确的发展战略,即围绕农副产品深加工办企业,围绕龙头产品上配套项目。

南街村的企业是从"农"字起步的,也是围绕"农"字发展起来的。无论是最初的面粉厂,还是后来发展的方便面厂、食品厂、啤酒厂、麦恩食品有限公司,都是围绕农业发展起来的。在这方面,周围都是产麦区的南街村,在原料市场上具有无可争议的优势。在产品市场上,南街村一度也占有很大的优势。20世纪80年代末90年代中前期,庞大的农村市场为南街村发展提供了很大的市场空间。特别是方便面市场,除了广东的华丰方便面外,广大农村市场尚处于空白。南街村方便面一经问世,便处于无竞争对手的状态,极为畅销,利润也很可观。在短短几年中,南街村方便面发展迅速,最高峰时有50条生产线,其产值占到南街村总销售额的80%。可以说,方便面这一龙头产品的发展,成为南街村经济迅速腾飞和崛起的关键。

与此同时,南街村围绕龙头产品,大力发展配套项目,促进经济高速发展。方便面厂、食品厂、麦恩食品有限公司等每天需要的600吨面粉,是由村里第一、第二、第三面粉厂提供的。龙头产品每天需要的17万只纸箱,是由村里第一、第二包装厂负责生产的。每年需要的价值约1亿元人民币的塑料包装袋和精制礼品盒,是由村里的中日合资企业"河南耐可达彩色印刷有限公司"、"河南彬海胶印制品有限公司"生产的。为了满足每天近千吨原材料和产成品的运输需要,南街村组建了大型汽车运输队,有大型货车160多部,标准吨位800多吨。企业每年需要近300万元的花椒做汤料,村里便在地头地边、沟边渠边栽上了花椒树,后来又建立了调味厂。为了充分利用方便面厂、食品厂、面粉厂的下脚料,又把这些废料统一搜集起来,通过电脑配方,制成了混合饲料,提供给村办养鸡场。养鸡场的鸡蛋和肉鸡又满足了食品厂与村民的需要。南街村人把这种做法称为"一业带着多业上,多业辅助一业兴"。南街村的企业目前已相互配套,互为依托,优势互补,同步发展,形成了系列加工、层层增值、良性循环的新格局。①

当然,南街村这种发展战略也存在明显缺陷,就是企业多属于劳动密集型,产品附加值不高,技术进入门槛很低。一旦市场条件发生变化,也就是随着市场竞争的加剧,南街村经济就有可能陷入困境。

三

随着南街村的迅速崛起,其一些独特做法也零零星星地被报刊杂志所报道。1994年3月8日,《中国青年报》刊登了刘先琴写的长篇通讯《昨天的梦,今天的梦》,首次全面地介绍了南街村的一些独特做法。南街村声名大振,并被誉为"红色亿元村"。其独树一帜的做法格外引人注目。

---

① 临颍县南街村编写组:《理想之光——南街人谈共产主义小社区建设》,中共中央党校出版社,1998年,第7-8页。

第一,实行纯粹的集体经济,不搞个人承包,不发奖金和加班费。

20世纪80年代初,两个企业承包给个人后的情况,给南街人留下了太坏的印象。1984年南街村将两个企业收回后,实行集体承包。集体承包的结果是产值连年翻番。这一经历使南街人对集体经济深信不疑,并一度对个体经济采取排斥的态度。随着南街村集体经济的飞速发展,一些改革开放初期发展起来的个体业主,也"毫不犹豫地把辛辛苦苦经营多年、效益可观的企业奉献给了村里"。老党员刘坤岭、模范青年李新华,分别把自己的回民食品厂、造纸厂等价值数10万元的资产交给了集体。南街村的生产资料全部归集体所有,大到土地、厂房、设备,小到一把钳子、一根铁丝、一颗螺丝钉,都是集体财产。①

与此同时,南街村也从过去的经验中形成一个看法:个人承包是一种懒办法,是没有办法的办法,是体现一级党组织无能的办法,因而被彻底摒弃。这种做法与华西村、大邱庄等许多村庄有着明显的不同。在华西村和原来的大邱庄等村庄,企业虽然是集体所有,但通常是由厂长、经理个人承包的,厂长、经理则根据经营业绩获得相应的奖金。但是,南街村领导层认为,奖金越发,人的私心越大,人的觉悟越低,党支部的形象越坏,党群关系越紧张。因此,在南街村,没有发过一分钱奖金和加班费。领导干部不但没有奖金,而且拿的始终是250元的低工资(最初比一般工人稍高一点),以提倡无私奉献的"傻子"精神。其后,南街村的工资几经调整,但领导干部仍然是250元,只是拿250元工资的人由7人发展到200多人。在南街村村民中,广泛地实行义务工制度,特别是方便面畅销时主要依靠村民义务装卸方便面。这实际上极大地淡化乃至取消了物质激励作用,转而只依靠思想教育和精神激励。

当然,南街村除了依靠思想教育和精神激励外,在企业管理上还实行"六定一赔"的办法。"六定"是定任务、定人员、定报酬、定时间、定消耗、定质量。全面实行"六定",谁违背"六定"造成损失,谁负责赔偿。

---

① 临颍县南街村编写组:《理想之光——南街人谈共产主义小社区建设》,中共中央党校出版社,1998年,第5—6页。

第二,采取工资加供给的分配方式。

南街村采取工资加供给的分配方式,工资部分和供给部分基本保持3∶7的比例。就工资部分来讲,凡是参加企业的南街村人或外地职工都实行工资制,但在分配比例上采取了4个倾斜:第一是集体与个人相比,向集体倾斜,不断扩大公共积累,增加公益福利,不断提高公有化程度。第二是脑力劳动与体力劳动相比,向脑力劳动倾斜,体现对知识和人才的尊重。第三是外工与内工相比,向外工倾斜。南街村高潮时有1.2万名外来职工。由于外工不享受南街村村民的主要福利待遇,因而外工的工资要比南街村籍的职工高出20%~30%。第四是农业工人与企业工人相比,向农业工人倾斜。农业工人尽管已经实现了机械化作业,但工作环境比较差,劳动强度也比较大,因此,农业工人比企业工人的工资一般高出30%左右。

南街村的供给制始于1986年。尽管当时集体经济实力还很薄弱,但南街村还是严格要求自己,每年要增加1~2项福利。从1986年到1994年,由最初的水、电免费发展到了14项公共福利。

外来职工也享受一定的福利待遇,并逐步扩大。外来职工在食堂就餐,由主食免费扩大到主副食一律免费;职工公寓宽敞明亮,统一配备床、被、脸盆、水瓶、茶杯、小柜等生活设施,还供应暖冷气。逢年过节,都要发节日食品,让职工们回家与亲人团聚。各项文体活动丰富多彩,每年都能看100多场电影和10多场戏剧节目。南街村将表现突出的外来职工吸收为村民或荣誉村民,和南街人村享受同等待遇。对生活困难或出现天灾人祸的职工,给予特别照顾,仅1995年春节,南街村就为13名家庭困难的职工每人发救济款200元。

南街村实行工资加供给的分配方式,供给部分占大头,人人有份,工资上稍有差别,但相当有限,实际上只是象征意义,因而招致"吃大锅饭"、"养懒汉"的指责。这种做法体现了极为浓厚的理想主义色彩,也的确带有平均主义的嫌疑,既得到一些人的高度赞赏,也引起一些人的强烈指责。

第三,坚持用毛泽东思想育人。

1984年,南街村就开展了大学毛著、大学雷锋、大唱革命歌曲三大活动。通过大学毛著,让南街村的党员干部都树立起全心全意为人民服务的思想;通过大学雷锋,让南街人都树立起吃亏精神和奉献精神;通过大唱革命歌曲,让人的精神都振作起来,干劲都鼓起来。这些活动取得了明显的成效,使南街人认为,毛泽东思想并不过时,毛泽东思想完全能够指导当今的市场经济。自此,南街村坚持用毛泽东思想育人,并开始形成独树一帜的"红色文化"。

南街村人坚持"学毛选"活动。在村里,任何一个人都可以背诵几段毛主席语录。1992 年,在"东方红广场"上竖立了一尊毛主席塑像,由民兵24 小时守卫。从 1997 年开始,《南街村报》报头每期都刊载一条"毛主席语录"。2001 年,又在毛泽东塑像两侧分别挂起马克思、恩格斯、列宁、斯大林的巨幅画像。

南街村人人人佩戴毛主席像章。墙上到处都刷着"坚持毛泽东思想育人"、"全心全意为人民服务"、"学习雷锋精神"、"坚持走社会主义道路"、"为共产主义奋斗终生"等大标语。有几家商店陈列出售的全部是毛泽东的著作、语录本、塑像和像章。

对社会上的流行歌曲,南街村老年人不愿听、听不惯,中年人多少听一点,年轻人爱听。但南街村人认为,听了流行歌曲后,人的精神面貌会变得死气沉沉,干啥事都没一点劲儿。于是,南街村大唱革命歌曲,让人的精神都振作起来,干劲都鼓起来。广播喇叭里,早晨起来就放《东方红》,一整天歌声不断。村民们唱的是《社会主义好》、《北京的金山上》、《学习雷锋好榜样》、《高楼万丈平地起》等革命歌曲。

党小组每个星期有例会日、义务劳动日、活动日;年轻人谈对象要首先向团支部汇报申请,经组织调查了解后方可进行;结婚亦如此,都安排在一年一次的集体婚礼上进行,不得自定日期。①

王宏斌总是把一句"南街不是一块净土,南街是斗出来的"挂在嘴边。每当村里出现违反村规民约、以权谋私和自私自利等不良现象时,南街村往往采取一种独特的教育方法——"斗私会",开展批评和自我批评教育。

---

① 刘先琴:《昨天的梦,今天的梦》,《中国青年报》,1994 年 3 月 8 日。

它大体分为两种类型:党员干部的"斗私会"(正式名称叫民主生活会)和村民的"斗私会"。两者都开得认真而激烈,而且经常是有人痛哭得泪流满面。"斗私会"对事不对人,任何人犯了错误,只要认识深刻,改正坚决,就不再有任何负面影响。但是,前者通常比后者更为严格和严厉,因而又称为"斗争会"。

在群众中召开"斗私会",最初较多,处理也较为严厉。凡是发现有损害集体利益、有悖社会公德的各种行为,只要群众有要求,村民组长提出,便可召开。当事人站在台前,回答大家的质问,接受批评,长辈训斥,亲朋劝导,孩童羞骂,使这种场面生动激烈,当事人立马汗颜。① 最初一度还采取了放电影和举办"双文明学习班"的办法。放电影是让犯错误的人出钱放电影,并在播放电影之前"站在台前说明原因,作出检查"。② 举办"双文明学习班"则是让有错误行为的人穿上标志参加学习班的一种黄颜色背心,白天用人力车从窑场往建筑工地拉砖,晚上住在南街村保留下来的一座破房子里,吃窝头菜汤,"让他们丢丢人,想想好日子是咋来的"。③ 后来,对于一般群众召开"斗私会"则采取慎重态度。在一般问题上,通常是由村干部进行批评教育,把问题解决就完了。但遇到群众反映特别强烈的问题,则免不了上"斗私会"。如发生儿子媳妇不孝顺老人的事,经过教育屡教不改的,就要上"斗私会"。一位村民因为经常打媳妇,屡教不改,也上了"斗私会"讲台。一场"斗私会"下来,这个村民就变好了,后来还当上了基层干部。④

对于党员干部则要严格得多,用王宏斌的话说:"南街村的党员干部,基本上都上过斗争会。"村党委副书记郭全忠因为默许别人修路时为自己

---

① 刘先琴:《昨天的梦,今天的梦》,《中国青年报》,1994 年 3 月 8 日。

② 临颍县南街村编写组:《理想之光——南街人谈共产主义小社区建设》,中共中央党校出版社,1998 年,第 45 页。

③ 同①。

④ 刘倩:《市场因素下的"共产主义小社区"——对中部中国一个村庄社会结构变革的实证研究》,《社会学研究》,1997 年第 5 期。

家门口的路作了硬化处理,被父亲告发而上了"斗争会"。[①] 1991 年年初,被称为"四大能人"的 4 位年轻厂队长,一度居功自傲、思想松动,受到了"停职检查、接受批评"的处分。一时间,广播、板报、大辩论、小座谈等多种批评形式铺天盖地而来。[②] 但是,这 4 人改正错误后,照样得到重用。

王宏斌自己也不例外,多次在斗争会上进行检讨。他早年多生过一个女儿,生下来就送到外村亲戚家抚养,村里人几乎不知道,所以他总不敢抓计划生育工作。后来,他便索性在群众大会上公开做了检讨。[③] 其后,他因执意上马永动机项目造成重大损失,又多次在群众大会上进行检讨。

为了规范村民和干部的行为,南街村从 1991 年开始经常开展"十星"评选活动,并把村民的表现与村民享受的福利待遇挂起钩来。这"十星"是共产星、责任星、吃亏星、文化星、遵纪星、新风星、技术星、勤俭星、慈孝星、卫生星。村民违反了哪一条,就扣掉一个星。每扣掉一个星,就减去相应的福利待遇。情节严重的还要由村党委指令其搬下村民楼,停发福利,停职反省。但村民认识到了自己的错误,认真悔改了,村里就把扣掉的星添上,恢复福利。

第四,实行外圆内方,做到内外有别。

南街村的发展不可能独立于中国市场经济蓬勃发展但又存在不尽如人意现象的大环境。因此,南街人采取内外有别的做法,实行外圆内方。

所谓"外圆",就是为了与市场经济接轨和适应当前大气候的需要,在顺应市场经济正当要求的同时,对于那些市场经济中虽不正当,但目前尚难避免的事情,采取敷衍应付的对策,从而能在商品经济的激烈竞争中占有一席之地。例如,为了让日本朋友在南街村有一个舒适的工作和生活环境,村里不惜重金花 60 多万元建了一座 300 多平方米的豪华别墅,其建筑设计和室内装修都是典型的日本风格,还设有小舞厅、卡拉 OK 厅、健身

---

　　① 临颍县南街村编写组:《理想之光——南街人谈共产主义小社区建设》,中共中央党校出版社,1998 年,第 10 – 11 页。

　　② 同①,第 39 页。

　　③ 谢宜祥、乘舟:《说凤阳,道凤阳》,见《我们的共和国丛书》(振兴卷),中国和平出版社,2003 年,第 106 页。

房、酒吧间等。在南街村绝对禁止的打麻将,在小别墅里则是一路绿灯。村里用3万元为日本朋友购置了一个电脑控制、能自动洗牌翻牌的高级麻将桌。良好的工作、生活和投资环境使日本朋友感到满意,这家日本公司就与南街村合资兴办了彩印厂、胶印厂、奶油酥条厂3个企业。在对外业务往来中,村里该请客也要请客,该发的纪念品也要发,该表示的意思也都作了表示。对业务单位给的回扣款、好处费、礼品等,该收的南街村人也收下。

所谓"内方",则是与南街村的村规民约和民情民意接轨。没有歌舞厅、卡拉OK厅、桑拿浴、夜总会,也不允许赌博。在企业内部管理上,南街村要求非常严格,丁是丁,卯是卯,规规矩矩,方方正正。在对外经济交往中,南街村人收到的现金、礼品,绝大部分都能如数交给集体。据不完全统计,仅1993年就有180多人次向集体上交现金、物品,合计金额达20多万元。

四

随着南街村经济的飞速发展,河南省一些地方媒体开始对其进行报道,但影响有限。从1992年开始,产值突破亿元大关、被誉为"豫南一枝花"的南街村,引起了中央媒体的关注。1992年,《中国民兵》第6期从南街村关心地方武装工作的角度入手,最早对南街村走致富路的事迹进行系统报道。此后半年多时间里,《人民日报》、《农民日报》、《经济日报》以及《解放军报》、《解放军画报》等10多家新闻单位,分别以《中原第一村》、《豫南第一村》、《农民需要定心丸——访十四大代表王宏斌》等为题,刊登有关南街村的典型报道,掀起了宣传南街村的第一个高潮,南街村、王宏斌等渐渐地为人们所熟悉。

1994年3月8日,《中国青年报》刊出了记者刘先琴采写的《昨天的梦,今天的梦》。与以往只提南街村经济建设成就的报道不同,这篇3 000字左右的文章首次对南街村进行了全方位报道,第一次将南街村的"外圆内方"推向社会,从而掀开南街村鲜为人知的神秘面纱:实行有"养懒人"

之嫌的供给制;小学生会背《老三篇》;剧团唱《红灯记》、《龙江颂》等样板戏,村民人人都唱《大海航行靠舵手》等革命歌曲;树立毛泽东巨型塑像;南街人要"建设共产主义小社区"。文章刊出后,立即引起轰动,南街村由此名震全国。

此后数年中,全国各地报刊先后刊登百余篇文章,从不同角度对南街村进行报道。南街村经济腾飞的奇迹和共同富裕的道路引起了广泛关注,它独树一帜、特立独行的做法也强烈吸引着人们的眼球,从而迅速成为中国农村的一颗明星。

同时,英国、日本、美国等新闻媒体也高度关注南街村,纷纷进行大量报道。1994 年 11 月,《远东经济评论》发表了英国记者林凯写的《中国南街之行——一个毛泽东思想村置资本主义于遗憾的事》。1995 年 4 月 1 日,日本《少年月刊》发表了记者睡鸳鸯写的《用毛泽东思想这种独特的方式崛起的村庄——南街》。[①] 1995 年 7 月 20 日,日本《读卖新闻》国际新闻版登出记者本田伸一的文章《平等与发展并存的南街村——把毛泽东思想活用于村政建设》。1996 年 2 月 5 日,美国著名的《时代周刊》也图文并茂地刊出了《继往开来——选择过去的稳定和平等,南街村回到毛泽东时代》。

南街村蜚声海内外后,吸引了大量人流前往南街村。有的在毛泽东雕像前举行入党入团宣誓仪式,有的集体来参观学习,有的自费来考察。仅1995 年一年,南街村就接待了来自全国各地 4 000 多个单位、23.2 万人次的参观访问者,其中包括来自 15 个国家和地区的外国朋友,还收到了5 000 多封来信。大多数人都抱着好奇的心理,想看一看这个村庄为何能够在 10 多年中迅速崛起,想看一看这个独树一帜的村庄究竟是什么样子。一些人则怀着向往和羡慕的心态来南街村寻求精神认同,另一些人则出于怀疑和质疑而来南街村挑刺。

与此同时,许多党和国家领导人先后到南街村参观视察。一般情况下,现任领导人大都称赞其发展经济的骄人业绩,肯定其走共同富裕道路

---

① 临颍县南街村编写组:《理想之光——南街人谈共产主义小社区建设》,中共中央党校出版社,1998 年,第 220－227 页。

和在精神文明建设上取得的成绩,但对南街村的独特做法则避而不谈。一些退休的老干部则对南街村富有理想主义色彩的独特做法给予高度肯定。原国务院副总理、国防部长张爱萍欣然题诗一首:"山穷水尽焉无路,柳绿花红南街村,各尽其劳同富裕,美好未来奋勇奔。"

南街村经济迅速崛起的奇迹,引起了人们的广泛关注。但是,人们对南街村经济崛起的原因却有不同的解读。有人认为,南街村经济奇迹主要归功于"外圆"而不是"内方"。南街村的成功得益于改革开放政策和市场经济的大环境,而不是南街村宣传的搞 20 世纪六七十年代那一套的结果。南街村的成功是"外圆"的结果,"内方"是依赖于"外圆"而存在的,一旦"外圆"受挫,"内方"也将无法存在下去。有人指出,南街村得到政府大力支持,获得大量贷款也是一个重要原因。南街村是"集体资本主义",依靠剥削外来工创造的大量剩余价值而致富。南街村的"能人"王宏斌也是南街村崛起的一个重要因素。[①] 有些人则偏重从"内方"来诠释南街村的崛起,认为它主要是靠公有制、工资加福利的分配制度以及高举毛泽东思想旗帜而崛起的。[②] 有人则企图把"内方"与"外圆"结合起来考虑,指出:南街村具有"文革"风貌的东西,不是南街村"外圆内方"的实质,南街村真正起飞的内因靠的是以邓小平理论为核心的市场经济理论和以毛泽东思想为核心的社区、企业管理思想。[③]

独树一帜、特立独行的南街村也引起了巨大争议,既赢得了高度赞誉,也受到强烈的质疑。

有人称赞南街村"不仅是中原大地的一面光辉的红旗,也是全国的一面光辉的共产主义红旗"。[④] 当其他地方的毛泽东塑像被纷纷推倒时,

---

① 钟朋荣:《还南街村本来面目》,《中国经济时报》,1998 年 6 月 11 日;杨旭民、张丹:《南街村——活着的"乌托邦"》,《新西部》,2002 年第 2 期。

② 宁光茂、郑红亮、王利民、詹小洪、张问敏:《中国经济大论战》第 4 辑,经济管理出版社,1999 年,第 231－233 页。

③ 本刊评论员:《宽容·理解——"南街·北徐现象"的辩证思考》,《决策探索》,1998 年第 10 期。

④ 临颍县南街村编写组:《理想之光——南街共产主义小社区在建设之中》,中共中央党校出版社,1993 年,第 143 页。

这里却重新树起;当毛泽东思想受到置疑时,这里却高高举起;当整个社会风气出现滑坡时,这里的干部却清正廉洁,村里没有赌博、娼妓,刑事案件更是闻所未闻。在他们眼里,这里是一块净土,是他们心目中的一个"圣地"。①

但是,也有人指责,南街村在全社会都是市场经济的条件下企图建设共产主义是"痴人说梦",其一些做法不符合现代文明准则,而带有"原始"的村社制度的痕迹或"左"的印记。② 有人认为,南街村模式实质上是小农的、集权的平均主义富裕,即南街村企业处于低级食品加工阶段,采取平均整齐划一的方式分配资源,极易造成对"个体自由的侵犯和生产活力的缺失"。③

不过,在相当长的时间内,大部分媒体与学者对南街村还是给予相当的肯定的。正如《昆明日报》1996 年 3 月 22 日所刊登的《1.78 KM(平方)的实验》一文所说的那样,"不管你怎么说怎么看,南街村毕竟给当今中国提供了一个引人思索的特例"。

## 五

1997 年,南街村产值超过 16 亿元,达到巅峰。但是,1998 年后,南街村就面临着经济发展连续下滑的窘境。在 2004 年至 2005 年南街村一度陷入非常困难的境地。

奇怪的是,从 1998 年到 2005 年,外界对于南街村经济陷入困境的情况却知之甚少。其间,只有 2004 年 3 月《商界名家》刊登的《南街村阵痛》透露了南街村经济出现下滑的情况:2002 年,南街村的产值下滑到 12 亿元。

直到 2006 年后,南街村的经济下滑及一些负面情况才被媒体挖掘出

① 杨旭民、张丹:《南街村——活着的"乌托邦"》,《新西部》,2002 年第 2 期。
② 鄢烈山:《痴人说梦》,《南方周末》,1994 年 4 月 18 日。
③ 金喜在、刘鹏:《浅析南街村模式——平均富裕而非共同富裕》,《江苏行政学院学报》,2001 年第 4 期。

来。当年春,记者何忠洲首次较为详细地披露了南街村经济的衰退现象:26 家各类企业中,只有旅游公司、调味品厂、胶印厂、彩印厂几个厂盈利。砖瓦厂与面粉厂等停产或开工不足,方便面厂生产线开工不足 20 条。该文还第一次明确报道了 2003 年王金忠死亡后发现的腐败现象。据一名职工说:在清理王金忠遗物时,发现了保险柜,里面有 2 000 万元,还有自办的房产证。王宏斌否认保险柜和 2 000 万元的说法,但承认王金忠在外边包有"二奶"。①

2007 年,中国人民大学的冯仕政发表文章,首次完全否定了南街村经济是有效率的这一共识,认为南街村集体经济的发展模式基本上属于高增长、低效率。维持南街村经济高速增长的一个重要因素是廉价的劳动力。外来职工绝大多数来自毗邻地区,大部分人年轻、未结婚、受教育程度较低,基本是属于见习劳动力,没有家庭负担,因而能够接受很低的工资。另一个更为重要的因素是巨额银行贷款,这些贷款在很大程度上是出于"扶持典型"目的的"政治贷款"。② 冯文实际上对南街村经济高速发展的奇迹给予全面否定,但因文章学术色彩浓厚,没有引起太大的社会反响。

2008 年是中国实行改革开放的 30 周年。在这一具有重大纪念意义的年份里,本来就集毁誉于一身的南街村又一次成为舆论的焦点。

1 月 17 日,《第一财经日报》刊登了记者石玉撰写的《南街村上演股权激励 王宏斌变身红色资本家》,首次披露:2004 年,南街村已经悄然改制,王宏斌等 13 名干部享受了 60% 的股权。

2 月 26 日,《南方都市报》刊登了记者上官敫铭的《南街秘闻:南街村资不抵债 "红色神话"或终结》,全面"揭露"了南街村的一系列秘闻,宣告"近 30 年来苦心经营的'神话'或将走向终结"。这些秘闻主要有:南街村高速发展的背后,真正的动力是巨额的银行贷款及大量廉价的外来劳动力这两个能量巨大的"隐形外援";南街村已经欠债 16 亿元,资不抵债;三年前南街村就进行改制,王宏斌名下拥有 9% 的股权;2003 年 5 月王金忠

---

① 何忠洲:《河南南街村:盛与衰》,《中国新闻周刊》,2006 年第 13 期。
② 冯仕政:《国家、市场与制度变迁——1981—2000 年南街村的集体化与政治化》,《社会学研究》,2007 年第 2 期。

死亡后,至少发现了 2 000 万元现金及多本房产证,在追悼会当天出现了几个抱着小孩的"二奶";1999 年,王宏斌执意决定上马"永动机"项目,让南街村赔进 2 000 万元。① 实际上,除了关于南街村资不抵债和王宏斌上马"永动机"等是该文首次报道外,其他的则主要是综合先前已有的相关报道并加以发挥而已。从某种意义上说,这是关于南街村负面报道的集大成之作,因而形成集束炸弹的强大威力。该文发表后迅速引起舆论的广泛关注,不仅被各地报刊纷纷转载,还在互联网上迅速传播开来。

紧接着,3 月 31 日,《第一财经日报》刊发记者石玉的《南街村上演"航天育种"闹剧》,"揭露"南街村集团伪造航天育种,坑害农民,并获得暴利 2 400 万元。一时间,掀起了声势浩大的南街村神话"终结"的浪潮。

很多人感到非常震惊,南街村的宣传与"现实"之间的强烈反差使人们有一种上当受骗的感觉。一些本就对南街村存在质疑和反感的人,则为他们的判断得到印证而欢呼雀跃。有人说:南街村是"披着虎皮的红色怪胎";有人感叹"权力经济的荒唐与可怕";有人指出,南街村神话和梦想的破产,不只是南街村村民的教训,还是全体中国人的教训,"尤其是那些曾经真诚地相信这类样板、真心传播这类典型的媒体,以及仍然相信这类奇迹的人们的深刻教训"。②

但是,并不是所有的人都相信南街村"倒掉"的传闻。一些报刊杂志也纷纷派记者采访南街村,对于南街村改制、资不抵债、销售劣质种子坑农等问题进行澄清。于是,舆论一边倒的情况很快结束。4 月 17 日,《大河报》登载了《"南街村之变"调查:艰难自救后"经济正在复苏"》,首次澄清南街村改制的缘由和真相,叙述了南街村采取艰难自救后经济正在复苏的情况。12 月 10 日,"网上看漯河"采访团在对南街村采访后,人民网、新华网、中原网等网站纷纷对南街村进行正面报道。同时,王宏斌主动与记者们见面,针对外界对南街村的质疑声作出明确解答。中国新闻网、新浪网、中青在线、搜狐网等网站,均以《南街村当家人王宏斌首次回应外界质疑

① 上官敫铭:《南街秘闻:南街村资不抵债 "红色神话"或终结》,《南方都市报》,2008 年 2 月 26 日。

② 鄢烈山:《南街村是谁的教训》,《南方都市报》,2008 年 3 月 1 日。

声》为题进行报道。2009年1月4日晚,在央视二套"中国财经报道"播出特别节目《一同走过的日子》之《理想主义的日子——南街村》。该片分别为今天的梦、"面蛋"发家、集体"土壤"、"傻子"精神、南街悬念和明天的梦,系统地向观众展示了南街村这个"理想主义的土地"、"特立独行的村庄"。该报道没有回避南街村遇到的困境和问题,但总的基调是肯定的。这些报道在一定程度上削弱了南街村"倒掉"的风波,使一个遭遇困境但并未"倒掉"的南街村呈现出来。

南街村承认自1998年后经济出现连续下滑,甚至陷入困难境地,但经过艰难自救,经济正在复苏。

南街经济出现逆转的一个重要原因是市场条件发生很大变化。南街村的龙头产业是食品业,尤其是方便面产业。20世纪80年代到90年代中前期,南街村率先进入方便面市场,在没有竞争对手的情况下,发展迅速,并获得了丰厚的利润。这就吸引其他企业也争相涌入这一产业。目前,广大的城市市场已经是"康师傅"、"统一"的天下,农村市场的竞争也空前激烈。随着市场竞争空前加剧,原来销售额占南街村销售总额80%的方便面厂,就难续神奇了,销售额下滑到总额的30%,盈利也大幅减少。2007年,南街村方便销售收入只有4亿元,在全国排名第八。而全国第三、河南第一的"白象"方便面销售收入为41亿元。同时,1997年前后每年盈利4 000万元的面粉厂,也风光不再,只能获得微薄的利润。这样,南街村经济下滑就难以避免了。

南街村在产业迅速扩张中也出现了一些投资失误。1994年后先后建立的麦恩厂、拉拉面厂、啤酒厂等都是上亿元的大项目,但投产后一直亏损。此外,在王宏斌的执意坚持下,南街村启动的"永动机"项目也以损失2 000万元而收场。

在主业盈利趋薄之时,为了扭转不利局面,南街村又开始大上新项目,企图寻找新的经济增长点。2003年,国家出台宏观调控政策,南街村贷款就困难了。此时,南街村抽出大量流动资金,拿出上亿元收购了2个药厂,投资8 000多万元建设热电项目,投资2 000多万元开发旅游。南街村准备自己先把钱垫上,再通过申请贷款,把流动资金抽回来。但是,随着银行贷款制度进一步规范化,从 2004 年起,南街村已无法获得贷款。如此一来,不仅原有企业缺乏流动资金,而且新企业也无钱投产,南街村经济陷入极大的困境。①

面对困境,南街村集团采取了一系列应变措施:调整了集团的管理架构,由窦彦森担任集团总经理,6 位副总经理各管一摊,各负其责;调整经营模式,变原来的"先货后款"为"先款后货",把"从金融部门融资"的思路调整为"从经营过程中融资";调整产业结构和产品结构,砍掉与主业偏离过远且没有竞争能力的企业;采用租赁生产方式,缩短运输半径,在齐齐哈尔及湖北、安徽等产品畅销地生产方便面、调味品等产品;加大欠款回收力度,2004 年至今累计回收货款 1 亿多元;压缩一切不合理开支,如南街村卫生院 2007 年比 2006 年少开支 100 多万元。②

经过 3 年多的艰难自救,南街村经济正在复苏。骨干企业啤酒厂、方便面厂、拉拉面厂、彩印厂、调味品厂等生产经营都运转正常。2006 年,南街村集团销售收入 12 亿元,利税 6 100 万元。2007 年,啤酒厂、拉拉面厂首次扭亏为盈,当年南街村集团实现销售收入 14.7 亿元,利税 7 500 万元。2008 年,南街村集团 26 个企业中,亏损的只有 7 家。

南街村承认,获得大量银行贷款对于南街村经济的高速发展起了重要作用。从 1988 年开始到 2004 年,南街村陆续获得了四大国有银行的大量贷款。这些贷款并不是只借不还,而是有借有还,贷了又还,还了又贷。王宏斌认为,上级领导把南街村树为典型,给予贷款倾斜,这只是一方面。另一方面是市场因素,是南街村实际的面貌和信用,当时贷款年息一分五厘,一年 5 000 万元,月月清。在 2004 年前,南街村还本付息正常,先后向银行支付 10.56 亿元。2003 年后,随着金融政策日趋规范,南街村贷款就困难起来。加上经济处于困境,本金和利息南街村均不能偿还,2004 年后所有银行均停止了对南街村的贷款。此后,南街村也没有再偿还银行本息,到2008 年南街村欠银行贷款本息共 16 亿元。

---

① 王守国、李卫华、王鲁峰、刘广超:《王宏斌:艰难自救后"经济正在复苏"》,《决策探索》,2008 年第 5 期。

② 同①。

目前公司总资产 26 亿元,欠银行贷款近 16 亿元,资产负债率 63%,但尚未超过警戒线 70%,仍在可控范围内。因此,不存在资不抵债的问题,也没有"濒临破产"的风险。

南街村并不否认曾经有过改制,但对南街村改制的缘由却有两种不同说法。一种说法是,在经济陷入困境的情况下,南街村在深圳一家证券商的指点下,希望通过上市融资杀出困境。按当时的《公司法》和《证券法》规定,企业上市至少要有 5 个发起人。南街村集团作为集体所有制企业,想采用"不引进股东,把集体财产记在个人名下"的办法谋求上市。但是,因为经济正处于困境,上市的打算很快就"黄"了。① 另一种说法是,在2004 年变更登记时,因河南省工商局企业处工作人员说,南街村集团应该有自然人的股东,所以就那么填了。② 尽管对改制缘由说法不同,但是,相同的是改制只是形式上的,实质上并未发生改变。改制之后,"班长"王宏斌等"股东"还是领受着村里统一的福利,每月拿着 250 元的工资,从没拿过一分钱的红利。

南街村也纠正了关于王金忠腐败的夸大说法:王金忠只贪污 3 万元,并无 2 000 万元;③确实有包"二奶"现象,死后有过 1 名妇女抱着小孩前来要房产,但不存在当天有多名妇女要房产的事。同时,澄清了关于假种子坑农的不实报道:南街村出资在辽宁省法库县租地 1 万亩种植航天育种中心推广的优质种子,当年收获 100 万斤种子。因无销售资质,便委托有销售资质的经销商耿秀辉销售。但销售后,耿秀辉未向南街村支付款项。当南街村准备起诉耿秀辉时,耿则找到新闻媒体说南街村销售假种子坑农。④

经历了困顿之后,南街村"信仰"不变,但是,也在不断调整以适应外界变化和与市场接轨。现在,南街村在福利待遇上开始注意需求的差异,使村民有更多的选择性,除了发放米、油等实物外,还向村民发放福利购物

---

① 王守国、李卫华、王鲁峰、刘广超:《王宏斌:艰难自救后"经济正在复苏"》,《决策探索》,2008 年第 5 期。

② 何忠洲:《河南南街村"改制"真相调查》,《中国新闻周刊》,2008 年第 6 期。

③ 关涛、周梅媛:《南街村当家人王宏斌首次回应外界质疑声》,《中国青年报》,2008 年 12月 16 日。

④ 赵建辉:《南街村危机中新生》,《农村工作通讯》,2008 年第 22 期。

券(每人每月60元),由村民在南街村超市随意购买商品;在薪酬标准上也逐渐与外界接轨,不同行业的工人也都获得本行业与市场接轨的工资,最低工资540元,高的拿几千元甚至上万元的工资。最重要的是王宏斌的管理方式也发生了变化。过去严格管理、强硬的做法多,而现在人性化、和谐的内容多了。在决策问题上,过去集中的成分大,现在是民主的成分大了。①

经历了"倒掉"风波后,南街村的形象和信誉一度遭到毁灭性的打击,此后经过有关媒体的澄清,情况有所好转,但是,重创已经无可挽回。目前,南街村面临的最大问题是庞大的债务危机,欠银行16亿元,每年仅利息就有9 000万元之巨。2007年9月,河南省相关金融机构与漯河市政府和南街村集团就"信用风险"一事进行了沟通。王宏斌表示"南街村绝不赖账"。当时三方协商了有关解决办法,其中包括完善法人治理结构,挖潜盘活,针对企业集团内的产品项目制订"整体复活"计划,在有效投入上下大工夫,比如加大招商引资力度、盘活资产等。南街村准备把有潜力的项目如麦恩公司和药厂拿出来寻求战略合作,"谁占大股都行",但这一计划前景如何尚难预料。②

南街村的未来会怎样,仍是一个值得观察的问题。

---

① 王守国、李卫华、王曾峰、刘广超:《王宏斌:艰难自救后"经济正在复苏"》,《决策探索》,2008年第5期。
② 同①。

第七章

# 带领群众致富的典型

在改革开放的新形势下,发展农村经济成为农村基层干部的首要任务。30 多年来,在农村先后涌现出一批带领群众致富的典型,成为新时期农村基层干部的楷模。他们不仅弘扬了发展经济的时代主旋律,还展现了优秀共产党员和农村基层干部心系群众、为民谋利的情怀与胸襟。

# 第一节 率领群众致富的带头人

改革开放后,一些农村基层干部发展集体经济或股份合作制经济,带领村民走上了共同富裕的道路。与此同时,一些农村基层干部积极带领群众致富,或在自己富裕的同时也帮助和带动村民致富,成为农民致富的带头人。20 世纪 90 年代后,越来越多的先富裕起来的普通农民或一般党员,走上村主任或村党支部书记的领导岗位,率领群众发展经济,带领群众走上致富道路。90 年代中后期以后,大学生村官逐渐增多,其中一部分人也成为率领群众致富的带头人。这些带头人的先后涌现,不仅反映出新时期农村优秀基层干部的崭新风貌,也折射和见证着中国农村基层干部队伍变化的轨迹与趋势。

一

20 世纪 80 年代初农村经济改革后,少数集体经济发展很好、乡镇工业发达的村庄没有实行"包干到户",而河南南街村等个别村庄,在一度实行"包干到户"后,又重新走上集体化道路。这些村庄继续发展集体经济,大力发展乡镇工业,对农业实行专业承包制度,使集体经济实力不断壮大,并实现了全体村民的共同富裕。刘庄的史来贺、华西村的吴仁宝、大邱庄的禹作敏、南街村的王宏斌就是率领群众发展集体经济、走共同富裕道路的杰出代表。这方面的情况,前文已有较多论述,就不再赘述。

在"包干到户"在全国绝大多数农村地区推行后,一些农村干部并没有热衷于个人发家致富,而是想方设法带领群众共同致富。山东寿光三元朱村党支部书记王乐义就是一个突出的代表。1978年,他抱着重病之躯,担任村党支部书记,带领群众改造村里的几百亩荒岭地,栽种果树,使全村初步解决了温饱问题。1989年,他率先创造性地应用冬暖式大棚种植越冬蔬菜,带领村民走上了致富道路。其后,他又不断创新,使三元朱村继续引领着中国蔬菜种植的潮流。尤为难得的是,他以宽广的胸襟,把冬暖式大棚种植技术传授给全国大部分地区,结束了北方居民冬季吃不上新鲜蔬菜的历史。

农村改革后,一些农村基层干部也率先致富,与此同时也帮助和带动村民致富。20世纪90年代后期,"双培双带"工程在全国农村地区相继实施。其主要内容是:把党员培养成致富带头人,把致富带头人中的先进分子培养成党员,党员带领群众共同发展,党组织带领致富带头人不断进步。通过这个工程的实施,许多党员和农村基层干部的致富能力大为提高,并在实践中创造出多种带领群众致富的有效方式。

二

改革开放后,在党的富民政策指导下,一些有文化、懂技术、会经营的农民和普通党员率先富裕起来,成为当地有名的"能人"。

20世纪80年代末90年代初,就有少数先富起来的"能人"通过组织推荐和村民选举而走上农村的领导岗位,并带领本地群众走上富裕的道路。其中最有名的有山东省临沂市罗庄镇沈泉庄村的王廷江、河南省濮阳市西辛庄村的李连成。

王廷江在改革开放后,先是与别人一起承包了村里的代销店,运销陶瓷,接着买拖拉机、汽车搞起运输队,积累了30多万元资金。他用这些资金再加上贷款,兴建了一座白瓷厂,取得了很好的效益。到1989年,白瓷厂已拥有固定资产420万元、流动资金180万元,每天盈利近万元。但是,看到沈泉庄的大多数人依然贫穷,1989年9月,当时还不是共产党员的他决定把白瓷厂献给沈泉庄。同年11月,他加入中国共产党。随后他又当选沈泉庄村委会主任,后又担任党支部书记带领群众发展经济。到1992年年底,沈泉庄围绕陶瓷办起了10个工厂,实现工业产值1.6亿元,上缴利税1750万元,全村人均年收入由300元猛增到4500元。近300座别墅式楼房拔地而起,村民住房基本实现了楼房化。到2007年,沈泉庄集体企业实现销售收入137亿元,实现利润8亿元,上缴综合税金达10亿元。十几年来,他先后当选为"山东省农业劳动模范"、"山东省优秀共产党员"、"优秀农民企业家"、"全国乡镇企业家"、"全国劳动模范"和"中国十大杰出村官",并当选为第八、第十、第十一届全国人大代表和党的十五大代表。

李连成于1978年到山西拉煤,随后到内蒙古搞建筑,后来又回家搞地膜西瓜种植。1983年,他率先建起了3座蔬菜大棚,到1991年,他净赚了17万元,成为西辛庄村的首富。1991年8月,经民主推选,他当上村党支部书记。他带头干事、带头吃苦、带头吃亏,使西辛庄的面貌得到迅速改变。到2000年年底,全村人均年收入由不足700元增加到5600元,由一个穷村变成比较富裕的乡村。其后,随着经济的进一步发展,村民人均年收入不断增加,到2007年已经达到13600元。

随着改革开放的深入和市场经济的发展,20世纪90年代后,农村的致富能人也越来越多。部分能人愿意担任村级领导干部,有的能人希望回报乡亲、造福家乡,有的则希望提高自身的政治地位和社会地位。村民们也迫切希望能人带领自己致富。地方基层政府也希望起用这些能人带领群众致富和更好地开展工作。因此,通过群众推选,或通过组织选拔,越来越多的能人走上了村级领导干部岗位。随着"双培双带"工程在全国的相继实施,各地开始普遍大规模地把致富能人推上村委会主任或党支部书记的位置,使能人村官现象日趋普遍化。

能人村官现象是中国农村社会发展的必然结果,标志着村干部类型正在由道德权威型向经济能人型转变。尽管在现实中,能人村官现象也暴露了不少问题,但是,在总体上还是对中国农村产生了多方面的积极影响:一是扩大了阶级基础和群众基础,优化了村级干部结构;二是更好地带动了群众致富;三是促进了农村和谐社会的建设。

# 三

改革开放后,随着农村人才大量向城市流动,农村输送出去的大学毕业生又很少回到农村,许多地区村干部年龄偏大、文化偏低、观念陈旧等现象日益明显。为了解决日益凸显的"三农"问题,建设社会主义新农村,解决这一问题显得尤为必要。与此同时,高等教育大众化导致的大学生在城市就业困难,为解决这一问题提供了有利的条件。在这种背景下,从20世纪90年代中期开始,推动大学生回流到农村的大学生"村官"工程,迅速在全国各地发展起来。

1995年,江苏省徐州市丰县县委"为推动实施农村人才战略,全面提升村级干部素质",从200多名应考的大中专毕业生中录用选派13人到基层担任村长助理,从而实际上拉开了大学生"村官"工程的序幕。1998年,江苏省盐城市阜宁县也择优选派大中专毕业生到村任职锻炼。1999年,海南省首先正式推出大学生"村官"计划,定安、临高、东方等市县先后组织招聘大学生"村官"。同年,浙江省宁波市采用公开招考方式,成为全国第一个推行"一村一名大学生"计划的地区。这一时期,大学生"村官"人数较少,但形式多样,逐步打开了改革开放以来知识分子回流到农村的正式渠道。

2002年,河南省鹤壁市招聘205名大学生"村官",拉开了河南省大学生"村官"工程的序幕。2004年,河北省邢台市在试点工作的基础上,决定每年选派1 000名大学生到农村工作,5年内实现全市5 200个行政村都有大学生"村官"的目标。到2004年年底,全国启动大学生"村官"计划的省市区发展到10个,主要分布在东、中部地区。

与此同时,1996年,中宣部、中央文明办等部门组织了文化、科技、卫生"三下乡"活动,把科普知识、义诊药箱和先进文化带到农村。其中,大学生假期青年志愿者也参加了"三下乡"活动。2005年7月,中央办公厅、国务院办公厅下发了《关于引导和鼓励高校毕业生面向基层就业的意见》,要求从2006年开始,每年选拔一定数量的高校毕业生到农村就业,争取用 3～5 年时间基本实现全国每村至少有一名高校毕业生的目标。2006 年 2 月 25 日,中央组织部、人事部、教育部、财政部、农业部、卫生部、国务院扶贫办、共青团中央决定,联合组织开展高校毕业生到农村基层从事"三支一扶"(即支教、支农、支医和扶贫工作)计划。这样,把此前志愿性质的"三下乡"活动职业化,使大学生"村官"工作进入大范围试验阶段。截至 2008 年 2 月底,全国共有 28 个省市区启动大学生"村官"计划,其中 17 个省市区启动了村村有大学生"村官"的计划。

2008 年 3 月下旬,中央组织部等有关部门决定,从 2008 年开始,用 5 年时间选聘 10 万名高校毕业生到村任职。这标志着我国大学生"村官"工程已进入一个整体推进阶段,将在全国范围内得到大规模的实施。

大学生"村官"的实施,打开了改革开放以来知识分子回流到农村的正式渠道,对中国农村的发展具有重要的作用:一是促进农村干部队伍优化。选拔优秀人才到农村任职,打破人才的城乡壁垒,有效地推动人才资源向农村的流动和倾斜,弥补一些村干部年龄偏大、文化偏低、观念陈旧的缺陷,为农村基层干部队伍增添新鲜血液。二是促进农村经济的加速发展。有的大学生"村官"普及科技知识,推广实用技术,为农民提供致富信息和市场信息,帮助农民致富;有的大学生"村官"则开展认真的调研活动,为乡镇政府和村委会在调整产业结构与选择发展模式上出谋划策,促进农村经济的发展;还有的大学生"村官"则亲临农业生产第一线,搞畜牧养殖、种植反季节蔬菜、发展订单农业,并带领群众致富,成为农村致富的带头人。三是促进农村社会文化的全面发展。除了向农民普及科技知识外,大学生"村官"还协助村里解决邻里纠纷,为村民提供法律咨询服务,组织开展文艺活动,指导优生优育。

# 第二节　传播大棚蔬菜种植技术的王乐义

1989 年,山东省寿光市三元朱村党支部书记王乐义,率先创造性地应用冬暖式大棚种植越冬蔬菜,带领村民走上了致富道路,并不断创新,继续引领着中国蔬菜种植业的潮流。他还无私地把冬暖式大棚种植技术传播到全国大部分地区,结束了北方居民冬季吃不上新鲜蔬菜的历史,使亿万农民群众走上了致富道路。

一

1941 年 11 月,王乐义出生在山东寿光孙家集三元朱村。1965 年 12 月,他加入中国共产党,随后,相继担任生产队队长、村党支部副书记。1978 年年初,他查出患上了直肠癌,公社出钱给他在济南作了直肠切除和肛门改道手术,从此,他腰上挂上了人造粪便袋。

1978 年 9 月,三元朱村 15 名党员一致推举 37 岁的王乐义担任村党支部书记。母亲怕他身体吃不消,坚决反对。说服母亲后,他随即走马上任,并在第一次支部会上明确表态:"水有源,树有根,党的恩情比海深!领导和大伙儿都这么信得过我,我就干。到底能活几年我说不上,只要身体能撑得住,活一天就为党做一天的工作,活一天就为老少爷们干点实事!"

当时的三元朱村有 800 多人和 1 250 亩耕地。村里穷得叮当响,只有 2 辆破车、10 头牲口,固定资产 9 000 元,公共积累 2 800 元。全村人均年收入只有 101 元,除了 5 个公办教师有点积蓄外,其他人没有一点存款。村里有 3 块埠岭地共 500 多亩,占了全村土地的 1/5,却是浇不上水的黄沙土,种一葫芦收一瓢,成为村里的"包袱"地。

为了改变家乡贫穷落后的面貌,王乐义决心从改造埠岭地入手。1979 年,他凑足路费到山东农学院向林果专家请教。李正之教授应邀来到三元朱村,经过实地考察,开出药方:三块埠岭地全部换粮为果,"东岭苹果西岭桃,南岭山楂带葡萄"。于是,王乐义带领村民打了两眼 89 米的深井,栽了 400 多亩果树,把光秃秃的埠子岭变成了"花果山"。几年后,漫山遍野的果树成了"摇钱树"。到 1988 年,全村年人均年收入增加到 1 200 元,基本上解决了温饱问题。

1988 年腊月二十八,长年在外贩菜的堂弟王新民,提着从大连带来的

1公斤顶花带刺的鲜黄瓜来看他。"别看这黄瓜平日里不值钱,可是在这冰天雪地的寒冬腊月里,这1公斤黄瓜怎么着也得值二三十块钱吧。"他还说,大连瓦房店有个叫韩永山的农民搞了一种用日光提温的冬暖式大棚,不用生炉子。这不经意的几句话,顿时使王乐义心头一亮:"蔬菜种植在寿光有着悠久历史,搞反季节蔬菜,这不正是一条致富的好门路吗?"

春节刚过,王乐义就带人奔赴大连拜师学艺。在吃了两次闭门羹后,他们再次登门求教。同行的人向韩永山介绍说:"这是我们身患癌症的村支书,他不是为个人发家致富,而是想带领全村百姓拔掉穷根啊。"韩永山终于被感动了,他把"姐夫来了也没教"的技术传给了他们。

瓦房店的地理环境较为特殊,这里的大棚依山向阳,保温好,不用烧煤。可是,三元朱村地处平原,无山可以抵挡寒流。针对这种情况,王乐义又带人天南海北地学习取经,并反复研究、测量、试验,根据本地地势、土壤、气象等实际情况,对原有的大棚进行了5项技术改革:把墙体从原来的30厘米加厚到1~1.2米,提高大棚防冻能力;模仿老花镜原理,把直线型山墙改为拱形山墙,使大棚薄膜中间凸起,大棚前后坡度由25度增加到45度,扩大采光面积;采用无滴膜使透光率由45%提高到85%;采用黑籽南瓜嫁接技术,提高黄瓜耐低温、抗腐病能力;把大棚建造方位由原来的正南方方向调整为南偏西5度。① 这样,三元朱村终于建成了深冬不需加温的冬暖式蔬菜大棚。

应当指出,20世纪80年代中期,中国已经从国外引进蔬菜大棚技术。当时山东寿光的蔬菜种植业已有较大发展,一些村民开始用塑料大棚种植反季节蔬菜。但是,老式的大棚不仅造价高,而且保温效果差,一入冬就要生炉子,种一季菜要烧1万多斤煤;一般只能种些叶菜,不能种黄瓜、茄子、西红柿等精细菜;出了正月蔬菜才能上市,卖不上好价钱。大连瓦房店的韩永山率先发明了冬暖式大棚,但技术还不成熟,只能适合当地特殊环境,不具有普遍应用的价值。而王乐义发明的冬暖式蔬菜大棚,技术较为成

---

① 秦海燕、王建惠:《开拓者之歌——记"冬暖式大棚蔬菜之父王乐义"》,《世界》,2005年第10期。

熟,造价又低,一举攻克了国内专家几十年没有解决的蔬菜大棚造价高、推广难的问题,实现了蔬菜反季节种植技术的重大突破。因此,王乐义被人们称为"中国冬暖式大棚之父"。

1989 年秋,王乐义开始在三元朱村推广冬暖式大棚蔬菜种植技术。村民们都不相信,他们想:"寒冬腊月在棚里烧煤都产不出黄瓜,光晒太阳就能晒出来?"再加上当时建一个大棚得投入六七千元,万一弄砸了,可就翻不过身来了。因此,无人响应王乐义的号召,有的群众还抱怨他刚过了几年安稳日子就穷折腾。但王乐义认准了冬暖式大棚是蔬菜生产的发展方向,他召开支部大会,动员党员要带头承担风险,为乡亲们早日致富闯出一条路子。在他的动员下,全村 27 名党员都报名了,最后挑选了 17 名年轻的党员干部。这 17 人贷款建起了 17 个新式大棚。12 月 24 日,鲜嫩的黄瓜一上市,开秤就是每公斤 20 元,卖到春节后还不落价。春节前,大棚户们就全部还清贷款。到 1990 年 5 月,一个菜季下来,17 个蔬菜大棚最低的收入 2.07 万元,最高的收入 3.03 万元。以前全村只有几千元银行存款,这次一下冒出了 17 个"万元户"!村民们眼热了,心动了,当年全村大棚一下子发展到 144 个,全村存款一下子达到了 128 万元,三元朱村人终于走上了致富之路。

为了促进大棚种植技术的不断改进和完善,在王乐义的倡议下,1990 年村里投资 100 万元,建起了集科研推广、物资服务、科普培训于一体的科技大楼。为了不断创新和紧追国际先进的蔬菜种植潮流,王乐义和三元朱村先后与中国农业科学院、山东农业大学等多个科研单位和大专院校挂钩,长期聘请 9 名专家教授当顾问,进行新品种、新技术的试验开发。

1993 年,三元朱村大棚桃、葡萄、杏、甲鱼、螺旋藻的开发获得成功,每亩收入都在 10 万元以上。1997 年后,又先后引进乌克兰大樱桃、黑宝石李子、太空椒等国内外 26 类 320 多个名优品种。1998 年与哈慈集团合作,投资 1 000 万元进行保健菜的试验开发,生产出 SOD 西红柿、SOD 草莓、中华寿桃等保健蔬果。三元朱村还引进以色列的节水滴灌、美国的工厂化育苗、荷兰的花卉种植、西班牙的有机蔬菜标准化种植、韩国的规范化生产销售模式等。1996 年,三元朱村试验成功了集大棚滴灌、模板护墙、电动卷帘、钢架支撑、微机控制于一体的新一代高标准大棚。多年以来,三元朱村一直引领着中国蔬菜生产技术的潮流。

王乐义还引发了中国餐桌上的"绿色革命"。1992 年,无公害蔬菜首次在三元朱村开发成功,至 1995 年,寿光形成了以三元朱村为中心的 20 多万亩无公害蔬菜生产基地,建起了寿光—北京"绿色通道"。

为了应对激烈的市场竞争和满足人们对绿色蔬菜的需求,王乐义又带领全村走上农业产业化的发展新路。1997 年,三元朱村与香港汇众公司联合成立鲁光绿色食品公司,专搞蔬菜生产和加工,并开始大面积开发绿色蔬菜。

2001 年,三元朱村在国家工商总局注册"乐义牌"蔬菜商标,并同北京德农种业投资有限公司等 4 家单位合作,共同创建了集科研、生产、开发于一体的德农三元绿色农业有限公司,组织农民按统一标准生产质量更高的蔬菜。他们采用"公司 + 基地 + 农户"的方式,以公司为主体形成了 3 000 多亩蔬菜基地,内部实行种苗和农资统一供应、统一技术管理,产品经检测合格后统一冠以"乐义"商标走向市场。产品一上市,便产生了轰动效应,"乐义"蔬菜不仅打入了北京的 8 家大超市,而且赢来了 700 多万吨的订单。最后由于公司生产能力达不到,不得不婉拒上百吨订单。

为了打开国际市场,2002 年,三元朱村投资 200 多万元从东北购买草炭,按工艺比例同炉渣、水洗沙等配在一起,推行"无土栽培"新模式,全村迅速发展起了近 2 000 亩无土栽培蔬菜生产基地,生产的蔬菜产品经权威部门检测全部达到 A 级或 AA 级标准,为"乐义"蔬菜走红国际市场奠定了良好的基础。

现在,三元朱村及周边村子已经发展了无公害蔬菜基地 5 000 亩,有机质、生态型、无土栽培蔬菜 2 000 余亩,产品全都达到了 A 级或 AA 级标准,并出口到日本、韩国、俄罗斯、美国、西欧、东南亚等地。

通过不断引领中国蔬菜生产的潮流,三元朱村村民的收入也逐渐增加。2000 年,人均年纯收入达到 7 500 元,全村户均存款达到 10 万元。到 2005 年年底,人均年收入增加至 9 000 多元,集体积累也从 1978 年的 2 800 元增加到 180 多万元。

2006 年,三元朱村开始进行新村规划,到 2007 年年底全部建设完工。2008 年春,投资 5 600 万元的三元朱新村正式启用,81 栋联体别墅入住率达到 80% 以上。各家各户安装了高科技供水和水净化设施。在大街小巷安装了 54 盏太阳能路灯,安装了全程监控系统和消防设施,"四纵五横"的新村道路、排污管网和街心花坛广场也已全部投入使用,还为全村 850 名村民办理了合作医疗,为 200 名老人、孩子免费体检,基本解决了村民看病难、吃药贵的问题;"乐义小学"内书声琅琅,凝聚着王乐义对孩子们的厚望。

二

1989 年三元朱村种大棚黄瓜发了大财,在寿光引起了轰动。第一茬黄瓜刚下来,有人就"点拨"王乐义:"乐义啊,现在老少爷们都要指望大棚挣大钱了。咱先封锁三年,等大家发了再说……"王乐义知道乡亲们心里的"小九九",一点也不觉得奇怪。

就在这时,时任寿光县委书记的王伯祥找到王乐义:"把你们这个技术贡献出来,在全县推广,怎么样?"王乐义吸了口凉气,没有吱声。送走县委书记后,王乐义反复思索着,最后决定不搞技术封锁,向全县无偿传授大棚技术。他召开党员大会,耐心说服大家:"我是三元朱村的村支书不假,但我还是个共产党员。党的宗旨不就是为大多数人谋利益吗?咱们不能自己富了就不管别人。"

1990 年,王乐义就任寿光县冬暖式大棚推广领导小组技术总指挥,乘坐县里为他配的吉普车,到全县各地指导建起了 5 130 个蔬菜大棚。这些大棚全部获得成功,当年全县农民就增收 6 000 多万元。第二年,他又指导建起了 1 万多个大棚。王乐义的无私传授极大地推动了寿光蔬菜业的发展,使寿光蔬菜生产跃上一个新的台阶。其后,经过 10 多年的发展,寿光以大棚蔬菜为主的蔬菜面积已发展到 80 多万亩,年产蔬菜 40 亿公斤,总收入 38 亿元,成为名副其实的"中国蔬菜之乡"。

1990 年春,时任国务委员、国家科委主任的宋健到三元朱村视察,他对王乐义说："你们用土法种菜,节省能源,技术又解决得这么好,要把这一技术推广到全国去。"在这一鼓励下,王乐义决定向全国推广冬暖式大棚蔬菜种植技术。

1990年河北省考察团来三元朱村参观之后,向王乐义提出请技术员到河北帮助发展大棚蔬菜种植。于是,三元朱村向外省派出了第一个农业技术员——村党支部委员、民兵连长王福民。7月,王福民来到河北省石家庄市获鹿县指导建起了113个冬暖式蔬菜大棚,一举为当地创造了数百万元的经济效益。第二年,河南、江苏、安徽、山西等地纷纷来向王乐义要人,三元朱村的农民也开始一批批地分赴全国各地,传授大棚蔬菜种植技术。

1993年5月,时任新疆维吾尔自治区党委书记的宋汉良来到三元朱村"取经",并请王乐义帮助解决新疆群众经常吃不上新鲜蔬菜的问题。两个月后,王乐义带上6名技术员进疆,帮助哈密地区的农民搞起了26个蔬菜大棚,全部获得成功。1994年,王乐义带着42名技术员再次进疆,从南疆到北疆,一路走一路传授技术。短短几年间,冬暖式蔬菜大棚已遍及天山南北,新疆群众吃菜基本上实现了自给自足。自1993年以来,王乐义先后14次进疆授艺。他的三弟王乐泉自1995年担任新疆自治区党委书记,但王乐义进疆10多次,哥俩只在一起吃过两顿饭。

1995年7月,王乐义应邀到延安讲课,所见所闻深深打动了他。回到村里,他立即召开党员会:"延安是革命圣地,但现在那里的群众仍没有摆脱贫困,需要发展大棚蔬菜。我建议选一个技术好能吃苦的党员去,工资和路费由村里出,别让老区人民花一分钱。"几天后,党员王佃军带着村里无偿提供的蔬菜种子和农膜等材料,赶到了延安市甘泉县虎皮头村,很快就帮助该村建起了几十个蔬菜大棚。后来,王乐义又向延安增派了技术员,使延安地区的蔬菜生产迅速发展起来。

为了推广大棚蔬菜种植技术,10多年来,王乐义踏遍了20多个省、市、自治区,举办了3 000多期技术培训班,发放科普书籍8万多册、录像带5 000多盘,毫不保留地把技术传给了千家万户。

在外出传授大棚蔬菜种植技术的过程中,王乐义拖着病残之躯,带着粪袋子,四处奔波,吃了不少苦头。1993 年 7 月到延安讲课的头天晚上,他高烧 39.5℃,吊瓶从晚上 10 点半一直挂到凌晨 1 点多。当地的同志担心他身体吃不消,建议取消讲课。他却坚决不同意,说:"1 000 多人翻山越岭都来了,不讲怎么行? 一定要讲,不能耽误那么多人的时间。"第二天早上,他吃了解热止痛片,就进了会场,连续讲了 4 个多小时。最后,面对大家热烈的掌声,他想站起来说句道谢话,但说啥也站不起来。①

　　一般来说,各地邀请王乐义讲课,往往主动给报酬,但他不论地方穷富,一律不要钱。他说:"哪个地方为官者都是为老百姓办事情,领导来找,不是个人找,是群众期盼。"有时,人家觉得过意不去,就给他一点茶叶和香烟,他都拿到村里办公室,招待四面八方来参观学习的客人。

　　10 多年来,王乐义先后派出去 4 000 多人次到全国 26 个省、市、自治区实地指导农民进行蔬菜生产。有时,他派出了技术员,自己还在家里牵肠挂肚。1991 年腊月二十晚上,他看完天气预报得知,安徽宿县西寺坡区下了一场 40 多厘米厚的大雪,他怕技术员王继文一人不好应付刚刚帮助建起的 400 多个大棚,就匆匆叫上司机和两名技术员,一夜急行 500 多公里,于第二天早上 7 点多钟抵达西寺坡,让西寺坡区的领导感动不已。目前,三元朱村有 160 多名技术人员常年在外传授技术,其中 27 人被当地聘为科技副乡(镇)长,2 人被聘为科技副县长。

　　王乐义还敞开大门,热情接待来三元朱村学习参观的人员。十几年来,三元米村先后接待了来自全国各地的学习参观者 100 多万人次,为外地培训技术员 10 000 多名。他对贫困地区的人员和个人经济困难者,总是有求必应,倾心相助。他多次为新疆、宁夏等贫困地区免费培训技术员。1992 年 4 月,四川省峨眉山市的一个小伙子,借钱来到三元朱村学习。王乐义把这个钱不够用的小伙子安排在自己家里吃,在村办公室住。当小伙子学完回家时,王乐义又亲自掏钱给他买上了价值 400 多元的种子、农膜和农药。1996 年 4 月 12 日,云南省怡梁县下岗工人段云华、段云良姐弟俩

---

　　① 秦海燕、王建惠:《开拓者之歌——记"冬暖式大棚蔬菜之父"王乐义》,《世界》,2005 年第 10 期。

来到三元朱村学习。考虑到他们经济特别困难,王乐义在村委会大院给他们安排了食宿,找来了村里技术最好的老师教授技术,还特地为他们选择了易掌握、见效快的大棚豆瓣技术。2 个月后,姐弟俩学成回家。王乐义又给他们寄去了 250 斤豆种。不久,段云华来电话报喜,不到两个月就挣了 7 000 多元。①

王乐义每月都收到上百封外地来信,有的要学技术,有的要讨资料,有的要买种子。他让人把每封来信都编上号,认真回复,一一满足他们的要求。

王乐义还大力推动蔬菜生产技术的国际交流,努力追赶国际蔬菜生产的潮流。2003 年,王乐义与美国、以色列、荷兰、德国、丹麦、日本、韩国、西班牙等 8 个国家的农业专家和科研教学机构签署协议,共同投资 3 000 万元,联合筹建"寿光国际农业科技培训中心"。在这里,农民不出国门,就能学到 8 个国家先进的农业技术,获得西方发达国家认可的技术证书,成为农业专家。2004 年,这个中心培训出的第一批 58 名农业技术专家,随即应邀前往国外。2006 年 4 月,寿光乐义国际农业科技培训中心大楼正式建成。截至 2008 年年底,已经培训了来自全国各地的农民 1 万余人。

## 三

当村支书之初,王乐义给支部更是给自己立下了一条规矩:群众的事情再小也是大事,自己的事情再大也是小事;有利的事情,党员干部不能占先! 他常对村里的干部说:"我掂量,光顾自己不能当支书。自己身不正,肚量不大,没有替别人着想的心,怎能让大家服气? 当干部的只有堂堂正正做人,心里时时装着大家,才有号召力。"

王乐义当村支书后,"好事"就与他家绝缘了。1979 年,公社考虑到王乐义身体有病、孩子多、负担重等实际困难,分给他一个招工指标,让大女

---

① 张金如、王怀瑞、桑光玉:《一个中国农民的传奇——记寿光市三元朱村党支部书记王乐义的"四种革命"》,《中国廉政报》,2006 年 1 月 13 日。

儿王月荣当工人。在当时,能够当工人是一件极为荣耀和令人羡慕的事。村里人知晓后,十几个家长都赶到了王乐义家,谁也不让谁。他权衡利弊后,把招工表给了年龄最大的那个孩子。16岁的大女儿一时想不开,就一气之下喝了农药,结果没有抢救过来。①

1990年,寿光县委考虑王乐义推广大棚蔬菜种植技术是个"好把式",研究决定由他出任正科级的县蔬菜办公室主任。可他认为,自己年纪大了,也没有文化,还离不开三元朱村,就谢绝了领导把他转为国家干部的美意,只负责技术推广。

获得众多荣誉后,王乐义也没有为自己的孩子谋取好处,他时常叮嘱孩子们:"你们还是庄户人家的孩子,跟别人家的孩子没什么两样,一定要放平自己。"由于他一年到头在外面忙,孩子要替他承担一部分农活,尤其是二女儿月桂,初中毕业就挑起了家里的担子。他的5个孩子,有的初中毕业,有的高中毕业,有的技校毕业,都没有上大学。他从未为子女工作的事情求过人,5个孩子在单位都是一般工作人员。三女儿下岗那两年,他也没托人给女儿安排工作。三女儿自己带着孩子卖了两年水饺,后来才在原单位重新上岗。

王乐义虽然是村党支部书记,三元朱村又是远近闻名的富裕村,但王乐义并不是村里的"一支笔",他把财权交给了村委会主任,村党支部只起监督作用。每月16日是三元朱村雷打不动的财务公开日,村里的账目全部公开,力求群众清楚、干部清白。这些年到村里参观的人特别多,目前已经接待参观者100多万人次,最多时一天里接待了来自7个省的3 000多人,但全村每年的招待费只有五六千元。

农村工作千头万绪,有时难免得罪人。10多年前,双女户王殿启夫妇想超生三胎被制止,在王乐义的动员下做了节育手术。他们对王乐义颇为怨恨,经常对王乐义的妻子指桑骂槐。妻子感到委屈,村里人也觉得不平。但是,王乐义却劝解大家说:"人家的心情也要理解,计划生育是我叫她去

---

① 宋光茂、李章军、何勇:《他把蔬菜大棚推向全国——记山东省寿光市三元朱村党支部书记王乐义》(下),《人民日报》,2006年1月21日。

结扎的,她恼我有理由……过几年她心里的火气消了,怨恨就没有了。"不久,王殿启的大棚菜枯黄发霉,自己解决不了,就找王乐义帮忙。王乐义一看便知黄瓜得了霜霉病,便告诉他该打什么药以及配药方法。王殿启一一照办后,大棚菜就迅速恢复了正常。后来,王乐义又介绍王殿启去河南传播种大棚菜的技术,只此一项一年就纯收入近2万元。①

王乐义常说:"钱这东西,生带不来死带不去,看重了是命,看轻了是纸。对共产党员来说,能为群众办事才是根本。"

1991年,鉴于王乐义为全县推广大棚蔬菜种植技术立了功,寿光县委研究决定奖励他2万元钱。可王乐义认为:"是党员干部就得为群众办点事儿,拿了钱就没法交待。"他3次谢绝了县委领导派人送来的奖金,没有收一分钱。

王乐义率先发明了大棚蔬菜种植技术,带动了千万农民富裕起来,可是,种菜技术最精湛的他却没有种植大棚蔬菜。一是他常年在外忙,老伴一人在家照料不过来。二是他考虑到自己在村里拿了一份工资,就不宜再搞自己的蔬菜大棚。前些年,王乐义当村干部每年工资只有4 000多元。老伴搞果苗育种,一年能收入两三万元,在村里属中下等水平。直到最近几年,王乐义一年的工资奖金涨到了2万多元,但老伴也干不动农活了,收入仍然是中等偏下。

这些年来,王乐义领过的奖金不知有多少笔,但花在家人身上的只一次。1990年王乐义领了400元奖金,从不开口的老伴梁文荣说:"先别捐了,我腿不好,想买个三轮车,从家到地里三里多地呢。"那辆三轮车,梁文荣一直骑到现在。

每次领到奖金后,王乐义总是把应属于自己的钱用于为集体和他人谋福利。最主要的用途是给村里买种子、做实验。为了选准蔬菜品种,他把自己的果园当成了试验田,从外面带来的蔬菜种子让老伴先试种,成功了就传授给大伙,失败了自己承担损失。1996年,他在北京人民大会堂领了

---

① 王洪峰、杨春南、张晓晶:《新时期农村党支部书记的好榜样——王乐义》,《光明日报》,2000年5月22日。

1万元的"如心农业奖励金"后,在北京买了3 800多元的新种子。回家路上,他得知天津有一项无土栽培芽菜的新技术,就在天津下了车,问清情况后,急匆匆回到村里,领上村里的技术员返回天津学习。最后,1万元奖金只剩下不足2.6元。另一个主要用途是逢年过节给村里老人买衣服和蛋糕。此外,他还先后为抗洪救灾、镇上学校扩建、村里建乐义小学带头捐款。

"乐义"商标注册后,王乐义先后遴选了生产绿色蔬菜、复合肥、塑料薄膜的10多家公司作为合作单位。这些公司多的给30%的股份,少的也不低于15%。专家们估算,"乐义"牌子的价值就过亿元。但王乐义不止一次地在大会上明确表态:"这个分红的钱我一分不拿,全部分给乡亲们!是乡亲们培养了'乐义'这个品牌,收益理应属于整个三元朱村。"

王乐义种植大棚蔬菜成功以后,一有空就到乡亲们的大棚里转转,有什么技术难题及时解答。乡里乡亲有个什么难办的事儿、过不去的坎儿,抬脚就往王乐义家跑找他商量。王乐义也诚心诚意、竭尽全力帮助他们。村民王庭启的妻子早亡,他把孩子拉扯到18岁,到了孩子该定亲说媳妇的时候,可他家只有两间破屋。王乐义和村民们商议后,由村里出钱给王庭启家盖起了房子。为了防止村民们攀比闹意见,王乐义又给王庭启的儿子找了一份工作,让他还上村里垫付的钱。这小伙子也很争气,每月的工资一半交给家里,一半交给村里,两年就还清了村里的钱。在王乐义的带动下,三元朱村形成了人人友爱、互帮互助、邻里和谐的好风气。

四

1990年以来,由于巨大贡献和无私奉献,王乐义获得了众多的荣誉。他先后被评为潍坊市劳动模范、山东省劳动模范、全国劳动模范,他获得全国农业科技推广先进工作者、山东省优秀拔尖人才、山东省首届农民科技明星、全国十大农业科技优秀人才、中国十大杰出村官等称号;2005年12月,王乐义获得中华农业英才奖,是获奖10人中唯一的农民。他还先后当选中共十五大、十六大、十七大代表。

与此同时,三元朱村先后获得中国十大名村、中国特色经济村、中国冬暖式大棚蔬菜第一村、全国小康示范村、全国无农药残毒放心菜生产基地、全国星级农村专业技术协会、全国科普先进村、全国创建文明村镇工作先进村等殊荣。

从1990年至今,党和国家领导人胡锦涛、江泽民、贾庆林、温家宝、黄菊、回良玉、田纪云等数十人次先后到寿光市三元朱村视察指导,并对王乐义的贡献和奉献精神给予了充分肯定。

在众多荣誉面前,王乐义依然保持着农民的朴实本色。

2006年,有记者问王乐义为什么要奋不顾身地推广技术,他的回答很朴素:"我一直有个想法:水有源,树有根;知党情,就该报党恩。1978年,做大手术时,我是支部副书记。我家姊妹7个,世代贫农,哪里有钱做那么大的手术? 手术费是组织垫的,这条命是党给的。从我当选支部书记那天起,我就想多活一天就为党多工作一天,多为老少爷们干点事。尽可能把一分一秒时间都利用起来。"[①]

近些年,经常有些老伙计对他说:"乐义啊,这些年你的身体可比原先好多了。"他说:"心里没有别的想法,一门心思扑在工作上,一门心思为乡亲们办实事,吃得香睡得稳,心里很踏实,这个心态可能是个很重要的原因。所以从这一点来说,多干工作,我并没有吃亏。人家得了我这要命的病,好了活个三年五载,我这都20多年了,而且身体越来越好,应该是沾了干工作的光。"[②]

有人曾经问王乐义:"您做了28年支书。很多和您一样、甚至不如您的人,都发了大财,您平衡吗?"他回答说:"这个问题,真没有考虑过。其实,党和政府给了我很多荣誉。但荣誉再多,我也是寿光的一个农民,老百姓都用得着我,我很充实,很幸福。看到那么多曾经贫困的老百姓靠大棚

---

① 何勇、宋光茂、李章军:《党员形象言语间——王乐义对话录》,《人民日报》,2006年1月20日。

② 于洪光、王志亮、聂桂惠:《"菜王"王乐义》,《农民日报》,2006年1月16日。

致富,我很高兴。"①

在众多荣誉面前,王乐义依然对自己和三元朱村有着清醒的认识。在2004年第四届全国"村长"论坛上,王乐义就感觉到三元朱村与其他名村之间存在巨大差距,进一步明确了三元朱村的努力目标:"人家很多村的年收入都过亿元,集体存款过两亿,户均存款超百万,什么时候我们村集体收入也过了亿,户均存款也过了百万,那才算是真正的富了。"2006年有记者问他:"您身上有很多光环,想过没有,自己有什么缺点?"他很老实地回答说:"有些保守。几十年来就想着让村民尽快富起来,始终在农业上做文章,集体工业经济离其他先进村有较大差距。不敢冒太大风险,怕村民背上债务。让村里100%的人都满意,可能做不到,只要绝大多数满意就问心无愧。"

获得众多荣誉后,在乡亲们眼中,王乐义依然是那个本分厚道、热心如常的王乐义。他年龄不小,但辈分低,走在村里,无论是遇见20来岁的小伙子,还是30多岁的小媳妇,他依然是"小叔"、"婶子"地叫着,乡亲们自然也是"二哥"、"乐义"地喊。

# 第三节　"好村官"李连成

李连成1991年担任河南省濮阳县西辛庄村党支部书记后,带头干事,带头吃苦,带头吃亏,带领群众共同致富,把一个穷村变成富裕村和文明村,因而成为全国闻名的"好村官"。

一

西辛庄村位于河南濮阳县黄河北滞洪区内,是一个仅有680口人的小

---

① 何勇、宋光茂、李章军:《党员形象言语间——王乐义对话录》,《人民日报》,2006年1月20日。

村。这里土地严重盐碱化,村民祖祖辈辈过着比周围村庄更穷的日子。土改的时候,每家每户都是贫农,连户中农都没有。在新中国成立后的几十年里,西辛庄人的生活有所改善,但仍难以摆脱贫穷的命运。李连成家更是穷得叮当响,兄弟8人都未能进学堂一天。他家有9年没有穿过袜子,没有盖过被子,冬天只能盖个草毡子。因为贫穷,李连成的父母和弟兄几个在村里经常受气。1977年分家时,李连成只分得2间破屋、1张旧床、1口锅和1把勺子。一次,孩子看病需要6元钱,借了几家都没有凑够,李连成只好狠心将两只下蛋的老母鸡卖掉。①

改革开放后,西辛庄人生活才逐渐好转。1978年后,李连成先是到山西拉煤,随后到内蒙古搞建筑,后来又回家搞地膜西瓜种植,并略有了些积蓄。1983年,中原油田大规模开发,濮阳市新成立,蔬菜非常紧缺。瞅准机会,李连成率先建起了3座蔬菜大棚。为了种好大棚蔬菜,他多次骑自行车到农业局向专家请教,并用每年1万元的高薪从开封南郊聘请技术员作指导。他自己更是一年365天住在棚里,精心地侍弄着每一株菜苗。无论是刮风下雨、寒冬酷暑,他都是凌晨3点起床,用自行车将菜运到几十公里外的濮阳市去卖。② 1986年2月,他加入中国共产党。到1991年,9年下来他净赚了17万元,并在村里率先盖起一座470平方米的两层小洋楼,成为西辛庄村里的首富,吸引了村民羡慕的眼光。

当时,西辛庄只是刚刚解决了温饱问题,人均年收入不过600多元,大多数村民孩子上学和看病用钱都捉襟见肘。村里也是矛盾重重,村民上访不断。这时,村里的党员代表找到李连成:"自己富了,能不能带领全村一起富?"李连成毫不犹豫地说:"一人富哪算富?共产党员就是要带领群众共同致富!"1991年8月,经民主推选,李连成当选为西辛庄村党支部书记。

李连成上任后,决定先从自己熟悉的蔬菜生产入手,带领群众脱贫致

① 翟浩:《我认知的李连成与西辛庄巨变》,中国新闻网"河南新闻",http://www.henan-news.com.cn/newcnsnews/261/2008-08-12/news-261-104036.shtml。

② 李喧:《"群众不富,我心不安"——记优秀共产党员、濮阳县西辛庄党支部书记李连成》,《河南日报》,2005年2月23日。

富。他把自家的两个大棚无偿转让给李连本、李文理两个贫困户,向其他村民无偿传授技术,并帮助村民解决缺少资金的困难。当年,村里就建立20个蔬菜大棚,全村人均增收500多元。第二年,西辛庄蔬菜大棚就发展到40个,迅速成为蔬菜生产专业村。3年下来,通过大棚蔬菜种植,全村增加收入32万元,在脱贫致富的道路上迈出了重要的一步。

1994年,濮阳市搞"白色工程",蔬菜大棚遍地开花。李连成敏感地意识到:物以稀为贵,菜多了,利润必然要降低。他认为,全村已经有了初步积累,要想实现全村经济二次腾飞,必须办企业。于是,他挨家挨户动员村民集资办企业。村民们想,种菜李连成行,可是,李连成一没技术,二没经验,哪能办企业呢? 因而村民们不愿意把自己辛苦挣来的钱交给一字不识的他去办企业。经过反复动员,他最终打动了12户村民(其中有4名党员)。13户共凑了21万元(包括李连成的6万元),办起了村里第一家企业——造纸厂。由此,西辛庄开始走上工业兴村之路。当年,造纸厂每股分红12.7万元。在短短的两年时间内,造纸厂固定资产达到100万元,利润突破200万元。

面对造纸厂的红火景象,村民有的眼红了,有的后悔了。李连成经过一番深思后,召集股东开会,提出把价值百万元的纸厂作价68万元转卖给全村村民,使家家有股、户户分红,以实现全村共同富裕。李连成话一出口,立即遭到其他12户股东的反对。他们说:"企业是咱辛辛苦苦干出来的,别人当初既然不愿意入股,现在凭什么坐享其成?"李连成解释说:"当党员就要为群众谋利益,我是全村人的支书,不是咱13户的支书,把咱们带富了,也要让全村人都富起来。"他一连7天做说服工作,先动员说服了4名党员股东,随后又耐心地说服了其他股东。当李连成把13户股东一致的决定在喇叭里一说,村里顿时欢呼雀跃。不到两天,全村168户一户一万元、一户不落地筹集了股金168万元,不仅改建了造纸厂,还新建了一家再生纸厂。

为了寻找新的发展机遇和目标,李连成北上天津、辽宁,南下上海、江苏,寻找科技含量高的工业项目。1998年5月,西辛庄决定以入股的形式筹资500万元,上马工业用呢厂。为了请来高水平的专家,他在徐州一家大企业的门口蹲了一整天。他爽快地满足了专家提出的 30 万元安家费的要求,还一口答应专家提出的利润分成方式(专家三西辛庄七),以真诚和气魄打动了专家。工业用呢厂很快建成投产,仅 3 个月时间,便实现产值 100 万元,利税 36 万元。

到 2000 年年底,西辛庄除返还村民最初的股金外,还以 2 300 万元累计股金办起了纺织厂、木雕厂等 5 个股份合作制企业,全村人均年收入也由原来的不足 700 元增加到 5 600 元。就这样,在李连成的带领下,经过西辛庄人近 10 年的努力,西辛庄从一个贫穷的小村迅速发展成一个比较富裕的乡村。

## 二

李连成能够带领西辛庄人致富的一个重要的秘诀,就是他所说的:"当干部就是要带头干事,带头吃苦,带头吃亏。"

李连成深知,干部的一言一行都会在群众中产生重大影响。因此,他总是带头办事,带头吃苦。在创办造纸厂时,他亲自当泥瓦匠,带领大伙儿建厂房,一直干到年三十放鞭炮。当造纸厂旧锅炉漏水时,他又和党员李国图冒着高温钻进锅炉,轮换着干了 15 天,用坏了庆祖镇上一个商店的所有钢凿,凿下两排子车水垢,终于把锅炉修好了。[①] 1998 年,村里建小学,他拒绝一些人以高额回扣来承包工程的要求,利用自己懂楼房设计和施工的优势,号召村民用义务工兴建学校。他带领全村人苦干 66 天,建成了一所全市一流的小学。他经常到省里、县里办事,从来都是当天去当天回,舍不得住招待所,有时带块馍,有时买个烧饼,能填饱肚子就行。一次他去省里谈项目晚了,就自掏腰包花了 5 元钱买了一张凉席在车站睡了一夜。

公款吃喝是一些地方农民群众对村干部意见最大的一件事。李连成上任之初,就许下"要是喝群众一盅酒就割舌头,花公家一分钱就剁手指

---

① 倪兴鸣执笔,许福林修改:《李连成报告》,见许福林《辉煌历程》,中国文联出版社,2003 年,第 70 页。

头"的诺言,并制定了一条铁规矩:村里不设吃喝招待费,如果需要管饭,村干部对口回自己家自费安排。他当支书后,村里没用公款买过一盒烟、一瓶酒,没报销过一分钱的招待费。不论是上级领导,还是前来洽谈业务的客商,他待客都是清茶一杯。遇到特殊情况,他就请客人到自己家里吃面条。① 对此,他也有自己的理解:领导盼的是叫村干部干事,只要干好事比请领导吃饭给领导送礼都强;来谈业务的客商看重的是产品的质量,而不是那顿饭。

李连成虽然思路清,点子多,但从不独断。村里无论大事小事,他总要召开班子会、党员会和群众代表会,广泛征求大家的意见。村里研究重大问题由村民代表会商定,大家议的事大家愿意干。在群众比较敏感的财务问题上,为接受群众监督,采取这样的做法:让一二生产队长管钱,三四生产队长管账,村会计只管保存账本不见钱;同时,又成立了监督小组,让爱上访的当组长,让好怀疑村干部花钱的和坚持公道正派的党员群众当成员,每月对村里账目进行一次集中审核。李连成说:"村里的每一分钱都是群众辛辛苦苦挣来的,谁也没有权力去乱花。"②

李连成为人公道正派,办事讲究"一碗水端平"。村里明文规定:村办企业,在全村劳力没安排完之前,不准外村人入股或上班。刚刚出嫁的女儿想入股,被他一口回绝;内侄儿想来村里上班,70 多岁的老岳父跑几趟也没说动他。③ 有一次,李连成的一个弟弟从外面贩运了一车煤,想卖给村里的造纸厂。但是,由于煤品质不达标,被他坚决拒绝收买。辛苦又赔钱的弟弟恼怒之下,动手打了他。在当支书的 10 多年中,他挨了 10 多次打,都是他自己的亲兄弟打的,原因都是他们没能沾上李连成的光而恼恨他。④ 为此,他把不少亲戚、朋友都得罪了。而他为了化解群众矛盾,以德

---

①　李连成:《我有发展瘾》,见程杰《时代强音:当代优秀共产党人名言录》,中国言实出版社,2005 年,第 126 页。

②　翟浩:《我认知的李连成与西辛庄巨变》,中国新闻网"河南新闻",http://www. henan-news. com. cn/newcnsnews/261/2008 – 08 – 12/news – 261 – 104036. shtml。

③　邢军纪、形式:《脊梁:"村官"李连成》,中原农民出版社,2002 年,第 161 – 162 页。

④　李暄:《"群众不富,我心不安"——记优秀共产党员、濮阳县西辛庄党支部书记李连成》,《河南日报》,2005 年 2 月 23 日。

治村,格外照顾过去与他家关系不好的人家,总是跑前跑后忙着照应,还大胆起用过去曾经打骂过他父母的村民的孩子当企业中层干部或副厂长,使村民们深受感动。①

李连成为群众办事向来不计较个人得失,甚至还常常带头吃亏。他常说:"当干部就是要带头吃亏,只有干部肯吃亏,才能把群众的事情办好。"他用自己所分的红利买了一辆夏利牌轿车,后来为方便企业联系业务,就把车开到厂里供集体使用,但几次大修都是自己掏钱。群众多次提出给他换辆新车,都被他拒绝了。1998 年村里搞新村规划,李连成主动把自己建在村中心的二层小洋楼拆掉,把好宅基地让给别人,自己却选择了村南头一个偏僻的废坑塘。这次搬家,他家拆房子的损失不算,光垫宅基就花费了1.6 万元,老伴气得一星期不理他。但他却赢得了村民的信任和尊敬。②2000 年 7 月,李连成家新房建好,400 多名村民敲鼓打锣给李连成家送去匾牌,上书:"赠李连成书记:一身正气,甘心吃亏为百姓;两袖清风,心底无私好楷模。"

## 三

李连成没有上过学,饱受了没文化的苦。当时村里没有小学,孩子都要跑到几里外的村外小学上学。他不想让下一代再吃没文化的亏,在办企业获取一定的利润后,就着手兴建学校。1998 年 5 月,在他的倡议下,村里投资 60 万元,利用村民投入大量义务工,建成了两层教学楼(后改建为三层)和教师平房公寓。为了招聘高水平的教师,村里除了专门修建了教师公寓,还提高了教师工资待遇。无论上级何时发工资,村里保证每月按时给教师兑付工资,并保证从企业抽出钱为教师发奖金。

学校投入使用后,村里还为教学配置了 12 台电脑。本村的孩子可以就近上学了,周围几个村子的学生也纷纷到这里就读。村里为教师配备了煤气

---

① 翟浩:《我认知的李连成与西辛庄巨变》,中国新闻网"河南新闻",http://www. henan-news. com. cn/newcnsnews/261/2008 – 08 – 12/news – 261 – 104036. shtml。

② 李钧德:《李连成:能吃苦肯吃亏的农村致富带头人》,《法制日报》,2007 年 8 月 29 日。

灶、电风扇、电暖气等各种生活用品,每位教师作为荣誉村民还享受集体企业的分红。强烈的尊师重教意识,促进了学校教学质量的稳步上升。世世代代吃够了没有文化苦头的西辛庄人,如今已出了10多名大学生和硕士研究生。

村里还先后建起了文化室、图书室,购买近 3 000 册图书,每年订阅数千元的报刊杂志。年届 50 的李连成还带头学习。从 2000 年 7 月开始,濮阳市市委常委、组织部长李新杰一天教他认 3 个字,1 个月交 1 次作业。从此,他每天坚持读书写字 1 小时,雷打不动。现在李连成能认 2 000 多个字,还学会了电脑上网。①

1998 年 9 月,西辛庄开始启动新村规划,将弯曲的街巷、狭窄泥泞的道路、随处可见的土坯房屋的旧村庄改建为新村。到 2000 年年底,全村旧房全部拆除,200 套楼房全部建成,家家户户都住进了设计新颖、整齐划一的农民公寓。其后,村里又投资 50 多万元建起了秸秆气化站免费向全村提供干净方便的秸秆气(后来又改用天然气);村里的街巷已全部硬化;每家每户都装上了清洁卫生的自来水;村里还投资 30 万元建起了红花绿地、四季常青的街心广场,投资 100 多万元建立了村委会办公楼。这样,西辛庄就由一个破旧乡村变成了一个都市化的村庄。

如今,在西辛庄,没有烧香拜佛的,没有打架斗殴的,没有一户违反计划生育的,没有上访告状的,更没有刑事犯罪的,良好的村风民风有口皆碑。一些初到西辛庄的外地民工很纳闷:怎么村里的几个工厂都没有保安? 村民们回答:厂里从来不丢失东西,何必花这一笔冤枉钱!

2000 年 4 月,中原油田要在西辛庄村打一眼试验井,车辆、机器、物资都要从村里经过。对于油区的一些村庄来说,这是一次"靠油吃油"的难得的发财机会。可是,西辛庄的群众不仅没有借机敲油田的"竹杠",还主动为过往的车辆清障、垫路,义务为油田看井,处处为油田提供方便。油田的干部职工感动地说:"这村的风气实在太好了!"②

---

① 翟浩:《我认知的李连成与西辛庄巨变》,中国新闻网"河南新闻",http://www.henan-news.com.cn/newcnsnews/261/2008-08-12/news-261-104036.shtml。

② 李杰:《代表群众利益的"村官"——记河南省濮阳县西辛庄党支部书记李连成》,《人民日报》,2000 年 6 月 30 日。

四

李连成带领西辛庄村群众致富的突出事迹,逐渐引起新闻舆论的注意和各级领导的重视。

1998 年 9 月,为推进农村党建"三级联创"工作,濮阳县委组织部干部翟浩深入西辛庄等村调研。当时,李连成只管埋头干活,也不善言谈。翟浩到李连成办公室找他,他衣着不整,双脚蹲踩在椅子上,对翟浩的采访不予配合。后来,翟浩无意中听到两名油田职工在用对讲机通话说让西辛庄停电时,便找到李连成,以帮助他协调用电为话头,才算打开他的话匣子,两人整整谈了一下午。第二天,李连成又专程跑到翟浩家,与翟浩聊了一个上午。这样,翟浩就利用李连成渴求发展的愿望,打破了李连成不愿配合采访的难关,掌握了大量李连成先进事迹的第一手材料。于是,翟浩连夜赶写了 4 600 多字的《取信于民,造福于民——西辛庄强村富民的调查与思考》,登载在《濮阳县组工信息》(1998 年第 12 期)上。该文随即被《濮阳党建》、《濮阳论坛》等原文转载,并加了编者按。这是介绍西辛庄的第一篇文章。文章引起了正在加强农村基层党组织建设的濮阳市委和濮阳县委的高度重视。恰巧此时,河南省委副书记郑增茂在濮阳市委书记张世军、濮阳县委书记宋国卿的陪同下前往西辛庄检查工作,对西辛庄的经济发展和村务公开给予了充分肯定。①

濮阳县委、濮阳市委高度重视西辛庄和李连成这一典型,率先发起了向李连成和西辛庄学习的号召。1999 年 7 月,濮阳县委组织部下发了《在全县开展向李连成同志学习活动的通知》。同年 8 月 27 日,中央电视台在第七频道播放了《村官李连成》的专题报道。10 月,濮阳县委出台了《关于进一步深化县、乡、村"党建三级联创"活动的意见》,明确提出了"村学西辛庄,人学李连成"的口号。1999 年 12 月 9 日,翟浩、聂延军和梁南洋撰

---

① 翟浩:《我认知的李连成与西辛庄巨变》,中国新闻网"河南新闻",http://www.henan-news. com. cn/newcnsnews/261/2008 – 08 – 12/news – 261 – 104036. shtml。

写的《他心里只有群众——记李连成》在《濮阳日报》头条发出,市委书记张世军在文章前批示:"李连成同志,是群众的好支书,致富的带头人,支部书记的好榜样。"2000年1月28日,新华社对此文发出电传通稿。同年3月10日,濮阳县委正式行文在全县开展向李连成同志学习的活动。3月23日,在濮阳市纪委六次全会暨全市县级以上领导干部反腐倡廉集中教育大会上,李连成应邀作了一个半小时的专题报告,赢得掌声28次。4月6日,濮阳市委组织部下发了《中共濮阳市委组织部关于开展向李连成同志学习活动的通知》。4月27日,濮阳市委作出了《中共濮阳市委关于开展向李连成同志学习活动的决定》。从此,濮阳市开展了"学习李连成、建设西辛庄式小康村"活动。随着活动的展开,全市培养出了103个西辛庄式的小康村,涌现出了一大批李连成式的农村党支部书记,形成了一个具有鲜明时代特征的"濮阳李连成现象"。①

2000年7月31日,河南省委书记马忠臣专程到西辛庄村调研,对西辛庄的发展提出了殷切希望。9月18日,中共中央政治局候补委员、书记处书记、中组部部长曾庆红在河南调研时,专门听取了李连成的汇报,对李连成的精神和工作大加赞赏。2001年2月24日,河南省委副书记、省长李克强在濮阳县进行"三个代表"重要思想学习教育活动动员时,到西辛庄调研并与李连成进行亲切交谈。2001年4月5日,全国政协原副主席张思卿到西辛庄视察工作,高度肯定了李连成廉洁、实干、为民的精神和西辛庄的发展模式。

有了一批村庄向西辛庄村比、学、赶、超的压力,有了各级领导的关注和重视,李连成建设社会主义新农村的干劲更足了。这时,西辛庄的群众却有"三怕":一是怕李连成不干,二是怕上级把李连成调走,三是怕李连成累垮。他们说:"咱们不能没有这样的好村官!"1999年,李连成患病住院,村民们几十人几十人地去看望他。村里几位老人还合伙买了一台冰箱和一些鸡鸭鱼肉送过去,想让他好好补补身子,他推脱不掉,只好把冰箱和肉送到村里的职工食堂。2001年12月,李连成应安阳市委邀请去作报告。

---

①　翟浩:《我认知的李连成与西辛庄巨变》,中国新闻网"河南新闻",http://www.henan-news.com.cn/newcnsnews/261/2008 - 08 - 12/news - 261 - 104036.shtml。

临行前,32 名村民凑了 1 015 元钱买了"波司登"羽绒服、"雪中飞"棉夹、"老爷车"羊毛衫、"南极绒"保暖内衣、"康享"棉皮鞋给李连成送去,让在场人觉得十分感动。2001 年 12 月,河南省委作出了《关于开展向李连成同志学习活动的决定》。2002 年 4 月 15 日,河南省委副书记王全书到西辛庄检查指导工作,非常感慨地对李连成说:"金杯银杯不如老百姓的口碑,这奖那奖不如老百姓夸奖,千好万好不如老百姓说好!"①

随着各级领导的高度重视和新闻舆论的广泛报道,李连成和西辛庄获得了众多的荣誉。李连成先后获得全国优秀共产党员、全国劳动模范等荣誉,当选为中国共产党第十六大、十七大代表和第十、十一届全国人大代表。西辛庄村也被评为全国文明村、全国民主法制示范村、全国先进基层党组织、全国农工商旅游示范村。以李连成为人物原型编排的大型现代豫剧及电影《村官李天成》走红全国,8 集电视连续剧《当家人》也在中央电视台一套黄金时段播出。

2006 年 3 月 14 日,中共中央政治局常委、国家副主席曾庆红致信李连成,希望西辛庄人再接再厉,乘势前进,在建设新农村中取得更大成绩,祝愿西辛庄村明天更美好。2007 年 10 月,在十七大上,中央政治局常委、国务院副总理李克强再次听取李连成关于西辛庄发展的汇报,并对西辛庄村人提出了殷切期望。2008 年 6 月 4 日,河南省委副书记、代省长郭庚茂来西辛庄村调研指导工作,对李连成和西辛庄提出了更高的要求。

## 五

面对接踵而来的荣誉,李连成没有骄傲自满,而是保持着清醒的头脑,依然不改农民本色。他常说:"领导给了我那么多荣誉,他们的目的是啥,就是叫我带头干活了,我认为官再小都是领导,领导再小都是官;所谓的典型,越是干得好的快的、干得大的,越是领导培养的结果。作为典型万万不

① 翟浩:《我认知的李连成与西辛庄巨变》,中国新闻网"河南新闻",http://www.henan-news.com.cn/newcnsnews/261/2008-08-12/news-261-104036.shtml。

能伤了领导的心,伤了领导的心领导也不支持了,也不培养了,你这个村发展得就慢了。我不管什么环境下,都要谦虚谨慎,都要有艰苦奋斗的精神,这样我李连成才算牢记了'两个务必',我要表个态,我李连成宁可将自己的命丢了也不会给共产党脸上抹黑!"他还经常讲:"我爱琢磨三个人:一是大寨的陈永贵,他当上了中央委员、副总理,但村里说他是玄人,因为他没有把村里的事情办好,他忘了培养典型是叫典型带头干活了。二是大邱庄的禹作敏,大邱庄号称中国第一村,结果他判了多年的刑死在狱中,我认为他没有把握好'官再小都是领导,领导再小都是官'。三是刘庄的史来贺,50多年典型不倒,他去世后,村里仍红红火火,村民们过着幸福的生活,原因就是史来贺他老人家一辈子没有出那个村,我向史来贺学习,对陈永贵和禹作敏我扬长避短,只有这样我们西辛庄村才能越来越好!"近年来,他频繁应邀作报告,仅在北京就在人民大会堂、6所大学和许多部委作过报告,赴其他省市作报告的次数更是不计其数。他认为,人家既然想叫讲就是想学,就是为搞好,自己作为典型有责任去讲,但有个条件,就是不能影响村里的发展和干活。有一次,他在河南省委安排下赴上海市作报告,上海领导邀请他讲20天,但他只讲了3天,理由是还要回去干活。①

李连成说:"吸烟的有烟瘾,喝酒的有酒瘾,我希望西辛庄大发展,我有发展瘾,发展才是硬道理!"在获得巨大荣誉后,李连成没有辜负领导和社会各界的厚望,带领西辛庄人继续谋求更大的发展。

2000年11月,西辛庄开始建设莲城纺织有限公司,随后安装了5000锭的棉纺设备。这个厂不仅吸纳了本村村民入股和上班,还吸收了濮阳县直属三金纺织集团下岗职工入股并上班,并带动了周边10万亩棉花生产。其后,西辛庄投资200万元建起了奶牛厂,并在村东规划建设了1 000亩107速生杨的高效观光农业区,开发了鱼莲混养、秸秆汽化站等项目,形成了新的生态农业链。

西辛庄名气大增后,曾有近百个企业想借李连成这把"保护伞"合办、

---

① 翟浩:《我认知的李连成与西辛庄巨变》,中国新闻网"河南新闻",http://www.henan-news.com.cn/newcnsnews/261/2008-08-12/news-261-104036.shtml。

联办小炼油厂、小化工厂,有的甚至托亲求友送红包或以高额回扣相许,但都被李连成坚决拒绝了。2002 年年初,为了消除高污染、高能耗造成的不良影响,他耐心说服群众将把村里年产值 500 万元的造纸厂拆掉。

2004 年,濮阳县在西辛庄村所在的庆祖镇规划出了"濮阳县庆祖电光源工业聚集区",加大招商引资力度。为了扩大企业规模,西辛庄由股份合作制转向股份与招商并举,进一步推进经济的大发展。

2004 年 5 月,西辛庄村与上海闵原电器有限公司合资 1.2 亿元兴建了高科技电光源生产企业濮阳华珍电子有限公司,并于当年 10 月正式投产。2006 年 4 月,李连成与两户懂技术的村民各出资 10 万元成立天成科技照明有限公司。该公司创办后非常成功,到 2007 年元旦,每户股份能分红 22 万元。此时,李连成再次提出二次创业,将公司低价转让给了全村村民,吸纳村民股份达 500 万元。此外,西辛庄还相继建起了亚光节能灯厂、华辉节能灯厂、星光节能灯厂、久阳节能灯厂、纸箱厂、纯净水厂等工厂。

与此同时,台一工业有限公司、台商家胜灯饰有限公司、台商光宏灯饰有限公司、台商格瑞特灯饰有限公司等先后在"濮阳县庆祖电光源工业聚集区"投资生产。李连成竭诚为外来企业搞好服务,赢得投资商的欢迎和好评。目前,这里已形成了豫东北最大的电光源产业集群,聚集区面积发展到650 亩,厂房 6 万多平方米,企业达 18 家,总投资 8 亿元。2007 年,聚集区企业实现产值 6 亿元,上缴利税 5 000 万元,安置农村劳动力 6 000 人。

随着经济的突飞猛进和聚集区人口的增多,西辛庄村的服务业也得以快速发展。2007 年,西辛庄以村民入股的方式投资 500 万元建起了融宾馆、餐饮、超市、商务、农民工劳动技能培训等于一体的综合性服务大楼。经济的飞跃发展使西辛庄村农民人均年纯收入实现了连年递增:2004 年7 800 元,2005 年 10 800 元,2006 年 12 000 元,2007 年 13 600 元。① 村里还投资 3 000 万元建起了全省一流的社区卫生服务中心大楼,并让村民享受合作医疗。

---

① 翟浩:《我认知的李连成与西辛庄巨变》,中国新闻网"河南新闻",http://www. henan-news. com. cn/newcnsnews/261/2008 - 08 - 12/news - 261 - 104036. shtml。

# 结　语

本书一共介绍了新中国成立 60 年来不同时期的 19 个农村标兵与典型,完稿之余,不免有些感慨。

新中国农村 60 年的历史仿佛是一股跌宕奔腾的洪流,众多的标兵和典型被时代的浪潮推向潮头,激起一朵朵炫目的浪花,这些浪花又激荡、推动着洪流奔腾向前。一些浪花随着潮流的跌宕而消逝,而一些新的浪花又随着新的潮流涌现出来。时代造就了标兵和典型,标兵和典型也影响了时代。每个标兵或典型都适应时代潮流应运而生,备受舆论的关注,并产生了重大影响。时代潮流的变幻带来标兵或典型的沉浮和变换,时代潮流的方向正确与否,更决定着标兵和典型是具有正面价值还是带有负面影响。

这些众多的标兵和典型,往往都是一个个别具特色的村庄或极具个性的人物,有着自己独特的经历和命运。其传奇与辉煌常让人感叹不已,有时也令人体会到历史上曾经有过的荒唐和无奈。

然而,历史毕竟在不断进步。如果把改革开放以来出现的标兵和典型与改革开放前的标兵和典型作比较,便不难发现一些可喜的变化:一是在价值观上从单一化向多元化转变。改革前的标兵和典型所体现的价值观往往是单一的。虽然在农业合作化运动中涌现出众多典型,但其昭示的方向却是一致的。改革开放后的标兵和典型则体现出多元化的价值观:既有首创"大包干"的小岗村,也有继续发展集体经济的明星村;既有个人创业致富的杰出代表,也有带领群众致富的标兵和典型。二是社会功能发生转变。改革开放前,通常是把标兵和典型作为直接指导实践的样板,并在全国强行推广,不能例外。改革开放后,不再强行推广,而只是让其起到引导和鼓励的作用。三是典型的树立从由政府掌控,发展到媒体报道和民众的参与。改革开放前,标兵和典型基本上是政府树立的。而改革开放后,南街村的闻名在很大程度上是由于媒体报道，圭叶村则基本上是因媒体报道和公众广泛参与而出名的。四是在宣传上从"高大全"向更为贴近实际、贴近民众转变。如合寨村、北老濠村、圭叶村只是因在某一方面有首创之功而引人注目，在其他方面的表现则很平常。标兵和典型也不再不容质疑和非议，而可以有不同评价。如南街村饱受争议，小岗村屡遭非议，对圭叶村"五瓣章"众说纷纭，就连"天下第一村"的华西村也难免遭到质疑。五是它们的命运不再由政治风云主宰。改革开放前，顾阿桃、小靳庄、大寨等随着政治风云变幻而急剧浮沉，改革开放后，大邱庄、万丰村、南街村由辉煌转入平淡或陷入困境，基本上都是由其自身因素造成的。

通过系统梳理与分析这些农村的标兵和典型，可以粗略地勾勒出新中国农村 60 年发展变迁的轨迹，获得有益的启示。

从 1949 年新中国成立到 1978 年党的十一届三中全会召开前，新中国农村走过了艰难探索的 30 年。这期间，党领导农民进行了规模宏大的农田水利建设，农业生产取得了显著成绩。但是，毋庸讳言，新中国农村的发展也出现过严重的失误。从 1953 年开始，在农村建立了以农产品统购统销为核心的计划经济体制。1955 年夏季后人为地掀起了农业合作化运动高潮，1958 年又掀起了"大跃进"和人民公社化运动，使农村生产力一度遭到严重破坏。其后，经过局部调整后，农村经济有所恢复和好转，但是，高度集中的人民公社经营管理模式却一直延续下来，严重束缚了生产力的发展。把农民牢牢地束缚在农村土地上，不能向城镇自由流动，农村除了发展"五小"工业外，被排除在工业化体系之外，形成了城乡分离的二元社会经济结构。尤为严重的是，1957 年反右运动后，政治上"左"倾指导思想日益发展，其后又错误地提出"以阶级斗争为纲"和"无产阶级专政下继续革命"的理论，严重妨碍和干扰了农村经济的发展。因此，在这 30 年间，农村经济发展缓慢，农民生活水平改善不大。

党的十一届三中全会以后，进入了改革开放的 30 年，放弃了"以阶级斗争为纲"的指导思想，把工作中心转移到经济建设上来。随后又推行了一系列改革措施：推行以"大包干"为主要形式的联产承包责任制，终结了人民公社集体经营模式，促进了农业生产力的解放，基本解决了大多数农民的温饱问题;逐步改革原有的计划经济体制,确立了市场经济体系;乡镇工业异军突起,突破了城乡二元经济结构,带动了农村产业结构的变革,开创了农村工业化和城镇化道路;农业规模经营、农业产业化、农村新合作化的发展方兴未艾;推行农村税费改革,取消农业税;由原来长期"以农补工"转变为"以工补农",加大对农业和农村的投入,积极发展农村教育、医疗、文化事业,同时促进农民工融入城市,农村经济发展进入建设社会主义新农村和城乡一体化的新阶段。

新中国60年的历史已经显示出几种明显的趋势:一是市场化。农村经济全面而深入地融入市场,为了适应这一需要,又出现了农业规模经营、农业产业化、农业新合作化等新趋势。二是非农化。工业化浪潮席卷大部分农村地区,大量农民工进城务工经商,非农经济迅速发展,彻底改变了农村的经济结构,增加了农民的收入。三是城乡一体化。从逐步冲破城乡分割的壁垒,进而实行城乡统筹发展,最终推进到实行城乡一体化发展。

新中国农村60年的发展历程,给我们以重要启示:必须尊重农民的自主选择权和创造性。农民是农村的主体,任何政策的变革必须符合绝大多数农民的利益,要尊重农民的自愿选择权和创造性。改革开放前,我国农村发展中出现的许多重大政策失误,都是未能充分尊重甚至明显违背绝大多数农民的意愿所导致的。在1955年初级社的全面高潮中就已经违背了部分农民的意愿,到发展高级社,特别是发展人民公社,就更明显违背绝大多数农民的意愿。农民创造的"包产到户"两次被扼杀在摇篮之中。改革开放后之所以取得辉煌成就,一个重要原因就是日益尊重农民的自愿选择权和创造性。"大包干"、乡镇工业、村民自治都是农民在实践中首先创造的。随后出现的土地流转、农业产业化、农业新型合作化也是由农民率先实践的。与此同时,也要充分尊重部分或少数农民的自由选择。改革开放前,往往搞"一刀切",在全国推行统一模式。如20世纪50年代初期,初级社适应了部分农民的需要,并展现出蓬勃的生命力,但将它强加给全国农民反而窒息了其旺盛的生命力。改革开放后,允许分散决策,实行多种模式并存。在大力推行"大包干"的同时,也允许少数村庄继续搞"集体化";在推行土地流转过程中,强调"依法自愿"原则,尊重农民的自主选择权;

在发展新型合作组织的过程中,强调尊重农民的自愿选择权,是否参加合作组织、参加何种合作组织都由农民自由决定。总而言之,只有尊重农民的自主选择权和创造性,才能把农村发展引向正确的轨道,反之,就会误入歧途,这是我们从新中国农村 60 年的发展历史中应该获得的最大启示。

新中国农村走过了 60 年曲折的历史,出现过许多带有正面价值或负面影响的标兵和典型。未来,只要我们充分尊重农民的自主选择权和创造性,新中国农村必将迎来更加灿烂的明天,必将涌现出更多具有时代价值的标兵和典型。

# 参 考 文 献

[1] 本书编委会. 为百姓谋幸福："天下第一村"的带头人吴仁宝. 北京:学习出版社,2006.

[2] 陈大斌. 大寨寓言:"农业学大寨"的历史警示. 北京:新华出版社,2008.

[3] 陈桂棣,春桃. 小岗村的故事. 北京:华文出版社,2009.

[4] 陈家骥. 昔阳县农村经济史记. 山西省社会科学院,1984.

[5] 陈先义,陈瑞跃. 中国有个南街村. 北京:解放军文艺出版社,1999.

[6] 程杰. 时代强音:当代优秀共产党人名言录. 北京:中国言实出版社,2005.

[7]《当代中国的农业合作制》编辑室. 当代中国典型农业合作社史选编. 北京:中国农业出版社,2002.

[8] 邓小平文选:第2卷. 北京:人民出版社,1994.

[9] 邓英淘,等. 南街村. 北京:当代中国出版社,1996.

[10] 冯治. 中国三大村. 武汉:华中师范大学出版社,1998.

[11] (美)弗里曼,等. 中国乡村,社会主义国家. 陶鹤山,译. 北京:社会科学文献出版社,2002.

[12] 国家农业委员会办公厅. 农业集体化重要文件汇编(1949—1957):上册. 北京:中共中央党校出版社,1981.

[13] 黑龙江省农业合作化史编委会. 黑龙江农业合作史. 北京:中共党史出版社,1990.

[14] 黄道霞,等. 建国以来农业合作化史料汇编. 北京:中共党史出版社,1992.

[15] 贾艳敏. 大跃进时期乡村政治的典型——河南嵖岈山卫星人民

公社研究. 北京:知识产权出版社,2006.

[16]临颍县南街村编写组. 理想之光——南街人谈共产主义小社区建设. 北京:中共中央党校出版社,1998.

[17]罗平汉. 农村人民公社史. 福州:福建人民出版社,2006.

[18]宁光茂,郑红亮,王利民,詹小洪,张问敏. 中国经济大论战:第4辑. 北京:经济管理出版社,1999.

[19]彭维锋,孙海燕. 华西铁律:成就"天下第一村"的二十五条"金科玉律". 厦门:鹭江出版社,2007.

[20]陕西省农业合作化史编委会. 陕西省农业合作制重要文献选编. 西安:陕西人民出版社,1993.

[21]上海财经大学公共政策研究中心. 2006中国财政发展报告. 上海:上海财经大学出版社,2006.

[22]史敬棠,等. 中国农业合作化运动史料:上册. 北京:三联书店,1957.

[23]史敬棠,等. 中国农业合作化运动史料:下册. 北京:三联书店,1959.

[24]宋连生. 农业学大寨始末. 武汉:湖北人民出版社,2005.

[25]太仓市政协编写组. 洪泾往事. 北京:方志出版社,2007.

[26]武力. 中华人民共和国经济史:上册. 北京:中国经济出版社,1999.

[27]夏雨润. 小岗村与大包干. 合肥:安徽人民出版社,2005.

[28]谢宜祥,乘舟. 我们的共和国丛书:振兴卷——说凤阳,道凤阳. 北京:中国和平出版社,2003.

[29]邢军纪,形式. 脊梁:"村官"李连成. 郑州:中原农民出版社,2002.

[30]形式. 大邱庄——中国名村纪实. 郑州:中原农民出版社,1998.

[31]许涤新. 中国企业家列传:第4册. 北京:经济日报出版社,1990.

[32]许福林. 辉煌历程. 北京:中国文联出版社,2003.

[33]杨超. 当代四川简史. 北京:当代中国出版社,1997.

［34］叶扬兵. 中国农业合作化运动研究. 北京：知识产权出版社,2006.

［35］余洪丰. 辉煌中的阴影——中国"首富村"大邱庄揭秘. 北京：警官教育出版社,1993.

［36］《中国大学生就业》杂志社. 青春在这里闪光：讲述当代大学生基层就业和创业的故事. 北京：中国经济出版社,2008.

［37］中国科学院经济所. 国民经济恢复时期农业生产合作资料选编：上册,下册. 北京：科学出版社,1957.

［38］中共中央办公厅. 中国农村的社会主义高潮. 北京：人民出版社,1956.

［39］陈大斌. 江青在小靳庄的闹剧. 百年潮,2007(3).

［40］冯仕政. 国家、市场与制度变迁——1981—2000 年南街村的集体化与政治化. 社会学研究,2007(2).

［41］何立波. 徐水"大跃进"始末. 党史纵览,2008(6).

［42］何忠州. 河南南街村：盛与衰. 中国新闻周刊,2006(13).

［43］胡学常. 江青与小靳庄. 百年潮, 2005(4).

［44］黄铁平. 农村税费改革研究. 福建师范大学学报：哲学社会科学版,2002(2).

［45］金喜在,刘鹏. 浅析南街村模式——平均富裕而非共同富裕. 江苏行政学院学报,2001(4).

［46］李漠. 小靳庄的昨天与今天. 小康,2007(10).

［47］梁珊. 从文学创作到政治活动——试论小靳庄诗歌活动嬗变过程. 湖南工业职业技术学院学报,2006(4).

［48］刘朝文. 上塘改革内情启封——全国第一个"大包干"公社的历史回溯. 民主与法制,2008(19).

［49］刘倩. 市场因素下的"共产主义小社区"——对中部中国一个村庄社会结构变革的实证研究. 社会学研究,1997(5).

［50］罗平汉. 关于人民公社建立的几个问题. 当代中国史研究,2006(1).

［51］罗平汉.1958 至 1962 年粮食产销的几个问题.中共党史研究,
2006(1).

［52］潘小平.一步跨过两千年——安徽农村税费改革始末.党史纵
览,2008(11).

［53］齐介仑.悲情禹作敏——大邱庄经济标本崩颓背后.财经文摘,
2007(11).

［54］宋月红,方伟.乡村经济变革与村民自治的兴起和发展——兼以
梨树县村民自治调查为例.北京行政学院学报,2009(2).

［55］王永华.张爱萍与方巷"四清"运动.钟山风雨,2009(5).

［56］霞飞.江青三到小靳庄.党史纵横,2007(5).

［57］杨洪涛.天堂实验纪事——回眸中国第一个人民公社的建立
(一).中州统战,1998(5).

［58］杨洪涛.天堂实验纪事——回眸中国第一个人民公社的建立
(二).中州统战,1998(6).

# 后 记

从 2008 年夏动笔撰写本书，到现在杀青交稿，已历时两年半。丛书主编、恩师李良玉教授在提纲拟订和书稿修改润色上给予了悉心指导，花费了大量时间和精力。江苏省社会科学院历史研究所的孙宅巍研究员、杨颖奇研究员、王卫星研究员、王健研究员以及南京大学历史系博士生赵筱侠，也在资料搜集和文字润色等方面提供了有益的帮助。在此，一并表示衷心的感谢！同时，我也由衷地感谢所有关心和帮助过我的师友、前辈、领导和同事！

在本书写作和修改期间，恰逢《江苏通史》、《南京通史》的后期修改和校对等工作纷至沓来，诸事丛集，忙碌异常，幸得妻子焦文芳和岳父、岳母全力支持，包揽了全部家务，使我得以专心工作，如期完成各项任务。远在故乡的父母，总是无条件地理解我，默默地给我以精神支持。在此，我对理解、支持和帮助我的家人及亲朋好友致以深深的谢意！

叶扬兵

2010 年 11 月 10 日